第三版

Elementary
Lesson
in Logic

逻辑学基础教程

彭漪涟 / 主编

华东师范大学出版社

· 上海 ·

图书在版编目(CIP)数据

逻辑学基础教程/彭漪涟主编. —3 版. —上海:华东师
范大学出版社,2016
ISBN 978 - 7 - 5675 - 5671 - 3

Ⅰ.①逻…　Ⅱ.①彭…　Ⅲ.①逻辑学－教材
Ⅳ.①B81

中国版本图书馆 CIP 数据核字(2016)第 203976 号

逻辑学基础教程(第三版)

主　　编　彭漪涟
项目编辑　范耀华
审读编辑　林雨平
责任校对　陈　易
装帧设计　储　平

出版发行　华东师范大学出版社
社　　址　上海市中山北路 3663 号　邮编 200062
网　　址　www.ecnupress.com.cn
电　　话　021 - 60821666　行政传真 021 - 62572105
客服电话　021 - 62865537　门市(邮购)电话 021 - 62869887
地　　址　上海市中山北路 3663 号华东师范大学校内先锋路口
网　　店　http://hdsdcbs.tmall.com

印 刷 者　常熟高专印刷有限公司
开　　本　787毫米 × 1092毫米　1/16
印　　张　19.25
字　　数　398 千字
版　　次　2017 年 9 月第 1 版
印　　次　2024 年 7 月第 12 次
书　　号　ISBN 978 - 7 - 5675 - 5671 - 3
定　　价　42.00 元

出版人　王　焰

(如发现本版图书有印订质量问题,请寄回本社客服中心调换或电话 021 - 62865537 联系)

第三版说明

党的二十大报告中指出:"培养造就大批德才兼备的高素质人才,是国家和民族长远发展大计。"为贯彻党的二十大精神,本教材密切联系当代社会生活和人们思维实际,把逻辑知识和原理的讲述同学生逻辑思维能力的训练与素质的培养结合起来,提高学生的实际思维能力与素质。

为保持教材内容的连续性,本次修订没有对教材原有的面貌、风格和体系作大的变动。修订的重点主要集中于以下几个方面:订正若干文字的表述,完善部分内容的解释,增加重要术语的英译,替换部分练习题。

本次修订由晋荣东同志具体承担。在修订过程中,曾先后听取了华东师范大学哲学系逻辑学教研室贾国恒、郝旭东、张留华,以及河南大学文学院戴宁淑、中山大学逻辑与认知研究所谢耘等同志提供的关于原教材存在的问题的意见及修订建议。这些意见或建议,有效地帮助了本次修订在基本内容的释义和表述的准确性方面、在教材行文的举例和练习题选择的恰当性方面,有了较为明显的改进和提高。在此,谨向晋荣东同志和上述校内外的各位同志表示由衷的感谢,希望今后能继续得到各位同志,包括曾经使用过和仍在使用本教材的广大老师和同学以及学界同仁们的关心、支持和批评指正!

彭漪涟

修订版说明

本教材自 1999 年出版以来，整整十年了。十年来，我国逻辑教学与研究取得了不少新进展和新成果；在本教材的使用过程中我们也积累了一些新经验，发现了一些新问题；广大读者，特别是使用过本教材的不少师生，对教材在内容上、表述上存在的某些不足提出了一些修改意见和建议。为了及时反映这些新成果和新经验，也为了充分吸取大家的修改意见和建议，在华东师范大学出版社的倡导和支持下，我们对本教材进行了修订。

这次修订，除"论证"一章重写外，未对教材原有的面貌、风格和体系作大的变动，以保持教材内容的连续性。修订的重点在于：力求使内容的阐释更加科学、准确，表述更加简明、严谨，结构更加合理，练习题更加切合学生的思维实际。

由于种种原因，参与本书初版编写工作的几位同志无暇参加此次的修订，而本人限于学力和精力方面的原因，难以按期独立完成这一任务。因此，特邀请晋荣东同志和我一起来完成修订工作。晋荣东同志作为年轻的逻辑学教授，有深厚的哲学和逻辑学功底，且他使用本教材进行逻辑教学多年，对本教材的特点及存在的问题极为熟悉，故而是修订本教材的合适人选。在这次修订中，他不仅承担了部分章节的修改任务，对其余章节的修订提出了意见，而且还重写了"论证"一章，给全书增添了新的亮点。这使本人深深感到：华东师范大学的逻辑教学与研究队伍自有后来人，一代更比一代强。本人作为一个曾为学校的逻辑教学与研究工作了几十年的退休老教师，深感欣慰。这里，我们切望广大读者，特别是使用本书的广大师生，继续对本教材提出批评！

彭漪涟

2009 年 1 月

前　言

　　《逻辑学基础教程》一书由于学校教材出版基金的资助,得以正式出版了。这是学校领导和哲学系领导对逻辑学教材建设大力扶植、关心的结果,也是学校出版社鼎力支持的结果。没有这种扶植、关心和支持,本书是不可能着手编写、更不可能问世的。

　　当前,国内出版的逻辑学(主要指形式逻辑或普通逻辑)教材可以说是已有成百上千了。在这种情况下,为什么我们还要编写这样一部《逻辑学基础教程》呢? 我想,最主要的原因是:国内出版的形式逻辑或普通逻辑教材虽然多种多样,而且也不乏颇具特色和创见的优秀之作,但从总体上看,多数偏重对基础知识和基本理论的讲述,而对于逻辑知识的实际应用,包括如何把逻辑知识和原理的讲述同学生逻辑思维能力的训练与素质的培养有机结合起来,如何使逻辑教学的内容与人们的实际思维相结合,如何干预社会生活中实际存在的各种逻辑问题(比如,各种大学生辩论赛中所暴露出来的大量逻辑问题),相对地说却缺乏足够的重视与考虑。而这种情况的存在是难以真正发挥逻辑学本身的固有力量与作用的。鉴于这种情况,我们认为编写一本尽可能密切联系当代社会生活和人们思维实际的、着眼于提高学习者实际思维能力与素质的逻辑学教材还是很有必要的。

　　以上是就国内逻辑学教材编写的一般情况而言的。就我们自己的逻辑学教材编写情况来说,近二十年来,我们主要编写了《形式逻辑》(1981 年初版、1983 年修订第二版、1994 年修订第三版)和《逻辑学引论》(1988 年出版)两本教材。前一本已累计发行五十余万册,受到了不少学校的广泛欢迎。但目前看来,将其作为大学本科各专业的通用教材,在内容上似乎还略显单薄。而后一本教材原是为哲学系学生学习逻辑学而编写的,作为大学本科各专业的通用教材,又显得专门了一些。因此,就我们教研室自己的教材建设而言,也需要编写一本介于前述两本教材之间的、着眼于提高学生逻辑思维能力、注重素质培养而又为大学本科各专业所普遍适用的、通用性强的逻辑学基础教程。

　　正是从上述考虑出发,在本书的编写过程中我们力求做到以下几点:

　　1. 突出逻辑知识的应用和对逻辑思维能力与素质的训练。为此,除整个教材内容的讲述外,正文中还设专节讲述了如何根据本章内容具体实施和体现这方面的要求。同时,各章练习题的编写力戒生编硬造,尽可能从实际思维中去发掘、提炼;而且,各章练习题中均增加了解题思路及示范的内容,以有效引导学生通过练习题的解答自觉进行逻辑思维的训练。

2. 密切联系现代社会生活和科学技术活动中存在的各种逻辑问题,特别是大学生辩论赛中所暴露出来的种种逻辑问题,努力使教材内容有较强的现实感与时代感。为此,除在各章的讲述中尽可能体现这一要求外,在"论证"一章中还专节分析了当前大学生辩论赛中存在的主要逻辑问题;同时,还专设"谬误"一章,以集中分析当前社会生活中常见的各种逻辑谬误,增强全书的现实感与时代感。

3. 注意逻辑学的传统内容与现代发展适当的有机结合。从联系人们的日常思维和加强对人们逻辑思维能力的培养与训练的要求出发,本书以讲述传统逻辑的内容为主,适当介绍与之相衔接的现代逻辑知识。为此,本书在讲述传统逻辑的各种主要类型以后,还分别设专章或专节简介了各种逻辑类型的现代发展(即其现代形态),从而尽可能把传统内容与其现代形态有机结合起来,使本教材不仅体现出其是用于逻辑思维能力的培养与训练的基础教材,也是为学习各种现代逻辑提供必需的预备知识的基础教材。

当然,以上诸点只是我们力求达到的目标,至于本书实际上是否做到了这几点,我自己对此也并无把握,特别是此次成书时间较短,执笔者各自对问题的理解并不完全一致,各人的论述风格和行文习惯也不尽相同。在统稿过程中我虽然尽力使之大体协调一致,但因各种主客观条件的限制,特别是交稿时间紧促,很多问题来不及仔细推敲,因此,本书无论是在总体设计与结构安排方面,在具体内容的阐释方面,还是在叙述方法与行文风格方面,都还可能存在这样或那样的问题。这是需要恳请读者予以批评指正的。另外,本书在编写过程中,曾吸收了我室已编写教材以及国内近年来出版的类似教材的某些成果,特此说明。

参加本书编写的同志有(按本书各章的编写顺序):彭漪涟(第一、九、十二章和第八章的一部分),何应灿(第二、三、四章),邵春林(第五、六、七、十一章),马钦荣(第十章和第八章的一部分),冯棉(第十三章)。我系逻辑学专业研究生、原黑河师专讲师李春勇承担了本书各章练习题的编写。

彭漪涟

于华东师大哲学系逻辑教研室

1998 年 5 月

Contents
目　　录

第一章
绪　论

第一节
逻辑与逻辑学

一、逻辑学并不神秘

初学者一接触逻辑学,总觉得它有点神秘,似乎逻辑学是一门非常抽象、玄奥因而难以学习的科学。事实并非如此。逻辑学所研究和讲述的许多内容,不少人在未学习逻辑学之前大多在不同程度上已经接触过或者应用过。比如,人们在听了某个报告或发言以后,常常作出评论说:"这个人的报告(或发言)逻辑性很强,听起来很有说服力。"或者说:"这个人的报告(或发言)讲得太乱了,不清楚究竟要讲些什么。"这实际上就是对这个人的报告(或发言)是否符合逻辑学的要求作出了评价,也就是自觉或不自觉地应用了逻辑学的相关知识。再如,大家在日常生活中,特别是在学习过程中,常常需要对自己的某个看法、某个行动的合理性作出论证,为此总想着如何把自己的道理讲得更清楚些、更有力些,把自己的论点讲得更充分些、更全面些,这实际上就是要求自己去建构一个有说服力的论证,因而也就是在自觉或不自觉地应用逻辑学的相关知识。

那么,人们为什么能够做到这一点呢?这不仅是因为思维自身所固有的逻辑规律总是不以人的意志为转移而在起着作用,而且还因为我们每一个人从小开始,特别是从读小学开始,就在家庭和学校里,从所学习的各种具体科学知识中,不同程度地学习了一些逻辑知识,接受了一些逻辑思维的训练。虽然这种学习和训练并不那么自觉,也不那么系统,但以此为基础,我们一定能够学习好并运用好逻辑学的知识和原理,逐步提高自己逻辑思维的能力,使自己成为具有高度逻辑思维素养的人。

二、思维的逻辑与逻辑学

"逻辑"这个语词由中国近代思想家严复在《穆勒名学》中首次使用,是英文 logic 一词的音译,它源于希腊文 *logos*(逻各斯),后者原指思想、理性、言词、规律性等。在现代汉语中,"逻辑"一词具有多种含义,可指客观事物发展的规律,如"中国革命的逻辑";也可以指人们思维的规律、规则,如"推理要符合逻辑";还可以指逻辑学,即一门研究思维的形式及其规律、规则的科学,如"形式逻辑"、"辩证逻辑"等。有时,也指某种特殊的立场、观点或论证方法,如"'谎言重复一千遍就会变成事实',这是希特勒的宣传部长戈培尔的逻辑"等等。在"逻辑"的各种含义中,对本教材来说最重要的是上述第二和第三种含义,即思维的规律和规则以及一门研究思维的形式及其规律、规则的科学,这就是思维的逻辑与逻辑学。

所谓思维的逻辑,也就是在思维领域中存在并起作用的规律即思维规律(law of thought)。当它为逻辑学所研究并成为逻辑学的规律时,我们通常也称之为逻辑规律(logical law)。思维规律反映了人的思维活动的内在本质和必然趋势,它通过概念、判断、推理等思维的各种形式,特别是推理形式而显现其作用。需要指出的是,思维规律并不是独立存在的,它是客观事物的规律在人的思维中的具体表现,是人们的思维所固有的,它在人们思维中的存在和起到的作用是不以人的意志为转移的。人们只要进行思维、思考问题和论述问题,思维规律就会这样或那样地起着作用:符合思维规律要求的思维就是合乎逻辑的思维,它必然是清楚的、明晰的、不包含逻辑矛盾的,从而必将有助于人们清晰地组织和表达自己的思想;反之,不符合思维规律要求的思维就是不合逻辑的思维,它必然是不清晰的、混乱的,甚至是包含逻辑矛盾的,从而必将严重地妨碍思想的清晰组织和表达。

然而,在很长一段历史时期里,思维规律对于人们来说只是一个"自在之物",人们并未意识到它的存在和所起的作用。在这种情况下,当然不会有对它的研究,更不会有逻辑学的存在。人们只有在经历了较长时期的发展以后,才有可能逐步意识到它的存在和作用,从而才有可能把人们在各种活动中所进行的思维活动单独抽象出来加以考察和研究,对思维现象本身进行思维即"反思"。也是从这个时候开始,才有了对思维规律的逐步理解和把握,从而也才会有逻辑学的出现。正是由于逻辑学以思维的逻辑为其研究对象,随着思维本身的不断发展(思维作为客观现实的反映和作为大脑的机能及其发展是一个自然历史过程),也随着人们在认识与改造世界的过程中认识能力与思维能力的不断提高,不仅作为逻辑学对象的思维,而且作为研究这一对象的手段和工具的思维本身也在不断地发展着,这就决定了以思维的逻辑为研究对象的逻辑学本身也必然处于不断的发展过程中:思维及其规律受到了越来越多方面的研究,新的方面不断地被揭示,原有的研究也越来越深入、越来越细致。于是,逻辑学的发展也就呈现出不同的阶段,显现出不同的类型。就总体而言,逻辑学可以说经历了一个由古典逻辑(或传统逻辑)发展到现代逻辑的过程。

三、逻辑学发展的主要阶段和类型

公元前 6 世纪前后,古代的逻辑学在希腊、印度和中国相继产生,这就是古希腊逻辑、古印度因明和中国古代的名辩之学,其中古希腊逻辑最为系统,因而在世界逻辑学发展史上影响也最大、最深。亚里士多德(Aristotle)被公认为是古希腊逻辑的创始人,在由后人整理并取名为《工具论》的著作中,他第一次全面、系统地提出了有关范畴(词项)、命题、三段论、证明和谬误等的一系列重要论述和思想。在《形而上学》中,他第一次明确表述了矛盾律和排中律的内容,同时也涉及了同一律的内容。亚里士多德创立的逻辑学,在逻辑史上被称为古典(或传统)形式逻辑(formal logic),更确切些说,是古典(或传统)演绎逻辑。这一逻辑的主要特点在于:它以对范畴(词项)的研究为基础,主要涉及范畴、由范畴组成的命题和由命题组成的三段论与论证等内容。这是古代逻辑中被较为完整地建立起来的一个三段论系统,它构成了词项逻辑的一个初等的但又是重要的部分,所以后人也称亚里士多德逻辑为词项逻辑。

亚里士多德以后,麦加拉-斯多葛学派研究了亚里士多德逻辑未曾给予充分关注的有关假言命题、选言命题、联言命题等复合命题的问题,研究了由这些命题所组成的各种推理形式及其规则,奠定了命题逻辑的基础。这是传统形式逻辑的一个重大发展,丰富了传统形式逻辑(主要是传统演绎逻辑)的内容。

在欧洲的中世纪时期,形式逻辑作为一门独立科学也得到了发展。逻辑学家进一步研究了词项理论(包括对范畴词与非范畴词的研究、指代理论的研究等),创立了推论的学说,并对麦加拉-斯多葛派的命题逻辑作了更深入的研究。

1662年,根据笛卡尔(Rene Descartes)的哲学、逻辑和方法论观点,法国巴黎郊外波尔-罗亚尔修道院的两名修士,阿尔诺(Antoine Arnauld)与尼科尔(Pierre Nicole)合作出版了《逻辑学或思维术》一书(通称《波尔-罗亚尔逻辑》)。该书讨论了概念、判断、推理与方法等内容,曾多次重版,成为欧洲近代逻辑的范本,对以后各种逻辑教材的编写产生了深远的影响,堪称传统形式逻辑(主要是传统演绎逻辑)的主要代表作之一。

由于实验自然科学的兴起,对归纳方法的研究在17世纪被提到重要的议事日程。英国哲学家培根(Francis Bacon)的《新工具》系统论述了以三表法和排斥法为核心的归纳方法,奠定了古典的归纳逻辑的基础。此后,赫舍尔(John Herschel)、惠威尔(William Whewell)等人继续发展了培根的归纳逻辑思想,密尔(John Stuart Mill,旧译"穆勒")在《逻辑体系》一书中全面、系统地提出了探究现象间因果联系的归纳五法,成为古典(或传统)归纳逻辑的集大成者。

17世纪下半叶,德国哲学家莱布尼兹(Gottfried Wilhelm Leibniz)提出了逻辑数学化的思想。他在1666年发表的《论组合术》一书中,不仅提出建立一种普遍的、没有歧义的语言以便将推理转化为演算的构想,而且成功地把命题形式表达为符号式,被公认为数理逻辑(mathematical logic)的先驱者。随后不到两百年,英国数学家布尔(George Boole)用数学方式首倡了第一个逻辑演算系统——布尔代数,当把其中的符号解释为类时,布尔代数即为类代数,亦即类逻辑的代数化,从而把莱布尼兹的设想变成了现实,成为数理逻辑的早期形式。其后,再经英国数学家德·摩根(Augustus De Morgan)、德国哲学家弗雷格(Friedrich Ludwig Gottlob Frege)等人的努力,到20世纪初,英国哲学家罗素(Bertrand Russell)与怀特海(Alfred North Whitehead)合著《数学原理》,总结了前人的研究成果,建立了一个完全的命题演算与谓词演算系统,标志着数理逻辑作为一门独立的科学达到了成熟阶段。数理逻辑是在传统形式逻辑(确切些说,是传统演绎逻辑)的基础上发展起来的,因而被视为形式逻辑的现代类型,一般也称之为现代形式逻辑或现代逻辑(modern logic)。近几十年来,现代逻辑得到迅速发展,至今已成为一门拥有众多分支的科学。

随着现代逻辑的发展,古典(或传统)归纳逻辑也逐渐向现代形态发展。归纳逻辑的一个重要的现代形态是概率逻辑,它是通过以数理逻辑的两个演算(命题演算与谓词演算)和概率统计理论为工具,对归纳逻辑和归纳方法作形式化的处理而产生的。概率逻辑的第一个系统是英国经济学家凯恩斯(John Maynard Keynes)于1921年在《论概率》一书中提出的。20世纪四五十年代,概率逻辑得到迅速发展,学者们提出了许多公理系统,其中维也纳学派的代表人物之一卡尔纳普(Rudolf Carnap)对概率逻辑作出了重要贡献。

在形式逻辑由古典类型向现代类型发展的同时,另一种类型的逻辑即辩证逻辑(dialectical logic)的系统形态也诞生了,这就是19世纪德国哲学家黑格尔(Georg Wilhelm

Friedrich Hegel)提出的思辨逻辑。黑格尔在批判以往逻辑学中形式与内容相割裂的形而上学的观点,并批判地吸取从亚里士多德到康德等人的逻辑学说中所包含的有关辩证逻辑的合理思想的基础上,建立了逻辑史上第一个全面而系统的辩证逻辑体系。虽然这个体系是建筑在唯心主义基础之上的,因而从根本上说是不科学的,但它毕竟是一个与传统形式逻辑不同的逻辑类型和逻辑形态。相对于随后由马克思主义经典作家在总结和概括人类思维发展的历史和当时科学发展的最新成果的基础上,在批判地吸收以往逻辑学说中,特别是黑格尔辩证逻辑思想中一切有价值的思想的基础上逐步建立起来的真正科学的辩证逻辑而言,黑格尔的思辨逻辑可以说是辩证逻辑的古典形态。而马克思主义的辩证逻辑及其现代发展,则是辩证逻辑的现代形态,也可以说是一种广义的现代逻辑。

　　上述历史回顾说明,逻辑学是一门拥有众多类型和发展方向的关于思维形式及其规律的科学。大体上说,它既包括形式逻辑也包括辩证逻辑。而形式逻辑在其历史发展中也形成了多种含义,有着不同的类型:既可指古典的或传统的,也可指现代的;既可狭义地仅指称演绎逻辑(古典的和现代的),也可广义地指称包括古典演绎逻辑和古典归纳逻辑在内的传统逻辑(即我国某些现行教材中所说的普通逻辑)。但不管如何,前述历史的概述也告诉我们,由亚里士多德开创的传统形式逻辑乃是整个逻辑学发展的基础,各种现代逻辑都是在这个基础上演化、发展起来的,因此它必然也就成为进一步学习各种现代逻辑的前提和基础。相应地,作为一部讲授逻辑学基础知识的教材,本书将主要讲述传统形式逻辑的基本内容,并在章节次序的安排上,大致遵循上述历史发展的进程,同时扼要介绍其现代形态即现代发展,以便为学习者进一步学习各种现代逻辑和从事逻辑思维的培养与训练提供必要的准备,奠定必要的基础。

第二节
逻辑学的研究对象

一、思维形式与逻辑形式

　　在第一节里,我们已经指出,逻辑学是一门以思维的形式及其规律、规则为研究对象的科学,因此为了弄清逻辑学的对象,必须首先判明什么是思维形式?

　　谈到思维形式(form of thought),人们通常所指的乃是人们在思维过程(亦即理性认识过程)中,即在能动地、概括地间接反映现实世界的过程中所使用的那些形式,也就是概念、判断和推理。这无疑是正确的。但是,这主要是就它们作为认识和思维用以反映现实的反映形式而言的;作为反映形式,它们总是具有活生生的内容,是形式与内容不可分割的统一体。就此而言,作为这种反映形式的思维形式并不简单就是逻辑学所研究的思维形式,因为逻辑学不可能去研究具有各种各样具体内容的概念、判断和推理,否则它就不是逻辑学,而是一门包罗万象的科学了。

那么,逻辑学所研究的思维形式又该作何理解呢? 简单地说,它指的不是那种具体的(即含有具体内容的)概念、判断和推理,而是撇开了它们的具体内容,仅仅抽象出其最一般结构的概念、判断和推理,即思维形式的结构(structure of form of thought)。更具体一些说,主要是指各种判断(本教材将主要用"命题"这一术语)形式和推理形式。例如:

〔1〕所有金属是导电的。

〔2〕所有商品是劳动产品。

〔3〕所有菱形是平行四边形。

这是三个内容各不相同的命题。它们虽然分别断定了三类不同的对象(金属、商品、菱形)各自具有相应的属性(导电的、劳动产品、平行四边形),但却具有共同的一般结构,即它们都是由一个充当主项的词项(表达用以反映被断定对象的概念)和一个充当谓项的词项(表达用以反映被断定对象所具有的某种属性的概念)以及量项(在这三个命题中都为"所有")和联项("是")而构成的。如果我们用符号 S 表示作为主项的词项,用 P 表示作为谓项的词项,那么上述三个命题的共同结构就可用公式表示为:

所有 S 是 P

这就是在日常生活和学习中常见的一种直言命题的形式,即全称肯定命题的形式。

下面再分析一种推理形式。例如:

〔4〕所有金属是导体,

所有铜是金属,

所以,所有铜是导体。

〔5〕所有有机体是要进行新陈代谢的,

所有动物是有机体,

所以,所有动物是要进行新陈代谢的。

这是两个内容各不相同的推理。它们由不同的前提出发得出了各自不同的结论,但却有着相同的一般结构,即都是由三个不同词项两两组合形成的三个命题而构成的。如果我们分别用 S、P、M 表示每个推理中三个不同的词项,那么这两个推理的共同结构就可用公式表示为:

所有 M 是 P

所有 S 是 M
_____

所有 S 是 P

这是最常见的一种三段论的形式。横线表示推出关系,其上为前提,其下为结论。

为了把上述形式(命题形式与推理形式)同作为思维对现实的反映形式的那些思维形式(即概念、判断、推理)区别开来,本教材把前者称为逻辑形式。简言之,逻辑形式(logical form)就是思维形式的结构,主要指内容各不相同的命题和推理各自具有的共同结构,是相应的命题和推理的各个组成要素(就命题而言是词项,就推理而言是命题)之间最一般的联系方式。逻辑学对思维形式的研究,更为确切地说,就是对思维的逻辑形式的研究,它们构成了逻辑学研究的主要对象。

从上面所举出的命题形式和推理形式中还可见到,任何一种逻辑形式都包含这样两个组成部分:一是逻辑常项(logical constant)。它是逻辑形式中的不变部分,无论用什么具体内容去代换其中的变项,该形式都保持不变,因而构成了区别不同种类的逻辑形式的唯一根据。如在命题形式"所有 S 是 P"中,"所有……是……"就是逻辑常项,无论用什么具体词项(概念)去代换其中的 S 与 P,该形式都保持不变。另一组成部分是变项(variable)。它是逻辑形式中的可变部分,不管人们用何种具体内容去代换它,逻辑形式本身都不会因此而改变。例如,"S"和"P"就是"所有 S 是 P"这一命题形式中的变项。

当然,变项不仅可以是词项变项(即代入变项的是词项),也可以是命题变项(即代入变项的是命题)。比如,在"如果 p 则 q"这一命题形式中,其中的变项"p"和"q"都应当是命题变项,即它们必须是用命题而不能是用词项去加以代换。但是,无论是词项变项还是命题变项,当一个命题形式中的变项没有被有具体内容的词项或命题去代换时,一般说来它是没有真假的,因此我们也就只能说它是一个命题形式而不能说它就是一个命题。这是因为只有具有真假的语句才是命题。当然,也有例外的情况,即在变项未经代换的情况下,一个命题形式也可以有真假。这就涉及事实真与逻辑真的问题了。

二、事实真与逻辑真

命题是判断的语言表达,是具有真假的语句。真(truth)和假(falsehood)是一个命题的值,通称逻辑值,亦称真值(truth value)。由于传统逻辑(当然不仅仅是传统逻辑)对于命题只取真和假两个值,因而也被称为二值逻辑(two-valued logic),以区别于一个命题在真、假之外还有第三个值,甚至多个值的多值逻辑。

在二值逻辑中,一个命题不是真的就是假的,因此真命题的否定就是假命题,假命题的否定就是真命题。是否具有真假是判定一个语句是否是命题的基本特征,但如何去确定一个命题的真假呢? 这既是一个逻辑问题,也是一个哲学和具体科学的问题。例如:

〔6〕长江是中国最长的河流。

〔7〕长江是中国最长的河流,或者长江不是中国最长的河流。

将长江干流的长度与黄河、黑龙江、塔里木河等其他中国主要河流进行比较,可以确认长江的确是中国最长的河流,因而〔6〕是一个真命题。这就是说,命题〔6〕的真值情况,是要依其是否符合事实来判定。一个命题符合实际情况,它就是一个事实上真的命题,这样的真我们就称之为事实真;反之,如果一个命题与事实不相符合,那它就是一个事实上假的命题,这样的假就是事实假。

对命题〔7〕的真假进行判定与〔6〕显然不同。由于这是一个用复合句表示的命题,用"或者"这个联结词把"长江是中国最长的河流"与"长江不是中国最长的河流"这样仅有的两种关于长江长度的可能情况都包括了,因此无须借助于经验事实,仅从对这一命题的结构的逻辑分析我们就可以断定这是一个真命题。这种仅仅依靠逻辑分析就可以确定的命题的真，我们就称之为逻辑真。与之相对应，一个命题如果仅从对其结构的逻辑分析就可判定其为假，那就是一个逻辑假的命题。比如：

〔8〕长江是中国最长的河流，并且长江不是中国最长的河流。

这个命题对长江长度的描述包含着两个彼此否定、不可共存的情况，因此无须诉诸经验事实我们就可以断定其必然为假，这种假就是逻辑假。

以上是就具体命题来说的。就命题形式而言，如前所述，在一般情况下由于其变项的内容未定，因而是无法确定其真值的。但是，也有一些命题形式，其结构本身决定了无论其变项被代以何种具有具体内容的词项或命题，该命题形式要么是真的要么是假的，即其真值是确定的。这也是一种逻辑真或逻辑假。前者如"如果 p，那么 p"、"p 或者非 p"等，这是逻辑上永远真的命题形式，通常被称为永真式或重言式；后者如"p 并且非 p"，"并非（p 或者非 p）"等，这是逻辑上永远假的命题形式，通常被称为永假式或矛盾式。

不管是事实真还是逻辑真，它们涉及的都主要是命题的逻辑特性问题，而不是关于推理的问题。对于推理来说，逻辑学关心的将是另外一个问题，即推理的有效性或合理性的问题。

三、有效性与合理性

在初步明确逻辑学是以思维的逻辑形式为对象之后，还必须进一步明确推理形式是逻辑学研究的最主要的逻辑形式。这是因为孤立的命题即脱离推理的命题，其真假并不是逻辑学所要研究的对象，那是需要各门具体科学去加以判定的。逻辑学是把命题作为推理的组成部分即作为推理的前提或结论来加以研究的，来判定其真假的，因此逻辑学对命题和命题形式的研究，是服务于对推理和推理形式的研究的。此外，由于思维过程是一个能动地、概括地间接反映现实世界的过程，其实也就是一个从（由命题表达的）已有知识出发获得新的推出知识的过程，因此思维过程实质上是一个推理过程。这些都说明逻辑学对思维形式的研究主要是对推理形式的研究。

推理的种类繁多，根据不同的划分标准，可以对推理进行不同的分类。按照传统的分类，即根据推理所体现的不同的思维进程，推理可以分为演绎推理、归纳推理和类比推理等。一般来说，演绎推理（deductive reasoning）是从表达一般性知识的前提推出表达特殊性或个别性知识的结论的推理；归纳推理（inductive reasoning）是从个别或特殊推出一般的推理；类比推理（analogical reasoning）则是从个别推出个别或从一般推出一般的推理。再就推理的前提和结论所涉及的知识范围看，一般来说，演绎推理的结论所涉及的知识范围没有超出前提所涉及的知识范围，而归纳推理和类比推理等的结论所涉及的知识范围则超出了前提所涉及的知识范围。

按照现代的分类，即根据推理的前提和结论之间不同的联系性质，推理又可以分为必然性推理（necessary reasoning）和或然性推理（probable reasoning）。必然性推理是从真前提必然推出真结论的推理，在这种推理中，前提真而结论假是不可能的；或然性推理是从真前不能必然推出真结论的推理,在这种推理中,前提真而结论假是有可能的。换个术语说,必然性推理是保真的(truth-preserving)推理,或然性推理则不是保真的。

一个推理的前提和结论间的联系是否是必然的,取决于该推理的逻辑形式的性质。如果一个推理形式能够保证从真前提必然得出真结论,我们就称该推理形式是有效的(valid),而使用了有效推理形式的推理就是有效推理。反之,如果一个推理形式不能够保证从真前提必然得出真结论,我们就称该推理形式是无效的(invalid),使用了无效推理形式的推理就是无效推理。显然,有效推理就是必然性推理,即具有保真性的推理,而无效推理则是或然性推理,即不具有保真性的推理。

如果把前述传统的和现代的两种关于推理的分类结合起来看,必然性推理主要是有效的演绎推理,而无效的演绎推理以及归纳推理、类比推理等则属于或然性推理。

那么,如何去判定一个推理是否有效呢? 逻辑学已为此总结和概括出了一些逻辑规律和相应的逻辑规则。凡是符合这些逻辑规律的要求、遵守了相应的逻辑规则的推理就是有效的推理;即使其前提或结论是假的,其逻辑形式也是有效的推理形式。反之,不符合逻辑规律的要求、未遵守相应的逻辑规则的推理就是无效的推理;即使其前提或结论是真的,其逻辑形式也是无效的推理形式。比如:

〔9〕所有鲸是鱼,

　　所有鲨鱼是鲸,

　　所以,所有鲨鱼是鱼。

〔10〕所有鲸是鱼,

　　所有海龟是鲸,

　　所以,所有海龟是鱼。

〔11〕所有鲸是哺乳动物,

　　所有蓝鲸是鲸,

　　所以,所有蓝鲸是哺乳动物。

虽然推理〔9〕前提假而结论真,推理〔10〕前提假且结论假,推理〔11〕前提真且结论真,但它们都遵守了相应的推理规则,因而都是有效推理。相应地,它们所具有的共同结构:

所有 M 是 P

所有 S 是 M

所有 S 是 P

就是一个有效的推理形式。对于使用了有效推理形式的推理来说,只要其前提是真的,结论就必然为真,不可能是假的,如推理〔11〕。

再如:

〔12〕所有鲸是哺乳动物,

　　所有蓝鲸是哺乳动物,

　　　　　所以，所有蓝鲸是鲸。

　　〔13〕所有鲸是哺乳动物，

　　　　　所有海豹是哺乳动物，

　　　　　所以，所有海豹是鲸。

推理〔12〕前提真且结论真，推理〔13〕前提真但结论假，但由于它们都违反了相应的推理规则，因而都是无效推理。相应地，它们所具有的共同结构：

　　　　　所有 P 是 M

　　　　　所有 S 是 M
　　　　　─────────────
　　　　　所有 S 是 P

就是一个无效的推理形式。对于使用了无效推理形式的推理来说，即便其前提是真的，结论也不必然为真，而有可能是假的，如推理〔13〕。

　　上述分析表明，推理的有效性（validity）同推理的前提或结论的真实性并不是一回事。一个有效的推理，其前提可以是真的，也可以是假的；但当其前提真时，结论必然为真；如其结论假时，其前提必有一假。前提真而结论假是不可能的，这是推理有效性的基本特征。前提真实并且形式有效的推理，通常被称作可靠的（sound）推理，换个角度说，推理要具有可靠性（soundness），就必须前提真实并且形式有效。

　　就推理的有效性而言，我们可以说必然性推理是有效推理，因而是一种好的推理；或然性推理是无效推理，因而不是一种好推理。不过，把所有或然性推理都简单地判定为无效推理进而认为其不是好的推理，可以说失之笼统，难以对归纳推理、类比推理等或然性推理的品质好坏给予更为准确的区分和判定。比如：

　　〔14〕华东师范大学软件学院学生的逻辑素质比较高，

　　　　　华东师范大学哲学系学生的逻辑素质比较高，

　　　　　华东师范大学数学系学生的逻辑素质比较高，

　　　　　所以，华东师范大学学生的逻辑素质比较高。

这个归纳推理的结论所涉及的知识范围（华东师范大学学生的逻辑素质）无疑大大超出了其前提所涉及的知识范围（华东师范大学软件学院、哲学系和数学系三个院系的学生的逻辑素质），因此即使所有前提都是真的，也不能保证其结论必然为真。那么，我们该如何来评定这种或然性推理的品质好坏呢？大致说来，用合理性（rationality）这个概念来予以评定是适当的。以推理〔14〕为例，当我们根据已经了解的情况，得知华东师范大学软件学院、哲学系、数学系学生的逻辑素质的确比较高，从而得出"华东师范大学学生的逻辑素质比较高"这一归纳结论时，虽然它不是从真前提中必然得出的，但我们也不能不认为它的得出是有一定根据的，即得到了来自真前提的一定程度的支持。就此而言，我们可以说这个归纳是合理的。如果这个推理的真前提越多、越有力，亦即结论得到真前提支持的程度越高，该结论的可信度（可靠性程度）也就越高；而结论的可信度越高，这个归纳的合理性程度也就越高。

归纳的合理性反映了归纳推理的前提对结论的支持强度(strength)。一个合理的归纳推理,因其不大可能出现前提真而结论假的情况,通常被称作强的(strong)归纳推理;一个不合理的归纳推理,由于有较大可能出现前提真且结论假的情况,所以又被称作弱的(weak)归纳推理。

在古典归纳逻辑中,归纳的合理性是通过归纳前提的数量及其所涉及的范围大小来确定的,即当归纳前提的数量越多,涉及的范围越广而未发现反例时,其结论的可信度就越高,归纳就越合理。在现代归纳逻辑中,归纳的合理性主要是通过概率方法来描述的:当一个事件出现的概率越大,关于该事件出现的结论的可信度就越高,该归纳就越合理。

四、逻辑学与语言

逻辑学以思维的逻辑形式为其研究对象,而逻辑形式通常是借助于一定的语言手段来表达的。这是因为思维作为主体能动地、概括地间接反映现实世界的过程,不能赤裸裸地存在,它必须有一定的物质载体,否则思维活动就无法进行,思维的表达、传播也就无法实现。比如,没有一定的语词,我们就无法指称我们所思考的对象,也无法表达我们就对象所形成的概念;没有相应的语句,我们就无法表达我们对于对象的种种判断,也就不可能有关于对象的各种命题;没有一定的复句或语句的联结,就无法表述我们如何从一些(由命题表达的)已有知识出发去获得某种新的知识的思维过程,即无法表述相应的逻辑推理。总之,思维离不开语言,无论什么样的逻辑形式,总需要用一定的语言手段来表达,或者用自然语言来表达,或者用人工语言来表达。

所谓自然语言(natural language),就是人们在一定条件下自然形成和使用的口头或书面语言,也就是我们日常使用的语言;所谓人工语言(artificial language),则是为了某种目的而特别设计的、具有精确规则的表意符号系统,又被称为符号语言。它用符号来表达概念、判断、推理等,用符号公式来表示词项与词项、命题与命题间的各种逻辑关系。传统形式逻辑以自然语言为主要表述手段,即用自然语言来表示逻辑形式中的逻辑常项,变项虽然用符号来表示,但这些符号通常也来自自然语言。如:

所有 S 是 P

这种表述形式接近日常思维实际,表现力强,易于被人理解和接受,但也不同程度地存在着有歧义、含混、不够精确等缺点。现代形式逻辑以人工语言为主要表述手段,无论是逻辑常项还是变项均用符号来表示,这些符号有的来自自然语言,更多地则是人为设计出来的表意符号。例如,"所有 S 是 P"在现代逻辑中通常被表述为:

$$(\forall x)(S(x) \rightarrow P(x))$$

读作:

对于任何 x 而言,如果 x 是 S,那么 x 是 P。

这样的表述无歧义、不含混,精确性高,在很大程度上避免了自然语言在这些方面的缺点。同时,通过人工符号的使用,还可以把逻辑推理转换为纯形式的演算,从而拓展了逻辑推理的领域,极大地增强了逻辑推理的能力。

由于思维的逻辑形式总是需要借助一定的语言手段——或者是自然语言,或者是人工语言——来表达,因此人们在研究逻辑形式时,直接面对的将是语言的各种形式。就此而言,逻辑学实际上是通过语言形式来研究逻辑形式的,相应地,本教材也将直接以词项、命题、推理等来建构教学内容的体系。

通过以上几个方面的简要分析,我们可以根据逻辑学(主要是传统形式逻辑)的研究对象作如下的简要概括:逻辑学是一门研究思维的形式(更确切地说,是逻辑形式)及其规律的科学。具体一点说,逻辑学是一门通过一定的语言形式来研究思维的逻辑形式尤其是推理形式的科学,它要解决的基本问题是推理的有效性与合理性问题。

第三节
逻辑学的性质

一、逻辑学的基本性质

由于逻辑学的主要研究对象是思维的形式(逻辑形式)及其规律,这就决定了逻辑学具有以下三方面的基本性质。

1. 工具性

逻辑学的工具性首先表现在它所研究的逻辑形式,既不是包含有具体内容的概念、判断和推理,也不是包含有具体内容的词项、命题和推理,而主要是命题形式和推理形式;它所研究的规律、规则主要是命题形式和推理形式所必须遵循的逻辑规律和规则。就此而言,逻辑学和语法学非常相似。作为一门研究语言的结构法则及其发展规律的科学,语法学并不研究具体的词、句,它所研究的是没有任何具体内容的一般的词、句。由于逻辑学对词项、命题、推理的研究(包括通过词项、命题等对概念、判断等的研究)类似语法学对词、句的研究,正是在这个意义上可以把逻辑学所揭示的逻辑规律和规则比喻为"思维的语法"。如同只有遵守语法规则才能使语言使用具有一种有条理的、可理解的性质一样,也只有遵守逻辑规律和规则,才能使思维有条理、可理解。因此,如同语法是准确表达、有效交流的工具从而使语法学具有一种工具性一样,逻辑规律和规则作为"思维的语法"也使得逻辑学具有工具的性质。

其次,逻辑学的工具性还表现为它所揭示的逻辑规律和规则具有全人类性,对于不同时代的或者不同的国家、民族、阶级等的人们的思维具有普遍的规范意义。逻辑学研究思维的特点是撇开思维的具体内容来研究思维的逻辑形式及其规律、规则,无论人们处于什么历史时代,所属的国家、民族、阶级等有何不同,只要他进行思维活动,只要他表达和交流思想,就必须遵守逻辑规律和规则,否则他的思维就会陷入混乱,无法准确表达和有效交流思想。如果认为不同时代的人们或者不同的国家、民族、阶级等各有不同的逻辑学,其思维具有不同的逻辑形式,遵守着不同的逻辑规律和规则,这势必造成人们之间有效的思想交流成为不可能,而这显然是不符合事实的、荒谬的。

2. 基础性

逻辑学的基础性主要指它所研究和揭示的思维形式(逻辑形式)的正确性,特别是推理形式的有效性或合理性,乃是获得正确的或可靠的推出知识的必要条件。在一切思维活动中,遵循逻辑规律和规则的要求、运用正确的逻辑形式,虽然不能保证思维活动一定能获得正确的结果,即获得真实的或可靠的推出知识(除非作为该思维活动出发点的前提是真实的,而前提真实与否通常只能由哲学和其他各门具体科学去判明和解决,逻辑学因其研究思维的特点对这一问题无能为力),但如果思维活动违反了逻辑规律和规则的要求、运用了不正确的逻辑形式,那么思维活动就必然是不正确的,肯定无法获得真实的或可靠的推出知识。这就清楚地表明逻辑学是一门基础学科,它所提供的关于逻辑规律和规则的知识,是一切人无论在日常思维中还是在科学研究中都应该加以运用的。如果缺乏对这种基础知识的掌握和运用,人们的思维就很难称得上是合乎逻辑的,从而也就难以有效学习和应用其他科学知识。

3. 人文性

逻辑学的人文性指的是逻辑学具有启发民智、转换观念、确立价值导向的社会文化功能,这主要是因为逻辑学"不仅作为一种人文存在(任何学科都是如此),而且学科对象本身即具有人文内容"。① 如前所述,逻辑学以研究思维的逻辑形式及其规律、规则为主要内容,以提高人的思维能力和素养为根本任务,而由逻辑规律和规则所确立与判定的逻辑原则、逻辑精神作为一种理性原则,乃是一切社会理性的基础。体现理性精神和规则意识的"'逻辑精神'既是科学精神的基本要素,也是民主法治精神的基本要素",②不仅关系并影响着个体的生存质量和价值,而且关系并影响着社会运行的质量和价值。就此而言,逻辑学应当成为"社会理性化的支柱性科学"。

以上是对逻辑学(主要是传统形式逻辑)的基本性质所作的简要分析。为进一步把握这些基本性质,下面再从传统形式逻辑与数理逻辑、辩证逻辑关系的角度作些简要的对比分析。

二、传统形式逻辑同数理逻辑、辩证逻辑的关系

1. 传统形式逻辑同数理逻辑的关系

数理逻辑是从传统形式逻辑中发展、演化出来的一门新兴的逻辑学科,是现代的形式逻辑。一百多年来,它的内容和分支有了很大的发展,并在科学技术和生产部门中得到广泛的运用。从根本上说,数理逻辑仍然是一门研究思维的形式及其规律的科学,只不过它主要是用数学方法去进行研究,因而成为形式逻辑在现当代发展的新形态,为丰富和充实形式逻辑的内容提供了丰富的养料。正由于数理逻辑是现代形态的形式逻辑,它和传统形式逻辑也

---

① 张建军:《真正重视"逻先生"》,《人民日报》,2002 年 1 月 12 日。
② 同上。

就存在着一些明显的差别。

首先，二者的研究对象并不完全相同。一方面，数理逻辑着重研究演绎推理，传统形式逻辑所研究的归纳、类比、假说等是数理逻辑所不研究或尚未充分研究的；另一方面，数理逻辑的某些内容，如公理系统的一致性、完全性、独立性和可判定性等，也是传统形式逻辑所不研究的。

其次，二者的研究方法也不尽相同。数理逻辑是用数学方法，主要是用人工的符号语言（尤其是形式语言）去研究思维的逻辑结构，即研究词项（概念）、命题（判断）以及命题间的联系即推理，构造严密的逻辑演算系统。正是在这个意义上，不少人主张把数理逻辑称为符号逻辑。而传统形式逻辑主要是用自然语言来描述和表达思维的逻辑结构，虽然它也使用某些符号，但这些符号通常也来自自然语言并且仅限于表示变项。

由于以上不同点的存在，虽然可以而且应当根据传统形式逻辑的特点，适当吸收数理逻辑的某些成果来充实和丰富传统形式逻辑的内容，但是，如果因此而认为可以把数理逻辑硬搬到传统形式逻辑中来，甚至认为可以用数理逻辑来完全取代传统形式逻辑，那也是不足取的、不适当的。

2. 传统形式逻辑同辩证逻辑的关系

辩证逻辑是研究辩证思维的形式及其规律的科学，是马克思主义哲学、唯物辩证法的逻辑职能。就此而言，它同作为非哲学学科的传统形式逻辑是性质上明显不同的两种逻辑学。相异于传统形式逻辑，辩证逻辑是一种类型完全不同的逻辑学，"包含着更广的世界观的萌芽"[①]。简单地说，它们的区别主要表现在以下两个方面：

首先，传统形式逻辑是静态地研究思维的形式结构，而辩证逻辑是动态地考察思维的形式。前者的静态研究旨在确立思维的确定性、无矛盾性、明确性和论证性，为正确思维提供必要条件，并不研究思维如何正确反映客观现实的运动、变化和发展的问题；后者动态地考察辩证思维的形式，将其看作是对现实世界辩证运动的反映和认识史的总结，旨在揭示思维形式如何正确反映客观事物的辩证法，即如何反映事物的内部矛盾、联系和转化等。

其次，传统形式逻辑研究既成的思维形式即逻辑形式，既不研究词项和命题所表达的概念和判断的形成过程，也不研究一种判断或推理怎样转化为另一种判断或推理，而这恰好是辩证逻辑着重研究的问题。正如恩格斯所指出的，辩证逻辑并不满足于"把思维运动的各种形式，即各种不同的判断形式和推理形式列举出来并且毫无联系地并列起来。相反地，辩证逻辑由此及彼地推导出这些形式，不把它们并列起来，而使它们互相从属，从低级形式发展出高级形式"[②]。

以上区别说明，传统形式逻辑与辩证逻辑是两种在研究对象与研究内容上均有所不同的逻辑学。正是这种不同决定了二者在性质上也有重要的差异：辩证逻辑是具有哲学性质

[①] 恩格斯：《反杜林论》，《马克思恩格斯选集》第三卷，人民出版社，1995年，第477页。
[②] 恩格斯：《自然辩证法》，《马克思恩格斯选集》第四卷，人民出版社，1995年，第332—333页。

的逻辑学,具有方法论的作用和职能;形式逻辑只是一门研究思维的逻辑形式的具体科学,它既不是哲学的一个部门,也不履行哲学的职能,它不是世界观,也不是方法论。当然,这些区别并不意味着传统形式逻辑和辩证逻辑是毫不相关的。由于二者是分别从不同角度、不同方面来研究思维形式及其规律,因此它们是互相区别而又存在着密切联系的,它们在统一的思维过程中,各自起着自己不同的作用,相辅相成,以实现逻辑思维逐渐向把握客观真理方向运动的共同任务。

第四节
学习逻辑学的意义和方法

一、学习逻辑学的意义

学习逻辑学的根本意义在于:它能帮助人们自觉地遵循逻辑思维的正确形式及规律去进行思维,从而提高人们的逻辑思维能力与素质,防止和避免在思维与交际过程中出现这样或那样的逻辑错误,增强逻辑思维的效率和逻辑论证的力量。这不仅对于提高每一个人的逻辑思维水平,从而提高其学习、工作效率具有直接的重要意义,对于提高我们全民族的理论思维水平和素质也具有直接的重要意义。具体地说,学习逻辑学的意义,主要有下述几点:

1. 学习逻辑学可以为人们获得推出知识(新的间接经验知识)提供必要的逻辑工具

从总体上说,人们的知识构成总包含着直接经验知识和间接经验知识,但更多的是间接经验知识。从逻辑的角度说,间接经验知识无非是以已有知识为前提通过推理而获得的一种知识,即推出知识。为了保证这种推出知识是真实的、符合客观实际的,除了要求作为前提的已有知识必须真实以外,推理的形式还必须是合乎逻辑的(有效的或合理的),否则就无法保证推出知识是真实、可靠的。就此而言,以研究推理形式的有效性与合理性为主要内容的逻辑学自然就可以为人们获得这种推出知识,即新的间接经验知识,提供必要的逻辑工具。

2. 学习逻辑学有助于人们准确表达和有效交流思想

人总是生活在社会之中,任何人都离不开要和其他人交流思想。为了有效交流思想,就必须善于准确表达思想,而这就离不开根据逻辑思维的正确形式和逻辑规律的要求来规范和组织自己的思想;如果思维不合逻辑,思想必然混乱,那就谈不上准确表达和有效交流思想了。毛泽东曾提出文章和文件都应当具有准确性、鲜明性和生动性,并认为准确性属于概念、判断和推理的问题,这些都是逻辑问题。他要求写文章和起草文件应做到概念明确、判断恰当、推理有逻辑性。这些论述不仅表明了准确表达和有效交流思想的重要性,也说明了学习逻辑学对于做到这一点的重要性和必要性。

3. 学习逻辑学有助于人们论证真理、反驳谬误和揭露诡辩

人们在学习、工作中,为了坚持和捍卫真理,不仅需要论证正确的东西,也需要揭露和批评错误的东西,同各种谬误与诡辩作斗争。而自觉地运用逻辑工具、遵守逻辑规律与规则的

要求,不仅有助于人们应用适当的、有效的逻辑形式,合乎逻辑地论证正确的思想和观点,作到论旨明确、条理清楚、论证严密而有说服力,同时也有助于人们正确地运用逻辑规律和规则,有力地揭露和批判由于违反逻辑规律和规则的要求而产生的形形色色的逻辑谬误和诡辩,使逻辑学成为论证真理、反驳谬误和揭露诡辩的有力工具。

以上各点是就逻辑学的一般意义,特别是就逻辑学作为一种思维工具而言的。就逻辑学作为一种科学知识体系来说,本教材是把传统形式逻辑作为整个逻辑学的基础来讲述,即突出传统形式逻辑实际上具有作为逻辑学导论的性质。在这个意义上,学习传统形式逻辑的意义还在于:它将为我们进一步学习逻辑学的其他分支特别是各种现代逻辑的分支,提供必要的基础知识。

二、学习逻辑学的方法

学习逻辑学最基本的方法是坚持理论联系实际,也就是把逻辑知识、原理的学习同它们在思维实际中的运用、同自己的逻辑思维的训练有机地结合起来。这一点因逻辑学的工具性而显得尤为重要。为此,我们必须把逻辑知识的学习同自己的思维实际,包括自己的学习和工作实际紧密地结合起来。一方面,要多留心在实际活动中碰到的各种逻辑问题,并自觉地应用所学过的逻辑知识和原理去分析它、解决它;另一方面,要认真思考和反省在自己的思维活动中、言语中,各种逻辑原理和规则是如何体现出来的、如何起作用的,以此来检查自己或别人的讲话、文章是否存在不符合这些原理和规则的地方。当然,还要注意自觉地应用所学过的逻辑知识和原理去揭露和批判在人们的实际交往中,在各种报刊和书籍中存在着的各种谬误和诡辩。通过上述这些方面,把学习与应用紧密地结合起来,逐步养成经常地、自觉地进行逻辑分析的习惯,以不断提高自己逻辑思维的能力和素养。这样,就能使课堂上所学到的逻辑知识和原理在实际应用中不断巩固、不断加深、不断具体化,从而使逻辑学真正成为人们在正确思维和有效交际过程中能够熟练使用的、强有力的思维工具。

练习题

一、填空题

1. 逻辑学研究思维的特点是撇开(　　　),研究(　　　)。

2. 任何一种逻辑形式都包含两个组成部分,即(　　　)和(　　　);判定一个逻辑形式属于何种类型的根据是(　　　)。

3. 根据推理前提和结论之间的联系性质,推理可以分为(　　　)和(　　　)。

4. 推理有效性的基本特征是(　　　)。

5. 一个可靠的推理应该满足的条件是(　　　)和(　　　)。

6. 逻辑学的研究对象及其特点,决定了逻辑学是一门具有(　　　)性、(　　　)性和(　　　)

性的科学。

二、单项选择题

1. 不同逻辑形式之间的区别,取决于 （ ）

A. 思维的内容 B. 逻辑常项 C. 变项 D. 语言表达形式

2. 逻辑形式"所有 S 是 P"与"有的 S 不是 P" （ ）

A. 逻辑常项与变项均相同 B. 逻辑常项与变项均不同

C. 逻辑常项相同但变项不同 D. 逻辑常项不同但变项相同

3. "凡是不敢面对批评的都不是真理,有的理论是不敢面对批评的,所以有的理论不是真理"。这个推理的逻辑形式是 （ ）

A. 所有 M 不是 P, S 是 M,所以 S 不是 P。

B. 有的 M 不是 P,有的 S 是 M,所以 S 不是 P。

C. M 是 P, S 不是 M,所以 S 不是 P。

D. 所有 M 不是 P,有的 S 是 M,所以有的 S 不是 P。

4. 一切符合人民群众根本利益的方针政策都应该坚决推行,全面深化改革符合人民群众的根本利益,所以全面深化改革应该坚决推行。

以下哪项在推理方式上与上面这段叙述最为相似? （ ）

A. 抽样调查结果显示,产权明晰的企业无一例外地提高了经济效益,因此可以认为,凡是产权明晰的企业都能提高经济效益。

B. 经过长达半年的售后跟踪调查,没有一台空调因质量问题而返修或退货,所以这批空调的质量是合格的。

C. 凡超越代理人权限所签的合同都是无效的,这份房屋买卖合同的签订超越了代理人的权限,所以是无效的。

D. 商品产量一旦超过市场需求量,就会滞销;"老板"牌皮带的产量再创历史新高,因此肯定会滞销。

三、试分析下列各段文字中"逻辑"一词的含义。

1. 优胜劣汰,适者生存,这既是生物进化的逻辑,也是市场竞争的逻辑。

2. 虽说马克思没有留下"逻辑"(大写字母的),但他留下了《资本论》的"逻辑"……

3. 鲁迅的杂文有很强的逻辑性。

4. 艾奇逊当面撒谎,将侵略写成了"友谊"……美国老爷的逻辑,就是这样。

四、下列各组命题是否具有相同的逻辑形式? 为什么?

1. "只有深入人民群众,才能了解人民群众的疾苦"和"只有理论联系实际,才能学好逻辑学"。

2. "所有甲班同学都是认真学习的"和"有的甲班同学是认真学习的"。

3."小张或者喜欢踢足球或者喜欢打篮球"与"小张既喜欢踢足球又喜欢打篮球"。

4."所有鲸都是哺乳动物"和"没有共同犯罪不是故意犯罪"。

五、试列举具有下列逻辑形式的具体命题或推理(用表达概念的语词替换大写字母、表达判断的语句替换小写字母)。

1. 有的 S 是 P。

2. p 并且 q。

3. 所有 M 是 P,所有 S 不是 M,所以所有 S 不是 P。

4. 只有 p,则 q;并非 p;所以并非 q。

六、试分析下列两个真命题,哪个为事实真? 哪个为逻辑真?

1. 所有金属都是导体。

2. 李白或者是宋代诗人或者不是宋代诗人。

第二章
词项与概念

　　逻辑学是对思维的逻辑形式及其规律、规则的研究，而词项是逻辑形式的最基本单位，是构成命题的要素，因此在讲述关于命题与推理的逻辑知识之前，必须首先考察词项。鉴于词项是表达概念的语词，逻辑学对词项的考察往往又是通过对概念的考察来进行的。

第一节
词项与概念概述

一、什么是概念

"概念"这个词,听起来好像很陌生、很抽象,其实我们每个人在学习和工作中都在广泛地使用概念。只要你想问题、讲话、写文章,就得使用概念。那么,究竟什么是概念呢?

概念是对思维对象的反映。而任何思维的对象都有其自身的性质,如形状、颜色,或者美丑、善恶等等;此外,对象之间还会发生一定的关系,如大于、位于……和……之间等等。一对象所具有的性质及其同其他对象之间的关系,统称对象的属性。任何对象都是多种属性的统一体。例如:

〔1〕在动物这一领域中,人的属性是多方面的:

A. 能思维、有语言、会制造和使用生产工具……

B. 能直立行走……

C. 能血液循环、用肺呼吸……

D. 有的人是黄头发,有的人是黑皮肤,还有的人是蓝眼珠……

与感觉、知觉、表象等感性认识的形式不同,作为理性认识(即思维)的一种形式,概念在反映对象时已经不再反映对象的现象,各个片面、外部的联系。为了形成"人"的概念,我们往往是在人的多方面属性中撇开其各种偶有属性(D),抽象出固有属性(A、B 和 C),进而把握人区别于其他动物的特有属性(A 和 B)或本质属性(A),从而形成关于人的初步概念。一般认为,能思维、有语言、会制造和使用生产工具是人这一类对象所共有的,也是人和动物这一领域中其他对象最根本的区别所在,因此"人"这个概念就是通过反映人的这一本质来反映人这一类对象的。

从逻辑学的角度说,揭示了对象的特性或本质,就能将该对象与其他对象区别开来。用特定语词把这种反映了对象特性或本质的认识巩固下来,就是逻辑学所说的概念。要言之,概念(concept)是通过反映对象的特有属性或本质属性来反映对象的一种思维形式。它是思维形式最基本的组成单位,是构成命题(或判断)、推理的要素。

二、概念、语词和词项

概念是思维用以反映对象的一种形式,但人们却无法直接接触到概念。人们所接触到的只是表达概念的语词(word and phrase)。概念必须借助语词才能形成,概念的储存、传播、交流都必须依赖于语词。不依赖于语词的"赤裸裸的概念"是不存在的。弄清楚概念和语词的关系,对于我们了解概念和语词的本质,弄清如何明确概念并准确使用概念,都是十分必要的。

就概念和语词的联系来说,任何一个概念都要借助于语词来表达。比如,"人"、"国家"

这些概念,我们就用"人"、"国家"这些汉语的语词来表达,而在别的民族语言中,比如英语中就用 man、country 这样的语词来表达。

但是,概念与语词之间并不是一一对应的。

首先,任何概念都必须通过语词来表达,但并不是所有语词都表达概念。一般来说,在汉语中,实词都表达概念,而虚词不表达概念。

其次,同一个概念往往可以用不同的语词来表达。如"医生"与"大夫"是两个不同的语词,但它们所表达的却是同一个概念。这类语词在语法学上称为同义词。

最后,一个语词在不同的语境中也可以表达不同的概念。如前所述,"逻辑"一词就既可以用来表达客观事物或思维的"规律"这个概念,也可以用来表达作为一门研究思维的形式及其规律的科学的"逻辑学"这个概念。这类语词就是语法学上所说的多义词。

如果对表达概念的语词形式的多样性不了解,在使用同义词时不知道它们表达的是同一个概念,而作一些不必要的争论,这是一种文字之争;而在使用多义词时不加区别,把一个词所表达的不同概念混淆起来,甚至用其中一个去替换另一个,这在逻辑上就是一种混淆概念的错误。

逻辑学是通过语词来研究概念的,但表达概念的语词除了包含逻辑的内容(即表达概念),也包含种种非逻辑的内容,如情感、语法等方面的因素。如果对表达概念的语词进行抽象,撇开它所包含的非逻辑内容,提取其中的逻辑内容,我们就得到了词项。这就是说,词项(term)是对表达概念的语词的逻辑抽象,并不包含这些语词的种种非逻辑的内容。

词项是逻辑学研究的对象。在传统形式逻辑中,一般指直言命题的主项和谓项,有时也指量项和联项。通常只有表达概念的语词才能充当直言命题的主项或谓项,因而可以作为词项,不表达概念的语词则不能作为词项。

由于词项和概念之间的密切联系和对应关系,作为一本导论性质的逻辑学教材,本书在讲清概念、语词和词项的上述关系后,接下来主要讲述传统形式逻辑的概念理论。

三、概念的内涵和外延

对象都有其属性和范围,相应地,作为对对象的反映,概念也有自身的内容和确定的范围。这两方面就构成了概念的内涵和外延。一般来说,概念总有其内涵和外延,二者构成了概念最基本的逻辑特征。

所谓概念的内涵(intension),也就是反映在概念中的对象的特性或本质;概念的外延(extension),亦即反映在概念中的一个个、一类类的对象。例如,"人"这个概念的内涵就是对于人区别于其他动物的特性或本质的反映,通常指能思维、有语言、会制造和使用生产工具;其外延反映的则是古今中外的所有的人。就概念与语词的关系看,"人"这个概念的内涵,也就是"人"这个语词的含义;其外延则是"人"这个语词的指称。

概念的内涵和外延是人们认识的产物,是反映在概念中的对象的特性或本质及其数量范围,因此不能把概念的内涵与对象本身的特性或本质、概念的外延与对象本身的数量范围简单地等同起来。针对某一对象的特性或本质及其数量范围,不同的认识主体往往会因不同的主客观条件的限制而形成不同的认识,亦即形成不同的概念;即便是同一主体,也可能因对象本身的发展变化或者自身认识能力的改变而对同一个对象形成不同的认识,或者说,形成不同的概念。要言之,概念的内涵与外延并不是一成不变的。

准确把握概念的内涵和外延对明确概念是非常重要的。所谓明确概念,就是明确概念的内涵和外延,不仅对概念所反映的对象究竟具有什么样的特性或本质具有明确认识,而且对该概念所反映的对象的数量范围亦有明确的认识。比如,我们在日常生活中差不多每天都会接触到各种各样的商品,使用"商品"这个语词。如果我们要判断某人在使用"商品"这个语词时对于"商品"这个概念是否是明确的,我们可以拿出手机问这个人:"这个手机是不是商品?"也可以指着办公桌上的电脑问:"这台电脑是不是商品?"这是从外延的角度来判断一个人对"商品"这个概念是否明确。

但是,商品的数量、品种非常多,我们不可能逐一地指着具体的一件件商品问:"这是不是商品?""那是不是商品?"针对这种情况,就可以从内涵的角度来判断一个人是否明确"商品"这个概念,可以向其提出问题:"什么是商品?""商品具有哪些区别其他劳动产品的特性或本质?"如果此人既能正确地回答某个对象是不是商品,又能正确地说出用来交换这一性质构成了商品区别于其他劳动产品的特性或本质,那么我们就可以初步地判断他对"商品"这个概念是明确的。反之,则可以说此人对"商品"这个概念是不明确的,或者说是不够明确的。

四、概念要明确、用词要恰当

概念明确是正确思维的一个必要条件。如果概念不明确,就意味着对思维对象的特性或本质以及数量范围没有形成明确认识,相应地,也就不能正确理解和使用表达该概念的语词,从而导致无法运用这一概念来正确地进行判断和推理,无法正确地进行思维。

要明确概念,首先涉及正确认识对象的问题。如果不能正确反映对象的特性或本质,不能准确揭示对象的数量范围,就无法形成有关对象的明确概念,也就无法借助概念将对象与别的对象正确地区别开来。据第欧根尼·拉尔修的《名哲言行录》第六卷第二章的记载:

〔2〕柏拉图曾将人定义为双足而无羽毛的动物,并因此得到赞扬;第欧根尼就将一只公鸡的羽毛拔光,然后把它拎到学校,说:"这就是柏拉图所说的人。"[①]

按柏拉图对"人"的理解,第欧根尼拎来的那只公鸡由于具有"双足而无羽毛的"这一性质,因而应该归属于人这一类对象,但这个结论显然不仅与人们已有的知识不相符合,还会扰乱人们对于人和其他动物的区别的认识。鉴于借助"双足而无羽毛的"这一性质并不能正确地将人和其他动物区别开来,可以说柏拉图还没有形成关于人的特性或本质的正确认识,因此他所提出的"人"的概念就不是一个明确的概念。

---

① 第欧根尼·拉尔修:《名哲言行录》,徐开来、溥林译,广西师范大学出版社,2010年,第271页。

其次,明确概念还涉及语言表达的问题。概念必须通过语词来表达,因此应该选择恰当的语词来使表达的概念易于理解。如果一个人用词不恰当,即便他对于概念的内涵和外延有明确的认识,也有可能因为不恰当的用词而妨碍他人准确理解其所表达的概念、所表述的思想。如某报一则新闻的标题如下:

〔3〕70 老太报名要当义工。

或许这个标题的作者自己对"70 老太"的含义是明确的,但客观上这一语词既可理解为"70 位老太",也可理解为"一位 70 岁的老太",因此在仅仅浏览标题而未阅读整篇新闻的情况下,"70 老太"这个语词究竟要表达什么样的概念就并不那么容易让人准确理解。

总的来说,为了明确概念,我们不仅要正确认识对象(这就涉及立场、观点、方法等问题),还要注意语言表达的问题(这就涉及语法、修辞等问题)。就逻辑学来说,它并不具体研究上述两方面的问题,而主要是通过讲清概念的基本逻辑特性和明确概念的基本逻辑方法,为明确概念、恰当用词提供一些必要的逻辑知识。

第二节
概念的种类

本节所讲的概念的种类,是根据概念最简单、最一般的特征对概念所进行的分类。从概念所反映的对象的数量说,可以分为单独概念和普遍概念;就概念是否反映集合体对象而言,又有集合概念与非集合概念之分;就概念反映的对象是否具有某种属性来说,还可分为正概念和负概念。辨明概念所属的种类,有助于我们准确地理解和使用概念。

一、单独概念与普遍概念

单独概念(singular concept)是反映单一对象的概念,其外延是一个特定的独一无二的对象。如:

〔4〕黄河是我们的母亲河。

〔5〕世界上最高的山峰在亚洲。

在上述两句话中,"黄河"和"世界上最高的山峰"所表达的概念就是单独概念,均指称一个特定的独一无二的对象。

单独概念通常有两种语言表达方式。其一是专有名词(proper name),如〔4〕中的"黄河";其二是摹状词(description),即通过在一类对象中揭示出其中某一分子的特有属性来指称该特定对象的语词,如〔5〕中的"世界上最高的山峰"。摹状词一般由表示唯一特性的限制词加普遍名词构成。在表达单独概念的语词前不需要也不应该有表示并非单一数量的限制词。

普遍概念(universal concept)是反映某一类对象的概念,其外延包括该类对象的每一个分子。普遍概念的外延的数量是不定的,但至少应该包括两个特定的对象。如:

〔6〕小王、小李和小张都是大学生。

〔7〕青年都要努力学习科学文化知识。

由于"大学生"和"青年"在上面两句话中所指的对象都不止一个,因此二者所表达的概念都是普遍概念。

普遍概念通常由普遍名词、动词、形容词等来表达,但在特定的语境中,专有名词也可以表达普遍概念。例如:

〔8〕1963 年 3 月 5 日,毛主席发出了"向雷锋同志学习"的号召。

〔9〕在毛主席的号召下,千万个雷锋在成长。

在〔8〕中,专有名词"雷锋"指雷锋本人,即那位 1940 年 12 月 18 日在湖南望城县出生、1962年 8 月 15 日因公殉职、原名雷正兴的解放军战士,他因全心全意为人民服务而享誉全国。但是,这个专有名词在〔9〕中已不指雷锋本人,而指许许多多雷锋式的人物,因此它所表达的就不再是一个单独概念,而是一个普遍概念。这就是说,某个语词究竟表达什么种类的概念,通常需要借助一定的语境才能确定。

二、集合概念与非集合概念

对象之间往往存在着两种不同的关系:一种是类和分子的关系;类由分子构成,构成类的分子都必然具有类的属性。另一种是集合体与个体的关系;集合体由一定数量的同类个体有机结合而成的统一体,构成集合体的个体并不必然具有集合体的属性。

集合概念(collective concept)是反映集合体对象的概念。例如:

〔10〕车辆、花卉、丛书、森林、群岛、阶级

一般来说,上述语词表达的都是集合概念,因为它们指称的都是由一定数量的同类个体所构成的有机整体,而且这些有机整体所具有的属性,其构成个体并不必然具有。例如,作为集合概念,"森林"反映的是由许多同类个体(树)组成的集合体,但构成森林的任何一个个体(如某棵树)并不必然具有森林这一集合体的属性。语法学所谓的集合名词通常表达的都是集合概念。

非集合概念(non-collective concept)是不反映集合体对象的概念。如:

〔11〕上海是大城市。

〔12〕教师是知识分子。

这里,"上海"指称的是一个独一无二的个体,"大城市"、"教师"、"知识分子"分别指称的是特定的对象的类。就这些语词均没有指称由一定数量的同类个体有机组成的集合体来说,它们表达的都是非集合概念。

从语言表达的角度说,除了集合名词,普遍名词有时也可以表达集合概念。例如:

〔13〕中国人的智力不比外国人差,中国人不是低能的,不要总以为只有外国人才干得好。要相信我们中国人自己是能干好的。

作为一个普遍名词,"中国人"在这里既不指称一个一个的中国人,也不指由所有中国人所构

成的类；由于"智力不比外国人差"、"不是低能的"等属性并不是每一个个体意义上的中国人都必然具有的属性，而只能是由许许多多的中国人构成的集合体的属性，因此"中国人"在〔13〕中表达的就是一个集合概念。

集合概念与非集合概念的区别，常常会涉及单独概念与普遍概念的区分。例如：

〔14〕深圳人是讲究效率的，"时间就是金钱，时间就是效率"的口号充分地说明了这一点。

由于"讲究效率的"这一属性并非每一个深圳人都具有，因此普遍名词"深圳人"在此指称的就是由许许多多深圳人所构成的集合体，表达的就是一个集合概念。又由于这样的集合体只有一个，因此从单独概念与普遍概念的区分看，"深圳人"在〔14〕中表达的就不是普遍概念，而是一个单独概念。这就是说，在特定的语境中，普遍名词也可以用来表达单独概念。

三、正概念与负概念

正概念（positive concept）是反映具有某种属性的对象的概念，亦称"肯定概念"。从语言表达的角度看，表达正概念的语词是不带否定词的。例如，下面两个句子中的"自行车"和"塑料"表达的就是正概念：

〔15〕自行车应在非机动车道上行驶。

〔16〕塑料是不导电的。

负概念（negative concept）是反映不具有某种属性的对象的概念，亦称"否定概念"。表达负概念的语词总是带有否定词，如〔15〕和〔16〕中的"非机动车道"、"不导电"。需要注意的是，如果不是在否定的意义下使用，即便带有"非"、"无"等字样的语词也不表达负概念。如：

〔17〕非洲　无锡　无机物　无线电　不丹　不管部长　未来

负概念反映的是不具有某种属性的对象，因此明确负概念的内涵和外延，必须联系它所处的语句或对话所论及的对象范围即论域（domain of discourse），以及它所否定的属性。如"非正义战争"总是指"战争"这一论域中那些不具有正义性的战争，而不能包括"战争"以外的别的对象。

单独概念与普遍概念、集合概念与非集合概念、正概念与负概念这三种分类，是分别从不同角度、运用不同根据对概念所做的分类，目的是为了揭示概念的多种逻辑特性。需要指出的是，就某个特定概念而言，它不能同时属于某种分类的两个对应的种类，但可以分别属于不同分类中的某个种类。

第三节
概念外延间的关系

世界是普遍联系的，反映对象的概念之间也是相互联系的。概念间的联系既表现在内涵方面，也表现在外延方面，逻辑学由于是撇开思维的内容来研究思维形式，因此主要从外延方面来讲解概念间的关系。

概念的外延是反映在概念中的一个个、一类类的对象。从外延方面来考察,两个概念所反映的对象可能是重合的,也可能是不重合的,而重合与不重合的情况也是多种多样的。为了直观地说明概念间外延的这些关系,18 世纪瑞士数学家欧勒(Leonhard Euler,亦译作"欧拉")首先用圆圈来图解两个概念在外延间的关系,这种图解法被后人称作"欧勒图解"(Euler diagram)。下面,我们将结合欧勒图解来讲解概念外延间的各种关系。

一、相容关系和不相容关系

首先,根据概念在外延上是否具有重合的情况,把概念外延间的关系分为相容关系和不相容关系。

(一) 相容关系

概念外延间的相容关系(inclusion),也就是外延至少有一部分是重合的两个概念之间的关系。相容关系进一步分为以下三种情况:

1. 同一关系

同一关系(identity)是外延完全重合的两个概念之间的关系,亦称"全同关系"或"完全重合关系"。例如:

〔18〕鲁迅是《阿 Q 正传》的作者。

〔19〕所有的等边三角形都是等角三角形。

在这两个例子中,"鲁迅"与"《阿 Q 正传》的作者"、"等边三角形"与"等角三角形"这两组概念就是分别具有同一关系的概念,因为在这两组概念中,每组概念所反映的对象是相同的,它们的外延完全重合。据此,概念 A 和 B 在外延上具有同一关系,当且仅当所有 A 是 B 并且所有 B 是 A,可以用欧勒图解表示为:

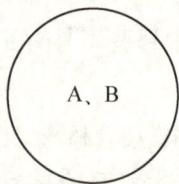

图 2-1

具有同一关系的概念是通过反映对象不同方面的属性来反映同一个对象,它们虽然外延完全重合,但内涵不尽相同,因此不同于表达同一个概念的不同语词。如:

〔20〕北京　中华人民共和国的首都

〔21〕土豆　马铃薯

"北京"与"中华人民共和国的首都"的外延完全重合,但前者的内涵远比后者丰富,后者仅仅着眼于北京与中华人民共和国之间的关系,故二者是具有同一关系的两个概念。至于"土豆"和"马铃薯",就其所表达的概念来说,外延与内涵完全相同,因而是表达同一个概念的不同语词。

由于具有同一关系的概念在外延上完全重合,即反映同一个或同一类对象,因此在讲话与写作过程中将它们互换使用以避免用词重复,往往能增加言语和文章的修辞色彩;此外,也可以将具有同一关系的概念并举使用,从而有助于多侧面地反映同一对象的不同属性。

需要注意的是,尽管具有同一关系的概念间的互换通常不会违反逻辑的要求,但并不是普遍有效的。例如:

〔22〕小王知道鲁迅是《阿Q正传》的作者,

事实上,《阿Q正传》的作者就是《中国小说史略》的作者,

所以,小王知道鲁迅是《中国小说史略》的作者。

这里,尽管"鲁迅"、"《阿Q正传》的作者"、"《中国小说史略》的作者"是具有同一关系的三个概念,而且这个推理的两个前提也是真的,但是用"《中国小说史略》的作者"来替换"《阿Q正传》的作者"所得到的结论并不必然为真,因为这个推理并不仅仅涉及概念在外延间的关系,还牵涉"知道"等内涵认知的问题。

此外,在实际思维中,还要避免犯"混淆/偷换概念"的逻辑错误,即无意或有意地把不具有同一关系的概念当作具有同一关系的概念来互换使用。例如,有这样一段文字:

〔23〕单位打来电话,说该收党费了,并报给了我一个详细数字,是按规定计算的。他们说为了省事,就从工资里扣除了,一次扣半年。我当然很高兴这样做。自从退休之后,很少去工作单位了,为了省去麻烦,党费总是这种缴法。

这里,作者一方面说从工资中扣除党费,另一方面又说自己已经退休,但"工资"指的是作为劳动报酬按期付给劳动者的货币或实物,而退休即因年老或因公致残等离开工作岗位后所按期领取的生活费,应该称作"退休金"。显然,作者在行文中误把不具有同一关系的"工资"和"退休金"当作具有同一关系的概念互换使用,犯了"混淆概念"的逻辑错误。

2. 真包含关系和真包含于关系

概念外延间的相容关系的第二种情况存在于属概念和种概念之间。在两个概念之间,如果一个概念的全部外延与另一个概念的部分外延重合,那么外延较大的概念就是属概念(genus concept),外延较小的概念则是种概念(species concept)。如:

〔24〕小说家当然是作家。

〔25〕巴金是小说家。

在前例中,"小说家"是种概念,"作家"是属概念;在后例中,"巴金"是种概念,"小说家"是属概念。可见,属概念和种概念的区分是相对的。

属概念与种概念之间的关系又可以进一步区分为真包含关系和真包含于关系,前者是属概念对种概念的关系,也叫作"属种关系"(genus-species relation);后者是种概念对属概念的关系,也可称作"种属关系"(species-genus relation)。以〔25〕为例,我们可以说"巴金"真包含于"小说家",也可以说"小说家"真包含"巴金"。属概念A和种概念B之间的这两种关系可以用欧勒图解表示为:

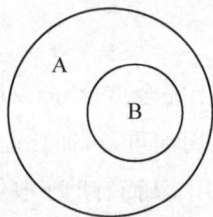

图 2-2

为了避免出现逻辑错误，必须区分概念之间的属种关系与整体—部分关系（whole-part relation）。属种关系存在于一个对象类与其子类或分子之间，反映的是对象之间一般与特殊（或个别）的关系，因此种概念必然具有属概念的所有内涵。而在逻辑上所说的整体—部分关系中，由于对象的部分并不必然具有整体的所有性质，因此反映部分的概念也就不必然具有反映整体的概念的所有内涵。从概念外延间的关系看，种概念真包含于属概念，但反映部分的概念在外延上却不真包含于反映整体的概念。例如，"眼镜"与"眼镜腿"之间是整体—部分的关系，但后者并不真包含于前者，故不能说"眼镜腿是眼镜"，只能说"眼镜腿是眼镜的一部分"；而"大学生"真包含于"学生"，因此可以说"大学生是学生"。

在日常语言中，"包含"、"包括"等语词既可用来表示概念间的属种关系，如"科学包括自然科学、社会科学、人文科学等"；也可用来表示概念间的整体—部分关系，如"华东师范大学的院系包含中文系、历史系、哲学系等"。因此，不能以是否可以运用"包含"、"包括"等语词作为标准来区分上述两种关系。如果混淆了概念间的属种关系与整体—部分关系，就会犯逻辑错误。

属种概念之间的关系是对概念进行限制、概括、定义和划分的逻辑基础。

3. 交叉关系

交叉关系（intersection）是外延有且仅有一部分重合的两个概念之间的关系，也叫作"部分重合关系"。例如：

〔26〕有的教师是劳动模范。

〔27〕有的诗人不是唐朝人。

"教师"与"劳动模范"、"诗人"与"唐朝人"之间就是交叉关系。概念 A 和 B 具有交叉关系，意味着 A 和 B 的外延有且仅有一部分是重合的，即有 A 是 B，有 B 是 A，并且有的 A 不是 B，有的 B 不是 A，可以用欧勒图解表示为：

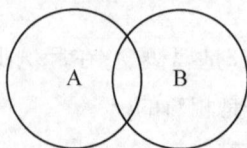

图 2-3

（二）不相容关系

概念外延间的不相容关系（exclusion），也称"全异关系"，指的是外延没有任何重合部分的两个概念之间的关系。如：

〔28〕鲸不是鱼。

〔29〕青岛不是山东省的省会。

〔30〕鲁迅不是江苏人。

在这三组概念中,"鲸"和"鱼"、"青岛"和"山东省的省会"、"鲁迅"和"江苏人"由于外延互相排斥,没有任何重合的情况,因此在外延上都是不相容关系。概念 A 和 B 具有不相容关系,当且仅当所有 A 不是 B,并且所有 B 不是 A,可以用欧勒图解表示为:

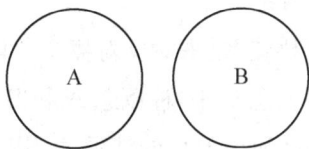

图 2-4

需要注意的是,反映整体的概念与反映部分的概念之间的关系也是不相容关系。例如:

〔31〕《阿 Q 正传》可以在《鲁迅全集》中找到。

〔32〕一年可以分为春季、夏季、秋季和冬季。

《鲁迅全集》是鲁迅各种著作所组成的集合体,《阿 Q 正传》只是构成这一集合体的一个个体,二者是整体—部分的关系,因此"《鲁迅全集》"与"《阿 Q 正传》"这两个概念在外延上并不是属种关系,而是不相容关系。同理,"一年"与"春季"之间也是整体—部分关系,二者在外延上是不相容的,我们只能说"春季是一年的一部分",不可以说"春季是一年"。

具有不相容关系的两个概念,有的属于同一论域,如"正义战争"与"非正义战争"都属于"战争"这一论域;有的则不属于同一论域,如"学校"与"青年"等。就同一论域而言,概念外延间的不相容关系又可进一步区分为以下两种类型。

1. 矛盾关系

如果两个概念的外延互相排斥,并且它们的外延之和穷尽了其属概念的全部外延,那么这两个概念在外延间的关系就是矛盾关系(contradiction)。如:

〔33〕无论是正式代表还是非正式代表,只要是代表都可以发言。

〔34〕学生分为男学生和女学生。

相对于"代表","正式代表"与"非正式代表"具有矛盾关系;在属概念"学生"之下,"男学生"和"女学生"是一对矛盾概念。因此,在属概念 C 中,种概念 A 和 B 具有矛盾关系,当且仅当 A 和 B 在外延上不相容且 A 和 B 的外延之和等于 C 的外延,可用欧勒图解表示为:

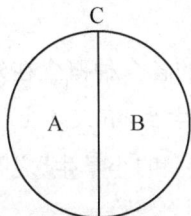

图 2-5

在具有矛盾关系的概念中,往往一个是正概念,另一个是与其相对的负概念,如〔33〕中的"正式代表"与"非正式代表";但也可以两个都是正概念,如〔34〕中的"男学生"和"女学生"。

2. 反对关系

如果两个概念的外延互相排斥,并且它们的外延之和没有穷尽其属概念的全部外延,那么这两个概念在外延间的关系就是反对关系(contrariety)。例如:

〔35〕在所有种类的花中,姐姐最喜欢梅花和桃花。

〔36〕鲁迅与茅盾都是中国著名作家。

这里,相对于"花"来说,"梅花"与"桃花"是一对反对概念;"鲁迅"与"茅盾"的外延相对于"中国著名作家"也是反对关系。在属概念 C 中,种概念 A 和 B 具有反对关系,当且仅当 A 和 B 在外延上不相容且 A 和 B 的外延之和小于 C 的外延,可用欧勒图解表示为:

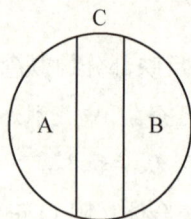

图 2 - 6

至此,不难发现,两个概念在外延上究竟是矛盾关系还是反对关系,关键在于它们相对于属概念而言是否具有排中的性质。如果具有排中的性质,则这两个概念在外延上就是矛盾关系;如果不具有排中的性质,则是反对关系。因此,要准确判别两个具有不相容关系的概念究竟是矛盾关系还是反对关系,确定其属概念(论域)非常重要。例如:

〔37〕小张和小李打乒乓,不是小张赢就是小张输。

〔38〕无论甲队与乙队的足球比赛是赢、是输、还是平,丙队都不可能得到冠军。

虽然"赢"与"输"在外延上不相容,但是由于论域不同,这两个概念在〔37〕中是矛盾关系,在〔38〕中则是反对关系。

二、并列关系与非并列关系

按照不同的根据,概念在外延上的关系可以有不同的分类。例如,按照是否是同一属概念下同层次的各个种概念之间的关系,概念外延间的关系还可以分为并列关系和非并列关系。

(一) 并列关系

并列关系是同一属概念下同层次的各个种概念在外延间的关系。如:

〔39〕参加志愿者援助活动的学生,有大学生,有中学生,还有小学生。

相对于"学生"而言,"大学生"、"中学生"和"小学生"之间就是并列关系。

并列关系包括以下两种情况:

1. 相容的并列关系

相容的并列关系指的是同一属概念下同层次的各个种概念在外延上相互交叉。例如：

〔40〕有的科学家，既是农学家，又是化学家，还是生物学家。

相对于"科学家"这一属概念，"农学家"、"化学家"和"生物学家"属于同一层次的种概念且外延相互交叉，故是一组具有相容的并列关系的概念。其欧勒图解如下：

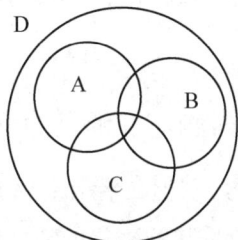
图 2-7

2. 不相容的并列关系

不相容的并列关系指的是同一属概念下同层次的各个种概念在外延上互相排斥，没有任何重合的部分。如：

〔41〕张老师的教师系列专业技术职称不可能既是讲师，又是副教授，还是正教授。

相对于"教师系列专业技术职称"这一属概念，"讲师"、"副教授"和"正教授"这三个概念之间就具有一种不相容的并列关系。其欧勒图解如下：

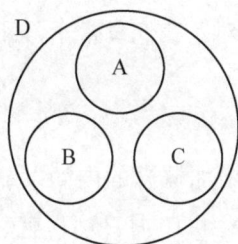
图 2-8

从并列关系的角度看，概念外延间的矛盾关系和反对关系可以看作是不相容的并列关系的两种特殊情况。

（二）非并列关系

非并列关系，顾名思义，就是并非处于同一属概念下同层次的各个种概念在外延间的关系，也就是一般所说的属概念与种概念之间的关系，即真包含关系或真包含于关系。例如：

〔42〕香蕉是一种水果。

这里，"香蕉"与"水果"在外延上就是一种非并列关系，更确切地说，"香蕉"真包含于"水果"，或者，"水果"真包含"香蕉"。在具体使用时，一般不能把具有非并列关系的概念当作具有并列关系的概念来加以使用。

第四节
概念的限制和概括

概念要明确,或者说,对概念的内涵和外延要形成明确的认识,是逻辑学的基本要求之一。以下各节将分别介绍一些常见的明确概念的逻辑方法。在本节中,首先介绍概念的限制和概括。

一、具有属种关系的概念在内涵与外延上的反变关系

内涵和外延是概念的两个不同方面,但二者有着密切的联系。在具有属种关系的概念之间,通常一个概念的内涵越多(即所反映的对象的特性或本质越多),这个概念的外延就越小(即所反映的对象的数量就越小);反之,如果一个概念的内涵越少,那么这个概念的外延就越大。具有属种关系的概念的内涵与外延在数量上的这种相互制约的关系就是内涵与外延的反变关系(the inverse variation of intension and extension)。

例如,"动物"和"脊椎动物"是具有属种关系的两个概念,就外延而言,"动物"的外延比"脊椎动物"的外延大;就内涵来说,"动物"反映的是对象具有"有生命"、"能移动身体"等性质,而"脊椎动物"不仅反映对象"有生命"、"能移动身体"等性质,还反映对象在生理构造上"具有一条脊椎骨"这一性质,故其内涵比"动物"的内涵多。

具有属种关系的概念在内涵和外延上的反变关系,是对概念进行限制和概括的逻辑根据。正确把握并自觉运用这种关系,对于我们日常学习和工作都有积极的意义。

二、概念的限制

概念的限制(restriction)是通过增加概念的内涵以缩小其外延,即由属概念过渡到种概念来明确概念的一种逻辑方法。1948年10月26日,就《关于东北经济构成及经济建设基本方针的提纲》文件的起草,毛泽东致信刘少奇,建议:

〔43〕在第29页上,"决不可采取过早地限制私人资本经济的办法",改为"决不可过早地采取限制现时还有益于国计民生的私人资本经济的办法"。①

通过在"私人资本经济"这一概念已有内涵的基础上再增加"现时还有益于国计民生的"这一内涵,毛泽东对"私人资本经济"这一概念进行了限制,得到了"现时还有益于国计民生的私人资本经济"这个新概念,从而更为准确地表述了当时东北解放区在经济建设领域拟限制的对象。相对于"私人资本经济"而言,"现时还有益于国计民生的私人资本经济"就是它的一个种概念。

对一个外延较大的概念,可以进行多次限制。至于究竟限制到哪一个外延较小的概念

---

① 毛泽东:《致刘少奇(1948年10月26日)》,《毛泽东书信选集》,中央文献出版社,2003年,第281页。

才算达到明确概念的目的,则取决于人们在表达和交流思想的具体需要。由于限制是从属概念过渡到种概念,这就要求被限制的概念必须是普遍概念;而单独概念反映的是独一无二的对象,对这种概念不必也不能加以限制,因此单独概念是限制的极限。

对外延较大的概念进行必要的限制,能够缩小认识的范围,使认识具体化,但是缩小认识范围的思维过程不都是限制。例如,从"华东师范大学"过渡到"华东师范大学哲学系",虽然认识范围缩小了,但这是从反映整体的概念过渡到反映部分的概念,而不是从属概念过渡到种概念的限制。

对概念进行限制,在语言形式上通常表现为增加限定词,如〔43〕。不过,也有不通过增加限定词而进行的限制。著名翻译家傅雷在儿子傅聪第一次出国时临别赠言:

〔44〕第一,做人;第二,做艺术家;第三,做音乐家;最后才是钢琴家。①

这里,从"人"到"艺术家",再到"音乐家",最后到"钢琴家"的连续限制,就不是通过增加限定词来实现的。可见,是否是概念的限制,还是应依据逻辑标准来判定,看其是否是通过增加内涵来缩小外延,是否是从属概念过渡到种概念。

需要指出的是,概念的限制在语言上通常表现为增加限定词,但增加限定词的并不都是限制。有时,人们在表达单独概念的语词前面会加上某种限定词,但这仅仅是通过揭示这个单独概念某一方面或某些方面的内涵来突出和强调它所反映的对象的某种或某些属性,并没有通过增加内涵来缩小其外延,因此不能把这种情况视为限制。例如,"勤劳勇敢的中华民族"、"雄伟的天安门",仅仅是在突出和强调中华民族、天安门的某种固有属性,不能将其视为对"中华民族"、"天安门"的限制。

为了达到明确概念的目的,概念的限制必须根据概念本身的逻辑特性和具体论域来进行,否则就有可能犯"限制不当"、"缺乏限制"的逻辑错误。例如:

〔45〕遵照死者生前遗愿,丧事从简。

〔46〕虽然今年碰上百年不遇的洪水,但经过广大干部群众的努力,终于保住了丰收,而且粮食产量还超过了任何一年。

"遗愿"指的是生前没有实现的愿望,例〔45〕用"生前"去限制"遗愿",使人觉得遗愿似乎有生前遗愿和死后遗愿之分,反而使"遗愿"这一概念变得不明确了,因此犯了"限制不当"的逻辑错误。例〔46〕则犯了"缺乏限制"的逻辑错误,因为其中的"任何一年"外延过宽,可以指过去、现在或将来的任何一年,应当加以适当的限制,如将其限制为"历史上的任何一年"。

三、概念的概括

概念的概括(generalization)是通过减少概念的内涵以扩大其外延,即由种概念过渡到属概念来明确概念的一种逻辑方法。例如,鲁迅在《战士和苍蝇》一文中写道:

〔47〕谁也没有发现过苍蝇们的缺点和创伤。然而,有缺点的战士终竟是战士,完美

---

① 参见华韬:《记傅聪的两次谈话》,《音乐艺术》1982 年第 4 期。

的苍蝇也终竟不过是苍蝇。①

这里,从"有缺点的战士"过渡到"战士"、从"完美的苍蝇"过渡到"苍蝇",就是概念的概括。

在表达和交流思想的过程中,如果对某些概念进行必要的概括,就可以扩大认识的范围或表现对象的共性,从而加深对这些概念的理解。在一定范围内,对一个外延较小的概念可以进行连续概括。由于范畴是某一科学体系中外延最广的概念,因此对一个特定的论域来说,关于该论域的科学体系中的基本范畴就是对这一学科中的概念进行概括的极限。如果继续概括下去,就会超出该学科的论域,反而达不到明确概念的目的。

在语言形式上,概念的概括通常表现为减少限定词,但也不尽如此。例如:

〔48〕圣西门的猜测虽然是天才的猜测,但终究只是猜测。②

〔49〕你们不能用我的车,不能享受你们不应享受的东西。

前一例中,把"圣西门的猜测"概括为"天才的猜测",表现为改变限定词,而把"天才的猜测"概括为"猜测",则表现为减少限定词。在后一例中,从"用我的车"到"享受你们不应享受的东西"的概括,则完全改变了概念的语词形式。因此,判定一个思维过程是否是概念的概括,归根结底应当考察这一过程是否是通过减少内涵来扩大外延、是否是从种概念过渡到属概念。

与概念的限制一样,概括也必须根据概念的逻辑特性和具体论域来进行,否则就会犯"概括不当"的逻辑错误。例如:

〔50〕不随地吐痰是一种高尚的共产主义品德。

〔51〕放暑假了,爸爸买了笔、墨、纸、字帖等许多文具,嘱咐我要好好练字。

把"不随地吐痰"概括为"良好的卫生习惯"或者"社会公德"是恰当的,但概括为"高尚的共产主义品德"就过分了,犯了"概括不当"的逻辑错误。同样地,"字帖"和"文具"之间并不具有种属关系,将其前者概括为后者,也属于概括不当。

第五节
定　义

一、定义及其结构

前面已经讲过,明确概念就是明确概念的内涵和外延。而明确一个概念的内涵,就是去明确这个概念所反映的对象的特性或本质。定义就是一种常见的明确概念内涵的逻辑方法。简单地说,定义(definition)就是一种用简明的形式来揭示概念所反映的对象的特性或本质的逻辑方法。例如:

---

① 鲁迅:《战士和苍蝇》,《鲁迅全集》第三卷,人民文学出版社,2005年,第40页。
② 参见列宁:《帝国主义是资本主义的最高阶段》,《列宁选集》第二卷,人民出版社,1995年,第688页。

〔52〕弦乐器就是以弦为主要发音条件的乐器。

〔53〕人们在生产过程中结成的社会关系就是生产关系。

上述两个语句以简明的形式分别揭示了弦乐器和生产关系的特性或本质,也就是给出了关于"弦乐器"和"生产关系"这两个概念的定义。

虽然定义的具体内容会因需要明确其内涵的概念的不同而千差万别,其语言表达形式也不尽相同,但定义的逻辑结构却是相同的。任何定义都由以下三部分构成:

被定义项(definiendum)是需要明确其内涵的概念,一般记作 Ds,如例〔52〕中的"弦乐器"。

定义项(definiens)则是用来明确被定义项内涵的概念,一般记作 Dp,如例〔52〕中的"以弦为主要发音条件的乐器"。

定义联项是表示被定义项与定义项的逻辑关系并联结二者的概念,如例〔52〕中的"是"。在现代汉语中,定义联项的常见语词形式还有"……就是……"、"……即……"、"……叫作……"等。

定义的一般形式可表述为:

Ds 就是 Dp

前面已经讲过,任何对象都是多种规定性的统一,针对某一对象的特性或本质及其数量范围,不同的主体、不同的科学往往会因不同的主客观条件的限制而形成不同的认识,形成不同的概念;即便是同一主体,也可能因对象本身的发展变化或者自身认识能力的改变而对同一个对象形成不同的概念。既然针对同一个对象可以形成不同的概念,那么反映该对象的不同概念,其定义也就彼此不同。例如,化学着眼于水的成分来形成"水"的概念,并将后者定义为"水是分子式为 H_2O 的化合物";物理学则侧重于从水的物理特性来形成"水"的概念,其定义则是"水是在一个大气压下沸点为 100℃、冰点为 0℃,比重为 1,密度在 4℃时最大的一种无色、无味的透明液体。"又如,在人文社会科学领域,由于所持有的价值观、政治立场、理论基础等等不尽一致,人们对于民主、自由、正义、平等等价值往往会形成不同的概念,给出不同的定义。

虽然"我们讨论问题,应当从实际出发,不是从定义出发"[①],因此决不能用定义来代替对象的具体分析,而且一个定义也不可能把概念所反映的对象的所有特性或本质都揭示出来,但是,就其能够揭示对象某一方面的特性或本质而言,定义无疑是总结和巩固人们认识成果的重要方式,是检验人们所用概念是否明确的重要方法,也是人们学习新知识的重要途径。

二、定义的种类和方法

在传统逻辑看来,定义主要有两种类型:实质定义和语词定义。

---

① 毛泽东:《在延安文艺座谈会上的讲话》,《毛泽东选集》第三卷,人民出版社,1991 年,第 853 页。

（一）实质定义

实质定义，又称真实定义（real definition），是揭示概念所反映的对象的特性或本质的定义。例〔52〕〔53〕关于"弦乐器"、"生产关系"的定义，就是实质定义。

怎样给一个概念下定义才能揭示这个概念的内涵，即揭示出这个概念所反映的对象的特性或本质呢？最常见的一种下定义方法是属概念加种差的方法。

首先，确定被定义项的属概念，即确定被定义项所反映的对象在什么论域内与哪些对象相区别。列宁就曾指出："下'定义'是什么意思呢？这首先就是把某一个概念放在另一个更广泛的概念里。"[1]以〔52〕为例，在给"弦乐器"下定义时，我们首先对"弦乐器"进行概括，将其归入"乐器"这个外延更大的概念中。这里，"乐器"是属概念，"弦乐器"是种概念。由此，我们就初步认识到弦乐器是乐器，而不是乐器之外的其他别的东西。不过，这样的认识还没有揭示出弦乐器这一类对象的特性或本质，借助这一认识还不能把弦乐器跟其他种类的乐器区别开来。

其次，找出种差（difference），即在属概念之下被定义项与其他种概念在内涵上的差别。种差所揭示的就是被定义项所反映的对象区别于其他对象的特性或本质。例如，"以弦为主要发音条件"这一性质，就构成了弦乐器区别于一切其他乐器的种差。只有当我们不仅知道弦乐器包含在乐器之中，而且知道弦乐器与一切其他乐器的根本区别在于它是以弦为主要发音条件时，我们才能正确揭示弦乐器这一类对象的特性或本质，明确"弦乐器"这一概念的内涵。也只有在这个时候，我们才能给出"弦乐器"的科学定义：弦乐器就是以弦为主要发音条件的乐器。

由上述方法得到的实质定义就是属加种差定义（definition by genus and difference），其形式可以表述为：

被定义项 ＝ 种差＋邻近的属概念

由于任何对象都是多种属性的统一体，从不同的认识需要和认识角度出发，对象之间会显现出不同的差别，因此属加种差定义也具有多种表现形式。常见的属加种差定义有以下几种类型：

1. 性质定义

性质定义就是以被定义项所反映的对象的特有性质为种差的定义。例如：

〔54〕氧是核电荷为 8 的元素。

〔55〕数学是研究现实世界的空间形式和数量关系的科学。

2. 发生定义

发生定义就是以被定义项所反映的对象的发生原因或形成过程为种差的定义。如：

〔56〕圆是平面上绕一定点作等距离运动所形成的封闭曲线。

〔57〕日食是因运行到地球与太阳之间的月球的遮挡而形成的太阳暂时失光的天文

---

[1] 列宁：《唯物主义和经验批判主义》，《列宁选集》第二卷，人民出版社，1995 年，第 107 页。

现象。

3. 功用定义

功用定义就是以被定义项所反映的对象的特有功能、作用为种差的定义。例如：

〔58〕气压计是用来测量大气压力的物理仪器。

〔59〕粒子对撞机是一种通过两束相向运动的粒子束对撞的方法提高粒子有效相互作用能量的试验装置。

4. 关系定义

关系定义就是以被定义项所反映的对象与其他对象的特有关系为种差的定义。如：

〔60〕叔叔是与父亲辈分相同而年龄较小的男子。

〔61〕质数就是只能被1和自身整除的大于1的自然数。

由于属加种差定义是一种揭示种概念内涵的逻辑方法，而范畴是某一科学体系中外延最广的概念，即该科学体系中最大的属概念，因此范畴不能用属概念加种差的方法来定义。此外，单独概念所反映的是独一无二的对象，而后者与其他对象的差别难以用简明的形式加以揭示和概括，因此，单独概念一般来说也不宜用属概念加种差的方法来定义。这就是说，属加种差定义虽然最为常见，但也有其局限，并非对所有的概念都适用。

（二）语词定义

由于概念总是通过语词来表达，所以明确概念往往又跟明确语词的含义有关。语词定义（nominal definition）就是一种揭示语词含义（亦即表达什么概念）的逻辑方法。在一个特定的论域中，每个语词的含义必须是明确的，因此给语词下定义有助于明确该语词所表达的概念。语词定义虽然不直接揭示概念的内涵，但是进一步明确概念的前提或者说辅助方法。

语词定义的被定义项是语词本身，其形式可以表述如下：

"Ds"意指 Dp

语词定义主要有以下两种类型：

1. 说明的语词定义

说明的语词定义，又称"词典定义"（lexical definition），是对一个语词已经被确定的含义进行说明。例如：

〔62〕"大辟"，古代指死刑。

〔63〕"单方"，也作"丹方"，指民间流传的药方。

2. 规定的语词定义

规定的语词定义（stipulative definition）是对一个语词规定某种含义，大致可以区分出三种情况：或者确定新近使用的语词的含义，如〔64〕；或者赋予现有语词以新的含义，如〔65〕；或者在现有语词的多种含义中确定所选用的含义，如〔66〕。

〔64〕"绿色食品"，不是指绿颜色的食品，而是指无公害、无污染的安全营养型食品。

〔65〕实事求是，"实事"就是客观存在着的一切事物，"是"就是客观事物的内部联系，即规律性，"求"就是我们去研究。

〔66〕在本招股说明书中,"美元现汇"的含义是:从外国或香港、澳门、台湾地区汇入以及境内的外商独资企业或外国人、港、澳、台同胞汇入境内的美元(不包括信用卡、旅行支票)。

三、定义的逻辑规则

为了使定义能够明确揭示概念的内涵,下定义时必须遵守以下四条逻辑规则:

1. 相称性规则:定义项与被定义项的外延必须重合

定义项与被定义项必须在外延上具有同一关系,否则定义项就不能正确地把被定义项所反映的对象与别的对象区别开来,或者说不能正确地揭示被定义项的内涵。违反相称性规则的要求,会犯"定义不相称"的逻辑错误,其主要表现是"定义过宽"与"定义过窄"。

所谓定义过宽(too-wide definition),就是定义项的外延大于了被定义项的外延,纳入了实际上并不属于被定义项外延的对象。例如:

〔67〕哺乳动物是有肺部并要呼吸空气的脊椎动物。

事实上,有肺部并要呼吸空气的脊椎动物除了哺乳动物,还包括爬行动物、鸟类等,因此定义项"有肺部并要呼吸空气的脊椎动物"的外延大于了被定义项"哺乳动物"的外延,这一定义犯了"定义过宽"的逻辑错误。

所谓定义过窄(too-narrow definition),就是定义项的外延小于了被定义项的外延,将实际上属于被定义项外延的某些对象排除在外了。例如:

〔68〕宗教信仰自由就是信仰某种宗教的自由。

宗教信仰自由,首先是信仰宗教的自由和不信仰宗教的自由,其次才是信仰这种宗教或那种宗教的自由。由于上述定义只讲了后一层次的情况,即定义项"信仰某种宗教的自由"的外延小于了被定义项"宗教信仰自由"的外延,因此犯了"定义过窄"的逻辑错误。

2. 独立性规则:定义项在语词形式上不应该直接或间接包含被定义项

给概念下定义,就是用定义项去说明被定义项的内涵,这就要求定义项是一个独立于被定义项的、明确的概念。如果定义项在语词形式上直接或间接地包含被定义项,这就意味着定义项本身不独立、不明确,用它去说明被定义项,被定义项的内涵也就无法得到明确。一个定义如果违反了独立性规则的要求,就会犯"同语反复"或"循环定义"(circular definition)的逻辑错误。

所谓同语反复,就是在表述定义项的语词中直接包含了表述被定义项的语词。例如:

〔69〕主观主义者就是主观主义地观察和处理问题的人。

这个定义用"主观主义"来说明"主观主义",等于什么也没有说,实际上就是同语反复。有时,表达定义项的语词在形式上虽不同于表达被定义项的语词,但其语义相同,也会犯"同语反复"的逻辑错误。如:

〔70〕偶数就是双数。

这一定义用"双数"来说明"偶数",其实质也是同语反复,并没有揭示"偶数"的内涵。

所谓循环定义,就是表达定义项的语词间接地包含了表达被定义项的语词。例如:

〔71〕太阳就是在白昼发光的星球。

就语词形式而言,定义项"白昼发光的星球"并没有直接包含被定义项"太阳",但是进一步追问"白昼"是什么意思,可以发现:

〔72〕白昼就是太阳照射在地球上的那段时间。

再将〔72〕与〔71〕结合起来,可得:

〔73〕太阳就是在太阳照射在地球上的那段时间里发光的星球。

这就说明在〔71〕中,定义项"白昼发光的星球"虽然没有直接包含但实际上间接地包含了被定义项"太阳",借助前者并不能明确后者的内涵。"循环定义"通常存在于相互包含的两个或两个以上的定义之中,其错误可能不如"同语反复"那样容易被识别出来。

3. 清晰性规则:定义项不能包括含混的概念,不能用隐喻

定义项是用来明确被定义项的内涵的,这就要求定义项本身所使用的概念必须是明确的、容易理解的,不能包含含混的概念。违反这一规则的要求所犯的逻辑错误叫作"含混定义"(vague definition)。例如:

〔74〕作为革命行动体系的列宁主义,就是由思维和经验养成的革命嗅觉,这种社会领域里的嗅觉,如同体力劳动中肌肉的感觉一样。[①]

在这一定义中,定义项所包含的"革命嗅觉"、"体力劳动中肌肉的感觉"等都是相当含混的概念,由此造成定义项不能明确揭示被定义项"列宁主义"的内涵,犯了"含混定义"的逻辑错误。

此外,定义不能使用隐喻。虽然隐喻能形象而深刻地揭示对象的某些方面的特征,但它并不能直接明确揭示概念的内涵。如:

〔75〕书是人类进步的阶梯。

〔76〕儿童是祖国的花朵。

尽管这两句话很形象,意义也很深刻,但"人类进步的阶梯"、"祖国的花朵"并没有明确揭示书与其他类型的知识载体、儿童与其他年龄段的人们之间的差别,也就是说,没有明确揭示被定义项"书"、"儿童"的内涵,因此〔75〕〔76〕作为定义是不恰当的。如果将其视为定义,就犯了"比喻定义"(figurative definition)的逻辑错误。

4. 肯定性规则:定义联项必须是肯定的

给一个概念下定义,旨在明确这个概念的内涵,即回答"Ds 是什么"的问题,为此就必须正面揭示它所反映的对象究竟是什么样的对象,具有何种特性或本质。如果一个定义的联项是否定的,即"Ds 不是什么",这就意味着这个定义只能说明被定义项所反映的对象不是什么,于是难以达到明确其内涵的目的。因为一个对象除了是它本身以外,它不是世界上其他的一切对象,而后者是列举不完的。例如:

---

① 这是托洛茨基对"列宁主义"的定义,转引自斯大林:《论我们党内的社会民主主义倾向》,《斯大林全集》第八卷,人民出版社,1954 年,第 244 页。

〔77〕商品不是供生产者自己使用的劳动产品。

〔78〕上层建筑不是经济基础。

上述两例均违反了肯定性规则的要求,犯了"否定定义"(negative definition)的逻辑错误。

　　需要指出的是,尽管上述四条规则是下定义时必须遵守的,违反其中任何一条的定义都是包含逻辑错误的定义,但仅仅遵守这些规则对于作出一个正确的定义来说仍然是不够的。要作出一个正确的定义,还必须具有概念所反映的对象的具体知识。不过,由于传统逻辑并不能提供逻辑学之外的其他论域中的对象的具体知识,因此要获得具体知识,形成关于对象的特性或本质的正确认识,就必须对对象进行认真的、周密的调查研究。不能认为只要掌握了几条定义的逻辑规则就能对概念作出正确的定义。

第六节
划　　分

一、划分及其结构

　　要明确一个概念,除了可以借助定义来揭示其内涵,还可以通过了解其外延来明确这个概念。在各种各样的概念中,有的概念外延很小,可以运用列举的办法——指出其所反映的对象来明确其外延;有的概念外延很大甚至是无限的,如果要用列举的办法来明确其外延可能就不必要或者是根本不可能,这时就需要用划分的方法。

　　所谓划分(division),就是以对象的某种属性为标准,将反映该对象的概念分成若干个种概念,以明确其外延的逻辑方法。例如:

　　〔79〕地震按其成因,可分为三种:构造地震、陷落地震和火山地震。

　　〔80〕根据是否与当事人存在血亲或姻亲关系,继承法上所说的子女,包括婚生子女、非婚生子女、养子女和有扶养关系的继子女。

"地震"与"继承法上所说的子女",其外延都难以用——列举的方式来明确。例〔79〕以地震的形成原因为标准,将"地震"分成"构造地震"、"陷落地震"和"火山地震";例〔80〕以是否与当事人存在血亲或姻亲关系为标准,把"继承法上所说的子女"分为"婚生子女"、"非婚生子女"、"养子女"和"有扶养关系的继子女",这样就使人们对"地震"和"继承法上所说的子女"这两个概念的外延有了比较明确的理解。究其实质,划分是通过在思想上把一个属概念所反映的对象分为若干个小类来明确这个属概念的外延。

　　单独概念反映的是独一无二的对象,对这种概念进行划分显然既无必要也不可能,因此单独概念是划分的极限。换句话说,划分只适用于普遍概念。

　　任何划分都由以下三个要素构成:

　　划分的母项,即被划分的概念,也就是需要通过划分来明确其外延的那个概念,如例〔79〕中的"地震"。

划分的子项,即划分后所得到的概念,也就是用来明确母项外延的那些概念,如例〔79〕中的"构造地震"、"陷落地震"和"火山地震"。

划分的标准,也称"划分的根据",即把母项分为若干子项的根据,如例〔79〕的划分标准就是地震的形成原因。划分的标准有时在表示划分的语句中可以被省略。从内容上看,划分的标准也就是母项所反映的对象的某种属性。由于对象总是多种属性的统一体,因此划分的标准并不是唯一的。基于不同的需要而采用不同的标准对同一概念进行不同的划分,可以揭示母项不同方面的外延,具有不同的认识意义。至于选择对象的何种属性作为划分标准,则取决于实际的需要。如:

〔81〕戏剧,根据其艺术形式和表现手法的不同,可以分为话剧、歌剧和舞剧;根据剧情的繁简和结构的不同,可以分为独幕剧和多幕剧;根据题材所反映的时代的不同,可以分为现代剧和历史剧;根据矛盾冲突的性质和结局的不同,可以分为喜剧和悲剧。

在日常语言表达中,划分和分解(resolution)具有近似的形式:

A 可以分为 A_1, A_2, ..., A_n。

但划分不同于分解,不能将二者混淆。

划分是将母项分成若干子项,其基础是概念间的属种关系;被划分的母项是属概念,划分后得到的子项是种概念,故可断定"A_1 是 A"。

分解则是在思想上把一个对象分成若干组成部分,其基础是整体与部分的关系;被分解的是反映整体的概念,分解后得到的是反映其组成部分的概念。在分解中,A_1, A_2 等是 A 的组成部分,并不必然具有 A 这个整体的所有属性,因此不能断定"A_1 是 A"。如:

〔82〕地球可以分为南半球和北半球。

〔83〕主谓句可以分为主语和谓语。

"地球"是单独概念,不能被划分,故"南半球"、"北半球"只是反映地球组成部分的概念,例〔82〕是分解,不是划分。主语、谓语只是主谓句的组成部分,我们不能说"主语是主谓句"、"谓语是主谓句",故例〔83〕也不是划分,而是分解。

二、划分的种类和方法

(一) 一次划分和连续划分

根据划分层次的不同,划分可以分为一次划分和连续划分。

所谓一次划分,就是只包含母项和子项两个层次的划分。例〔79〕〔80〕均是一次划分。

所谓连续划分,就是并非只有母项和子项两个层次的划分,而是把分得的子项的全部或部分再作为母项划分为更小的子项的划分。如:

〔84〕刑罚可以分为主刑和附加刑。主刑又分为管制、拘役、有期徒刑、无期徒刑和死刑,附加刑分为罚金、没收财产和剥夺政治权利。

连续划分有助于人们比较完整地把握概念的外延及其层次关系。至于对概念是否需要进行连续划分,以及连续划分究竟要进行多少次,则要根据明确概念外延的实际需要来决定。

（二）二分法和非二分法

根据子项在外延间关系的不同，划分可以分为二分法和非二分法。

二分法（dichotomy）就是以对象有无某种属性作为划分标准所进行的划分。例如：

〔85〕根据战争是否具有正义性，可以将战争分为正义战争和非正义战争。

二分法的特征是：每次划分所得到的子项只有两个；其中一个是正概念，另一个是负概念；它们是矛盾关系。不具有这些特征的划分就是非二分法。例如：

〔86〕概念可以分为单独概念和普遍概念。

〔87〕生物可以分为动物、植物和微生物。

前者的子项并非是一个正概念，一个负概念；后者的子项多于两个，因此这两个划分均是非二分法。

由于负概念只反映不具有某种属性的对象，因此二分法所得到的那个负概念，其外延仍然是不明确的，即不清楚它究竟反映哪些具体的对象，这些对象又具有什么样的属性。不过，为了突出具有某种属性的那部分对象，人们还是经常使用二分法。如：

〔88〕出席这次会议的代表中有 45% 是妇女代表。

这个例子表述了"代表"按二分法分成"妇女代表"和"非妇女代表"后，对妇女代表的人数比例进行统计的结果，它突出了妇女代表这部分对象，明确了"妇女代表"的外延情况。

（三）分类

分类（classification）与划分既联系，也有区别。就二者的联系说，划分是分类的基础，分类是划分的特殊形式。任何分类都是划分，但不是所有的划分都是分类。二者的区别主要表现为：

第一，标准不同。可以把对象互相区别开来的一切属性都可作为划分的标准，但分类必须以对象的本质属性或显著特征为标准。

第二，作用不同。划分既可用于科学领域，也可满足日常实践的需要，而分类主要用于科学研究。在分类中，各个层次的子项都比较稳定，在整个分类系统中的位置也比较固定，有助于科学知识的系统化，因而分类的结果具有长远的意义。

三、划分的逻辑规则

为了使划分能够起到明确概念外延的作用，划分必须遵守以下四条逻辑规则：

1. 相称性规则：划分所得诸子项外延之和应与母项外延完全重合

违反这条规则的要求，就会犯"划分不相称"的逻辑错误，常见的表现有"划分不全"和"多出子项"。例如：

〔89〕直系亲属包括祖父母、外祖父母、父母、配偶、子女、同胞兄弟姐妹和孙辈。

〔90〕直系亲属包括父母和子女。

这两个划分均犯了"划分不相称"的逻辑错误。前者多出了"祖父母"、"外祖父母"、"同胞兄弟姐妹"和"孙辈"这些子项，其错误属于"多出子项"；后者则缺少了"配偶"这一子项，其错误属于"划分不全"。

如果混淆了划分与分解,那么"以分解为划分"的错误也是"划分不相称"的表现。如:

〔91〕老师:请对"桌子"这个概念进行划分。

学生:桌子可以分为桌面和桌腿。

将"桌子"分为"桌面"和"桌腿"是分解,而不是划分。学生以这个分解来回答老师所提出的对"桌子"进行划分的要求,就犯了"以分解为划分"的逻辑错误。

2. 相斥性规则:每次划分得到的诸子项之间应互相排斥

违反这条规则的要求,会犯"子项相容"的逻辑错误,即在同一次划分中有子项外延重合的错误。划分所得的子项外延如果不相互排斥,就会使得有一些母项所反映的对象既属于这个子项,又属于那个子项,从而不能明确母项的外延。例如:

〔92〕最近,由美国进步研究中心和《外交政策》杂志联合进行的一项调查结果显示,美国的反恐战争成效不佳。调查对象是包括共和党人、民主党人、温和派、开明派和保守派在内的 100 多位深受尊敬的对外政策与国家安全专家。

这段文字将"调查对象"分为"共和党人"、"民主党人"、"温和派"、"开明派"和"保守派",由于前两个子项与后三个子项的外延并未相互排斥,因此这一划分犯了"子项相容"的逻辑错误。

3. 同一性规则:每次划分的标准应该同一

如果划分违反了这条规则的要求,就会犯"混淆标准"的逻辑错误,即在同一次划分中分别运用了多个划分标准。如:

〔93〕这次展出的数百种工艺精品,一部分是出口工艺品,一部分是内销工艺品,还有一部分是新近开发的旅游工艺品。

上述划分同时使用了两个标准,一是工艺品的销路,二是工艺品的内容或品种。一件工艺品很可能既是旅游工艺品又是内销工艺品,显然这一划分无助于明确"工艺品"的外延。

需要指出的是,如果在一次划分中,把对象的几种属性组合成一个标准来对其进行划分,如例〔81〕;或者,在连续划分中,对不同层次的划分采用不同的标准,如例〔84〕,均不算是违反同一性规则的要求。

4. 层次性规则:每次划分所得诸子项之间应是并列关系

违反这条规则的要求,就会因模糊了母项外延的层次关系而犯"混级划分"的逻辑错误,即在划分所得的子项中包含了与其他子项非属同一层次的种概念。例如:

〔94〕对待传统文化,无非三种方法:该继承的继承、该抛弃的抛弃,该扬弃的扬弃。

由于"扬弃"与"继承"、"抛弃"并不处于同一层次,前者同时包括了继承和抛弃两个方面,所以这个划分模糊了母项外延的层次关系,犯了"混级划分"的逻辑错误。

上述四条规则是互相联系的,如果违反其中一条规则,就有可能同时违反另一条规则。例如,〔93〕就同时违反了相斥性规则和同一性规则,犯了"子项相容"与"混淆标准"的逻辑错误。

与定义的逻辑规则类似,遵守划分的规则也只是明确概念外延的必要条件。要对概念作出正确的划分,还必须具备相应的有关概念所反映的对象的具体知识。

✎ 练习题

一、填空题

1. 概念的基本逻辑特征是概念总有( )和( )。

2. 若所有 S 不是 P,则 S 与 P 在外延间的关系是( )关系;若所有 S 是 P,则 S 与 P 在外延间的关系可能是( )关系,也可能是( )关系。

3. 从概念外延间的关系看,"教师"和"知识分子"具有( )关系,"中学生"和"大学生"具有( )关系。

4. 具有属种关系的概念在内涵与外延间的反变关系,是对概念进行( )和( )的逻辑依据。

5. 如果将 S 限制为 P 是合乎逻辑的,则 S 和 P 中内涵较少的是( )。

6. 在定义"撤职是撤销国家机关或企业、事业单位等工作人员现任职务的行政处分"中,种差是( ),属是( )。

7. 在一个定义中,如果表达定义项的语词间接地包含了表达被定义项的语词,则该定义犯的逻辑错误是( )。

8. 在一个合乎逻辑的划分中,母项与子项在外延间的关系应该是( )关系,而子项之间在外延上则具有( )关系。

二、单项选择题

1. 把概念分为单独概念和普遍概念的依据是 ( )

A. 概念的作用 　　　　　　　　　B. 概念的内涵特征

C. 概念的外延特征 　　　　　　　　D. 概念间的关系

2. "中华儿女是勤劳勇敢的"中的"中华儿女"这一概念是 ( )

A. 集合概念 　　B. 非集合概念 　　C. 普遍概念 　　D. 负概念

3. 在①"焦裕禄是领导干部"和②"领导干部应当以身作则"这两个命题中,概念"领导干部" ( )

A. 在①和②中都是集合概念 　　　　B. 仅在①中是集合概念

C. 在①和②中都是非集合概念 　　　D. 仅在②中是非集合概念

4. 设 S 和 P 是属概念 M 中具有矛盾关系的两个种概念,已知 S 是正概念,则 P 是 ( )

A. 一定是负概念 　　　　　　　　B. 一定不是负概念

C. 可能是负概念 　　　　　　　　D. 不可能是负概念

5. 如果有的 S 是 P,并且有的 P 不是 S,则 S 与 P 在外延间的关系是 ( )

A. S 与 P 全异   B. S 与 P 全同

C. S 与 P 交叉   D. S 真包含 P

6. 如 S 和 P 在外延上具有全同关系,则二者   ( )

A. 内涵与外延均相同   B. 内涵不同、外延相同

C. 内涵与外延均不同   D. 内涵相同、外延不同

7. 如果 S 和 P 在内涵和外延之间具有反变关系,那么二者在外延上具有   ( )

A. 全同关系   B. 属种关系   C. 交叉关系   D. 全异关系

8. 设 S 表示"抗日战争",P 表示"淞沪会战",则 S 和 P 的外延关系是   ( )

A. 全同关系   B. 属种关系   C. 交叉关系   D. 全异关系

9. 将"母项"概括为"划分",限制为"子项",则   ( )

A. 概括和限制都正确   B. 概括正确,限制错误

C. 概括和限制都错误   D. 概括错误,限制正确

10. 若用"Ds 就是 Dp"表示定义,则犯"定义过宽"的错误是指在外延上   ( )

A. Ds 与 Dp 全同   B. Ds 真包含于 Dp

C. Dp 真包含于 Ds   D. Ds 真包含 Dp

11. 若 S 是划分的母项,则根据划分规则,S 不可以是   ( )

A. 单独概念   B. 普遍概念   C. 正概念   D. 负概念

12. 划分与分类之间   ( )

A. 划分是分类的特殊形式   B. 并非所有分类都是划分

C. 分类是划分的特殊形式   D. 分类是划分的基础

三、双项选择题

1. 命题"哲学系非党员教师占全体教师的三分之一"的主项是   (.)

A. 单独概念   B. 普遍概念   C. 集合概念

D. 非集合概念   E. 正概念

2. 若 S 和 P 都是单独概念,则 S 与 P 在外延间的关系可能是   ( )

A. 全同关系   B. 真包含关系   C. 真包含于关系

D. 交叉关系   E. 全异关系

3. 下列概念的概括中,正确的是   ( )

A. "人才竞争"概括为"竞争"   B. "北京"概括为"中华人民共和国首都"

C. "共产党员"概括为"政党"   D. "上海市"概括为"中国的大城市"

E. "温酒斩华雄"概括为"《三国演义》"

4. "划分是将一个属概念按一定标准分成若干种概念以明确该属概念外延的逻辑方法;按其层次的不同,可以分为一次划分和连续划分。"这句话对"划分"这一概念所进行的说明是

     ( )

A．仅从内涵　　　　C．仅从外延　　　　D．并非都从内涵

D．先从外延,后从内涵　　　　　　E．先从内涵,后从外延

5. 下列属于"定义不相称"逻辑错误的是 （　　）

A．定义过宽　　　B．循环定义　　　C．定义过窄

D．同语反复　　　E．定义含混

6. "基本粒子泛指比原子核小的物质单元,包括电子、中子、质子、光子等"。这一定义是 （　　）

A．功用定义　　　B．关系定义　　　C．发生定义

D．先说内涵,后说外延　　　　　　E．先说外延,后说内涵

7. 若"S 分为 S_1、S_2、S_3"是一合乎逻辑的划分,则 S_1 和 S_2 在外延间的关系是（　　）

A．矛盾关系　　　B．属种关系　　　C．交叉关系

D．反对关系　　　E．全异关系

8. "文学作品的叙述方法,不是顺叙,就是倒叙",这一议论存在的逻辑错误是 （　　）

A．子项相容　　　B．划分根据不同　　　C．划分不全

D．误把反对关系当作矛盾关系　　　E．误把矛盾关系当作反对关系

四、多项选择题

1. "中国知识分子一定能够完成历史赋予的使命",其中"中国知识分子"这一语词表达的是 （　　）

A．普遍概念、正概念　B．单独概念、正概念　C．普遍概念、集合概念

D．单独概念、集合概念　　　　　　E．集合概念、正概念

2. 以概念外延间的属种关系为依据的明确概念的逻辑方法有 （　　）

A．限制　　　　　B．概括　　　　　C．定义

D．划分　　　　　E．分类

3. 将"喜马拉雅山脉"概括为"山脉",限制为"珠穆朗玛峰",其中 （　　）

A．限制正确　　　B．限制不正确　　　C．概括正确

D．概括不正确　　　E．概括正确,限制不正确

4. 下列不属于单独概念逻辑特征的有 （　　）

A．单独概念之间在外延上要么全同,要么全异

B．可以用划分的方法来明确其外延

C．其内涵可以用属加种差的定义来揭示

D．是划分的极限

E．在外延上与普遍概念具有交叉关系

五、图解题

(一)请用欧勒图表示下列句子中画有横线的概念在外延间的关系。

1. 马克思主义哲学(A)就是辩证唯物主义和历史唯物主义(B)。

2. 有的非洲国家(A)是发展中国家(B),例如南非(C),但并非所有发展中国家都在非洲(D)。

3. 一个人的知识(A)不外直接经验的知识(B)和间接经验的知识(C)两部分。

4. 科研工作者(A)、教育工作者(B)是脑力劳动者(C),脑力劳动者也是劳动者(D)。

5. 鲁迅(A)是伟大的文学家(B)、伟大的革命家(C)和伟大的思想家(D)。

6. 自行车(A)是非机动车(B)。摩托车(C)是机动车(D),虽然大部分摩托车也是两只轮子的车子(E)。在马路(F)上行驶的还有其他的车子(G)。

(二)已知:有的 S 是 P,有的 S 不是 P,但所有 P 都是 S。

1. 请用欧勒图表示出 S 与 P 在外延间的关系。

2. 试分析 S 与 P 中哪一个概念的内涵较少。

六、分析题

(一)试根据括号中的提示分析下列语句在概念运用方面存在的逻辑错误。

1. 千万别向职业乞丐租房。(概念明确)

2. 小张今天早上已经背诵了 30 个英语词汇。(概念的种类)

3. 民生优先,本市饮食业、修理业、服务业等行业存在的问题亟待解决。(概念在外延间的关系)。

4. 一部作品如果是古典文学作品,就不可能是现实主义作品。(概念在外延间的关系)

5. 这个罪犯的罪行既不是故意犯罪,也不是过失犯罪。(概念在外延间的关系)

6. 爱迪生发明了灯。(概念的限制)

7. 节衣缩食者都是吝啬鬼。(概念的概括)

8. 随着对生活质量的日益重视,越来越多的居民开始积极参与到广场舞、健步走、太极拳、双节棍等健身项目中。(概念的概括)

(二)下列语句作为定义是否正确?为什么?

1. 正方形是平面内每个内角都是直角的四边形。

2. 新闻就是新闻机构发布的消息,而新闻机构就是发布新闻的机构。

3. 形式主义者就是形式主义地观察和处理问题的人。

4. 腐败是一种长在执政党身上的毒瘤。

5. 商品不是仅供生产者自己使用而生产出来的劳动产品。

(三)下列划分是否正确?为什么?

1. 世界上的主权国家可以分为社会主义国家、资本主义国家、发达国家、发展中国家和欠发达国家。

2. 中国的少数民族分为蒙、藏、回、满、维吾尔和汉族等五十多个民族。

3. 期刊分为月刊和季刊。

4. 植物从土壤中吸收的肥料有氮肥、磷肥、钾肥和水分等。

5. 戏剧是一门综合艺术,它包括文学、美术、音乐、建筑等多种艺术成分。

第三章

简单命题(直言命题)及其推理(上)

第一节
命题与推理概述

一、命题概述

(一) 什么是判断

通过前一章的学习,我们已经知道人们是运用概念这种思维形式来反映对象的。尽管概念的内涵和外延反映着人们的认识成果,但是这种认识成果在未被揭示出来时仍是隐含的,因而孤立的概念并不能说明对象。为了对对象进行说明,表达一个完整的思想,就必须运用概念来作出判断。那么,什么是判断呢? 所谓判断(judgment),就是对思维对象有所断定的思维形式。如:

〔1〕逻辑论证是判定认识是否具有真理性的重要标准。

〔2〕真理不是一成不变的。

例〔1〕所表达的思想断定了"逻辑论证"这一思维对象具有"判定认识是否具有真理性的重要标准"这种属性,例〔2〕所表达的思想则断定了"真理"不具有"一成不变的"这一属性。尽管二者各自涉及的思维对象并不相同,但其共同特征是对对象进行了断定,或者肯定对象具有某种属性,或者否定对象具有某种属性。因此,我们也可以说:判断是对思维对象有所肯定(affirmation)或否定(negation)的思维形式。

对思维对象总是有所肯定或有所否定,乃是判断的一个基本的逻辑特征。

由于判断总是对思维对象有所断定,这就存在着一个断定是否真实的问题。一般来说,如果断定符合客观实际,那么判断就是真的;反之,则是假的。于是,任何判断总是或真或假,又构成了判断的另一个基本的逻辑特征。

判断是一种思想,任何思想的表达与交流都必须通过语言来进行。在一般场合中,语句是判断的语言形式,而表达判断的语句就是通常所说的命题(proposition)。那么如何确定一个语句是否表达判断,因而是否为命题呢? 要回答这一问题,正确把握判断的两个基本逻辑特征就显得非常重要,因为它们是确定一个语句是否表达判断,因而是否为命题的最基本的标准。一个语句,只有当它表达对思维对象的某种断定,亦即或真或假的思想时,我们才可以说这个语句表达了判断,是命题;否则,它就没有表达判断,不是命题。

由于每一个命题都表达了一个判断,因此判断的内容实际上就是相应的命题所表达的内容,判断的逻辑形式也就是相应的命题的逻辑形式。既然逻辑学是通过语言来研究思维的,于是我们就可以把对判断及其逻辑形式的研究,转化为对命题及其逻辑形式的研究。这就是说,逻辑学虽然研究思维形式的逻辑结构,但并不直接研究判断,而是以判断的语言表达即命题及其逻辑形式为直接研究对象。

(二) 判断、语句和命题

如同概念、语词和词项的关系一样,判断、语句和命题之间也不存在一一对应的关系,这

主要表现在以下几个方面:

第一,虽然判断都通过语句(sentence)来表达,但并非所有语句都表达判断,因此并非所有语句都是命题。在各种语句类型中,通常只有陈述句直接表达了判断,因而是命题,疑问句、祈使句和感叹句一般不直接表达判断,因而不是命题。至于疑问句中的反诘句,由于是用反问的形式来表达判断,故可以认为是命题。例如:

〔3〕难道峨眉山不是中国的名山吗?

例〔3〕虽是反诘句,但表达了"峨眉山是中国的名山"这一判断,因而是一个命题。

第二,表达判断的自然语言语句,不仅具有逻辑的内容,即表达了对某个思想对象的断定,而且具有各种不同的句法、修辞等方面的非逻辑的特征。与词项是对表达概念的语词的逻辑抽象一样,命题也仅仅是对表达判断的自然语言语句的一种逻辑抽象,它与语句之间也不具有一一对应的关系。

首先,同一个判断可以由不同的语句来表达,就这些不同的语句都表达同一个判断而言,它们其实是同一个命题。这又可以区分出两种情况:其一是在不同的民族语言中,表达同一个判断的语句形式可以是不同的。如:

〔4〕这是一本书。

〔5〕This is a book.

语言文字是在某一民族的形成和发展过程中约定俗成的,因此语言具有民族性。但是,不同民族的语言可以表达相同的思维形式,所以不同民族之间的交流完全是可能的。其二是在同一民族的语言中,同一个判断也可以由不同的语句来表达。例如:

〔6〕她那宽宽的、椭圆的、刻满了皱纹而且有点浮肿的脸上露出了慈祥的笑容。

〔7〕她的脸上露出了笑容。

〔8〕她笑了。

这三个句子,在结构、语气及感情色彩方面均有所不同,但表达的判断却是相同的——"她笑了"。因此,抛开三者各自具有的种种非逻辑的特征,我们可以说,这三句话究其逻辑本质其实是同一个命题。

其次,同一个语句可以表达不同的判断,这就是说,同一个语句可以作为不同的命题而存在。例如,由于汉语在语法上没有语形变化,一个句子中的某个语词究竟处于支配地位还是被支配地位并不很清楚,因而容易产生歧义。如:

〔9〕这个人谁也不认识。

一般来说,这个歧义语句可以表达如下两种判断,因而可以作为两个命题而存在:

〔10〕这个人不认识大家中的任何一个人。

〔11〕大家中的任何一个人都不认识这个人。

又如,由于汉语中的语词无法从词形本身确定其词性,在语境不明确的情况下,往往不易确定一个语词究竟是名词还是动词,或者是名词还是形容词,这也会导致同一个语句表达不同的判断。例如:

〔12〕铁锤锤鸡蛋锤不烂。

基于对最后一个"锤"的词性的不同理解,这句话就有可能表达如下两个不同的判断:

〔13〕用铁锤锤鸡蛋,锤子不会烂。

〔14〕用铁锤锤鸡蛋,鸡蛋锤不烂。

显然,例〔12〕的情况也属于同一个语句可以作为不同的命题而存在。

总之,判断、语句和命题三者并不完全相同,它们分属不同的科学范畴。判断和语句分别是认识论和语言学的研究对象,而命题是逻辑学研究的对象。不过,它们又有密切的联系:命题是表达判断的语句,或者说命题是能区分真假的语句。命题的内容就是判断所断定的对象情况,命题的逻辑形式则是通过表达判断的语言形式来显示的。逻辑学对命题的研究,不在于它是一个语句,而在于它表达了判断,是对表达判断的自然语言语句的逻辑抽象。

(三) 命题的种类

命题的种类很多。由于逻辑学主要是从逻辑结构的角度来研究命题,因此本书首先根据一个命题是否包含有除它自身以外的其他命题,把命题分为简单命题和复合命题两大类。然后再按简单命题断定的是对象的性质还是关系,将简单命题分为直言命题(性质命题)和关系命题;再按复合命题所包含的各个命题之间的联结方式的不同,将复合命题分为联言命题、选言命题、假言命题和负命题等。最后还要介绍模态命题和规范命题。

二、推理概述

(一) 什么是推理

推理和概念、判断一样,也是人们在日常生活、学习和工作中经常使用的一种思维形式。人们只要进行思维,就一定就会运用概念、作出判断和进行推理。

那么,什么是推理呢? 我们先看下面几个例子:

〔15〕所有的商品是劳动产品,

所以,有的劳动产品是商品。

〔16〕所有的金属是导体,

所有的铜是金属,

所以,所有的铜是导体。

〔17〕金是导体,

银是导体,

铜是导体,

铁是导体,

(金、银、铜、铁是金属)

所以,所有的金属是导体。

〔18〕如果小王患有肺炎,那么他的体温就会不正常地升高;

经过医生检查,小王的体温正常;

所以,小王没有患上肺炎。

这四个推理各自表达的思想内容虽然各不相同,但在形式结构上却有共同的特点,即它们都是从一个或几个命题出发推出另一个命题。这一共同特点表明推理是由命题构成的,更确切地说,推理(reasoning)是从一个或几个已知的命题出发推出另一个新命题的思维形式。

命题是推理的组成要素,构成推理的命题可以区分为前提和结论。前提(premise)是由其出发进行推理的那个或那些已知的命题,结论(conclusion)是由已知命题所推出的那个新命题。例如,在〔16〕中,"所有的金属是导体"和"所有的铜是金属"就是前提,"所有的铜是导体"则是结论。

与概念离不开语词、判断离不开语句一样,推理也必须借助一定的语言形式来表达。在自然语言中,推理通常由复句或句群来表述,但并不是所有的复句或句群都表述推理。要判定一个复句或句群是否表述推理,一个语言上的标准就是看它是否包含有推理标识词(indicator)。一般而言,前提之前往往含有"因为……"、"由于……"、"根据……"等前提标识词(premise indicator),结论之前含有"所以……"、"因此……"、"由此可见……"等结论标识词(conclusion indicator)。当然,即便有些复句或句群并不包含推理标识词,只要各个分句之间存在着推出与被推出关系,它们同样表述了推理。需要指出的是,在用自然语言表述的推理中,通常是先讲前提后讲结论,但位置的前后并不是决定某一语句是前提或结论的根本因素,重要的是标识词及语境。

(二) 推理的逻辑性

任何具体的推理都涉及内容和形式两个方面,前者指的是组成推理的前提和结论的内容(对思维对象的断定情况),后者指的是前提与结论的联系方式,即推理形式。在谈到正确推理必须具备的基本条件时,恩格斯曾明确指出:"如果我们有正确的前提,并且把思维规律正确地运用于这些前提,那么结果必定与现实相符。"[①]这里,"正确的前提"、"结果必定与现实相符"与推理的内容有关,讲的是推理的前提和结论的真实性;"把思维规律正确地运用于这些前提"则涉及推理的形式,讲的是前提与结论的联系应当符合思维的规律、规则的要求。所谓推理的逻辑性,强调的是前提与结论在联系方式上的特征。如果一个推理的前提与结论的联系符合了思维的规律、规则的要求,那么这个推理就具有逻辑性;反之,则是没有逻辑性的推理。

在恩格斯上述论断的基础上稍作推广,我们认为,一个正确的、具有逻辑性的推理必须具备两个条件:

第一,前提应当是真实的,即应当是正确反映了对象情况的真命题;

第二,前提与结论之间的联系应当符合思维规律与规则的要求。也就是说,前提与结论之间不应当是偶然的凑合,而应当具有某种稳固的联系,后者进一步表现为推理形式是有效的或者前提与结论之间的联系是合理的。

---

① 恩格斯:《〈反杜林论〉准备材料》,《马克思恩格斯文集》第九卷,人民出版社,2009年,第345页。

　　任何一个推理,不管它的具体内容如何,只要满足了上述两方面的要求,它就是正确的、具有逻辑性的推理。具体来说,如果一个推理的前提是真实的并且推理形式是有效的,那么其结论就必然是真实的,这个推理就是一个具有逻辑性的推理、可靠的推理。即便一个推理在形式上是无效的,只要其前提是真实的并且前提与结论之间的联系是合理的,那么其结论就能得到前提较大程度的支持,这个推理也是具有逻辑性的推理。

　　由于逻辑学是撇开思维的内容来研究思维的形式,它并不回答推理的前提是否真实的问题,这是需要通过其他具体科学才能解决的,因此逻辑学更为关注推理的逻辑性问题,即前提和结论之间什么样的联系方式才是符合思维规律与规则的要求的。这也就是我们在绪论中讲过的,逻辑学着重考察的是推理的有效性与合理性的问题。

　　需要指出的是,逻辑学所研究的推理形式及其规律与规则,既不是从天上掉下来的,也不是人脑中生来就有的,而是从大量正确的、符合思维规律与规则的具体推理中概括出来的。由于这些具体推理正确反映了客观世界中对象之间一定的联系,因此符合思维规律与规则的推理形式,归根结底是客观世界中对象之间一定联系的反映。正是由于符合思维规律与规则的推理形式反映了客观对象之间的一定联系,人们根据这些推理形式,就能够由已知的真实的前提得出新的真实的结论,即能由已有的知识正确地推出未知的知识。所以,正确地运用推理形式及其规律与规则,也是人们获得未知知识的重要手段。

(三) 推理的种类与演绎推理的性质

　　推理的种类繁多,需要对它进行分门别类的研究,以便更好地考察各种不同的推理形式及其必须遵守的思维规律与规则。

　　根据不同的划分标准,可以对推理进行不同的分类。在第一章中,我们首先根据推理所体现的不同的思维进程,把推理分为演绎推理、归纳推理和类比推理等。一般来说,演绎推理的结论所涉及的知识范围没有超出前提所涉及的知识范围,而归纳推理和类比推理的结论所涉及的知识范围则超出了前提所涉及的知识范围。其次,根据推理的前提和结论之间不同的联系性质,推理又可以分为必然性推理和或然性推理。鉴于推理的必然性源于使用了有效的推理形式,即这种形式能够保证从真前提必然得出真结论,所以有效推理就是必然性推理,无效推理则是或然性推理。

　　为了叙述方便,本教材将把命题和推理结合起来加以介绍。在演绎推理部分,我们将介绍简单命题及其推理,包括直言命题的直接推理、三段论和关系推理;复合命题及其推理,包括联言推理、选言推理、假言推理、负命题的等值推理以及复合命题推理的若干扩展形式;模态命题及其推理和规范命题及其推理。在广义的归纳推理部分,将介绍完全归纳推理、简单枚举归纳推理、科学归纳推理以及类比推理等等。从本章开始,将首先讲述演绎推理。

　　什么是演绎推理?

　　人们在实际思维过程中,常常运用自己过去所获得的关于某种对象的一般性认识,去指导自己认识这类对象中某些新的个别对象,这时人们就是在使用演绎推理。例〔16〕就是一个典型的演绎推理。通过物理学的学习,我们知道"所有的金属是导体";有了这个关于金属的一般性认识以后,我们就可以用它来认识和说明某种特殊的金属(铜),从而得出关于铜这种特殊的金属的某种结论,如"所有的铜是导体"。

前面已经指出,按传统的理解,演绎推理是从表达一般性知识的前提推出表达特殊性或个别性知识的结论的推理。就推理的前提和结论所涉及的知识范围看,一般来说,演绎推理的结论所涉及的知识范围没有超出前提所涉及的知识范围。如果满足了正确的、具有逻辑性的推理必须具备的两个条件,即前提真实和推理形式有效,那么演绎推理的结论就必然是真实的。这就是说,有效的演绎推理是一种必然性推理,其前提真而结论假是不可能的。在后面讲到复合命题的推理时,我们还可以把有效的演绎推理称作前提蕴涵结论的推理。

第二节
直 言 命 题

一、什么是直言命题

作为一种简单命题,直言命题(categorical proposition)就是断定对象是否具有某种性质的命题,因此也有逻辑教材将其称为"性质命题"。例如:

〔19〕所有事物都是发展变化的。

〔20〕有的科学家不是大学毕业生。

在这两个直言命题中,前者断定了所有事物具有"发展变化的"性质,后者断定了有的科学家不具有"大学毕业生"这一性质。

不同的直言命题虽然断定的具体内容各不相同,但却有着相同的组成要素与逻辑形式。直言命题是一种简单命题,即自身不包含其他命题的命题,对其加以分解后所得到的只能是表达概念的语词,即词项。与此相应,直言命题的逻辑形式分解后所得到的就只能是表示词项的符号。

直言命题由主项、谓项、量项和联项四个部分组成:

主项(subject)指称命题所断定的对象。在直言命题中,主项只有一个,如上述两例中的"事物"、"科学家"。在直言命题的逻辑形式中,主项通常用大写英文字母 S 来表示。

谓项(predicate)指称命题所断定的对象是否具有的某种属性,如上述例子中的"发展变化的"、"大学毕业生"。谓项通常用大写英文字母 P 来表示。

量项(quantifier)指称命题所断定的对象的数量,涉及的是直言命题的量(quantity)。在直言命题中,量项有全称量项和特称量项两种。全称量项(universal quantifier)对主项的全部外延作了断定,"所有"、"任何"、"每一个"、"一切"、"凡"等语词都可以充当全称量项。特称量项(particular quantifier)没有对主项的全部外延作出断定,其语词形式包括"有"、"有的"、"某些"等。

联项(copula)是用来联系主项与谓项的词项,涉及的是直言命题的质(quality),即直言命题所作断定的性质(肯定或者否定)。联项又可分为肯定联项和否定联项。前者断定主项所指称的对象具有谓项所指称的性质,通常用"是"来表示;后者断定主项所指称的对象不具有谓项所指称的性质,除了常见的"不是",有时也可以用"不具有"、"没有"、"不存在"等语词来表示。

据此,直言命题的逻辑形式可以表示为:

所有(有的)S 是(不是)P

其中,主项和谓项是变项;量项和联项是逻辑常项,决定着直言命题的逻辑特性和种类所属。

在自然语言中,直言命题不必一定按照如上的标准顺序完整地表述出来,例如:

〔21〕获得奖学金的同学中有的是女同学。

这个命题就没有按照上述逻辑形式所刻画的标准顺序来表述,其中"获得奖学金的同学"是主项,"女同学"是谓项,"有的"是量项,"是"是联项。此外,直言命题的全称量项、肯定联项可以省略,但特称量项、否定联项则不能省略,否则就会改变命题的断定内容。如:

〔22〕作家都是知识分子。

〔23〕这商品很便宜。

前者省略了全称量项"所有",后者省略了肯定联项"是"。

二、直言命题的种类

根据直言命题形式中逻辑常项的不同,可以对直言命题进行不同的分类。

(一) 按质(联项)分,直言命题可以分为肯定命题和否定命题

肯定命题(affirmative proposition)就是断定对象具有某种性质的命题。例如:

〔24〕所有概念都是通过语词来表达的。

〔25〕孙中山是中国民主革命的先行者。

否定命题(negative proposition)就是断定对象不具有某种性质的命题。例如:

〔26〕自然科学不是上层建筑的组成部分。

〔27〕有的金属不是固体。

(二) 按量(量项)分,直言命题可以分为单称命题、全称命题和特称命题

单称命题(singular proposition)是断定某一单独对象具有或不具有某种性质的命题。如:

〔28〕冥王星不是太阳系的大行星。

〔29〕这本书的作者在道德方面很成问题。

单称命题一般不包含量项,其主项或者是专有名称,或者是摹状词。

全称命题(universal proposition)是断定某类对象中的每一个个别对象都具有或不具有某种性质的命题。例如:

〔30〕所有大学生都是学生。

〔31〕马不是反刍动物。

特称命题(particular proposition)是断定某类对象中有对象具有或不具有某种性质的命题。如：

〔32〕有的学生不是共产党员。

〔33〕有许多奇异现象是科学尚无法解释的。

这里，有必要对特称量项"有的"的逻辑含义加以说明。在日常思维中，人们作出"有的 S 是(不是)P"的断定，其实表现为如下两种情况：

第一，考察了某类对象的部分个别对象，发现被考察的那部分对象(即部分 S)都具有(或不具有)某种性质 P，于是作出断定："有的 S 是(不是)P。"在这种情况下，这一断定的实际含义是"至少有一个 S 是(不是)P"。

第二，考察了某类对象的全部个别对象，发现被考察的对象 S 中部分具有、部分不具有某种性质，于是作出断定："有的 S 是(不是)P。"在这种情况下，这一断定的实际含义则是"仅仅有些 S 是(不是)P"。

逻辑学所说的特称命题是对上述两种情况的抽象。根据从弱原则，特称命题只表述某类对象中被断定了的那些对象的情况，至于该类对象中未被断定的对象情况如何，它没有作出表述。因此，从逻辑上讲，断定"有的 S 是 P"，并不意味着就断定了"有的 S 不是 P"；断定"有的 S 不是 P"，并不意味着就断定了"有的 S 是 P"。这就是说，特称量项"有的"的逻辑含义仅仅是"至少有一个"。由于特称命题的实质是断定具有(或不具有)某种性质的对象是存在的，因此特称命题有时也被称作"存在命题"，特称量项已被称作"存在量项"(existential quantifier)。

(三) 按照质和量的结合来分，可以将直言命题分为以下六种：

单称肯定命题(singular affirmative proposition)，即断定某一单独对象具有某种性质的命题，如例〔25〕。

单称否定命题(singular negative proposition)，即断定某一单独对象不具有某种性质的命题，如例〔28〕。

特称肯定命题(particular affirmative proposition)，即断定某类对象中有对象具有某种性质的命题，如例〔21〕。

特称否定命题(particular negative proposition)，即断定某类对象中有对象不具有某种性质的命题，如例〔32〕。

全称肯定命题(universal affirmative proposition)，即断定某类对象中的每一个个别对象具有某种性质的命题，如例〔24〕。

全称否定命题(universal negative proposition)，即断定某类对象中的每一个个别对象不具有某种性质的命题，如例〔26〕。

由于单称命题是对某一单独对象的断定，就外延情况来说，对该对象作了断定，也就是对反映该对象的概念的全部外延作了断定。因此，传统逻辑认为可以把单称命题当作一种全称命题来对待。这样，直言命题就可以归结为以下四种基本形式：

全称肯定命题,逻辑形式为:所有 S 是 P;可缩写:SAP;或简写为:A。

全称否定命题,逻辑形式为:所有 S 不是 P;可缩写:SEP;或简写为:E。

特称肯定命题,逻辑形式为:有的 S 是 P;可缩写:SIP;或简写为:I。

特称否定命题,逻辑形式为:有的 S 不是 P;可缩写:SOP;或简写为:O。

A、E、I、O 来源于拉丁单词 Affirmo(我肯定)和 Nego(我否定)中的元音字母。在下文中,我们按照习惯用法把直言命题的这四种形式分别称作 A 命题、E 命题、I 命题和 O 命题。

三、直言命题的凡恩图解

在上一章,我们介绍了如何用欧勒图解来刻画概念在外延间的关系,那么如何直观地显示 A、E、I、O 四种命题的主项与谓项在外延间的关系呢? 英国数学家凡恩(John Venn,亦译作"文恩")在 1880 年提出在一个长方形内用两个互相交叉的圆圈来表示直言命题的主项与谓项在外延间的各种关系,并约定"+"表示存在(非空类),阴影表示不存在(空类),长方形表示主项与谓项的论域(全类)。这种方法后来被称作"凡恩图解"(Venn diagram)。

A、E、I、O 四种命题的凡恩图解可表示如下:

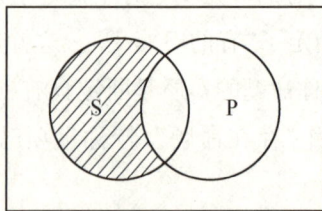

图 3-1

上图为 SAP 的凡恩图解。SAP 用类演算公式可以表示为:$S \cap \overline{P} = 0$,其中"$\overline{P}$"读作"非 P",字母上方的"—"表示否定,故"$\overline{P}$"表示对 P 的否定,即 P 类的补类;"$\cap$"读作"交",表示逻辑积;"$S \cap \overline{P}$"读作"S 与 $\overline{P}$ 的交",表示 S 类与 $\overline{P}$ 类共同构成的类;"0"表示空类。整个公式的含义为:不存在既是 S 又是非 P 的分子。图中阴影即表示既是 S 又是 $\overline{P}$ 的部分是不存在的,即"没有 S 不是 P",也就是"所有 S 是 P"。

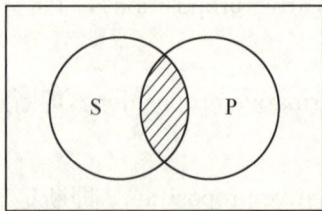

图 3-2

上图为 SEP 的凡恩图解。SEP 用类演算公式可以表示为:$S \cap P = 0$,其含义为:不存在既是 S 又是 P 的分子。图中阴影即表示既是 S 又是 P 的部分是不存在的,即"没有 S 是 P",也就是"所有 S 不是 P"。

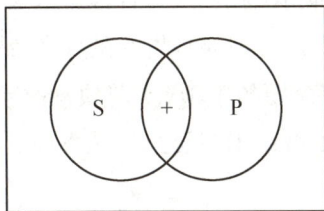

图 3-3

上图为 SIP 的凡恩图解。SIP 用类演算公式可以表示为：$S \cap P \neq 0$，其含义为：存在着既是 S 又是 P 的分子。图中"+"即表示既是 S 又是 P 的部分是存在的，也就是"有 S 是 P"。

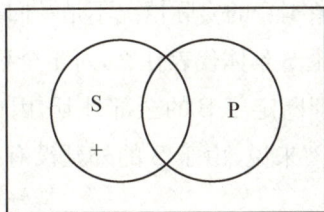

图 3-4

上图为 SOP 的凡恩图解。SOP 用类演算公式可以表示为：$S \cap \overline{P} \neq 0$，其含义为：存在着既是 S 又是$\overline{P}$的分子。图中"+"即表示既是 S 又是$\overline{P}$的部分是存在的，也就是"有 S 不是 P"。

　　欧勒图解与凡恩图解虽然都能表示两个概念在外延间的关系，但后者相较于前者更为完善。这主要表现在凡恩图解不仅能够用同一个图来表示 A、E、I、O 四种命题的主项与谓项在外延间的关系，而且还能借助长方形、"+"和阴影来表示论域(全类)、非空类和空类，并用长方形中的不同区域来表示各个类及其补类的所有可能组合。最后它还能清楚直观地说明直言命题推理形式的有效性(参见下一章有关三段论的凡恩图解的内容)。

　　下面，我们再进一步来分析主项与谓项在 A、E、I、O 四种命题中被断定的情况。

四、直言命题项的周延性

　　在工作和学习中，有时为了反复说明一个思想或强调一句话的重要性，常常会出现这样一种情况，即先从正面讲一句话，如：

　　　　〔34〕宗教信徒不是无神论者。

然后又把这句话倒转过来再说一遍：

　　　　〔35〕无神论者不是宗教信徒。

不过，并不是所有的话都可以倒转过来说。例如：

　　　　〔36〕师范大学是高等学校。

这句话无疑是正确的，但将其倒转过来显然就不正确的：

〔37〕高等学校是师范大学。

那么,为什么会出现上述两种情况呢?这与直言命题项的周延性有关。

所谓直言命题项的周延性(distribution),指的是直言命题的主项和谓项的外延在命题中被断定的情况。如果在一个直言命题的主项(或谓项)的全部外延被作了断定,那么该命题的主项(或谓项)就是周延的(distributed);反之,则是不周延的(undistributed)。直言命题项的周延性具有如下一些特点:

首先,周延性指的是直言命题主、谓项的外延在命题中被断定的情况,因此只有直言命题的主、谓项才有周延性的问题;离开直言命题的语境,一个孤立的词项无所谓周延和不周延。

其次,直言命题主、谓项的周延性是由性质命题的形式结构决定的,是直言命题的形式性质,它与直言命题所断定的对象本身的实际情况不是一回事。对此,我们可以稍作分析:

就主项 S 的周延性来说,无论 S 具体代表什么,对于全称命题"所有 S 是(不是)P"来说,既然其中出现了"所有 S……",即断定了 S 的全部外延,因此 S 在全称命题中总是周延的。对于特称命题"有的 S 是(不是)P"来说,由于 S 的外延没有被全部断定,所以 S 在特称命题中总是不周延的。

再看谓项 P 的周延性。无论 P 具体代表什么,对于肯定命题"所有(有的)S 是 P"来说,它只断定了某个数量的 S"是 P",并未对 P 的全部外延作出明确断定,因此 P 在肯定命题中总是不周延的。对于否定命题"所有(有的)S 不是 P"来说,该命题断定了某个数量的 S"不是 P",即把所有的 P 都排除在了这些 S 之外,所以 P 在否定命题中总是周延的。

由于从外延情况来说,可以将单称命题当作全称命题来处理,故单称命题主项和谓项的周延情况与全称命题是一样的。不过,除此以外,不能在其他方面将单称命题与全称命题简单混同起来。

这样,根据直言命题项的周延性的定义以及上述解释,可以将 A、E、I、O 四种命题项的周延性情况用下面这个表格来表示:

表 3 - 1

周延情况 / 项 / 命题类型	主项	谓项
SAP	周延	不周延
SEP	周延	周延
SIP	不周延	不周延
SOP	不周延	周延

由上表可知,全称命题的主项都是周延的,特称命题的主项都是不周延的;肯定命题的谓项都是不周延的,否定命题的谓项都是周延的。这就是说,可以通过考察命题的量项来把握主项的周延情况,通过考察命题的联项来判定谓项的周延情况。由此不难看出,直言命题

项的周延性实际上反映的是直言命题形式中逻辑常项的特征。

周延性对于直言命题的推理至关重要。有效的演绎推理是一种必然性推理,其结论是从前提中得出的,结论的真要由前提的真来保证,因此结论的断定范围不能超过前提的断定范围。这一点在直言命题推理中就表现为"在前提中不周延的项在结论中不得周延",否则推理的有效性就得不到保证,会犯各种逻辑错误。例〔36〕之所以不能倒转为例〔37〕,就在于"高等学校"在前者中是肯定命题的谓项,是不周延的,而在结论中却成了全称命题的主项,是周延的。

五、主、谓项相同的直言命题间的真假关系

主、谓项相同(也就是传统逻辑所说的素材相同)的直言命题之间在真假上存在着相互制约的关系。掌握这种关系对我们做到明辨是非、判断恰当是很有帮助的。

从外延角度看,直言命题的主项和谓项反映的是类与类之间的关系。根据第二章所讲述的两个概念在外延间的关系,可知类与类的关系有同一关系、真包含于关系、真包含关系、交叉关系和全异关系五种,相应地,直言命题的主、谓项在外延间的关系也可区分为这五种关系。由此,可以用下表来显示主、谓项相同的 A、E、I、O 四种直言命题的真假情况:

表 3 − 2

命题的真假 / 命题类别 ＼ S 和 P 的外延关系	同一关系	真包含于关系	真包含关系	交叉关系	全异关系
SAP	T	T	F	F	F
SEP	F	F	F	F	T
SIP	T	T	T	T	F
SOP	F	F	T	T	T

上表中的"T"表示真,"F"表示假。A、E、I、O 四种命题的真假情况是:

SAP 的真假情况:当 S 与 P 反映了类与类之间的全同关系和真包含于关系时,SAP 是真的;当 S 与 P 反映了类与类之间的真包含关系、交叉关系和全异关系时,SAP 是假的。

SEP 的真假情况:当 S 与 P 反映了类与类之间的全异关系时,SEP 是真的;当 S 与 P 反映了类与类之间的全同关系、真包含于关系、真包含关系和交叉关系时,SEP 是假的。

SIP 的真假情况:当 S 与 P 反映了类与类之间的全同关系、真包含于关系、真包含关系和交叉关系时,SIP 是真的;当 S 与 P 反映了类与类之间的全异关系时,SIP 是假的。

SOP 的真假情况:当 S 与 P 反映了类与类之间的真包含关系、交叉关系和全异关系时,SOP 是真的;当 S 和 P 反映了类与类之间的全同关系和真包含于关系时,SOP 是假的。

根据表 3 − 2 所揭示的四种直言命题的真假情况,就可以确定主、谓项相同(或素材相同)的 A、E、I、O 四种命题在真假上的相互制约关系,这就是传统逻辑所谓的对当关系

(opposition of categorical propositions)。对当关系包括以下四种类型：

1. 反对关系(contrary)：A 与 E 之间的关系。其特点是二者不能同真，但可同假；如果已知一个为真，则另一个必假；如果已知一个为假，则另一个真假不定。因此，利用反对关系可以由真推假，但不能由假推真。

2. 矛盾关系(contradictory)：A 与 O、E 与 I 之间的关系。其特点是二者不能同真，不能同假；如果已知一个为真，则另一个必假；如果已知一个为假，则另一个必真。因此，利用矛盾关系可以由真推假，也可以由假推真。

3. 差等关系(subaltern)：A 和 I、E 和 O 之间的关系。这种关系存在于同质的全称命题和特称命题之间，其特点是如果已知全称命题为真，则相应的特称命题为真；如果已知特称命题为假，则相应的全称命题为假；如果已知全称命题为假，则相应的特称命题真假不定；如果已知特称命题为真，则相应的全称命题真假不定。

4. 下反对关系(subcontrary)：I 和 O 之间的关系。其特点是二者可以同真，但不可同假；如果已知一个为假，则另一个必真；如果已知一个为真，则另一个真假不定。因此，利用下反对关系可以由假推真，但不能由真推假。

主、谓项相同的 A、E、I、O 四种直言命题间的对当关系，可以通过如下的对当方阵(square of opposition)或称逻辑方阵(logical square)来直观地显示：

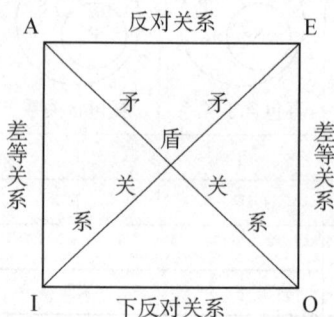

图 3 - 5

尽管从外延角度可以把单称命题当作全称命题来处理，但在考虑对当关系时，单称命题就不能被当作是全称命题的特例来处理。如果用 SaP、SeP 分别表示主、谓项相同的单称肯定命题和单称否定命题，则对当方阵将扩展为如下的六角图(hexagon of opposition)：

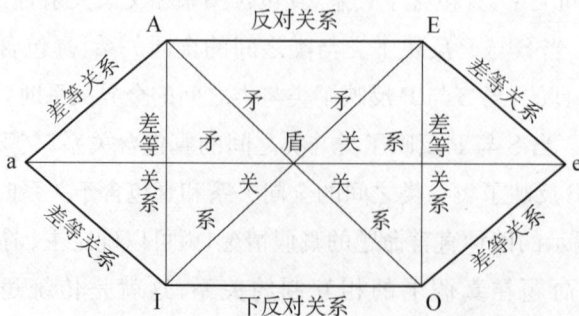

图 3 - 6

六、直言命题的存在含义问题

需要指出的是,传统逻辑所说的对当关系只有在假定直言命题的主、谓项所指称的对象是存在的条件下才能成立,也就是说,主、谓项所指称的对象不能是空类。如果主、谓项所指称的对象不存在,那么在对当关系中,除了矛盾关系,其余三种关系都不能成立。例如:

〔38〕有的以太是能燃烧的。(SIP)

〔39〕有的以太不是能燃烧的。(SOP)

由于以太在现实世界中根本不存在,所以〔38〕与〔39〕均假,它们之间并不存在"不可同假"的下反对关系。

进一步看,如果主、谓项所指称的对象是全类,那么与它们具有矛盾关系的词项所指称的对象就会是空类,因此联系到本章下一节以及本章所讲授的各种直言命题推理的有效性,传统逻辑的上述假定更为完整与准确的表述是:直言命题具有存在含义(existential import),即它的主、谓项所指称的对象既不能是空类也不能是全类,而是由在现实世界中实际存在的个体所组成的一个非空非全的类。所有由直言命题构成的推理,都只有在假定直言命题具有存在含义的基础上才是有效的。如果没有这个假定,其中很多的推理关系就不能成立。虽然直言命题具有存在含义这一假定使得传统逻辑的研究对象在很大程度上局限于客观存在着的现实世界,不过,这种处理直言命题及其推理的方式有其合理性,而且与常识、直观比较合拍,因此其理论价值和实用价值不容否认。

对当关系是主、谓项相同的直言命题在真假上的相互制约关系,根据对当关系,我们就可以从一个命题的真假去推知其余三种命题的真假,这实质上就是在进行一种简单的推理,体现了由命题向推理的转化与过渡。

第三节
直言命题的直接推理

所谓直接推理,就是以一个命题为前提而推出结论的推理。例如:

〔40〕所有青蛙都不是哺乳动物,所以所有哺乳动物都不是青蛙。

〔41〕只要患肺炎,就会发热,所以如果没发热,就没有患肺炎。

直接推理有许多种类,本节主要介绍直言命题的直接推理,即以一个直言命题为前提推出另一个直言命题为结论的直接推理,包括变形法推理和对当法推理。

一、变形法推理

变形法推理是依据直言命题变形的直接推理。所谓直言命题的变形,或者是改变一个直言命题的联项和谓项,或者是改变其主项和谓项的位置,或者是既改变其联项和谓项又改变其主项和谓项的位置。变形法推理主要有以下三种:

（一）换质法推理

换质法推理（obversion）是通过改变一个直言命题的质（联项）从而推出一个新的直言命题的变形法推理。其逻辑规则是：

第一，改变前提的质，即前提为肯定，结论变为否定；前提为否定，结论变为肯定。

第二，在结论中将前提的谓项变为与它具有矛盾关系的词项。

第三，结论的量项以及主项、谓项的位置与前提保持一致。

换质法推理的结论与前提是等值的命题。所谓两个命题等值，是指两个命题的形式可能不同，但表达的逻辑内容是相同的，恒取相同的真假值。

换质法推理有以下四种有效的推理形式：

1. SAP↔SE$\overline{P}$
2. SEP↔SA$\overline{P}$
3. SIP↔SO$\overline{P}$
4. SOP↔SI$\overline{P}$

其中，"$\overline{P}$"读作"非 P"，表示对谓项 P 的否定，即与 P 具有矛盾关系的词项；"↔"读作"等值于"，表示命题间的等值关系。例如：

〔42〕所有低科技产品是没有高附加值的，所以所有低科技产品不是有高附加值的。

〔43〕所有被剥夺政治权利的罪犯都不是有投票权的公民，所以所有被剥夺政治权利的罪犯都是没有投票权的公民。

〔44〕有些战争是正义战争，所以有些战争不是非正义战争。

〔45〕有些法律不是成文法，所以有些法律是不成文法。

例〔42〕—〔45〕分别是换质法有效推理形式1—4的实例。

换质法推理有助于从肯定命题中显示其否定因素，从否定命题中显示其肯定因素，从而从肯定和否定两个方面使思想表达得更为明确。

（二）换位法推理

换位法推理（conversion）是通过改变一个直言命题主项和谓项的位置从而推出一个新的直言命题的变形法推理。例如：

〔46〕所有教师是知识分子，所以有的知识分子是教师。

〔47〕蛇都不是胎生的，所以胎生的都不是蛇。

〔48〕有些高科技产品是创造了巨大的经济效益的产品，所以有些创造了巨大经济效益的产品是高科技产品。

换位法推理的逻辑规则是：

第一，调换前提主项和谓项的位置，即前提的主项变成结论的谓项，前提的谓项变成结论的主项。

第二，结论的质（联项）与前提保持一致。

第三，前提中不周延的项在结论中不得周延。

按照上述规则,特称否定命题(SOP)不能换位,因为其主项不周延、谓项周延,如果进行换位,不周延的主项在结论中将变成否定命题的谓项而成为周延的,这就违反了上述第三条规则。因此,换位法推理只有以下三种有效的推理形式:

1. SAP→PIS
2. SEP↔PES
3. SIP↔PIS

其中,"→"表示从前提到结论的推出关系。式 1 由全称命题推出特称命题,为限量换位;式 2 和 3 表示前提和结论可以等值互推,命题的量保持不变,为简单换位。例〔46〕—〔48〕分别是换位法有效推理形式 1—3 的实例。

换位法推理通过改变命题主项和谓项的位置,在某种意义上就改变了认识的角度,因此能够为人们提供一定程度的新认识。

(三) 换质位法推理

换质位法推理(contraposition)是通过对一个直言命题既换质又换位来推出一个新的直言命题的变形法推理。例如:

〔49〕真理是不怕批评的,所以怕批评的不是真理。

换质位法推理是换质法推理与换位法推理的相继运用,既可以先换质再换位,也可以先换位再换质,但每一步都必须遵守换质法推理和换位法推理的逻辑规则。常见的换质位法推理的有效形式有:

1. SAP→SE$\overline{P}$→$\overline{P}$ES→$\overline{P}$A$\overline{S}$→$\overline{S}$IP
2. SAP→PIS→PO$\overline{S}$
3. SEP→SA$\overline{P}$→$\overline{P}$IS→$\overline{P}$O$\overline{S}$
4. SEP→PES→PA$\overline{S}$→$\overline{S}$IP→$\overline{S}$O$\overline{P}$
5. SIP→PIS→PO$\overline{S}$
6. SOP→SI$\overline{P}$→$\overline{P}$IS→$\overline{P}$O$\overline{S}$

这里需要再一次强调,传统逻辑中的变形法推理以及接下来要讲述的对当法推理、三段论等必须假定直言命题具有存在含义,即其主项和谓项所指称的对象必须是非空非全的类。如果不满足这一假定,即便前提是真的并且推理遵守了逻辑规则,其结论也有可能是假的。例如:

〔50〕所有有机物是发展变化的,所以有些非有机物(即无机物)是不发展变化的。这个换质位法推理的形式为 SAP→$\overline{S}$IP。不难发现,该推理的前提是真的,推理形式也是有效的,但其结论却是假的。问题就出在"不发展变化的"即所指称的对象是空类,没有满足直言命题具有存在含义这一假定。

二、对当法推理

对当法推理是依据主、谓项相同的直言命题间的对当关系所进行的直接推理。相应于

对当关系的不同类型,对当法推理也可以区分出如下四种类型:

(一) 反对关系推理

反对关系推理是依据对当关系中的反对关系而进行的直接推理。例如:

〔51〕所有人都享有基本人权,所以并非所有人都不享有基本人权。

〔52〕任何欺骗都不是能长久的,所以并非任何欺骗都是能长久的。

反对关系推理的有效形式有:

1. $SAP \rightarrow \overline{SEP}$

2. $SEP \rightarrow \overline{SAP}$

其中,"$\overline{SEP}$"读作"并非 SEP",表示对 SEP 的否定。例〔51〕和〔52〕就是上述两个反对关系推理有效式的实例。

(二) 矛盾关系推理

矛盾关系推理是依据对当关系中的矛盾关系而进行的直接推理。其有效的推理形式有:

1. $SAP \leftrightarrow \overline{SOP}$

2. $SEP \leftrightarrow \overline{SIP}$

3. $SIP \leftrightarrow \overline{SEP}$

4. $SOP \leftrightarrow \overline{SAP}$

矛盾关系推理的前提与结论是等值的。例如:

〔53〕所有的人都有保护环境的义务,所以并非有的人没有保护环境的义务。

〔54〕并非有些单身汉不是未婚的男人,所以所有的单身汉都是未婚的男人。

〔55〕有些官员是贪污腐败分子,所以并非所有官员都不是贪污腐败分子。

〔56〕并非所有国家都没有发生疯牛病,所以有些国家发生了疯牛病。

例〔53〕和〔54〕是矛盾关系推理有效式 1 的实例,例〔55〕和〔56〕是有效式 3 的实例。

(三) 差等关系推理

差等关系推理是依据对当关系中的差等关系而进行的直接推理。其有效的推理形式有:

1. $SAP \rightarrow SIP$

2. $SEP \rightarrow SOP$

3. $\overline{SIP} \rightarrow \overline{SAP}$

4. $\overline{SOP} \rightarrow \overline{SEP}$

例如:

〔57〕所有偶数都是能被 2 整除的数,所以有些偶数是能被 2 整除的数。

〔58〕所有的人都不是生而知之者,所以有些人不是生而知之者。

〔59〕并非有的甲班同学是上海人,所以并非所有甲班同学都是上海人。

〔60〕并非有些人不是科学家,所以并非所有的人都不是科学家。

例〔57〕—〔60〕分别是差等关系推理有效式 1—4 的实例。

(四) 下反对关系推理

下反对关系推理是依据对当关系中的下反对关系而进行的直接推理。其有效的推理形式有：

1. $\overline{\text{SIP}} \rightarrow \text{SOP}$

2. $\overline{\text{SOP}} \rightarrow \text{SIP}$

下述两个例子就是下反对关系推理两个有效式的实例：

〔61〕并非有的金属是固体,所以有的金属不是固体。

〔62〕并非有的网店没有销售假冒伪劣商品,所以有的网店销售假冒伪劣商品。

第四节
直言命题的应用问题

命题是判断的语言表达。要在实际思维过程中正确使用命题,除了要掌握关于对象的具体的科学知识,还与如何准确表述这些知识有关。在后一方面,如何结合直言命题的语言表达来分析和把握直言命题的结构与种类就显得非常重要。

一、非标准的直言命题的标准化

在自然语言中,直言命题的语句形式是多样的,既有现代汉语的语句,也有古汉语的语句;既有陈述句,也有非陈述句。因此,在实际思维中应用直言命题,首先必须仔细分析直言命题的各种语句形式,弄清一个语句究竟属于哪种直言命题,要善于把非标准的直言命题转化为标准的直言命题。在标准化的过程中,尤其要注意以下两种情况：

1. 以陈述句为载体的直言命题,可能省略了直言命题的某些组成要素

直言命题的语言形式主要是陈述句,但陈述句在自然语言中往往会省略直言命题的某些组成要素。例如：

〔63〕人总是会死的。

〔64〕这东西很便宜。

前者是一个全称肯定命题,省略了全称量项,其标准形式为"所有人是会死的";后者是单称肯定命题,省略了肯定联项,将其标准化后就是"这东西是很便宜的"。

一般来说,直言命题的全称量项和肯定联项在语句形式中往往可以被省略,但特称量项和否定联项不能省略,而都会有明显的语词标识。

2. 反诘疑问句在实际思维中往往可以作为直言命题而出现

疑问句一般不表达判断,因而不能充当直言命题,但反诘疑问句由于间接地有所断定,所以往往可以作为直言命题而存在。例如：

〔65〕人非圣贤,孰能无过?

这个反诘句实际断定了"人总是会有过失的",因而可以作为直言命题在实际思维中起作用。

二、正确分析与理解直言命题的结构与种类

正确运用直言命题,要求对直言命题的结构与种类进行正确的分析与理解。例如:

〔66〕占我国人口总数百分之六的少数民族是热爱社会主义祖国的。

〔67〕辽沈战役、淮海战役、平津战役是举世闻名的中国解放战争中的三大战役。

例〔66〕的主项是"占我国人口总数百分之六的少数民族",它指称的是一个集合体对象,就这一集合体只有一个而言,这个命题是一个单称命题。例〔67〕的主项表面上看似乎是三个,不过与谓项"举世闻名的中国解放战争中的三大战役"相应的,只能是由辽沈战役、淮海战役和平津战役构成的整体,而这样的整体只有一个,所以这也是一个单称命题。

此外,在现代汉语中,虽然特称量项的语词形式通常是"有"、"有的"、"有些"。在日常使用中,有时候为了把主项所指称的对象的数量或范围表述得更加具体一些,也会使用"很少"、"几个"、"一半"、"许多"、"大多数"、"绝大多数"、"几乎全部"等语词。就这些语词没有对主项的全部外延作出断定而言,它们的逻辑含义都是"至少有一个",因而用这些语词来限制主项外延的命题都是特称命题。例如:

〔68〕绝大多数的金属都是固体。

从逻辑上看,这句话实际断定的是"有的金属是固体",因而是一个特称肯定命题。

正确分析与理解直言命题的结构与种类,还涉及直言命题在自然语言中的某些特定表达。

1."没有(一个)S不是P"与"没有(一个)S是P"

直言命题的肯定联项一般用"是"来表达,否定联项用"不是"来表达。对于一个标准形式的直言命题,人们只需要看它使用了什么联项就能判定其是肯定命题还是否定命题。不过,在有些场合则不能只看是用了"是"还是"不是"。例如:

〔69〕没有正数不是大于1的。

这里,我们不能只看句子中有"不是",就断定其命题形式是SEP,因为这一命题是人们认可的真命题,其主项和谓项又不是全异关系。事实上,这个句子使用了一种自然语言的特定表达,即"没有(一个)S不是P"。要判定包含这一表达的命题究竟属于何种类型、具有何种结构,应当将"不是"与"没有"联系起来一并考虑。与此类似,自然语言中还有一种特定的表达,即"没有(一个)S是P"。二者的逻辑含义分别是:

没有(一个)S不是P = SAP

没有(一个)S是P = SEP

2."没有S是P"与"并非S是P"

直言命题的否定命题与对直言命题的否定是两种完全不同的命题。在现代汉语中,这两种命题的语句形式是多种多样的,有些极易相互混淆,因而准确区分这两种命题,并根据矛盾关系把对直言命题的否定转换成与其等值的直言命题,对于正确应用直言命题及其推理是十分必要的。例如:

〔70〕没有人是长生不老的。

〔71〕并非人是长生不老的。

例〔70〕使用了"没有 S 是 P"的结构,其逻辑实质是 SEP,故这一命题实际上是一个全称否定命题(所有人都不是长生不老的)。例〔71〕的结构可以概括为"并非 S 是 P",亦即 $\overline{SAP}$;根据对当关系中的矛盾关系,可知 $\overline{SAP}$ 与 SOP 是等值的,故这一命题实际上断定的是"有的人不是长生不老的",因而是一个特称否定命题。上述两种结构的逻辑含义可以表述如下:

没有 S 是 P = SEP

并非 S 是 P = $\overline{SAP}$ = SOP

3. "S 都不是 P"与"S 不都是 P"

在自然语言中,"S 都不是 P"的逻辑含义是 SEP,故具有这一结构的直言命题属于全称否定命题。与其类似的"S 不都是 P"是对"S 是 P"的否定,即"并非 S 是 P";根据对当关系中的矛盾关系,可知"并非 S 是 P"与"有的 S 不是 P"的含义相同。由此,这两种结构的逻辑含义可以表述如下:

S 都不是 P = SEP

S 不都是 P = 并非 S 是 P = $\overline{SAP}$ = SOP

练习题

一、填空题

1. 一个直言命题的主项周延,谓项不周延,则其逻辑形式是(　　　)。

2. 若 SEP 真而 SIP 假,则 S 与 P 在外延间的关系是(　　　)。

3. 当且仅当 S 与 P 在外延间具有(　　)关系或(　　)关系或(　　)关系时,SOP 取值为真。

4. 一个直言命题的主项不周延,则这个命题的量是(　　　)。一个直言命题的谓项周延,则这个命题的质是(　　　)。

5. 已知"天下乌鸦一般黑"为假,根据直言命题的对当关系,则"有乌鸦是黑的"为(　　　)。

6. 根据对当方阵的差等关系,由 SEP 真可以推出(　　　)。

7. 若"有 P 不是 S"取值为真,则"有 $\overline{S}$ 是 P"取值为(　　　)。

8. 已知"有 P 不是 S"取值为真,则"所有 P 是 S"取值为(　　　),"有 S 是 P"取值为(　　　)。

二、单项选择题

1. 逻辑学研究推理,主要研究的是　　　　　　　　　　　　　　　　(　　)

A．前提的真假　　　　　　　　　　B．前提与结论间的内容联系

C. 结论的真假   D. 前提与结论间的逻辑联系

2. 一个推理具有逻辑性,指的是   (   )

A. 推理的前提和结论是真的

B. 推理形式是有效的

C. 前提与结论之间的联系符合思维规律与规则的要求

D. 前提和结论之间的联系是合理的

3. 决定直言命题种类所属的是   (   )

A. 主项和谓项   B. 主项和量项

C. 联项和量项   D. 联项和谓项

4. 决定直言命题谓项周延情况的是   (   )

A. 主项   B. 谓项   C. 联项   D. 量项

5. 根据对当关系,如果两个直言命题是矛盾的,则二者   (   )

A. 质不同,量相同   B. 质与量均相同

C. 质相同,量不同   D. 质与量均不同

6. $\overline{P}IS$ 与 $SO\overline{P}$ 之间具有   (   )

A. 矛盾关系   B. 差等关系   C. 反对关系   D. 下反对关系

7. 一个有效的换质位法推理的结论是 PES,则其前提是   (   )

A. SAP   B. $S\overline{AP}$ C. $\overline{SA}P$ D. $SA\overline{P}$

8. 已知"甲班有同学不是党员",可必然推出   (   )

A. 甲班有同学是党员   B. 有些党员是甲班同学

C. 有些非党员是甲班同学   D. 有些党员不是甲班同学

9. "因为 SAP 真,所以 POS 真",这个推理是   (   )

A. 先换质位,再用对当关系推理   B. 换位质

C. 先换位质,再用对当关系推理   D. 先换位,再用对当关系推理

10. 有人说:哺乳动物都是胎生的。

以下哪项最能驳斥上述断定?   (   )

A. 有的非哺乳动物是胎生的。   B. 非胎生的动物不可能是哺乳动物。

C. 没有见到过非胎生的哺乳动物。   D. 有的哺乳动物不是胎生的。

E. 鸭嘴兽是哺乳动物,但它们不是胎生的。

11. 一家 24 小时营业的便利店被盗。经查,窃贼必是甲、乙、丙、丁四人中的一个。审讯中,他们四人各自说了一句话。

甲:我不是罪犯。

乙:丁是罪犯。

丙:乙是罪犯。

丁:我不是罪犯。

如果四人中只有一个人说的是真话,则以下哪项为真? （　　）

A. 甲说的是假话,因此甲是罪犯　　　　　B. 乙说的是真话,丁是罪犯

C. 丙说的是真话,乙是罪犯　　　　　　　D. 丁说的是假话,丁是罪犯

E. 四个人说的全是假话,丙才是罪犯

12. 朝阳汽车公司已发现有职工向地震灾区捐款。

如果上述断定为真,则下述三个断定中不能确定真假的是 （　　）

Ⅰ:朝阳汽车公司没有职工不向地震灾区捐款。

Ⅱ:朝阳汽车公司有的职工没有向地震灾区捐款。

Ⅲ:朝阳汽车公司所有的职工都没有向地震灾区捐款。

A. 只有Ⅰ和Ⅱ　　　B. Ⅰ、Ⅱ和Ⅲ　　　C. 只有Ⅰ和Ⅲ

D. 只有Ⅱ　　　　　E. 只有Ⅰ

三、双项选择题

1. 当"所有S是P"为假而"有P不是S"为真时,S与P的外延关系不可能是 （　　）

A. 全同关系　　　B. 矛盾关系　　　C. 属种关系

D. 交叉关系　　　E. 全异关系

2. 设"有S是P"和"有S不是P"均真,则S和P可能具有的关系是 （　　）

A. S真包含于P　　B. S真包含P　　　C. 全同关系

D. 全异关系　　　E. 交叉关系

3. 若SAP与PAS恰为一真一假,则S与P的外延关系可以是 （　　）

A. S真包含于P　　B. S真包含P　　　C. 全同关系

D. 全异关系　　　E. 交叉关系

4. 已知"有S不是P"为假,S与P的外延关系可能是 （　　）

A. S真包含于P　　B. S真包含P　　　C. 全同关系

D. 不相容关系　　E. 交叉关系

5. 若S与P的外延不相容,则以S、P为主、谓项的直言命题,其主、谓项的周延情况是

（　　）

A. 均不周延　　　B. 不可能有的不周延　　　　C. 均周延

D. 谓项周延　　　E. 主项可能周延,可能不周延

6. ①"SAP→$\overline{P}ES$"和②"POS→$\overline{S}OP$"这两个直接推理的有效性为 （　　）

A. 都有效　　　　B. ①有效,②无效　　C. 不都有效

D. 都无效　　　　E. ①无效,②有效

7. 设SOP假,则下列为真的是 （　　）

A. SI$\overline{P}$　　　　B. SE$\overline{P}$　　　　C. SIP

D. SA$\overline{P}$　　　　E. SEP

8. 当直言命题的主、谓项为真包含于关系时，则 （   ）

A. SEP 假，SIP 真　　B. SAP 真，SIP 假　　C. SOP 真，SIP 真

D. SAP 真，SIP 真　　E. SEP 假，SOP 真

9. 下列根据直言命题间下反对关系所进行的直接推理的有效式有 （   ）

A. $\overline{SOP} \rightarrow \overline{SIP}$　　B. $\overline{SOP} \rightarrow SIP$　　C. $SIP \rightarrow SOP$

D. $\overline{SIP} \rightarrow SOP$　　E. $SIP \rightarrow \overline{SOP}$

10. 由"哲学系学生都学哲学"推出"有些非哲学系学生不学哲学"，其间 （   ）

A. 先用换位法　　B. 先用换质法　　C. 只用换质法

D. 只用换位法　　E. 既用换质法又用换位法

四、多项选择题

1. 运用变形法推理，以 SEP 为前提可推出的结论有 （   ）

A. $SA\overline{P}$　　B. $SO\overline{P}$　　C. $\overline{P}IS$

D. PES　　E. $\overline{P}O\overline{S}$

2. 以"自由权是受法律保障的公民基本权利"为前提进行有效的推理，可推出的结论有

（   ）

A. 并非"自由权不是受法律保障的公民基本权利"

B. 有些自由权是受法律保障的公民基本权利

C. 有些自由权并非不是受法律保障的公民基本权利

D. 并非"有些自由权不是受法律保障的公民基本权利"

E. 有些自由权不是受法律保障的公民基本权利

3. 下列属于变形法推理的有效式的有 （   ）

A. $\overline{SAP} \rightarrow PE\overline{S}$　　B. $SIP \rightarrow PO\overline{S}$　　C. $SAP \rightarrow POS$

D. $SOP \rightarrow \overline{P}O\overline{S}$　　E. $SEP \rightarrow \overline{S}IP$

4. 下列各组直言命题形式中具有矛盾关系的是 （   ）

A. $SA\overline{P}$ 与 SOP　　B. $SA\overline{P}$ 与 SIP　　C. SAP 与 SEP

D. SEP 与 $SO\overline{P}$　　E. "这个 S 是 P"与"这个 S 不是 P"

五、分析题

（一）下列语句哪些直接表达判断？为什么？

1. 黄山归来不看岳，真是名不虚传！

2. 请下周三交逻辑作业！

3. 台湾难道不是中国的一部分吗？

4. 中国男子足球队什么时候才能成为世界强队？

5. 实践是检验认识是否具有真理性的最重要的标准。

(二)下列命题属于何种直言命题?其主项和谓项的周延情况如何?

1. 金岳霖是中国近代著名逻辑学家。

2. 相当一批优秀的科技工作者也是优秀的教育工作者。

3. 没有一个人是不犯错误的。

4. 凡是取得伟大成就的没有不是勤奋的人。

(三)根据直言命题间的对当关系,回答下列问题:

1. 已知"有些建筑物不是教学楼"为假,能否断定"有些建筑物是教学楼"为真和"所有建筑物不是教学楼"为假?

2. 说明"哲学专业的学生都要修读逻辑"与"有的修读逻辑的不是非哲学专业的学生"这两个命题之间的真假关系。

3. 已知下列命题为真,请指出与其主谓项相同的另外三个直言命题的真假。

a. 外国哲学教研室的老师都是在海外获得博士学位的。

b. 校园内的有些树属于古树名木。

c. 有的没有举手投票的代表不是正式代表。

d. 主张宗教信仰自由的都不是极端主义者。

(四)下列推理是否正确?若正确,请把省略的步骤补充完整。

1. SAP→$\overline{S}O\overline{P}$

2. SOP→$\overline{S}I\overline{P}$

3. SEP→$\overline{S}O\overline{P}$

4. SIP→$\overline{S}O\overline{P}$

(五)写出下列推理的逻辑形式,并检查其是否有效。

1. 并非"有些碳化物是无毒的",因为碳化物都是有毒的。

2. 没有金属是没有光泽的,所以没有光泽的不是金属。

3. 有效的演绎推理是必然性推理,因此有的非必然性推理不是有效的演绎推理。

4. 有的正概念是普遍概念,所以有的负概念是单独概念。

六、综合题

1. 概念S与P的外延具有交叉关系,试问:以S为主项、P为谓项的四个直言命题中,哪几个取值为真?这些取值为真的命题中,哪几个可以进行有效的换位法推理?用公式表示这些换位法推理。

2. 下面三句话一真两假,试确定S与P的外延关系,并写出解题所需要的推理步骤。

A. 有S是P　　　B. 有S不是P　　　C. 有P不是S

3. 设甲、乙、丙、丁四人中只有一人说真话,请问丙说的是否是真话?小张是否交了作业?写出解题所需要的推理步骤。

甲:同学们都没有交作业。

乙：小张没有交作业。

丙：同学们不都没有交作业。

丁：有的同学没有交作业。

4. 某公请客，尚有人未到。于是他说："该来的不来。"有些来客听了此话起身就走了。见此情形，他又说："不该走的走了。"结果剩下的来客全都起身走了。试分析某公为何请客不成。

第四章
简单命题(直言命题)
及其推理(下)

　　相对于以一个命题为前提而推出结论的直接推理,间接推理是以两个或两个以上命题为前提推出结论的推理。间接推理有许多种类,本章主要讲述前提与结论均为直言命题的间接推理,即三段论。

第一节
三段论及其形式

一、什么是三段论

三段论(syllogism)是以包含着一个共同词项的两个直言命题为前提,推出一个新的直言命题为结论的推理。传统逻辑也称其为"直言三段论"(categorical syllogism)。例如:

〔1〕所有的科学都以追求真理为目标,

　　逻辑学是科学,

　　所以,逻辑学也以追求真理为目标。

三段论是由三个直言命题组成的,其中两个命题是前提,一个是结论。仅就主、谓项而言,任何一个三段论都由并且只能由三个词项所构成,它们分别是:

小项(minor term),即结论的主项,通常用 S 来表示;如例〔1〕中的"逻辑学"。

大项(major term),即结论的谓项,通常用 P 来表示;如例〔1〕中的"以追求真理为目标"。

中项(middle term),即只在前提中出现而不在结论中出现的那个词项,通常用 M 来表示;如例〔1〕中的"科学"。中项虽然在结论中不出现,但小项和大项正是由于中项在前提中的媒介作用才发生联系,从而组成新的命题,即结论。

在两个前提中,包含小项的前提是小前提(minor premise),如例〔1〕中的"逻辑学是科学";包含大项的前提是大前提(major premise),如例〔1〕中的"所有的科学都以追求真理为目标"。

基于如上的分析,例〔1〕这个三段论的结构可以表示为:

$$
\begin{array}{c}
M \longrightarrow P \\
\underline{S \longrightarrow M} \\
S \longrightarrow P
\end{array}
$$

三段论反映了对象之间的属种关系,人们借助三段论可以获得新的推出知识,也可以显示对象之间是否具有属种关系。

二、三段论的形式

三段论的逻辑结构是由三段论的格和三段论的式来刻画的。需要指出的是,由于三段论在自然语言中具有多样化的表现形式,在分析一个具体的三段论究竟具有何种形式时,就必须将其标准化,即将每个命题标准化为具有 A、E、I、O 形式的直言命题,并按照大前提—小前提—结论的顺序加以表述。这就是说,三段论的格与式总是针对标准形式的三段论(standard-form syllogism)而言的。

1. 三段论的格

所谓三段论的格(figure),指的是由于中项在前提中的位置的不同而形成的三段论的各

种形式。三段论共有四个格,其结构可以分别表示为:

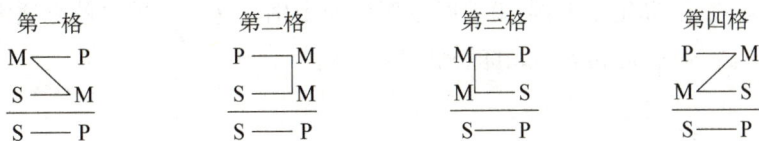

| 第一格 | 第二格 | 第三格 | 第四格 |

例如,第一格为M—P、S—M、S—P;第二格为P—M、S—M、S—P;第三格为M—P、M—S、S—P;第四格为P—M、M—S、S—P。

2. 三段论的式

所谓三段论的式(mood),指的是由于 A、E、I、O 四种命题在前提和结论中的不同组合而形成的三段论的各种形式。例如:

〔2〕猫科动物都是哺乳动物,

老虎是猫科动物,

所以,老虎是哺乳动物。

〔3〕所有的蛋白质化合物都含氮,

有些化合物不含氮,

所以,有些化合物不是蛋白质化合物。

这两个三段论都是标准的三段论。从三段论的格来说,例〔2〕属于第一格;就三段论的式而言,例〔2〕的大、小前提和结论都是 A 命题,故该三段论的形式为第一格 AAA 式,可记作 AAA-1。例〔3〕的形式则是第二格 AOO 式,记作 AOO-2。

三段论的格与式是从不同的角度对三段论逻辑结构的刻画。相同的格可以有不同的式,相同的式也可以属于不同的格。从式的角度说,三段论大、小前提与结论可以是 A、E、I、O 四种命题中的任意三种的组合,于是大、小前提和结论所有可能的组合就有 $4 \times 4 \times 4 = 64$ 个;再将式与格结合起来,三段论四个格总共就有 $64 \times 4 = 256$ 个可能的形式。那么,这 256 个可能形式是否都是有效的推理形式呢? 是否都能保证从真前提必然推出真结论呢? 这就涉及三段论有效性的判定问题。

第二节
三段论有效性的判定

对三段论的有效性进行判定,也就是去判定三段论的 256 个可能形式中哪些是有效的,哪些是无效的。传统逻辑主要研究了两种方法,即规则判定法和图解判定法。

一、规则判定法

所谓三段论有效性的规则判定法,就是运用三段论必须遵守的一些逻辑规则来判定一个三段论是否有效。

(一) 三段论的公理

在传统逻辑看来,任何一个三段论之所以能够进行,就在于它们拥有一个共同的根据,其基本内容是：如果断定(肯定或否定)了一类对象的全部，就要断定该类对象的部分对象或个别对象。简单地说，断定了全部，就要断定部分或个别。这一根据也就是通常所说的三段论公理(*dictum de omni et nullo*)，其欧勒图解如下：

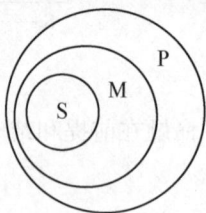

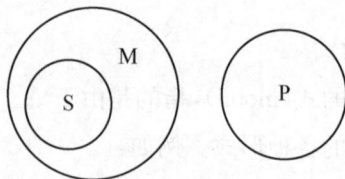

图 4-1   图 4-2

在图 4-1 中，由于 M 类真包含于 P 类(M 的全部是 P)，再加上 S 类真包含于 M 类，因此作为 M 类一部分的 S 类也就真包含于 P 类。这就是说，如果肯定全部 M 都是 P，那么就必须肯定作为 M 一部分的 S 也是 P。在图 4-2 中，M 类和 P 类是全异关系即相互排斥(M 的全部不是 P)，而 S 类真包含于 M 类，因此作为 M 类一部分的 S 类也和 P 类是全异关系，相互排斥。这就是说，如果否定全部 M 都是 P，那么就必须否定作为 M 一部分的 S 也是 P。

三段论公理反映了对象之间一般和个别，亦即属和种的关系，它是传统逻辑关于三段论的基本原理或逻辑根据。

三段论之所以能从两个前提推出结论，其逻辑根据就是三段论公理，但这一公理缺乏可操作性，难以对三段论所有的可能形式进行判定，为此就需要把三段论公理具体化为三段论的规则。凡是遵守了三段论规则的三段论形式就是有效式，使用了有效式的三段论就是有效三段论，就能够从真前提必然推出真结论；反之，没有遵守三段论规则的三段论形式就是无效式，使用了无效式的三段论就是无效三段论，就不能够从真前提必然推出真结论。

(二) 三段论的规则

三段论的规则，是判定三段论形式是否有效的标准，也被称为"三段论的一般规则"，以区别于三段论各格的特殊规则。概括地说，三段论的规则有如下五条：

1. 在一个三段论中，有且只有三个不同的词项

如前所述，就主项和谓项而言，三段论有且只能有三个不同的词项，以保证作为中项能够在前提中发挥桥梁作用。如果三段论的词项多于或者少于三个词项，那么就都缺少了实际上的中项，由此导致大项与小项无法发生必然联系，不能必然推出结论。

违反这条规则常见的逻辑错误叫作"四词项"(four terms)，即在一个三段论中貌似只有三个词项而实际有四个词项，这通常表现为中项在其两次出现时虽语词形式相同但表达的不是同一个概念。因此，"四词项"实质上就是"混淆/偷换概念"的一种特殊形式。例如：

〔4〕书是知识的海洋，

《逻辑学基础教程》是书，

所以，《逻辑学基础教程》是知识的海洋。

这里,"书"的两次出现分别表达了两个不同的概念,在大前提中它表达的是一个集合概念,在小前提中它表达的则是一个非集合概念。这就是说,"书"在例〔4〕中实际上是作为两个不同的词项而出现的,整个三段论包含了四个词项。显然,对"四词项"的识别,不是纯形式的,而是要联系到思维的具体内容。作为对三段论定义的直接引申,这条规则可以在有效的三段论中排除那些貌似三段论而实际上根本不是三段论的推理。

2. 中项必须至少周延一次

大项和小项之所以能在结论中联系起来组成一个新命题,是因为中项在前提中发挥了媒介的作用,分别与大、小项发生了确定的联系。如果中项在前提中一次也没有被断定全部外延,即一次也没有周延,那就意味着大、小项在前提中都分别只与中项的部分外延发生了联系,由此就使得中项不能发挥媒介的作用,进而导致大项和小项无法建立确定的联系,亦即无法得出确定的结论。

违反这条规则所犯的逻辑错误称为"中项不周延"(undistributed middle),即中项在大前提与小前提中均不周延。如:

〔5〕有的本科生是乘地铁来上课的,

小张是本科生,

所以,?

这个三段论之所以是无效的,原因就在于中项"本科生"在大前提中是特称肯定的主项,在小前提中是肯定命题的谓项,均不周延,由此导致无法判定小项"小张"与大项"乘地铁来上课的"之间究竟具有何种确定的关系,从而无法得出确定的结论。

3. 在前提中不周延的项,在结论中不得周延

如果一个项在前提不周延,即在前提中没有断定其全部外延,那么它在结论中周延的话,其结论的断定范围就超出了前提的断定范围,前提的真实性也就无法担保结论必然是真实的。这就是说,前提真而结论假是有可能的,因此整个推理过程就不是有效的。

由于在前提与结论中均出现的项有大项和小项,相应地,违反这条规则所犯的逻辑错误就有"大项不当周延"(illicit major)和"小项不当周延"(illicit minor)两种形式。前者也称"大项扩大",指大项在前提中不周延但在结论中却周延的逻辑错误;后者也称"小项扩大",指小项在前提中不周延但在结论中却周延的逻辑错误。例如:

〔6〕运动员需要努力锻炼身体,

我不是运动员,

所以,我不需要努力锻炼身体。

这个三段论之所以是无效的,原因就在于其大项"需要努力锻炼身体"在大前提中是肯定命题的谓项,是不周延的,在结论中却成为了否定命题的谓项,是周延的。于是,结论的断定范围超出了前提的断定范围,整个三段论存在着"大项不当周延"的错误。

需要注意的是,如果一个项在结论中是周延的,那么它在前提中也必须是周延的,否则就会违反本条规则的要求。此外,本条规则只是说在前提中不周延的项在结论中不得周延,

并没有说在前提中周延的项在结论中也必须周延。既然没有对在前提中周延的项提出要求，因此在前提中周延的项，在结论中可以周延，也可以不周延。这两种情形在逻辑上都是允许的，不会导致任何逻辑错误。

4. (i)两个否定前提不能推出任何确定的结论；(ii)如果前提之一是否定的，那么结论也是否定的；(iii)如果结论是否定的，那么前提之一也是否定的。

首先来看本条规则的(i)。如果两个前提都是否定命题，那就表明大、小项在前提中都分别与中项互相排斥，在这种情况下，大、小项通过中项就不能形成确定的联系，当然也就无法必然得出确定的结论。违反本条规则(i)所犯的错误称为"前提双否定"(exclusive premises)。例如：

〔7〕哲学论文不是文学作品，

这篇文稿不是哲学论文，

所以，？

这个三段论之所以不能得出确定的结论，就是因为两个前提都是否定命题，小项"这篇文稿"与大项"文学作品"无法通过中项"哲学论文"建立确定的联系。

再看本条规则的(ii)。如果前提之一是否定命题，根据本条规则(i)的要求，另一个前提必然是肯定命题，这就意味着大、小项中有一个与中项在前提中互相排斥，另一个与中项在前提中彼此相容。这样，与中项相容的那个项中的那些对象必然同另一个项中与中项相斥的那些对象是互相排斥的，所以结论必然是否定的。例如：

〔8〕鱼是卵生动物，

鲸不是卵生动物，

所以，鲸不是鱼。

违反本条规则(ii)所犯的逻辑错误称为"否定前提得出肯定结论"(drawing an affirmative conclusion from a negative premise)。

最后来看本条规则的(iii)。如果结论是否定命题，这意味着小项与大项之间是互相排斥的，这种情况是由于前提中的大、小项有一个和中项彼此相容，另一个和中项互相排斥所造成的。于是，同中项具有相斥关系的那个项所在的前提就必然是否定命题，因此当结论为否定命题时，其前提之一必为否定命题。

换一个角度说，本条规则的(iii)也可以表述为"两个肯定前提不能得出否定结论"。如果两个前提都是肯定的，这就意味着中项与大、小项之间是彼此相容的，于是大项与小项通过中项建立的联系也必然是相容的。在这种情况下，如果能得出结论，其结论必然是肯定命题。再具体一点说，如果两个肯定前提推出了一个否定结论，那就意味小项和大项之间互相排斥，但是两个肯定前提所形成的大、小项之间的联系必然是相容的。这就是说，结论不是从前提必然推出的，因此违反本条规则(iii)所犯的逻辑错误叫作"肯定前提推出否定结论"(drawing a negative conclusion from affirmative premises)。

5. (i)两个特称前提不能得出任何确定的结论；(ii)如果前提之一是特称的，那么结论也是特称的。

关于本条规则的必要性和必然性,可以运用前面几条规则来证明。下面将本条规则的(i)证明如下:

设:如果两个前提都是特称的,那么前提就有以下三种不同的组合情况:

第一,I和I组合的前提。已知I命题的主、谓项都不周延,根据三段论的规则2——中项必须至少周延一次,I和I组合的前提不能满足规则2的要求,因此不能推出任何确定的结论。

第二,O和O组合的前提。根据三段论规则4——两个否定前提不能推出任何确定的结论,因此O和O组合的前提不能推出任何确定的结论。

第三,I和O组合的前提。在这种情况下,只有O命题的谓项是周延的。根据三段论规则2,这个唯一周延的项首先必须满足中项周延一次的需要,但根据三段论规则4——如果前提之一是否定的,那么结论也是否定的。这样,I和O组合的前提,其结论必然是否定命题。结论是否定命题,这意味着作为结论谓项的大项是周延的,但大项在前提中不可能是周延的,而只能是不周延的,这就违反了三段论规则3——前提中不周延的项,在结论中不能周延。因此,I和O组合的前提也不能得出任何确定的结论。

所以,两个特称前提不能得出任何确定的结论。

用同样的方法也可以证明本条规则的(ii),即"如果前提之一是特称的,那么结论也是特称的",在此不再赘述。

上述五条规则是针对三段论的形式结构而制定的。其中,第1条是关于三段论定义结构的规则,第2、3条是关于项的周延性规则,第4条是关于否定前提的规则。这四条规则构成了三段论的基本规则。第5条则是由基本规则推导出的,可以略去。不过,为了使用的方便,本教材还是将其列出。

三段论的规则既是推理规则,又是判定规则。就前者说,根据这些规则可以从给定的前提合乎逻辑地推出确定的结论;就后者说,根据这些规则可以判定从特定前提是否能够合乎逻辑地推出相关结论,亦即判定一个给定的三段论是否有效。如果一个三段论遵守了全部的规则,即使其前提并非都是真的,该三段论也是有效的;如果没有遵守全部的规则,哪怕其前提都是真的,它也是无效的。这就是说,遵守三段论规则构成了一个三段论有效的充分必要条件。

(三) 三段论各格的特殊规则

将三段论的规则普遍使用于三段论的各个格,这些规则对于判定任何格的三段论的有效性是足够的。不过,在将三段论规则应用于各个格时,由于各个格有自己的特殊情况,就会派生出只适用于本格的特殊规则。一个三段论没有遵守格的特殊规则,它必然违反了三段论的规则,因而是无效的;但是,遵守了格的特殊规则的三段论,不一定遵守了三段论的规则,因而它也不一定是有效的。这就是说,遵守三段论各个格的特殊规则,仅仅是一个三段论有效的必要条件。

1. 第一格的特殊规则

（1）小前提必须肯定

（2）大前提必须全称

这两条规则可以被证明如下：

首先证明（1）。假设小前提不是肯定的，而是否定的，根据三段论第4条规则的（ii），结论必然是否定的，于是大项在结论中是周延的。再根据三段论第3条规则，大项在前提中必须周延。由于大项在第一格三段论中是大前提的谓项，因此大前提也应当是否定的。加上原假设小前提是否定的，根据三段论第4条规则的（i），两个否定前提不能推出任何确定的结论，所以如果第一格三段论要得出确定的结论，小前提就不能是否定的，即必须肯定。

其次证明（2）。由于小前提必须肯定，因此在第一格三段论中作为小前提的谓项的中项是不周延的。根据三段论第2条规则，中项在大前提中就必须周延。由于在第一格三段论中，中项是大前提的主项，所以大前提必须是全称。

2. 第二格的特殊规则

（1）前提之一必须否定

（2）大前提必须全称

3. 第三格的特殊规则

（1）小前提必须肯定

（2）结论必须特称

4. 第四格的特殊规则

（1）如果前提之一否定，那么大前提必须全称

（2）如果大前提肯定，那么小前提必须全称

（3）如果小前提肯定，那么结论必须特称

按照证明第一格特殊规则的方法，也可证明第二、三、四格的特殊规则。在此不再赘述。

（四）三段论的有效式

如前所述，从式的角度说，三段论大、小前提与结论可以是 A、E、I、O 四种命题中的任意三种的组合，于是大、小前提和结论所有可能的组合就有 $4 \times 4 \times 4 = 64$ 个。不过，这64个可能式中大多数都违反了三段论的规则，如 EEE 式、EOO 式等违反了第4条规则的（i），IIA式、IOO 式等违反第5条规则的（i），AEA 式、AOI 式等违反了第4条规则（ii），AAE 式、AAO 式等违反了第4条规则的（iii），等等。根据三段论的规则，筛选64个可能式，最后只剩下11个有效式：

    AAA、AAI、AEE、AEO、AII

    AOO、EAE、EAO、EIO、IAI、OAO

再把它们分配到四个格并运用各个格的特殊规则对其进行检验，共得24个有效式（见下表）：

表 4 - 1

	AAA	AAI	AEE	AEO	AII	AOO	EAE	EAO	EIO	IAI	OAO
第一格	√	(√)			√		√	(√)	√		
第二格			√	(√)		√	√	(√)	√		
第三格		(√)			√			(√)	√	√	√
第四格		(√)	√	(√)				(√)	√	√	

上表中带括号的式称为"弱式"或"有条件成立的有效式"(conditionally valid mood)。弱式的结论本身虽然没有错,但就推理而言,由于它假定了命题的主、谓项具有存在含义,因此是一种不完全的或者说是一种有条件成立的推理。如果排除弱式,那么三段论总共有 15 个有效式。

二、图解判定法

所谓三段论的图解判定法,指的是运用凡恩图解来判定一个三段论是否有效的方法。

我们在第三章已简单讲到,相较于欧勒图,凡恩图解不仅能够用同一个图来表示 A、E、I、O 四种命题的主项与谓项在外延间的关系,而且还能借助长方形、"+"和阴影来表示论域(全类)、非空类和空类,并用长方形中的不同区域来准确表示各个类及其补类的所有可能组合。这些可能的组合可以用凡恩图解表示如下:

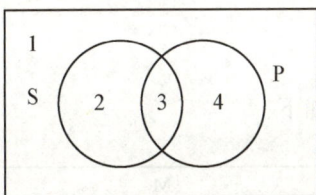

图 4 - 3

上图共分为 4 个区域,其中区域 1 用类演算公式可表示为 $\bar{S} \cap \bar{P}$,区域 2 为 $S \cap \bar{P}$,区域 3 为 $S \cap P$,区域 4 为 $\bar{S} \cap P$。

既然三段论是由三个直言命题构成的,因此我们也可以用凡恩图解来刻画三段论的大、小项和中项在外延间的各种关系。每一个圆圈表示一个类,三段论的三个项分别表示三个不同的类,这样就需要用三个两两交叉的圆圈来表示三段论所涉及的三个类及其之间的关系。这些关系可以用凡恩图解表示如下:

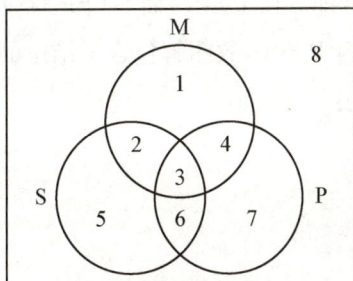

图 4 - 4

上图共可区分出 8 个区域,分别对应着全类之中的 8 个子类。例如,区域 1 可以用类演算公式表示为 $M \cap \overline{S} \cap \overline{P}$,区域 2 为 $M \cap S \cap \overline{P}$,区域 3 为 $M \cap S \cap P$,区域 4 为 $M \cap P \cap \overline{S}$……,区域 8 为 $\overline{M} \cap \overline{S} \cap \overline{P}$。

用凡恩图解来判定三段论的有效性,其主要步骤是:

第一,画三个两两交叉的圆圈,分别代表大项、小项和中项。

第二,图解大前提和小前提。如果一个前提是全称,另一个是特称,要首先图解全称前提。在图解特称前提时,要特别注意表示某区域存在的"＋"所放的位置,如果不能确定,则将其放在两个区域的共有的线上。

最后,对图解进行检查,如果图解包含了结论的图解,则说明结论从前提中必然得出,该三段论是有效的;反之,则是无效的。

接下来,我们就举例说明如何用凡恩图解来判定三段论的有效性。

〔9〕第一格 AAA 式:

$$\frac{\begin{array}{l} MAP \\ SAM \end{array}}{SAP}$$

首先,将其改述为类演算的公式:

$$\frac{\begin{array}{l} M \cap \overline{P} = 0 \\ S \cap \overline{M} = 0 \end{array}}{S \cap \overline{P} = 0}$$

然后,将其用凡恩图解表示如下:

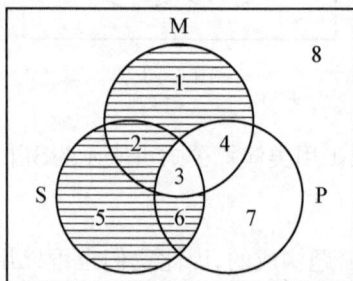

图 4 - 5

根据大前提 MAP($M \cap \overline{P} = 0$),区域 1 和 2 需画上阴影;根据小前提 SAM($S \cap \overline{M} = 0$),区域 5 和 6 需画上阴影。结论 SAP 即 $S \cap \overline{P} = 0$,而 $S \cap \overline{P}$ 对应的是区域 2 和 5。从图解可以发现,区域 2 和 5 有阴影,表示 $S \cap \overline{P} = 0$,故图解包含了结论的图解,该三段论是有效的。

〔10〕第二格的 EIO 式:

$$\frac{\begin{array}{l} PEM \\ SIM \end{array}}{SOP}$$

首先,将其改述为类演算的公式:

$$P \cap M = 0$$
$$S \cap M \neq 0$$
$$\overline{\qquad\qquad\qquad}$$
$$S \cap \overline{P} \neq 0$$

其次,将其用凡恩图解表示如下:

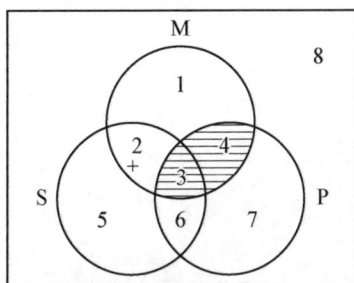

图 4 - 6

根据大前提 PEM(P ∩ M = 0),在区域3和4画上阴影;根据小前提 SIM(S ∩ M ≠ 0),在区域2和3标注"+";结合大、小前提,区域3的阴影压倒"+",故仅有区域2存在。结论 SOP 即 S ∩ $\overline{P}$ ≠ 0,而 S ∩ $\overline{P}$ 对应的是区域2和5,从图解可以发现,区域2存在,表示 S ∩ $\overline{P}$ ≠ 0,故图解包含了结论的图解,该三段论是有效的。

〔11〕第二格的 AII 式:

PAM
SIM
————
SIP

首先,将其改述为类演算的公式:

$$P \cap \overline{M} = 0$$
$$S \cap M \neq 0$$
$$\overline{\qquad\qquad\qquad}$$
$$S \cap P \neq 0$$

其次,将其用凡恩图解表示如下:

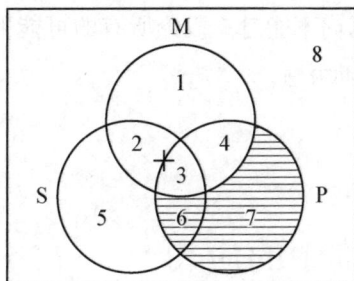

图 4 - 7

根据大前提 PAM(P ∩ $\overline{M}$ = 0),在区域6和7画上阴影;根据小前提 SIM(S ∩ M ≠ 0),即区

域 2 和 3 中至少有一处是存在的,但"+"究竟该放在何处并不确定,故只能将其放在区域 2 和 3 的共有线上。结论 SIP 即 S∩P≠0,而 S∩P 对应的是区域 3 和 6;根据小前提,区域 3 和 6 中至少有一处是存在的,但区域 6 根据大前提不存在,区域 3 存在与否根据小前提又不能确定,这说明图解不能准确显示结论的图解,即从前提不能必然地推出结论,这个三段论是无效的。

〔12〕第三格的 AAA 式:

MAP

MAS

―――

SAP

首先,将其改述为类演算的公式:

$$M \cap \overline{P} = 0$$
$$M \cap \overline{S} = 0$$
――――――
$$S \cap \overline{P} = 0$$

其次,将其用凡恩图解表示如下:

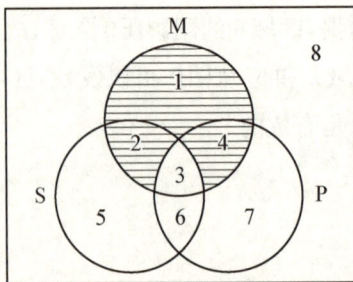

图 4-8

根据大前提 MAP($M \cap \overline{P} = 0$),在区域 1 和 2 画上阴影;根据小前提 MAS($M \cap \overline{S} = 0$),在区域 1 和 4 画上阴影。结论 SAP 即 $S \cap \overline{P} = 0$,而 $S \cap \overline{P}$ 对应的是区域 2 和 5。从图解可以发现,区域 2 有阴影,但区域 5 不确定,这表明图解不能准确显示结论的图解,即从前提不能必然地推出结论,这个三段论是无效的。

用凡恩图解来判定三段论的有效性,其特点在于比较直观、简易,但这种图解判定法只是对给定的三段论的逐个判定,尚不能对三段论所有的可能形式进行系统的处理,所以一般只作为三段论有效性判定的辅助方法。

第三节
三段论在实际思维中的应用

一、准确把握三段论的结构

准确把握三段论的结构,是正确理解和运用三段论的基础。前面已经讲过,三段论的格与式总是针对标准三段论而言的,而以自然语言为载体的三段论,其语言表达灵活多样,因此,有必要正确掌握三段论语言表达的特征,以便于将各种非标准的三段论转换为按照大前提—小前提—结论的次序表述的标准三段论,并在此基础上准确把握其逻辑结构。

首先,三段论大、小前提和结论的表达次序是灵活的。有时前提在前,结论在后;有时结论在前,前提在后。同时,对前提的表述,既可以是大前提在前,小前提在后;也可以是小前提在前,大前提在后。例如:

〔13〕中文系学生都学逻辑,因为文科学生都学逻辑,而中文系学生是文科学生。

〔14〕鸭嘴兽是有乳腺的,有乳腺的都是哺乳动物,所以鸭嘴兽是哺乳动物。

在前者中,三段论是按照结论、大前提和小前提的次序来表达的;在后者中,构成三段论的三个命题依次是小前提、大前提和结论。

与三段论表达次序相关,还要正确把握三段论的推理标识词。在三段论中,前提或结论的标识词与命题的不同组合,体现着不同的推理关系。例如:

〔15〕蝙蝠是能飞的,蝙蝠是哺乳动物,所以有的哺乳动物是能飞的。

〔16〕蝙蝠是能飞的,因为蝙蝠是哺乳动物,而有的哺乳动物是能飞的。

这两个三段论是由相同的三个真命题构成的,但在二者中这三个命题与推理标识词的组合不同,因此体现着不同的推理关系,例〔15〕是有效的,例〔16〕则是无效的。

其次,在三段论中,词项或命题的语言形式是灵活的。例如:

〔17〕文科学生都应当学逻辑,中文系学生是文科学生,自然也不例外。

不能认为这个三段论违反了第1条规则,犯了"四词项"错误,因为其中"也不例外"与"应当学逻辑"表达的是同一个概念。这个例子告诉我们,有的三段论从语言形式上看似乎包含了不止三个词项,但经过分析,其中有些语词很可能是同义词。这样,经过同义词替换,它们仍然可以转换为标准形式的三段论。

此外,利用变形法推理对某些命题进行等值的标准化处理,可以发现某些非标准的三段论其实仍然具有标准的形式。例如:

〔18〕哺乳动物是温血动物,蜥蜴不是温血动物,所以蜥蜴是非哺乳动物。

这里,不能认为这个三段论违反了第1条规则和第4条规则的(ii)。事实上,利用换质法推理的有效式 $SAP \leftrightarrow SE\overline{P}$,结论"蜥蜴是非哺乳动物"其实等值于"蜥蜴不是哺乳动物"。这样,经过标准化处理,例〔18〕可以重新表述为:

〔19〕哺乳动物是温血动物,

蜥蜴不是温血动物,

所以,蜥蜴不是哺乳动物。

作为第二格 AEE 式的三段论,这显然是一个有效的三段论。

二、正确分析与应用复合三段论

在人们日常的实际思维过程中,有时会将几个三段论连续运用,从而形成相关的一连串推理;有时为了简洁明了,又往往省略三段论的某个部分。所以,三段论又有复合三段论和省略三段论等类型。

所谓复合三段论(polysyllogism),就是一种由两个或两个以上的三段论构成的特殊的三段论,其中前一个三段论的结论构成后一个三段论的前提。它有以下两种形式:

1. 前进式复合三段论

前进式复合三段论(progressive polysyllogism)是以前一个三段论的结论作为后一个三段论的大前提的复合三段论。例如:

〔20〕一切造福于人类的知识是有价值的,

　　　科学是造福于人类的知识,

　　　所以,科学是有价值的;

　　　社会科学是科学,

　　　所以,社会科学是有价值的;

　　　经济学是社会科学,

　　　所以,经济学是有价值的。

在这个推理中,思维的进程是由范围较大的概念逐渐推移到范围较小的概念,由较一般的知识推进到较特殊的知识(参见图 4-9)。前进式复合三段论的结构可以表示为:

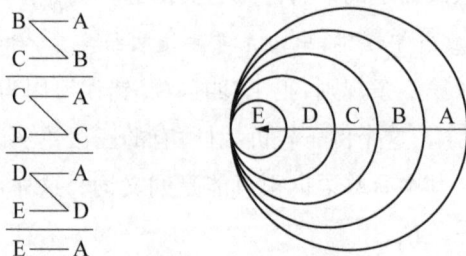

图 4-9

2. 后退式复合三段论

后退式复合三段论(regressive polysyllogism)是以前一个三段论的结论作为后一个三段论的小前提的复合三段论。例如:

〔21〕经济学是社会科学,

　　　社会科学是科学,

　　　所以,经济学是科学;

　　　科学是造福于人类的知识,

　　　所以,经济学是造福于人类的知识;

　　　一切造福于人类的知识都是有价值的,

　　　所以,经济学是有价值的。

在这个推理中,思维的进程是由范围较小的概念逐渐推移到范围较大的概念,由较特殊的知

识推进到较一般的知识(参见图 4 - 10),即其思维的推移顺序正好和前进式复合三段论相
反。后退式复合三段论的结构可以表示为:

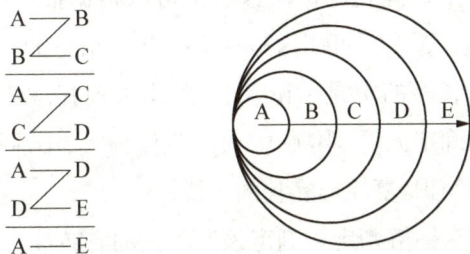

图 4 - 10

复合式三段论是由两个或两个以上的三段论组成,因此组成它的每个三段论都必须遵
守三段论的规则,只要任何一个三段论违反了三段论规则,那么整个三段论就是无效的。

三、正确分析与应用省略三段论

所谓省略三段论(enthymeme),就是在语言表达方面没有完全表达出大前提或小前提或
结论的三段论。从结构的完整性说,三段论总是包含前提、结论及其相应的标识词,但在语
言表达方面,有时则可以有所省略。一般来说,被省略的部分往往带有不言而喻的性质,因
此在这种三段论中,虽然某个部分被省去了,但整个推理还是容易为人们所理解。如:

〔22〕市场经济规律是客观规律,所以它是不以人们的意志为转移的。

〔23〕任何公民都要遵守宪法和法律,所以领导干部也不例外。

〔24〕我们的事业是正义的,而正义的事业是任何敌人也攻不破的。

例〔22〕省略了大前提,"客观规律是不以人们的意志为转移的";例〔23〕省略了小前提,"领导
干部是公民";例〔24〕省略了结论,"我们的事业是任何敌人也攻不破的"。这里,虽然三个例
子在语言表达方面都只有两个命题,但它们并不是直接推理,因此不能将省略三段论混同于
变形法推理或对当法推理。

省略三段论在人们的实际思维中有着广泛的运用,不过由于它省去了某个组成部分,因
此如果运用不当,就有可能出现错误的前提或无效的推理。例如,有人说:

〔25〕我又不是要当翻译,学什么外语?

当我们补充上省略的部分并将该三段论标准化后,其完整形式就是:

〔26〕所有要当翻译的都是需要学外语的,

我不是要当翻译的,

所以,我不是需要学外语的。

由于违反了三段论的第 3 条规则,大项"需要学外语的"在大前提中作为肯定命题的谓项是不
周延的,但在结论中作为否定命题的谓项却是周延的,因此这个三段论犯了"大项扩大"的逻
辑错误,是无效的。

那么,如何来判定省略三段论的有效性呢?

首先,对需要判定的省略三段论所省略的部分进行补充,将其复原为完整的三段论。第一步,判明该三段论中哪一个命题是结论。这通常可以根据推理的标识词或者上下文的联系来判明。如果找不出结论,那么很可能这是一个省略了结论的三段论,于是可根据三段论规则试推结论。第二步,若省略的不是结论,则需找出大前提或小前提。结论一旦判明,根据三段论结构的定义,便可确定大项、小项、中项以及作为大、小前提的命题的构成情况。第三步,运用三段论格与式的知识,复原出完整的三段论。

其次,运用规则判定法或图解判定法判定该三段论的有效性。

现在,我们仍以〔25〕为例,来具体说明复原与判定的步骤:

首先,在"我又不是要当翻译,学什么外语?"中,虽然没有"因为"、"所以"等推理的标识词,但从内容中仍可明显看出,以反诘句"学什么外语?"表达的"我不是需要学外语的"是结论,是由前一个命题推出来的。

其次,既然确定了结论是"我不是需要学外语的",那么根据三段论结构的定义,可以判明"我"是小项,"需要学外语的"是大项,"我又不是要当翻译"因为包含小项"我"就是小前提,故这个三段论省略了大前提。

再次,由于该三段论结论为否定命题,而小前提已知为否定命题,故根据第4条规则,大前提只能为肯定命题。这样,将中项"需要当翻译的"与大项"需要学外语的"以肯定方式联系起来,大前提就是"所有要当翻译的都是需要学外语的"。

最后,运用三段论的规则对复原后所得到的完整三段论〔26〕进行判定,可知这是一个违反了第3条规则的要求,犯了"大项扩大"的逻辑错误的无效三段论。

📝 练习题

一、填空题

1. 在"既然经济规律是一种客观规律,它就是不以人的意志为转移的,因为任何客观规律都是不以人的意志为转移的"这个三段论的小前提中,中项是(　　　)。

2. 在三段论"有些能导电的不是木块,因为金属能导电,而木块不是金属"中,小前提是(　　　)。

3. 在第三格三段论中,大项是大前提的(　　　)项,中项是小前提的(　　　)项。

4. "并非所有化合物都含碳,而所有有机物都含碳,所以有的化合物不是有机物"这个三段论属于第(　　　)格(　　　)式。

5. 若一有效三段论的大前提为MOP,则此三段论属于第(　　　)格。

6. 已知一有效三段论的小前提是O命题,则此三段论的大前提为(　　　),它属于第(　　　)格。

7. 已知一有效第四格三段论的结论为 E 命题,则此三段论的式是(　　)式。

8. 一个有效的第三格三段论,其大前提若为 MIP,则其小前提为(　　),结论为(　　)。

二、单项选择题

1. "有些具有社会危害的行为不是犯罪行为,例如紧急避险就不是犯罪行为"这个省略三段论的形式是　　　　　　　　　　　　　　　　　　　(　　)

 A. AOO-2式　　　B. EAO-3式　　　C. AOO-1式　　　D. EAO-1式

2. "有些 S 是 M,所有 P 不是 M,所以有些 S 不是 P"这一三段论是　　(　　)

 A. EIO-1式　　　B. EIO-2式　　　C. EIO-3式　　　D. EIO-4式

3. 结论一定是否定命题的三段论是　　　　　　　　　　　　　　(　　)

 A. 第一格　　　B. 第二格　　　C. 第三格　　　D. 第四格

4. 一有效的 AAI 式三段论,其大小项在前提中均不周延,则此三段论为(　　)

 A. 第一格　　　B. 第二格　　　C. 第三格　　　D. 第四格

5. 违反三段论第一格特殊规则"大前提必须全称"必然会犯的错误是　(　　)

 A. 前提双否定　　B. 中项不周延　　C. 小项扩大　　D. 大项扩大

6. 若第二格三段论的两个前提都是肯定命题,该三段论必然会犯的错误是(　　)

 A. 四词项　　　　B. 中项不周延　　C. 小项扩大　　D. 大项扩大

7. 由 MEP 和 SAM 推出 SIP,此三段论违反的规则是　　　　　　(　　)

 A. 中项在前提中至少周延一次

 B. 前提中不周延的项在结论中不得周延

 C. 前提之一为否定,结论为否定

 D. 两个否定前提不能得出任何确定的结论

8. 如一有效三段论的小前提是特称否定命题,则其大前提应是　　　(　　)

 A. MAP　　　　　B. POM　　　　　C. PEM　　　　　D. PAM

9. 以 SAM 和 MAP 为前提进行有效推理,不能必然断定其真假的是　(　　)

 A. $\overline{SAP}$　　　　　B. PIS　　　　　C. $\overline{POS}$　　　　　D. SAP

10. 下列三段论形式(其中 ∧ 表示同时肯定两个前提)为有效式的是　(　　)

 A. MIP ∧ SAM → SIP　　　　　B. SOM ∧ MAP → SOP

 C. MAS ∧ MEP → SOP　　　　　D. PAM ∧ SIM → SIP

11. 如一有效三段论的结论是否定的,则其大前提不能是　　　　　(　　)

 A. PAM　　　　　B. MEP　　　　　C. MAP　　　　　D. MOP

12. 在建德社区,大多数中老年业主都买了人寿保险,所有买了四居室以上住房的业主都买了财产保险,而所有买了人寿保险的业主都没有买财产保险。

如果以上断定为真,以下哪些有关建德社区业主的断定也是真的?　　　(　　)

Ⅰ:中老年业主买了四居室以上住房。

Ⅱ：有中老年业主没有买财产保险。

Ⅲ：买了四居室以上住房的业主都没有买人寿保险。

A. 只有Ⅰ和Ⅱ　　　　B. Ⅰ、Ⅱ和Ⅲ　　　C. 只有Ⅱ和Ⅲ

D. 只有Ⅱ　　　　　　E. 只有Ⅰ

13. 想当教师的大学生都报考了教师资格考试，小李也报考了教师资格考试，看来他肯定是想毕业后做一名教师。

下述哪项如果为真，最能支持上述结论？　　　　　　　　　　　　　（　　）

A. 有不少教师都获得了教师资格证书。

B. 在想当教师的大学生中，有相当一批都报考了教师资格考试。

C. 有些教师是通过了教师资格考试的大学毕业生。

D. 所有报考教师资格考试的都想当教师。

E. 只有通过了教师资格考试，才能当教师。

14. 有些实验室储存有危险品，因此不是所有实验室都可以随便进出。

以下哪项如果为真，可以使上述推理成立？　　　　　　　　　　　（　　）

A. 有些实验室储存的东西不仅仅是危险品。

B. 有些储存有危险品的地方可以随便进出。

C. 所有储存有危险品的地方都不可以随便进出。

D. 即便储存的不是危险品，也不可以随便进出。

E. 有些储存有危险品的地方不可以随便进出。

三、双项选择题

1. "依法办事不是教条主义，因为依法办事是坚持原则"这个省略三段论运用的推理形式可以是　　　　　　　　　　　　　　　　　　　　　　　　　　　　　（　　）

A. EAE-1式　　　　B. AEE-2式　　　　C. AEE-1式

D. EAE-2式　　　　E. EAE-4式

2. "科学是能造福于人类的，逻辑学是科学，所以逻辑学也是能造福于人类的"，这一推理不是　　　　　　　　　　　　　　　　　　　　　　　　　　　　　　（　　）

A. 演绎推理　　　　B. 或然性推理　　　C. 间接推理

D. 直接推理　　　　E. 必然性推论

3. 下列三段论形式中有效的是　　　　　　　　　　　　　　　　　　（　　）

A. EIO-1式　　　　B. AOO-2式　　　　C. AOO-3式

D. AOO-4式　　　　E. OAO-4式

4. 若一有效三段论的结论是全称肯定命题，则它的中项　　　　　　　（　　）

A. 可以两次周延　　B. 可以两次不周延　C. 不能两次都周延

D. 不能一次周延、一次不周延　　　　　　E. 不能两次都不周延

5. 以下列各组命题形式为前提,可以必然推出 SOP 的有 （ ）

A. MAP ∧ SIM　　B. POM ∧ SAM　　C. MEP ∧ MIS

D. PIM ∧ MES　　E. MEP ∧ SAM

6. 一个有效三段论,如其小前提是 E 命题,则其大前提可以是 （ ）

A. 所有 M 是 P　　B. 没有 P 是 M　　C. 没有 P 不是 M

D. 所有 P 是 M　　E. 有 M 不是 P

7. 以"有 S 是 M,所有 P 不是 M"为前提进行推理,将所得结论再进行变形法推理,可得出的结论有 （ ）

A. 有 P̄ 是 S　　B. 有 P 不是 S　　C. 所有 P 不是 S

D. 有 S 是 P　　E. 有 S 是 P̄

8. 大多数厨师都戴高帽子,因此有些戴高帽子的人穿白衣服。

在下列各项中,能够支持上述推理的有 （ ）

A. 没有厨师不穿白衣服　　　　　B. 有些厨师不穿白衣服

C. 所有穿白衣服的人都是厨师　　D. 所有厨师都穿白衣服

E. 有些穿白衣服的厨师不带高帽子

四、多项选择题

1. 下列各式作为三段论第二格推理形式,有效的是 （ ）

A. AAA 式　　B. EAE 式　　C. AEE 式

D. EIO 式　　E. OAO 式

2. 下列三段论形式中无效的有 （ ）

A. SAM ∧ MIP → SIP　　　　B. SOM ∧ MAP → SOP

C. MAS ∧ MEP → SOP　　　　D. PAM ∧ SIM → SIP

E. PIM ∧ SEM → SOP

3. "古典小说是文学作品,《红楼梦》是文学作品,所以《红楼梦》是古典小说。"这一推理是 （ ）

A. 有效的三段论　　　　　　B. 正确的、合乎逻辑的推理

C. 无效的三段论　　　　　　D. 犯"中项不周延"的逻辑错误

E. 违反了"两个否定前提不能得出确定结论"的规则

五、图解题

用欧勒图表示满足下列条件的 S 与 P 可能具有的外延间的关系。

1. 已知:① M 与 P 外延不相容;

　　　　② "所有 M 是 S"为真。

2. 已知:① M 真包含于 P;

②"有些 S 是 M"为真。

3. 已知：① "所有 M 不是 P"为真；

　　　　② M 真包含 S。

4. 已知：① M 与 P 全异；

　　　　② "有 S 不是 M"为假。

六、分析题

（一）下列三段论是否有效？如无效，犯了什么逻辑错误？

1. 并非所有无神论者都是唯物主义者，有些无神论者是马克思主义者，因此有的马克思主义者是唯物主义者。

2. 中国的历史有数千年之久，元朝的历史属于中国的历史，所以元朝的历史有数千年之久。

3. 不少哲学系的学生加入了兰心哲学社，扬之水话剧社的成员中有不少是哲学系的学生，所以扬之水话剧社的成员中有的加入了兰心哲学社。

4. 不是快车是不带邮件的，下次列车是快车，所以下次列车是带邮件的。

（二）运用三段论一般规则的知识，在下列推理形式的括号中填入适当符号，使其成为有效式，并写出简要推理过程。

1.　$\dfrac{\begin{array}{l}(\ )\ E\ (\ )\\ S\ \ A\ (\ )\end{array}}{S\ (\ )\ P}$　　　　2.　$\dfrac{\begin{array}{l}(\ )(\ )(\ )\\ (\ )(\ )(\ )\end{array}}{S\ A\ P}$

3.　$\dfrac{\begin{array}{l}M\ (\ )\ P\\ S\ (\ )\ M\end{array}}{S\ E\ P}$　　　　4.　$\dfrac{\begin{array}{l}(\ )\ I\ P\\ (\ )\ A\ (\ )\end{array}}{S\ (\ )\ P}$

（三）运用三段论知识，回答下列各题。

1. 一有效三段论的大前提为 E 命题，小前提为 I 命题，其结论应该是什么？为什么？

2. 一个有效的三段论，其三个项能否都周延两次？为什么？

3. 为什么结论是否定命题的三段论有效式，其大前提不能是 I 命题？

4. 如果一个有效三段论的结论为 SAP，它的大、小前提各是什么？写出它的逻辑形式。

5. 一个三段论有效式，其大项在前提和结论中均周延，小项在前提和结论中均不周延，且其大前提为肯定命题，试分析此三段论是哪一格什么式？

6. 一有效三段论，中项在大、小前提中均周延，大、小项在结论中均不周延，试分析此三段论是哪一格什么式？

（四）写出下列议论中所运用的推理形式，并分析其有效性。

过失犯罪不是故意犯罪，共同犯罪是故意犯罪，所以共同犯罪不是过失犯罪；合伙走私是共同犯罪，可见合伙走私不是过失犯罪，换言之，合伙走私是故意犯罪。

(五)试分析子贡得出"夫子既圣矣"所运用的推理形式,并分析其有效性。

　　　　昔者子贡问于孔子曰:"夫子圣矣乎?"孔子曰:"圣则吾不能,我学不厌而教不倦也。"子贡曰:"学不厌,智也;教不倦,仁也。仁且智,夫子既圣矣。"(《孟子·公孙丑上》)

七、证明题

1. 设 A 表示"所有喜欢逻辑的都喜欢推理小说",B 表示"所有喜欢推理小说的都不喜欢古代文学",C 表示"有的喜欢古代文学的喜欢逻辑"。求证:若 A 与 B 均真,则 C 假。

2. 运用三段论一般规则证明:第一格三段论的有效式其大小前提均不能是 O 命题。

3. 运用三段论一般规则证明:小前提为否定命题的有效三段论,其大前提必为 PAM。

4. 设 A ∧ B → C 为一有效三段论,D 是与 C 相矛盾的直言命题,试证明:A、B、D 中必然有两个肯定命题。

5. 运用三段论一般规则证明:结论为全称的有效三段论,其中项不能周延两次。

6. 试证明:大前提为 I 命题,小前提为 E 命题,不能构成一个有效的三段论。

八、用凡恩图判定下列形式的三段论是否有效。

1. 第一格 EAE 式
2. 第二格 AEE 式
3. 第三格 AOO 式
4. 第四格 EIO 式

第一节
复合命题和命题联结词

一、什么是复合命题

复合命题是包含有除它自身以外的其他命题的命题。如果对复合命题进行分解，能从中分解出至少另外一个命题；而对简单命题（如直言命题）进行分解，则只能从中分解出词项。例如：

〔1〕所有金属都是固体。

〔2〕亚里士多德是逻辑学家并且是哲学家。

例〔1〕是直言命题中的全称肯定命题，是一个简单命题。如对其进行分解，只能分解出主项、谓项、联项和量项等要素，分解不出其他的命题。例〔2〕则是一个复合命题，因为对其进行分解，可以分解出另外两个命题"亚里士多德是逻辑学家"和"亚里士多德是哲学家"。

复合命题包含两个组成部分，其一是支命题，即复合命题所包含的除它自身以外的其他命题，其二是命题联结词或逻辑联结词（logical connective），即将支命题联结成为复合命题的那个词项。构成复合命题的支命题，既可以是简单命题，也可以是复合命题，如：

〔3〕如果合同有效，那么甲方和乙方就应遵守合同。

这个复合命题是由"合同有效"与"甲方和乙方应遵守合同"两个支命题通过"如果……那么……"这一命题联结词构成的，其中第二个支命题本身也是一个复合命题，由"甲方应遵守合同"与"乙方应遵守合同"通过"并且"联结而成。

复合命题的基本形式不止一种，但种类有限。不同种类的复合命题其逻辑特性也不同，因此由其构成的有效推理形式也不一样。本章和下一章将分别介绍各种基本的复合命题及其有效推理形式。

二、命题联结词

不同种类的复合命题是根据不同的命题联结词来区分的。不同的命题联结词是区别不同种类的复合命题的唯一根据。

根据命题联结词的一般含义，命题联结词的作用之一是将支命题联结成为复合命题。除此之外，更为重要的是它还反映了复合命题与其支命题之间的真假关系，而这种真假关系正是不同种类的复合命题各自的逻辑特性。这就是说，不同的命题联结词的逻辑含义，也就是相应的复合命题的逻辑特性。

在现代逻辑中，基本的命题联结词有五种：

（1）合取，即使用"并且"、"虽然……但是……"、"不但……而且……"等自然语言连词的逻辑抽象；

（2）析取，即使用"或者"、"可能……可能……"、"要么……要么……"等自然语言连词的逻辑抽象；

（3）蕴涵，即使用"如果……那么……"、"只要……就……"、"倘若……则……"等自然语言连词的逻辑抽象；

（4）等值，即使用"当且仅当……"、"如果且只有……才……"等自然语言连词的逻辑抽象；

（5）否定，即使用"并非……"、"……是假的"、"……不合乎事实"等自然语言连词的逻辑抽象。

现代逻辑已经证明，这五种命题联结词对于联结一切复合命题是足够的。本章及下一章考虑到传统逻辑与自然语言关系较为密切的特点，在介绍这五种命题联结词及其组成的复合命题的同时，还将介绍数量不多的其他一些命题联结词及其组成的复合命题，尽管后者都能化归为由上述五种命题联结词所组成的某种复合命题。

命题联结词与相应的自然语言连词的含义并不完全相同，后者所表达的含义有时并不精确，还常常负载了许多非逻辑的内容。作为自然语言连词的逻辑抽象，命题联结词在真假二值逻辑中，只反映复合命题与其支命题之间的真假关系，舍弃了自然语言连词所包含的其他非逻辑的含义。所以，命题联结词又被称为"真值联结词"。为了在词形上使命题联结词同自然语言连词有所区分，也为了更加准确地刻画复合命题的逻辑形式，现代逻辑通常使用一些人工符号来表示不同的命题联结词。

现代逻辑通常用真值表方法来定义命题联结词的逻辑含义。真值表不仅能定义命题联结词，还能判定复合命题推理的有效性。本章和下一章将会介绍真值表方法的这两种作用。

第二节
联言命题及其有效推理

一、联言命题及其逻辑形式

联言命题(conjunctive proposition)是断定对象的若干种情况同时存在的命题。如：

〔4〕富贵不能淫，贫贱不能移，威武不能屈。

〔5〕天下雨，路又滑。

〔6〕我们不但善于破坏旧世界，而且善于建立新世界。

〔7〕鲁迅是伟大的文学家并且是伟大的思想家。

〔8〕虽然那是一片贫穷的土地，但仍然是很多有尊严的人们的家园。

这组命题虽然自然语言连词各不相同，有时甚至还省略了，如〔4〕，但都断定了对象的若干种情况同时存在。如〔6〕在肯定我们善于破坏旧世界的同时，又肯定我们善于建立新世界；〔8〕在肯定那是一片贫穷的土地的同时，又肯定那是很多有尊严的人们的家园。

联言命题的支命题称为联言支(conjunct)。联言命题的支命题至少有两个,也可以多于两个。在自然语言中,常见的联结联言支的连词有"并且"、"和"、"既……又……"、"不但……而且……"、"虽然……但是……"、"一方面……另一方面……"等等。逻辑学在研究联言命题时舍弃了这些自然语言连词所含有的并列、承接、递进、转折等非逻辑的含义,仅仅从真值方面将其抽象为合取(conjunction),记为:

　　　　∧(读作:合取)

如果用小写英文字母 p、q 作为命题变项来表示联言支,那么具有两个支命题的联言命题的逻辑形式记为:

　　　　p∧q(读作:p 合取 q)

这个命题形式在现代逻辑中称作合取式。由于多支的联言命题的逻辑性质与两支的联言命题的逻辑性质相同,下文对联言命题及其推理的分析多以两支的联言命题为例。

二、联言命题的逻辑性质及其真值表

联言命题断定了对象的若干种情况是同时存在的,因此只有当它所断定的对象情况都存在,也就是所有的联言支均真时,该联言命题才是真的;只要有一个联言支是假的,整个联言命题就是假的。这就是联言命题的逻辑性质。

据此,可以把合取∧定义为:

　　　　p∧q 是真的,当且仅当 p 是真的并且 q 是真的。

在现代逻辑中,通常用真值表来定义命题联结词的逻辑含义。上述定义可以用真值表表示如下,其中"T"代表真,"F"代表假:

表 5-1

p	q	p∧q
T	T	T
T	F	F
F	T	F
F	F	F

所谓真值表(truth table),就是用来显示复合命题的真假与其支命题真假之间关系的图表。由于在二值逻辑中一个命题有 T 和 F 两种真值,故在真值表中,有 n 个不同的命题变项,就会有 2^n 组真假搭配的组合,因此就需要列出 2^n 行真假组合。

需要指出的是,联言命题与合取式并不完全相同,后者仅仅是前者在真值方面的抽象。例如,人们在自然语言中一般不会说:

　　　　〔9〕2+2=4 并且雪是白的。

上述两个支命题在意义上毫无关联,人们通常不会把例〔9〕看作是一个有意义的联言命题。不过,仅就支命题的真值而言,它却可以符号化为 p∧q 这样一个具有真值的合取式。

再者,虽然从逻辑上看,p∧q和q∧p两个合取式同真同假,是等值的,但自然语言中的联言命题却并不总是具有这样的性质。例如:

〔10〕他参加了三届奥运会并且获得过5枚金牌。

〔11〕他获得过5枚金牌并且参加了三届奥运会。

前一联言命题传达出了5枚金牌是在三届奥运会上获得的这一信息,但从后一个联言命题就很难读出这一信息了。

三、联言推理的有效式

联言推理是一种复合命题的推理。作为一种演绎推理,复合命题的推理就是前提或结论中含有复合命题并根据复合命题的逻辑特性来进行的推理。所谓联言推理,就是仅仅以联言命题为前提或结论,并根据联言命题的逻辑性质来进行的推理。

根据联言命题的逻辑性质,联言推理有以下两种有效的形式:

1. 分解式

$$\frac{p \wedge q}{p} \quad 或 \quad \frac{p \wedge q}{q}$$

其逻辑根据在于:既然 p∧q 是真的,根据联言命题的逻辑性质,联言支 p 和 q 也都是真的,所以从 p∧q 既可以推出 p,也可以推出 q。下面这个推理就是联言推理分解式的一个实例:

〔12〕《中华人民共和国宪法》第四十一条规定:"中华人民共和国公民对于任何国家机关和国家工作人员,有提出批评和建议的权利",因此,公民有权对国家机关和国家工作人员提出批评。

2. 组合式

$$\frac{p \qquad q}{p \wedge q}$$

其逻辑根据在于:既然 p 是真的并且 q 是真的,由联言命题的逻辑性质可知,以 p 和 q 为联言支的联言命题也是真的,所以从 p、q 可以推出 p∧q。例如:

〔13〕中国拥有灿烂的古代文明,

希腊也拥有灿烂的古代文明,

所以,中国和希腊都拥有灿烂的古代文明。

单纯的联言推理比较简单,往往为人们所忽视,但它是一种不可或缺的演绎推理,是人们在思维实践中经常运用的一种推理。因此,正确掌握联言推理的有关知识,是准确分析复杂推理的必要前提。

第三节
选言命题及其有效推理

一、选言命题及其种类

选言命题(disjunctive proposition)是断定对象若干种可能情况的命题。如：

〔14〕病人或失业者可以停止缴纳保险费。

〔15〕物质的聚集态，要么是固态，要么是液态，要么是气态，要么是等离子态。

前者断定了可以停止缴纳保险费的两类可能的人员，后者断定了物质聚集态的四种可能情况。

选言命题的支命题称为选言支(disjunct)，至少有两个，也可多于两个。选言支断定的几种可能情况，有的可以并存(如例〔14〕)，有的则不能并存(如例〔15〕)。于是，选言命题又可以相应地分为相容选言命题与不相容选言命题两种。不同种类的选言命题，其逻辑性质也不相同。

二、相容选言命题及其有效推理形式

(一) 相容选言命题的逻辑形式、逻辑性质及其真值表

相容选言命题(inclusive disjunctive proposition)就是断定对象的几种可能情况至少有一种存在，或者说，几种可能情况可以同时并存的选言命题。在自然语言中，联结选言支的常见连词有"或者"、"可能……可能……"、"也许……也许……"等。逻辑学在研究相容选言命题时，舍弃了这些自然语言连词所含有的非逻辑的含义，仅仅从真值方面将其抽象为析取(disjunction)，记为：

∨(读作：析取)

如果用 p、q 表示选言支，具有两个支命题的相容选言命题的逻辑形式记为：

p ∨ q(读作：p 析取 q)

这个命题形式在现代逻辑中称作析取式。

由于相容选言命题断定了对象的几种可能情况至少有一种存在，因此只要它断定的对象情况中有一种情况存在，也就是有一个选言支为真时，该相容选言命题就是真的；只有当全部的选言支为假时，该相容选言命题才为假。这就是相容选言命题的逻辑性质。

据此，可以从真值方面将析取 ∨ 定义为：

p ∨ q 是真的，当且仅当 p 和 q 至少有一真。

上述定义可以用真值表表示为：

表 5 - 2

p	q	p ∨ q
T	T	T
T	F	T
F	T	T
F	F	F

(二) 相容选言推理的有效式

选言推理是前提之一为选言命题,并根据选言命题的逻辑性质来进行的一种复合命题推理。按此,相容选言推理就是推理的选言前提为相容选言命题的选言推理。

根据相容选言命题的逻辑性质,相容选言推理的有效式为否定肯定式[①]:

$$\frac{p \lor q}{\quad \neg p \quad} \qquad 或 \qquad \frac{p \lor q}{\quad \neg q \quad}$$

其中,"¬"表示对命题的否定,也就是后文要介绍的否定词。该有效式的逻辑根据在于:一个相容选言命题为真,当且仅当选言支至少有一个为真,因此若已知某一相容选言命题为真以及该命题的一部分选言支为假,则可以推出其余的选言支为真。例如:

〔16〕这种商品之所以滞销,或者是因为质量不好,或者是因为价格太高;经过对比分析,这种商品质量很好;所以,它滞销的原因就是价格太高。

由于相容选言命题的选言支可以同时为真,所以不能因为一部分选言支为真而对其余的选言支有所断定。

考虑到相容选言命题的支命题很可能多于两个,故可将相容选言推理的规则表述如下:

① 在前提中否定部分选言支,就要在结论中肯定其余选言支(就两支的选言前提而言)或其余选言支的析取(就多于两支的选言前提而言);

② 在前提中肯定部分选言支,在结论中不能对其余选言支有所断定。

需要指出的是,日常思维中所运用的相容选言命题及其推理与现代逻辑的析取式及由其构造的推理并不完全等同。在现代逻辑中,下列推理形式是有效的:

$$\frac{p}{p \lor q}$$

其含义是:若 p 是真的,则 p ∨ q 是真的,不管 q 代表的是什么命题,哪怕是对 p 的否定也无所谓。但是,在自然语言中,我们不会因为一个命题为真,就随意地用一个毫无意义关联的命题与之以"或者"相联结。例如,我们不会说:

〔17〕因为天在下雨,所以天在下雨或者 SARS 还在流行。

更不会说:

〔18〕这棵树是杨树,所以这棵树是杨树或者这棵树不是杨树。

这说明析取词 ∨ 与自然语言连词"或者"并不完全一致,前者仅仅是后者在真值方面的抽象。

三、不相容选言命题及其有效推理形式

(一) 不相容选言命题的逻辑形式、逻辑性质及其真值表

不相容选言命题(exclusive disjunctive proposition)就是断定对象的几种可能情况不能

---

① 有的逻辑学著作或教材将这一有效的推理形式称作"选言三段论"或"析取三段论"(disjunctive syllogism)。

同时并存的选言命题,其常见的自然语言连词有"不是……就是……"、"要么……要么……"等。逻辑学在研究不相容选言命题时,舍弃了这些自然语言连词所含有的非逻辑的含义,仅仅从真值方面将其抽象为不相容析取或者严格析取(exclusive disjunction),记为:

$\dot{\vee}$(读作:严格析取)

如果用 p、q 表示选言支,具有两个支命题的不相容选言命题的逻辑形式记为:

p $\dot{\vee}$ q(读作:p 严格析取 q)

由于不相容选言命题断定了对象几种可能的情况不能同时并存,因此只有它所断定的对象情况中有且只有一种情况存在,也就是有且仅有一个选言支为真时,该不相容选言命题才是真的。这就是不相容选言命题的逻辑性质。

据此,可以在真值方面将严格析取 $\dot{\vee}$ 定义为:

p $\dot{\vee}$ q 是真的,当且仅当 p 和 q 中有且仅有一真。

上述定义可以用真值表表示为:

表 5-3

p	q	p $\dot{\vee}$ q
T	T	F
T	F	T
F	T	T
F	F	F

需要指出的是,不相容析取或严格析取不是现代逻辑的基本命题联结词,这里只是用以表示同析取式 p $\vee$ q 有所区别的选言命题形式。事实上,根据不相容选言命题的逻辑性质,可以用 $\wedge$、$\vee$ 和 ¬ 等命题联结词将 p $\dot{\vee}$ q 定义为:

(p $\vee$ q) $\wedge$ ¬(p $\wedge$ q)

按照合取、析取和否定的定义,上述公式的含义是:p 和 q 至少有一个为真,但不会同时为真。显然这是与 p $\dot{\vee}$ q 的断定(p 和 q 中有且仅有一个为真)一致的。由此也就表明严格析取 $\dot{\vee}$ 并不是现代逻辑所不可或缺的基本命题联结词。

(二) 不相容选言推理的有效式

不相容选言推理是选言前提为不相容选言命题的选言推理,其有效式有两种:

1. 否定肯定式

$$\frac{p \dot{\vee} q \quad \neg p}{q} \qquad 或 \qquad \frac{p \dot{\vee} q \quad \neg q}{p}$$

其逻辑根据与相容选言推理的否定肯定式相同。例如:

〔19〕要么继续闭关锁国而落后挨打，要么实行改革开放而走向富强；历史的教训告诉我们再也不能闭关锁国而落后挨打了，所以必须实行改革开放以使中华民族走向富强。

2. 肯定否定式

$$\frac{p \dot\vee q}{\neg q} \quad 或 \quad \frac{p \dot\vee q}{\neg p}$$

$$\frac{p}{\neg q} \quad 或 \quad \frac{q}{\neg p}$$

其逻辑根据在于：由于一个真的不相容选言命题有且仅有一个选言支为真，因此若已知某一不相容选言命题为真以及该命题的某一选言支为真，则可以推出其余的选言支均为假。如：

〔20〕一个三角形要么是钝角三角形，要么是锐角三角形，要么是直角三角形；这个三角形是直角三角形；所以这个三角形既不是钝角三角形，也不是锐角三角形。

不相容选言推理的规则可表述为：

① 肯定一个选言支，就要否定其余的选言支；

② 否定部分选言支，就要肯定其余的选言支（就两支的选言前提而言）或其余选言支的不相容析取（就两支以上的选言前提而言）。

第四节
假言命题及其有效推理

一、假言命题及其种类

假言命题(conditional proposition)是断定对象情况之间条件关系的命题。如：

〔21〕如果物体相互摩擦，那么物体就会生热。

〔22〕只有年满18周岁，才有选举权。

〔23〕当且仅当一个三角形是等边三角形时，这个三角形才是等角三角形。

上述三个命题都是假言命题，它们分别断定了"物体相互摩擦"与"物体生热"、"年满18周岁"与"有选举权"，以及"一个三角形是等边三角形"与"这个三角形是等角三角形"之间的某种条件关系。

假言命题有且仅有两个支命题，断定条件的支命题称作假言命题的前件(antecedent)，如例〔21〕中的"物体相互摩擦"；断定依赖条件而成立的对象情况的支命题称为假言命题的后件(consequent)，如例〔21〕中的"物体生热"。当然，假言命题的前件和后件本身也可能是复合命题。

假言命题的命题联结词有三种，各有不同的逻辑含义，分别反映了对象情况之间的充分条件、必要条件和充分必要条件关系。由此，假言命题就有三种，各有不同的逻辑形式和逻辑性质。

二、充分条件假言命题及其有效推理形式

（一）充分条件假言命题的逻辑形式、逻辑性质及其真值表

充分条件假言命题就是断定前件陈述的对象情况是后件陈述的对象情况的充分条件的假言命题。所谓充分条件（sufficient condition），是指只要前件所陈述的对象情况存在，后件所陈述的对象情况就一定存在，即所谓"有之必然"的条件关系。例〔21〕就是一个充分条件假言命题，因为它断定只要出现物体相互摩擦的情况，物体会生热的情况就一定会存在。

在自然语言中，联结充分条件假言命题前件与后件的常见连词有"如果……那么……"、"只要……就……"、"若……必……"、"倘若……则……"等。逻辑学在研究充分条件假言命题时舍弃了上述自然语言连词含有的非逻辑含义，仅仅从真值方面将其抽象为蕴涵（implication），记为：

　　→（读作：蕴涵）

如果用 p 和 q 分别表示充分条件假言命题的前件和后件，则充分条件假言命题的逻辑形式记为：

　　$p \to q$（读作：p 蕴涵 q）

这个命题形式就是现代逻辑所说的蕴涵式。

由于充分条件假言命题断定的是一对象情况是另一对象情况的充分条件，所以只有当前件真而后件假时，充分条件假言命题才是假的，因为此时前件并不是后件的"有之必然"的条件，这就是充分条件假言命题的逻辑性质。换言之，一个充分条件假言命题只要其前件所断定的对象情况是后件所断定的对象情况的充分条件，它就是一个真的充分条件假言命题，而并不要求其前件和后件都是真的。如：

　　〔24〕如果地球由东向西自转，那么太阳就会从西边升起东边落下。

这无疑是一个真的充分条件假言命题，尽管其前、后件所断定的情况均与事实不符，即均为假命题。

据此，可以从真值方面将蕴涵→定义为：

　　$p \to q$ 是真的，当且仅当并非"p 真且 q 假"。

上述定义可以用真值表表示为：

表 5-4

p	q	$p \to q$
T	T	T
T	F	F
F	T	T
F	F	T

(二)充分条件假言推理的有效式

前提之一是假言命题,并根据假言命题的逻辑性质来进行的复合命题推理,通常被称为假言推理。在传统逻辑中,假言推理主要有两大类型:①假言直言推理,这是一种主要前提为假言命题,另一前提和结论一般为直言命题,并按假言命题的逻辑性质来进行的推理;②纯假言推理,其前提和结论均为假言命题。本节所讲的假言推理是前一类型的假言推理,即假言直言推理。由于假言命题有三种,故本节所讲的假言推理也有三种,即充分条件假言推理、必要条件假言推理和充分必要条件假言推理。

充分条件假言推理就是其前提为充分条件假言命题的假言推理。其有效式有两种:

1. 肯定前件式

$$p \rightarrow q$$
$$\underline{\qquad p \qquad}$$
$$q$$

肯定前件式(*modus ponens*)的逻辑根据是:因为真的充分条件假言命题前件真时后件一定真,所以如果在前提中肯定一个真的充分条件假言命题的前件,就应在结论中肯定该假言前提的后件。如:

〔25〕如果周××拥有不受制约的权力,那么他的工作就会很容易滋生各种腐败现象;事实证明,他的权力的确不受制约;所以,他的工作会很容易滋生各种腐败现象。

2. 否定后件式

$$p \rightarrow q$$
$$\underline{\qquad \neg q \qquad}$$
$$\neg p$$

否定后件式(*modus tollens*)的逻辑根据是:由于真的充分条件假言命题前件真时后件必然真,因此若其后件不真则其前件必然也不真。这就是说,如果在前提中否定一个真的充分条件假言命题的后件,就应在结论中否定该假言前提的前件。如:

〔26〕如果小王患了肺炎,那么他的体温就会不正常地升高;经过医生检查,小王的体温正常;所以,小王没有患肺炎。

充分条件假言推理的肯定前件式和否定后件式也可以横写为:

$$(p \rightarrow q) \wedge p \rightarrow q$$

$$(p \rightarrow q) \wedge \neg q \rightarrow \neg p$$

横写式中表示前提和结论之间推出关系的符号与表示蕴涵的符号是相同的。这是因为,有效的演绎推理都是前提蕴涵结论的推理,即前提和结论的逻辑关系都是"前提真则结论必然真"的蕴涵关系,所以演绎推理的有效式均可横写为蕴涵式。不过,为了同前提与结论间的蕴涵区分开来,应当将表达充分条件假言前提的蕴涵式置于括号内。

据此,前面已经介绍过的联言推理、选言推理的有效式,也可以横写为如下形式:

$$p \wedge q \rightarrow p \quad 或 \quad p \wedge q \rightarrow q$$

$$p \rightarrow (q \rightarrow p \land q)$$

$(p \lor q) \land \neg p \rightarrow q$　或　$(p \lor q) \land \neg q \rightarrow p$

$(p \dot{\lor} q) \land \neg p \rightarrow q$　或　$(p \dot{\lor} q) \land \neg q \rightarrow p$

$(p \dot{\lor} q) \land p \rightarrow \neg q$　或　$(p \dot{\lor} q) \land q \rightarrow \neg p$

一般来说,充分条件假言命题的前件陈述的只是能够分别独立地导致后件所陈述的那种情况的若干条件之一。其示意图如下:

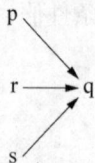

图 5-1

如图所示,p、r、s 都可以分别独立地导致 q,因此虽然有 p 时一定会有 q,没有 q 时一定没有 p,但在没有 p 时并不一定没有 q,因为只要有 r 或 s 也会有 q;而且在有 q 时并不一定有 p,因为 q 也可能是由 r 或 s 导致的。

鉴于此,充分条件假言推理的规则可以表述为:

① 肯定前件就要肯定后件,否定后件就要否定前件;

② 否定前件不能断定后件,肯定后件不能断定前件。

(三) 关于"蕴涵怪论"

由于蕴涵词→只是自然语言中的语句连词"如果……那么……"在真值方面的抽象,而撇开了充分条件假言命题的前后件在意义上的各种联系,因此作为真值联结词,→的语义解释仅仅是:

　　p→q 是真的,当且仅当并非"p 真且 q 假"。

按照这样的解释,只要把蕴涵式的前件 p 换为一个假命题,如"雪是黑的",那么无论其后件是真是假,甚至是一个与"雪是黑的"毫不相干的命题,都可以构成一个取值为真、具有 p→q 这一形式的命题。同理,按照这样的解释,只要把蕴涵式的后件 q 换成一个真命题,如"雪是白的",那么无论其前件是真是假,甚至是一个与"雪是白的"毫不相干的命题,都可以构成一个取值为真、具有 p→q 这一形式的命题。这就是说,在这样的语义解释下,下列命题形式都是真的:

　　p→(q→p)

　　¬p→(p→q)

前者的逻辑含义是:如果 p 是真的,那么 q 蕴涵 p 也是真的,即真命题可以被任何命题所蕴涵;后者的逻辑含义是:如果 p 是假的,那么 p 蕴涵 q 是真的,即假命题蕴涵任何命题。当我们用自然语言去读上述公式时,多多少少都有些不合直观,因此一些逻辑学家把它们称为

"蕴涵怪论"（paradoxes of implication）或"实质蕴涵怪论"（paradoxes of material implication）。在自然语言中，充分条件假言命题的前后件总有着一定的意义上的联系，因此不可能引出这样的蕴涵怪论。这也说明不能把蕴涵→与自然语言中的"如果……那么……"等连词简单地等同起来，相应地，也不能把蕴涵式与充分条件假言命题简单地等同起来。

三、必要条件假言命题及其有效推理形式

（一）必要条件假言命题的逻辑形式、逻辑性质及其真值表

必要条件假言命题就是断定前件陈述的对象情况是后件陈述的对象情况的必要条件的假言命题。所谓必要条件（necessary condition），是指如果不存在前件所陈述的对象情况，后件所陈述的对象情况就一定不存在，即所谓"无之必不然"的条件关系。如：

〔27〕只有认识到一个错误是如何发生的，才能有效地避免这一错误。

这就是一个必要条件假言命题，因为如果没有认识到一个错误是如何发生的，就不可能有效地避免这一错误。

在自然语言中，联结必要条件假言命题前件与后件的常见连词有"只有……才……"、"必须……才……"、"如果不……那么就不……"、"除非……否则……"等。逻辑学在研究必要条件假言命题时舍弃了上述自然语言连词所含有的非逻辑含义，仅仅从真值方面将其抽象为逆蕴涵（converse implication），记为：

←（读作：逆蕴涵）

如果用 p 和 q 分别表示必要条件假言命题的前件和后件，则必要条件假言命题的逻辑形式可记为：

p←q（读作：p 逆蕴涵 q）

由于必要条件假言命题断定的是一对象情况是另一对象情况的必要条件，所以只有当前件假而后件真时，一个必要条件假言命题才是假的；在其他情况下，必要条件假言命题都可以是真的。这就是必要条件假言命题的逻辑性质。

据此，可以从真值方面将逆蕴涵←定义为：

p←q 是真的，当且仅当并非"p 假而 q 真"。

上述定义可以用真值表表示为：

表 5-5

p	q	p←q
T	T	T
T	F	T
F	T	F
F	F	T

与严格析取一样,逆蕴涵也不是现代逻辑的基本命题联结词。根据必要条件假言命题的定义与逻辑性质,可以用¬和→将p←q定义为:

$$¬p→¬q \quad 或 \quad q→p$$

前者表示¬p是¬q的充分条件,后者表示q是p的充分条件,它们所断定的内容与p←q的断定是一致的。利用下一章将讲授的真值表方法,可判定这三个公式是等值的,由此也就表明逆蕴涵←并不是现代逻辑所不可或缺的基本命题联结词。

与前面介绍的几种命题联结词一样,逆蕴涵也仅仅是对"只有……才……"等自然语言连词的逻辑抽象,它们并不是一回事,前者仅仅保留了后者在真值方面的特点,而舍弃了后者所具有的语义关联等非逻辑的特点。

(二) 必要条件假言推理的有效式

必要条件假言推理就是其前提为必要条件假言命题的假言推理。其有效式有两种:

1. 否定前件式

$$\frac{\begin{array}{c} p←q \\ ¬p \end{array}}{¬q}$$

上式的逻辑根据是:因为真的必要条件假言命题前件假时后件一定假,所以如果在前提中否定一个真的必要条件假言命题的前件,就应在结论中否定该假言前提的后件。如:

〔28〕这家国有企业只有彻底转变经营思想,才能在市场经济条件下扭亏为盈;不过,几年过去了,他们并没有转变经营思想;所以,这家企业没能实现扭亏为盈。

2. 肯定后件式

$$\frac{\begin{array}{c} p←q \\ q \end{array}}{p}$$

上式的逻辑根据是:一个必要条件假言命题前件假时后件一定假,所以如果其后件不假时,其前件也必定不会假。这就是说,如果在前提中肯定一个真的必要条件假言命题的后件,就应当在结论中肯定该假言前提的前件。如:

〔29〕只有肥料充足,庄稼才能长得好;庄稼长得很好;所以,肥料肯定很充足。

必要条件假言推理的否定前件式和肯定后件式也可以横写为:

$$(p←q) ∧ ¬p → ¬q$$

$$(p←q) ∧ q → p$$

一般来说,必要条件假言命题的前件陈述的情况只是后件陈述的情况的必不可少的条件之一,它往往需要和其他条件结合才可能共同导致后件所陈述的情况。这种关系可图示如下:

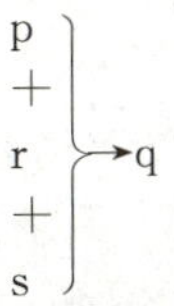

$$\left.\begin{array}{c} p \\ + \\ r \\ + \\ s \end{array}\right\} \longrightarrow q$$

图 5-2

这就是说,要使 q 成立,就需要有 p、r、s 等同时成立。因此如果仅仅有 p,不一定会产生 q,因为缺少了 r、s 等,仅仅有 p 是不可能导致 q 的。同理,从 q 不成立,也不能推知 p 不成立,因为 q 不成立有可能是由于 p 成立但 r、s 不成立所导致的。

鉴于此,必要条件假言推理的规则可以表述为:

① 否定前件就要否定后件,肯定后件就要肯定前件;

② 肯定前件不能断定后件,否定后件不能断定前件。

四、充分必要条件假言命题及其有效推理形式

(一) 充分必要条件假言命题的逻辑形式、逻辑性质及其真值表

充分必要条件假言命题就是断定前件陈述的对象情况是后件陈述的对象情况的充分必要条件的假言命题。所谓充分必要条件(necessary and sufficient condition),是指如果前件陈述的对象情况存在,后件陈述的对象情况就一定存在;并且如果前件陈述的对象情况不存在,后件陈述的对象情况就一定不存在。这是一种"有之必然,无之必不然"的条件关系。如:

〔30〕x 是偶数,当且仅当 x 能够被 2 整除。

就是一个充分必要条件假言命题,因为若 x 能够被 2 整除,则 x 就是偶数;并且若 x 不能被 2 整除,则 x 就不是偶数。

在自然语言中,常见的将充分必要条件假言命题的前后件联结起来的连词有"当且仅当……则……"、"如果且只有……才……"、"如果……那么……;并且如果不……那么不……"等等。这些连词的一个共同之处就在于表达了一对象情况是另一对象情况的充分必要条件(实际上前件和后件互为充分必要条件)。逻辑学在研究充分必要条件假言命题时,舍弃了上述自然语言连词所含有的非逻辑含义,仅仅从真值方面将其抽象为等值(equivalence),记为:

↔(读作:等值于)

如果用 p 和 q 分别表示充分必要条件假言命题的前件和后件,则充分必要条件假言命题的逻辑形式可记为:

p↔q(读作:p 等值于 q)

这个命题形式也就是现代逻辑所说的等值式。

由于充分必要条件假言命题陈述的是一对象情况为另一对象情况的充分必要条件,所以只有当前、后件均真或均假,亦即前件与后件的真值相等时,一个充分必要条件假言命题才是真的;在其他情况下,则是假的。这就是充分必要条件假言命题的逻辑性质。

据此,可以从真值方面将等值↔定义为:

　　p↔q是真的,当且仅当 p 和 q 同真同假。

上述定义可以用真值表表示为:

表 5 - 6

p	q	p↔q
T	T	T
T	F	F
F	T	F
F	F	T

根据充分必要条件假言命题的定义,借助→、←和∧,其逻辑形式又可记作:

　　(p→q) ∧ (p ← q)

不难发现,(p→q) ∧ (p ← q) 和 p↔q 从不同的角度刻画了充分必要条件假言命题的逻辑结构。运用下一章将讲到的真值表判定方法,可以很容易判定此二者具有等值的关系:

　　((p→q) ∧ (p ← q))↔(p↔q)

(二) 充分必要条件假言推理及其有效式

充分必要条件假言推理,就是假言前提为充分必要条件假言命题的假言推理。由于这种推理的依据是充分必要条件假言命题的逻辑性质,即前件和后件的真值相同,因此充分必要条件假言推理有四种有效式:

1. 肯定前件式　　　　　　　　2. 否定前件式

$$\frac{\begin{array}{c}p↔q\\p\end{array}}{q}\qquad\qquad\frac{\begin{array}{c}p↔q\\¬p\end{array}}{¬q}$$

3. 肯定后件式　　　　　　　　4. 否定后件式

$$\frac{\begin{array}{c}p↔q\\q\end{array}}{p}\qquad\qquad\frac{\begin{array}{c}p↔q\\¬q\end{array}}{¬p}$$

上述有效式也可横写为如下的蕴涵式:

　　(p↔q) ∧ p → q

　　(p↔q) ∧ ¬p → ¬q

　　(p↔q) ∧ q → p

　　(p↔q) ∧ ¬q → ¬p

据此,充分必要条件假言推理的规则可以表述为:

① 肯定前件就要肯定后件,否定前件就要否定后件;

② 肯定后件就要肯定前件,否定后件就要否定前件。

练习题

一、填空题

1. 复合命题的逻辑形式中,逻辑常项是( ),变项是( )。

2. 复合命题的逻辑性质由( )决定,复合命题的真假可由( )决定。

3. 若 $p \land \neg q$ 为真,则 p 取值为( ),q 取值为( )。

4. 当 $\neg p \lor q$ 取值为真且 p 取值为真时,q 取值为( );若 q 取值为假,则 p 取值为( )。

5. 如果 p 假则 q 假,那么 p 是 q 的( )条件,$\neg p$ 是 $\neg q$ 的( )条件。

6. 若 $p \leftarrow q$ 取值为假,则 $p \land q$ 取值为( ),$p \lor q$ 取值为( )。

7. 当 $p \lor q$ 和 $p \leftarrow q$ 的取值中只有一假时,p 取值为( ),q 取值为( );或者 p 取值为( ),q 取值为( )。

8. 若 p 取任意值,要使 $p \to q$ 为真,q 应取( )值;要使 $p \leftarrow q$ 为真,q 应取( )值。

二、单项选择题

1. 两个假言命题的逻辑形式相同,其相同的是 ( )

A. 前件和后件　　　B. 前件和联结词　　　C. 后件和联结词　　　D. 联结词

2. 若一个二支的不相容选言命题为真,则其两个选言支 ( )

A. 可同真且可同假　　　　　　　B. 可同真但不可同假

C. 不可同真但可同假　　　　　　D. 不可同真不可同假

3. 下列命题形式中,与 $p \lor q$ 既不同真又不同假的是 ( )

A. $p \to q$　　　　　B. $p \leftarrow q$　　　　　C. $p \leftrightarrow q$　　　　　D. $p \dot\lor q$

4. 正确反映了直言命题 A 命题与 O 命题之间真假关系的表达式是 ( )

A. $A \to \neg O$　　　B. $\neg A \to O$　　　C. $A \lor O$　　　D. $A \dot\lor O$

5. "小王、小李、小张三人中至少有一人进入了下一轮比赛"可符号化为 ( )

A. $(p \land q) \lor r$　　　B. $p \dot\lor q \dot\lor r$　　　C. $p \lor q \lor r$　　　D. $p \to (q \land r)$

6. "不是在保守中落后,就是在改革中进步"与"不是在保守中落后,而是在改革中进步"这两个命题 ( )

A. 都是选言命题　　　　　　　　B. 前者为联言命题,后者为选言命题

C. 都是联言命题　　　　　　　　D. 前者为选言命题,后者为联言命题

7. "如果不以事实为根据,或者不以法律为准绳,则不能公正断案。"这一命题的逻辑形式为 ( )

A. p∧q　　　　　　　　　　　　B. p∨q

C. (p∨q)→r　　　　　　　　　　D. (¬p∧¬q)→r

8. 以¬p∨¬q∨¬r和q为前提的有效推理,其结论是　　　　　　　　　　(　　)

A. p∨r　　　　B. ¬p∨¬r　　　　C. p∧r　　　　D. ¬p∧¬r

9. 以p∧q和¬p∨r为前提进行有效的推理,可得出的结论是　　　　　　(　　)

A. p∧¬q　　　B. q∧¬r　　　　C. p∧¬r　　　　D. q∧r

10. 若p↔¬q与q取值均为真,则下列命题形式为真的是　　　　　　　(　　)

A. p∧q　　　　B. p∧¬q　　　　C. ¬p∧q　　　　D. ¬p∧¬q

11. 全球气候变暖已经成为世界各国与地区普遍关注的问题。科学家和环保组织不断发出警告:如果不能从现在起就减排温室气体,那么有一天人类就将无法在地球上生存下去。

以下哪项的意思最接近科学家和环保组织的警告?　　　　　　　　　(　　)

A. 总有那么一天,人类将无法在地球上生存。

B. 如果我们从现在起就减排温室气体,那么人类就可以在地球上永远生存下去。

C. 对大量排放温室气体而造成的全球气候变暖问题,世界各国和地区应有高度认识,并且尽快采取行动来做好温室气体减排的工作。

D. 只有从现在起就减排温室气体,人类才不至于在地球上生存不下去。

E. 随着科学技术的迅猛发展,人类很可能在厄运到来之前就移居到其他星球上去了。

12. 只有参加了教授科研团队的本科生才能进入重点实验室,如果没有突出的学业表现就不可能参加教授科研团队,小张虽然是大学二年级的学生,但学业表现非常突出,他的同班同学小王在学业上则表现一般。

如果上述断定为真,则以下哪项一定为真?　　　　　　　　　　　(　　)

A. 小张可以进入重点实验室。

B. 小张参加了教授科研团队。

C. 小王不能进入重点实验室。

D. 只要有突出的学业表现,就能进入重点实验室。

E. 未能参加教授科研团队,说明学生缺乏突出的学业表现。

13. 如果男足国家队在下一轮预选赛中再次失利,那将表明主教练已不再适合继续留在岗位上。届时如果足协根本没有换帅的意思,则说明主教练是胜任这一岗位的。如果男足国家队的教练班子不能尽弃前嫌,真诚合作,则说明主教练并不胜任这一岗位。

如果上述断定真且主教练的确不胜任其岗位,那么以下哪项一定为真?　　(　　)

A. 国家队在下一轮预选赛中再尝败绩。

B. 足协有意撤换主教练。

C. 国家队的教练班子仍然没有真诚合作。

D. 国家队在下一轮预选赛中侥幸取胜,换帅一事被推迟了。

E．国家队在下一轮预选赛中再尝败绩，并且足协有意撤换主教练。

14．建德社区有住户家发现了白蚁。除非有住户家发现了白蚁，否则任何社区都不可以免费领取高效灭蚁灵。金沙社区可以免费领取高效灭蚁灵。

如果上述断定为真，以下哪项不能据此断定真假？　　　　　　　　　　　　（　　）

Ⅰ：建德社区有的住户家没有发现白蚁。

Ⅱ：建德社区可以免费领取高效灭蚁灵。

Ⅲ：金沙社区有的住户家发现了白蚁。

A．只有Ⅰ　　　　　　B．只有Ⅱ　　　　　　C．只有Ⅲ

D．只有Ⅰ和Ⅱ　　　　E．Ⅰ、Ⅱ和Ⅲ

三、双项选择题

1．对于有效的推理形式来说，前提与结论之间可能具有的关系是　　　　　　（　　）

A．矛盾关系　　　　　B．等值关系　　　　　C．下反对关系

D．反对关系　　　　　E．蕴涵关系

2．以"只有发现问题，才能解决问题"为前提进行假言推理，另一前提可以是　　（　　）

A．发现问题　　　　　B．没有解决问题　　　C．解决了犯罪

D．没有发现问题　　　E．并未解决犯罪

3．当 $\neg p \leftarrow \neg q$、$\neg p \vee q$ 和 $p \rightarrow q$ 取值均为假时，下列各项中取值为假的有　（　　）

A．$\neg p \rightarrow q$　　　　　　B．$p \wedge \neg q$　　　　　　C．$p \leftrightarrow q$

D．$q \leftarrow p$　　　　　　　E．$p \dot{\vee} q$

4．以 $(\neg p \vee \neg q) \leftarrow (r \wedge s)$ 为前提之一进行有效推理，可推出的结论有　（　　）

A．$\neg r \vee \neg s$　　　　　B．$r \wedge s$　　　　　　C．$\neg p \wedge \neg q$

D．$\neg p \vee \neg q$　　　　　E．$r \vee s$

5．以 $\neg p$ 为前提进行有效的推理，另一前提可以　　　　　　　　　　　（　　）

A．$p \leftarrow \neg q$　　　　　B．$p \rightarrow \neg q$　　　　　C．$p \vee q$

D．$\neg p \vee \neg q$　　　　　E．$\neg p \leftarrow q$

6．一有效推理的前提之一是 p，结论是 $\neg q$，它的另一前提可以　　　　　（　　）

A．$p \vee q$　　　　　　B．$p \dot{\vee} q$　　　　　　C．$p \leftarrow \neg q$

D．$\neg p \leftrightarrow q$　　　　　E．$p \rightarrow q$

7．下列选言推理形式中，无效的有　　　　　　　　　　　　　　　　　　（　　）

A．$(p \vee q) \wedge p \rightarrow \neg q$　　　　　　　　B．$(p \dot{\vee} q \dot{\vee} r) \wedge (\neg p \rightarrow (q \wedge r))$

C．$(p \dot{\vee} q \dot{\vee} r) \wedge \neg p \rightarrow (q \vee r)$　　　D．$(p \vee q \vee r) \wedge \neg p \rightarrow (q \vee r)$

E．$(p \vee q \vee r \vee s) \wedge (\neg p \wedge \neg q) \rightarrow (r \vee s)$

8．下列充分条件假言推理形式中，有效的有　　　　　　　　　　　　　　（　　）

A.（p→¬q）∧ ¬p→q 　　　　　B.（p→¬q）∧ q→ ¬p

C.（¬p→q）∧ p→ ¬q 　　　　　D.（¬p→¬q）∧ q→p

E.（¬p→q）∧ q→ ¬p

9. 下列必要条件假言推理形式中，无效的是　　　　　　　　　（　　）

A.（p←¬q）∧ ¬q→p 　　　　　B.（¬p←q）∧ p→ ¬q

C.（¬p←¬q）∧ p→q 　　　　　D.（¬p←q）∧ ¬p→q

E.（p←¬q）∧ q→ ¬p

10. 以 ¬q，p ∨ q 和 p→r 为前提推出结论 r，需要使用的推理形式有　　（　　）

A. 选言推理肯定否定式　　　　　B. 联言推理分解式

C. 选言推理否定肯定式　　　　　D. 充分条件假言推理肯定前件式

E. 充分条件假言推理否定后件式

四、多项选择题

1. 下列假言推理形式中，有效的有　　　　　　　　　　　　　　（　　）

A.（¬p→q）∧ p→ ¬q 　　　　　B.（p→¬q）∧ q→ ¬p

C.（¬p←¬q）∧ ¬p→q 　　　　　D.（p←¬q）∧ ¬q→p

E.（p→¬q）∧ p→ ¬q

2. 以 ¬p 为前提进行有效推理，若要得到结论 ¬q，需增加的前提可以是　（　　）

A. p→¬q 　　　　B. q→p 　　　　C. p∨ ¬q

D. q↔p 　　　　E. p→q

3. 以 p ∨ q ∨ r ∨ s 为前提进行有效推理，若要得到结论 ¬p ∧ ¬s，需增加前提（　　）

A. ¬q ∧ ¬r 　　　　B. q ∧ ¬r 　　　　C. q ∧ r

D. ¬q ∧ r 　　　　E. ¬q ∨ ¬r

4. 以 p ∨ q ∨ ¬r、（p ∨ q）→（s ∧ ¬q）和 r 为前提进行有效推理，若要推出结论 p ∧ r，所用的推理形式有　　　　　　　　　　　　　　　　　　　　　（　　）

A. 一次运用选言推理否定肯定式　　B. 联言推理组合式

C. 两次运用选言推理否定肯定式　　D. 联言推理分解式

E. 充分条件假言推理肯定前件式

五、图解题

1. 已知：① A 真包含于 B；

　　　　② 有 C 不是 B；

　　　　③ 若 C 不真包含 A，则 C 真包含于 A。

试确定 A、B、C 三者在外延间的关系，并用欧勒图加以表示。

2. 已知：① 如果 B 不与 D 全异，则 B 真包含于 D；

② 只有 A 真包含于 B，C 才与 D 全异；

③ B 与 D 相容，但 C 与 D 不相容。

试确定 A 与 D 在外延间的关系，并用欧勒图加以表示。

六、表解题

1. 用真值表方法回答：当 A 真时，B、C 的真假情况是否相同？

A：小王与小李不能同时出国访学。

B：如果小李不出国访学，那么小王就出国访学。

C：要么小王不出国访学，要么小李不出国访学。

2. 用真值表方法判定 A 是否蕴涵 B。

A：$p \lor q$

B：$p \leftarrow \neg q$

3. 设下列三句话一真两假，列出它们的真值表并回答：甲是否参加兰心哲学社？乙是否参加扬之水话剧社？

A：如果甲参加兰心哲学社，那么乙参加扬之水话剧社。

B：如果乙参加扬之水话剧社，那么甲参加兰心哲学社。

C：乙没有参加扬之水话剧社。

4. 用真值表方法回答：当 A、B、C 均真时，谁在现场，谁不在现场？

A：甲、乙、丙只有一人在现场。

B：当且仅当甲、丙都在现场，乙才不在现场。

C：只有甲不在现场或者乙在现场，丙才不在现场。

七、分析题

（一）下列推理是否有效？为什么？

1. 或者"全班同学都是团员"为假，或者"全班同学都不是团员"为假；"全班同学都不是团员"为假，所以，"全班同学都是团员"为真。

2. 电视机播放不出图像，可能是因为电视机坏了，也可能是有线电视网络出了问题，还可能是电视台那边出了差错，当然也有可能祸不单行，这几方面同时出了问题。昨天王阿姨家的电视机放不出图像，经过一番打听，原来是电视台那边出了差错，这就是说，王阿姨家的电视机没有坏，有线电视网络也没有问题。

3. C 不是 D，因为 A 是 B，已知若 A 不是 B，则 C 是 D。

4. 如果陈某是杀人凶手，那么他就有作案时间；经过缜密调查，陈某的确有作案时间；因此，陈某是杀人凶手。

5. 只有具备适宜的湿度，良种才会发芽；最近几天天干物燥，湿度不够，所以良种不会发芽。

6. 一个领导干部只有清正廉洁,才能得到群众的拥护;周××没有得到群众的拥护;所以,他不是清正廉洁的。

(二) 下列议论中运用了哪些推理形式? 试分析其有效性。

1. 如果物价高企(p),那么老百姓的生活质量就会下降(q);目前的状况可能是物价高企,也可能是政府会对物价进行控制(r);如果政府对物价进行控制,那么就不会出现通货膨胀(s);令人遗憾的是,通货膨胀已经出现;因此,老百姓的生活质量会下降。

2. 对待外国科学文化,或是一概排斥(p),或是一概照搬(q),或是批判吸收(r);如果一概排斥,就会远远落在后面(s);而我们一定要迎头赶上。如果一概照搬,我们就会变成帝国主义的附庸(t),而我们的目标是建立独立自主的社会主义国家。

八、综合题

1. 以下列①—④为前提,能否推出￢t? 为什么? 请写出推理过程。

① ￢(p↔q);

② ￢r ∨ s;

③ t←(p ∧ s);

④ r ∧ ￢p。

2. 甲、乙、丙、丁是某案的证人。法庭决定:

① 只有当甲和乙出庭作证时,丙才出庭作证。

② 如果乙出庭作证,那么丁不出庭作证。

问:当丙出庭作证时,丁是否出庭作证? 请写出推理过程。

3. 一天夜里,某商店被盗。经刑警反复侦查,掌握了如下事实:

① 盗贼可能是 A,也可能是 B,但不可能是别人。

② 如果 A 的证词可靠,则作案时间必在零点以前。

③ 只有零点时商店灯光未灭,A 的证词才不可靠。

④ 如果 B 是盗贼,作案时间必在零点以后。

⑤ 零点时商店灯光已灭,而 B 此时尚未回家。

问:A、B 两人之中究竟谁是盗贼。请写出推理过程。

4. 侦查结果表明:某案的两名凶手在 A、B、C、D、E 五人之中。如果以下所述皆为事实,则凶手是谁? 请写出推理过程。

① 只有 A 是凶手,B 才是凶手。

② 只要 D 不是凶手,C 就不是凶手。

③ 或者 B 是凶手,或者 C 是凶手。

④ D 没有 E 为帮凶,就不会作案。

⑤ E 没有作案时间。

第一节
负命题及其等值推理

一、负命题及其逻辑形式

所谓负命题(negation of a proposition),就是否定某个命题的命题。如:

〔1〕"所有金属都是固体"是不合乎事实的。

这是一个通过否定"所有金属都是固体"这一命题而形成的一个负命题。

负命题与直言命题的否定命题不同,因为负命题是复合命题,它否定的对象是某个命题;而直言命题的否定命题是简单命题,它否定的不是命题,而是否定主项所指称的对象具有谓项所指称的性质。

负命题的支命题即否定支只有一个,就是被否定的那个命题。当然,否定支既可以是一个简单命题,也可以是一个复合命题。在自然语言中,将否定支联结起来的常见连词有"并非……"、"……是假的"、"……不合乎事实"等。逻辑学在研究负命题时撇开了上述自然语言连词所具有的非逻辑的含义,仅仅从真值方面将其抽象为否定(negation),记为:

¬(读作"并非")

作为命题联结词,否定¬需要置于表示否定支的那个变项符号的前面。而在直言命题中,对主项或谓项的否定用"—"来表示,读作"非",需要置于表示被否定的词项的符号上方,如"$\overline{P}$"读作"非P",表示对谓项P的否定,即与P具有矛盾关系的词项。

如果用p代表否定支,则负命题的逻辑形式可记为:

¬p(读作:并非p)

这一命题形式也就是现代逻辑所谓的否定式。

二、负命题的逻辑性质及其真值表

由于负命题是对其支命题的否定,因此其真假与否定支的真假之间的关系就必然是"不可同真不可同假"的矛盾关系。换言之,若否定支真,则相应的负命题假;若否定支假,则相应的负命题真。这就是负命题的逻辑性质。

据此,可以从真值方面将否定¬定义为:

¬p是真的,当且仅当p是假的。

上述定义可以用真值表表示为:

表6-1

p	¬p
T	F
F	T

三、负命题推理的有效式

负命题推理就是以负命题作为推理的仅有前提或结论,并根据负命题的逻辑性质所进行的推理。负命题推理的种类很多,有多少种负命题,就有多少种负命题推理;而有多少种命题,就有多少种负命题。

(一) 直言命题的负命题及其等值推理

直言命题的负命题就是其支命题为直言命题的负命题。SAP、SEP、SIP 和 SOP 四种直言命题的负命题分别可以表示¬SAP、¬SEP、¬SIP 和¬SOP。

根据直言命题的对当关系以及负命题的逻辑性质,在主谓项相同的情况下,从前提¬SAP 可以合乎逻辑地推出 SOP,从 SOP 也可以合乎逻辑地推出¬SAP。这就是说,¬SAP 和SOP 是可以等值互推的,记为:

$$¬SAP↔SOP$$

对此,可证明如下:若¬SAP 真,则根据负命题的逻辑性质,SAP 假;由 SAP 假,根据直言命题的对当关系,可知与其主谓项相同的 SOP 真;于是,若¬SAP 真,则 SOP 真得证。反之,若¬SAP 假,则根据负命题的逻辑性质,SAP 真;由 SAP 真,根据直言命题的对当关系,与其主谓项相同的 SOP 假;于是,若¬SAP 假,则 SOP 假得证。由于¬SAP 和 SOP 具有这种"同真同假"的逻辑关系,因此,从¬SAP 可必然推出 SOP,从 SOP 也可以必然推出¬SAP。可见,上述等值式是一种"前提真则结论必然真"的有效的推理形式。

同理,还可得到以下三个直言命题负命题推理的有效式:

$$¬SEP↔SIP$$
$$¬SIP↔SEP$$
$$¬SOP↔SAP$$

(二) 复合命题的负命题及其等值推理

复合命题的负命题就是其支命题为复合命题的负命题。由于命题联结词只保留了自然语言连词在真值方面的含义,复合命题的负命题就有与之等值的其他复合命题。对于正确理解自然语言中的复合命题来说,这些等值命题具有重要的意义。下面分别介绍每种复合命题负命题的逻辑形式及其等值推理的有效式。

1. 联言命题的负命题及其等值推理

联言命题的负命题是以联言命题为支命题的负命题,其逻辑形式为:

$$¬(p ∧ q)$$

例如:

〔2〕"这个超市卖的商品物美价廉"并不合乎事实。

因为联言命题的支命题只要有一个是假的,整个联言命题就是假的,所以联言命题的负命题等值于一个选言命题。其等值推理的有效式为:

$$¬(p ∧ q)↔(¬p ∨ ¬q)$$

如：

〔3〕"这个超市卖的商品物美价廉"并不合乎事实,因此这个超市卖的商品或者物不美,或者价不廉。

2. 相容选言命题的负命题及其等值推理

相容选言命题的负命题是以相容选言命题为支命题的负命题,其逻辑形式为:

$$\neg (p \vee q)$$

例如:

〔4〕"商品滞销的原因或者是价格高,或者是质量次"是假的。

由于相容选言命题只有当其全部的支命题为假时,它才是假的,所以相容选言命题的负命题等值于一个联言命题。其等值推理的有效式为:

$$\neg (p \vee q) \leftrightarrow (\neg p \wedge \neg q)$$

例如:

〔5〕"商品滞销的原因或者是价格高,或者是质量次"是假的,这意味着,商品滞销的原因既不是价格高,也不是质量次。

3. 不相容选言命题的负命题及其等值推理

不相容选言命题的负命题就是以不相容选言命题为支命题的负命题,其逻辑形式为:

$$\neg (p \dot{\vee} q)$$

例如:

〔6〕并非"这件事情要么是小张做的,要么是小李做的"。

由于具有两支的不相容选言命题在支命题均真或者均假时,它才是假的,所以不相容选言命题的负命题的等值推理的有效式为:

$$\neg (p \dot{\vee} q) \leftrightarrow ((p \wedge q) \vee (\neg p \wedge \neg q))$$

例如:

〔7〕并非"这件事情要么是小张做的,要么是小李做的",这就是说,这件事情是小张和小李一起做的,或者既不是小张也不是小李做的。

由于"$(p \wedge q) \vee (\neg p \wedge \neg q)$"可以理解为"$p \leftrightarrow q$"(即 p 和 q 同真同假),故不相容选言命题的负命题的等值推理又可以有效地表示为:

$$\neg (p \dot{\vee} q) \leftrightarrow (p \leftrightarrow q)$$

4. 充分条件假言命题的负命题及其等值推理

充分条件假言命题的负命题是以充分条件假言命题为支命题的负命题,其逻辑形式为:

$$\neg (p \rightarrow q)$$

例如:

〔8〕医学界并不认为"如果一个人患了 SARS,他就会死亡"是个真命题。

因为充分条件假言命题只有在前件真且后件假时,它才是假的,所以充分条件假言命题的负

命题的等值推理的有效式为:

$$\neg(p \to q) \leftrightarrow (p \land \neg q)$$

例如:

〔9〕医学界并不认为"如果一个人患了 SARS,他就一定会死"是个真命题,所以,一个人即使患了 SARS,也不一定会死。

5. 必要条件假言命题的负命题及其等值推理

必要条件假言命题的负命题就是以必要条件假言命题为支命题的负命题,其逻辑形式为:

$$\neg(p \leftarrow q)$$

例如:

〔10〕并非"只有天下雨,地才会湿"。

因为必要条件假言命题只有在前件假且后件真时,它才是假的,所以必要条件假言命题的负命题的等值推理的有效式为:

$$\neg(p \leftarrow q) \leftrightarrow (\neg p \land q)$$

如:

〔11〕并非"只有天下雨,地才会湿",也就是说,即使天没有下雨,地也会湿。

6. 充分必要条件假言命题的负命题及其等值推理

充分必要条件假言命题的负命题是以充分必要条件假言命题为支命题的负命题,其逻辑形式为:

$$\neg(p \leftrightarrow q)$$

因为充分必要条件假言命题在前件真且后件假或者前件假且后件真时,它才是假的,所以充分必要条件假言命题的负命题的等值推理的有效式为:

$$\neg(p \leftrightarrow q) \leftrightarrow (p \land \neg q) \lor (\neg p \land q)$$

由于"$(p \land \neg q) \lor (\neg p \land q)$"可以理解为"$p \dot\lor q$"(即 p 和 q 不能同真也不能同假),故充分必要条件假言题的负命题的等值推理又可以有效地表示为:

$$\neg(p \leftrightarrow q) \leftrightarrow (p \dot\lor q)$$

7. 负命题的负命题及其等值推理

负命题的负命题是以负命题为支命题的负命题,其逻辑形式为:

$$\neg \neg p$$

由于负命题的负命题也就是最初被否定的那个命题,故负命题的负命题的等值推理有效式为:

$$\neg \neg p \leftrightarrow p$$

现代逻辑将这一有效式称作"双重否定"(double negation)。

由于等值式是蕴涵式和逆蕴涵式的合取,所以上面列出的各种等值式的两端是可以互

推的。例如,从:

$$\neg(p \to q) \leftrightarrow (p \wedge \neg q)$$

可以得到如下的有效推理形式:

$$(p \wedge \neg q) \leftrightarrow \neg(p \to q)$$

根据等值推理的规则,由上述等值推理形式还可以得到如下的有效推理形式:

$$\neg(\neg p \wedge \neg q) \leftrightarrow (p \vee q)$$

$$(p \to q) \leftrightarrow \neg(p \wedge \neg q)$$

$$\neg(p \wedge \neg q) \leftrightarrow (\neg p \vee q)$$

由后两个公式还可以得到:

$$(p \to q) \leftrightarrow (\neg p \vee q)$$

类似的有效推理形式还有很多,读者可通过学会此种推演方法,自行推出其他的有效推理形式。

第二节
复合命题推理的推广形式

复合命题的基本类型有限,因此复合命题推理的基本形式也是有限的,但把各种复合命题推理结合起来,则可以得到很多有效的推理形式。以下介绍几种常见的复合命题推理的推广形式。

一、纯假言推理

纯假言推理就是前提和结论均为假言命题的一种复合命题推理。纯假言推理有直接和间接之分。

(一) 直接的纯假言推理(假言易位推理)

直接的纯假言推理就是只有一个假言前提的纯假言前提,它是根据假言命题的逻辑性质,通过改变其前件和后件的位置而进行的一种推理。由于前提中的假言命题的前、后件已在结论中互易其位,所以又称为假言易位推理。

常见的假言易位推理的有效式有:

$$(p \to q) \to (\neg q \to \neg p)$$

$$(p \leftarrow q) \to (\neg p \to \neg q)$$

$$(p \leftarrow q) \to (q \to p)$$

例如:

〔12〕只要患肺炎,就会发热;因此,如果不发热,就没有患肺炎。

〔13〕只有张××具备作案时间,他才是作案者;因此,如果张××是作案者,那么他就具备作案时间。

　　上述三种有效推理形式的逻辑根据在于：对任何假言命题而言，如果前件是后件的充分条件，那么后件就是前件的必要条件；如果前件是后件的必要条件，那么后件就是前件的充分条件。这一根据在前述充分条件假言推理的否定后件式和必要条件假言推理的肯定后件式中已有所体现。因此，上述三种假言易位推理的有效式可以说是充分条件假言推理的否定后件式和必要条件假言推理的肯定后件式的推广运用。事实上，根据充分条件和必要条件的这种可以互相转换的逻辑性质，上述三种有效式均为等值推理，故又可将其表述为：

$$(p \rightarrow q) \leftrightarrow (\neg q \rightarrow \neg p)$$
$$(p \leftarrow q) \leftrightarrow (\neg p \rightarrow \neg q)$$
$$(p \leftarrow q) \leftrightarrow (q \rightarrow p)$$

(二) 间接的纯假言推理(假言连锁推理)

　　间接的纯假言推理也称为假言连锁推理，是前提和结论都为假言命题的纯假言推理。其前提的数量是两个(或两个以上)的假言命题，推理的逻辑根据是假言前提的逻辑性质。

　　1. 充分条件的假言连锁推理

　　充分条件的假言连锁推理的前提都是充分条件假言命题，位置在后的假言前提的前件是前一假言前提的后件。其有效的推理形式有两种：

　　① 肯定式[①]

$$(p \rightarrow q) \wedge (q \rightarrow r) \rightarrow (p \rightarrow r)$$

结论的前件是第一个假言前提的前件，结论的后件是最后一个假言前提的后件。这实质上是充分条件假言推理肯定前件式的一种推广运用。例如：

　　〔14〕如果乱砍滥伐，就会破坏生态平衡；如果破坏生态平衡，就会受到大自然的惩罚；所以，如果乱砍滥伐，就会受到大自然的惩罚。

　　② 否定式(假言归谬推理)

$$(p \rightarrow q) \wedge (q \rightarrow r) \rightarrow (\neg r \rightarrow \neg p)$$

结论的前件是最后一个假言前提的后件的否定，结论的后件是第一个假言前提的前件的否定。这实质上是充分条件假言推理否定后件式的一种推广运用。如：

　　〔15〕名不正，则言不顺；言不顺，则事不成；事不成，则礼乐不兴；礼乐不兴，则刑罚不中；刑罚不中，则民无所措手足。因此，若欲使民手足有措，则应正名。

此例的假言前提有 5 个，完整的推理形式为：

$$(p \rightarrow q) \wedge (q \rightarrow r) \wedge (r \rightarrow s) \wedge (s \rightarrow m) \wedge (m \rightarrow n) \rightarrow (\neg n \rightarrow \neg p)$$

　　2. 必要条件的假言连锁推理

　　必要条件的假言连锁推理的前提都是必要条件假言命题，结论是必要条件假言命题，推理的逻辑依据是必要条件假言命题的逻辑性质。其有效的推理形式有两种：

[①] 有的逻辑学著作或教材将这一有效的推理形式称作"假言三段论"(hypothetical syllogism)。

① 肯定式

$$(p \leftarrow q) \wedge (q \leftarrow r) \rightarrow (r \rightarrow p)$$

结论的前件是最后一个假言前提的后件,结论的后件是第一个假言前提的前件。这实质上是必要条件假言推理肯定后件式的一种推广运用。如:

〔16〕学校只有建立必要的规章制度,才会有良好的教学秩序;只有具备良好的教学秩序,才能搞好教学工作;所以,如果要搞好教学工作,就要建立必要的规章制度。

② 否定式

$$(p \leftarrow q) \wedge (q \leftarrow r) \rightarrow (\neg p \rightarrow \neg r)$$

结论的前件是第一个假言前提的前件的否定,结论的后件是最后一个假言前提的后件的否定。这实质上是必要条件假言推理的否定前件式的一种推广运用。例如:

〔17〕只有打破平均主义,才能真正实行按劳分配;只有真正实行按劳分配,才能调动员工的积极性。所以,如果不打破平均主义,就不能调动员工的积极性。

二、二难推理

(一)二难推理及其有效式

二难推理(dilemma)是由假言命题(充分条件的)和选言命题(相容的或不相容的)构成的一种复合命题推理,通常又称为假言选言推理。其前提是两个充分条件假言命题和一个二支的选言命题,其中选言前提断定假言前提的前件真或后件假,根据充分条件假言命题的逻辑性质,在结论中就应当断定假言前提的后件真或者前件假。例如,某财主的儿子结婚,财主给其穷亲戚发请柬,上书:

〔18〕来呢,你是贪吃;不来呢,你是怕花钱。

经过整理,上面这个例子可以构造成如下的二难推理:

〔19〕如果你来参加婚礼,那么你是贪吃;如果你不来参加婚礼,那么你是怕花钱;你或者来参加婚礼,或者不来参加婚礼;所以,你或者是贪吃,或者是怕花钱。

二难推理是人们在论辩过程中经常运用的一种推理。运用这种推理的一方常常提出具有两种可能的选言前提,对方无论选择哪一种可能,结果都会陷入进退两难的境地,故称之为二难推理。

根据二难推理的结论是简单命题(或简单命题的否定)还是选言命题,二难推理有简单式和复杂式之分;根据选言前提是断定假言前提的前件真还是假言前提的后件假,二难推理又有构成式和破坏式之分。将这两种划分标准相结合,二难推理有以下四种有效形式:

1. 简单构成式

二难推理的简单构成式(simple constructive dilemma)的两个假言前提的后件相同、前件各不相同,选言前提断定不同的前件至少有一个是真的;无论哪一个为真,根据充分条件假言推理"肯定前件就要肯定后件"的规则,在结论中都应当肯定假言前提那个相同的后件。其推理形式为:

$$(p \rightarrow r) \wedge (q \rightarrow r) \wedge (p \vee q) \rightarrow r$$

例如:

〔20〕如果上帝能造出自己搬不动的石头,那么上帝不是万能的(因其有东西搬不动);如果上帝不能造出自己搬不动的石头,那么上帝也不是万能的(因其有东西造不出);上帝或者能造出自己搬不动的石头,或者不能造出自己搬不动的石头;总之,上帝不是万能的。

2. 简单破坏式

二难推理简单破坏式(simple destructive dilemma)的两个假言前提的前件相同、后件各不相同,选言前提断定不同的后件至少有一个是假的;无论哪一个为假,根据充分条件假言推理"否定后件就要否定前件"的规则,在结论中都应当否定假言前提那个相同的前件。其推理形式为:

$$(p \rightarrow q) \wedge (p \rightarrow r) \wedge (\neg q \vee \neg r) \rightarrow \neg p$$

例如:

〔21〕如果张××是一名优秀共产党员,那么他就应该自觉遵守党纪党规;如果张××是一名优秀共产党员,那么他就应该全心全意服务群众;经过仔细调查并听取各方面的意见,发现张××或者没有自觉遵守党纪党规,或者没有全心全意服务群众;所以,张××不是一名优秀共产党员。

3. 复杂构成式

二难推理复杂构成式(complex constructive dilemma)的两个假言前提的前后件各不相同,选言前提断定不同的前件至少有一个是真的,无论哪一个为真,根据充分条件假言推理"肯定前件就要肯定后件"的规则,在结论中都应当断定假言前提那个不同的后件至少有一个为真。其推理形式为:

$$(p \rightarrow r) \wedge (q \rightarrow s) \wedge (p \vee q) \rightarrow (r \vee s)$$

例如:

〔22〕如果小王是明知谣言还故意传播,那么他就是别有用心;如果小王是轻信谣言而四处传播,那么他就是愚昧无知;小王或者是明知谣言还故意传播,或者是轻信谣言而四处传播;所以,小王或者是别有用心,或者是愚昧无知。

4. 复杂破坏式

二难推理复杂破坏式(complex destructive dilemma)的两个假言前提的前后件各不相同,选言前提断定不同的后件至少有一个是假的,无论哪一个为假,根据充分条件假言推理"否定后件就要否定前件"的规则,在结论中都应当断定假言前提那个不同的前件至少有一个为假。其推理形式为:

$$(p \rightarrow r) \wedge (q \rightarrow s) \wedge (\neg r \vee \neg s) \rightarrow (\neg p \vee \neg q)$$

例如:

〔23〕如果你的矛是最锋利的,那么它就会刺破你的盾;如果你的盾是最坚固的,那

么它就能挡住你的矛;或者你的矛不能刺破你的盾,或者你的盾挡不住你的矛;所以,或者你的矛不是最锋利的,或者你的盾不是最坚固的。

(二) 驳斥二难推理的主要方法

虽然二难推理是论辩中经常使用的一种工具,但并非人们都能正确地使用它,而且一些别有用心的人还常常利用二难推理来进行诡辩。为此,就有必要学会如何揭露二难推理中可能存在的错误,并通过揭示其错误来予以反驳。驳斥二难推理的方法主要有以下三种:

1. 指出二难推理的前提不真实

二难推理的前提不真实,或者表现为假言前提不真实,即前件不是后件的充分条件;或者表现为选言前提不真实,即其选言支没有穷尽对象的所有可能情况。前者如:

〔24〕如果一个学生学习努力,他的学习方法就好;如果一个学生学习不努力,他的学习方法就不好;小李或者学习努力,或者学习不努力;所以,小李或者学习方法好,或者学习方法不好。

后者如:

〔25〕如果(甲乙二人下象棋)甲胜乙,那么乙输了;如果乙胜甲,那么甲输了;或者甲胜乙,或者乙胜甲;所以,或者乙输棋,或者甲输棋。

2. 指出二难推理的形式无效

二难推理是以假言命题和选言命题为其前提的推理,因此必须遵守假言推理的规则和选言推理的规则,否则就是无效的。例如,下面的推理形式就是无效的:

$$(p \to r) \wedge (q \to s) \wedge (r \vee s) \to (p \vee q)$$

因为对于充分条件假言推理来说,肯定后件不能对前件有所断定。

3. 构造一个与之针锋相对的二难推理

这是为驳斥二难推理而采取的一种针锋相对的方法。如例〔18〕中财主的那位穷亲戚若不得已必须去参加婚礼,这意味着他承认了自己贪吃。在此情况下,他可用红纸包一文钱,并附上一句话:"收呢,你是贪财;不收呢,你是嫌少。"经过整理,这句话其实就包含着一个针锋相对的二难推理:

〔26〕如果收这一文钱,你是贪财;如果不收这一文钱,你是嫌少;你或者收,或者不收;所以,你或者贪财,或者嫌少。

三、假言联言推理

假言联言推理是以两个(或两个以上)充分条件假言命题和一个联言命题(其联言支数目与假言前提的数目相同)为前提,推出一个联言命题作为结论的复合命题推理。与二难推理相比,虽然二者均以充分条件假言命题作为主要前提,但假言联言推理的另一前提却不像二难推理那样是一个选言命题,而是一个联言命题。

假言联言推理主要有两种有效式:

1. 肯定式

假言联言推理的肯定式,其联言前提肯定两个(或两个以上)充分条件假言前提的前件,从而在结论中肯定两个(或两个以上)充分条件假言前提的后件。这实质上是充分条件假言推理的肯定前件式的推广运用。如:

〔27〕如果一个数的末位数字为5,那么它就能被5整除;如果一个数的各位数字之和是3的倍数,那么它就能被3整除;有个数的末位数字为5并且其各位数字之和是3的倍数;所以,这个数既能被5整除又能被3整除。

其推理形式可表述为:

$$(p \rightarrow q) \wedge (r \rightarrow s) \wedge (p \wedge r) \rightarrow (q \wedge s)$$

2. 否定式

假言联言推理的否定式,其联言前提否定两个(或两个以上)充分条件假言前提的后件,从而在结论中否定两个(或两个以上)充分条件假言前提的前件。这实质上是充分条件假言推理的否定后件式的推广运用。例如,传说苏东坡曾就"琴声是来自琴还是来自弹琴的手指"写过如下一首《琴诗》:

〔28〕若言琴上有琴声,
　　　放在匣中何不鸣?
　　　若言声在指头上,
　　　何不于君指上听?

这首诗就包含了如下一个否定式的假言联言推理:

〔29〕如果琴声来自琴,则匣中之琴应有声音;如果琴声来自手指,则不弹琴的手指应有声音;但是匣中之琴没有发出声音,不弹琴的手指也没有发出声音;所以,琴声既非仅来自琴,也非仅来自手指。

其推理形式可表述为:

$$(p \rightarrow q) \wedge (r \rightarrow s) \wedge (\neg q \wedge \neg s) \rightarrow (\neg p \wedge \neg r)$$

假言联言推理是推理和论辩过程中经常运用的一种推理。为了充分发挥这种推理形式在论辩过程中的作用,就必须保证其形式的有效性。由于假言联言推理是由充分条件假言命题和联言命题作为前提而构成的一种复合命题推理,因此为了保证其有效性,就必须遵守充分条件假言推理和联言推理的规则。

四、反三段论

反三段论(anti-syllogism)是以一个表述三段论的充分条件假言命题为前提而推出一个将该三段论的前提之一和结论加以否定并互换其位置而形成的充分条件假言命题作为结论的复合命题推理。由于其前提和结论都是以联言命题为前件的充分条件假言命题,故其推理的依据是充分条件假言命题和联言命题的逻辑性质。反三段论的推理形式如下:

$$(p \wedge q \rightarrow r) \rightarrow (p \wedge \neg r \rightarrow \neg q)$$

$$（p \land q \rightarrow r）\rightarrow（q \land \neg r \rightarrow \neg p）$$

例如：

〔30〕如果一个演绎推理的前提真实且形式有效，则其结论必然为真；所以，如果该推理的前提真实但结论为假，则该推理的形式必然无效。

〔31〕如果一个演绎推理的前提真实且形式有效，则其结论必然为真；所以，如果该推理的形式有效但结论为假，则该推理的前提中必然有假命题。

反三段论在思维实践中用得很广泛。当若干对象情况的联合（相应命题的合取）构成另一对象情况的充分条件时，若后者并不存在，则作为条件的若干对象情况不可能都存在，即相应命题至少有一个为假。

第三节
命题逻辑的现代形式

命题逻辑（propositional logic）就是以命题作为基本逻辑单位的逻辑理论。本章及上一章介绍的内容就属于命题逻辑的范畴。相对于命题逻辑，将概念或词项作为基本逻辑单位的逻辑理论则是词项逻辑（term logic），本书第二至四章介绍的内容就属于词项逻辑的范畴。本节将进一步介绍命题逻辑的现代发展，即现代逻辑中有关命题逻辑的一些基础知识和方法。

一、多重复合命题和自然语言的符号化

多重复合命题就是含有两个或两个以上命题联结词的复合命题。例如，复合命题的负命题就属于多重复合命题，复合命题推理的有效式（蕴涵式）也可以视为是多重复合命题的逻辑形式。在思维实践和语言交往中，我们碰到的往往不是单纯的直言命题或者单纯的联言、选言或假言命题，而是多重复合命题。如：

〔32〕如果今天下雨，那么出门上班就必须穿雨衣或打雨伞，并且还得穿雨鞋。

如何刻画上述以自然语言为载体的多重复合命题的逻辑形式，或者说如何将多重复合命题正确地符号化为命题公式呢？一般步骤是：

首先，用 p、q、r、s 等命题变项符号分别表示各个简单命题。不同的简单命题用不同的命题变项符号表示，同一个简单命题用同一个命题变项符号表示。

其次，按自然语言中多重复合命题的逻辑含义确定其中各个成分命题（简单命题）的先后配置次序，为此可用括号"（）"为其辅助符号。

据此，如果用 p、q、r、s 分别表示"今天下雨"、"出门上班必须穿雨衣"、"出门上班必须打雨伞"、"出门上班穿雨鞋"，那么例〔32〕的命题形式就可写作：

$$p \rightarrow （（q \lor r）\land s）$$

与上式稍微不同的命题形式为：

$(p{\to}(q\vee r))\wedge s$

前者是蕴涵式,其含义为"如果 p,则(q 或者 r)并且 s";后者是合取式,其含义为"(如果 p,则 q 或者 r),并且 s"。显然,多重复合命题究竟属于哪一种复合命题,是由其最终起作用的命题联结词决定的。因此,为了正确地刻画多重复合命题的逻辑形式,就需要对命题联结词的联结顺序作出规定。一般来说,对命题联结词联结的先后顺序可作如下规定:

① 在有括号时,先括号内,后括号外;

② 在无括号时,¬ 最先,∧、∨ 和 $\dot\vee$ 次之;→、←和↔最后。

由于 ∧ 的联结顺序先于→,因此在例〔32〕的命题形式中,原来把蕴涵式的整个后件括起来的那个括号就可以省去,故可简写为:

$p{\to}(q\vee r)\wedge s$

前面介绍的一些复合命题推理的横写式,其中命题联结词的联结顺序均遵循这一规定。

现代逻辑已经证明,本书介绍过的命题联结词已能表达任何复合命题。换言之,任何以自然语言为载体的复合命题,都可符号化为由 ¬、∧、∨、$\dot\vee$、→、←和↔等命题联结词构成的命题形式。例如:

〔33〕小张和小王不能同时上场比赛。

如果用 p、q 分别表示"小张上场比赛"和"小王上场比赛",则其命题形式为:

$\neg(q\wedge r)$

又如:

〔34〕小张和小王至少有一人上场比赛。

如果用 p、q 分别表示"小张上场比赛"和"小王上场比赛",则其命题形式为:

$p\vee q$

如果正确掌握了把以自然语言为载体的多重复合命题符号化的方法,那么在分析比较复杂的命题推理时,就可先将多重复合命题符号化,然后将命题形式作为主要的研究对象。这样,就能避免自然语言的多义性和命题具体内容的干扰,使分析的过程和结论更加精确,在逻辑上更具普遍意义。

二、命题的永真式、永假式和协调式

由已学过的命题联结词和 p、q、r 等命题变项组成的命题形式,其数目有无限多。根据不同命题形式所表示的不同的真值函数,所有的命题形式可分为三大类:永真式、永假式和协调式。

所谓真值函数(truth function),就是函数与自变元的值均为真值的函数。通过各种复合命题的逻辑性质我们不难发现,一旦命题形式中的命题变项(即自变元)的真值确定后,整个命题形式的真值也就能随之确定了。命题形式的这一性质,犹如数学中的函数;不同的是,数学中的函数及其自变元的值是无穷多个实数,而真值函数及其自变元的值仅取真、假二值。因此,真值函数实际上就是复合命题的逻辑性质。

如同显示复合命题的逻辑性质一样,我们也能用真值表来刻画一个命题形式的真值函数。

如前所述,n(n 为自然数)个不同命题变项可能有的真假组合是 2^n 个。对于每一个这样的真假组合,又有肯定和否定两种可能的断定。于是,对于 2^n 个真假组合来说,对其肯定和否定的组合的个数又有:

$$\underbrace{2 \times 2 \times \cdots \times 2}_{2^n \uparrow 2} = 2^{2^n}$$

其中,每一个组合就是一个真值函数的内容。所以,如果一个命题形式中命题变项的个数为 n,那么该命题形式的真值函数就有 2^{2^n} 个。

例如,设 n = 1,则真假组合有:

$$2^1 = 2$$

于是,真值函数的个数是:

$$2^{2^1} = 4$$

若用"f( )"代表真值函数,那么只有一个命题变项 p 的真值函数的个数可以列表如下:

表 6-2

p	$f_1(p)$	$f_2(p)$	$f_3(p)$	$f_4(p)$
T	T	T	F	F
F	T	F	T	F

在这四个真值函数中,$f_1(p)$ 是指无论命题变项 p 取何值,函数值恒为真;$f_4(p)$ 则相反,不论 p 的真假如何,函数值恒为假;$f_2(p)$ 和 $f_3(p)$ 则表示函数值有时真有时假。

任何一个命题形式都表示一个真值函数,即命题形式是真值函数的表现形式。据此,也可以把命题形式看成是真值函数。不过,命题形式并不等于真值函数,其理由主要有二:

第一,在现代逻辑中也可以对命题形式作非真值的解释。例如,可以把命题形式的值域解释为{0,1},即取值为 0 和 1,而不是真和假。

第二,命题形式和真值函数之间并无一一对应的关系,有时几个不同的命题形式可表示同一个真值函数(详见下文)。

上面提到的 $f_1(p)$ 到 $f_4(p)$ 四个真值函数都可以用命题形式来表示:

$f_1(p)$ 是恒取真值的函数,表示它的命题形式可以是 p ∨ ¬p,也可以是 p→p。下列真值表可以证明这一点:

表 6-3

p	¬p	$f_1(p)$	p ∨ ¬p	p→p
T	F	T	T	T
F	T	T	T	T

由表可见,p∨¬p和p→p都是真值函数 $f_1(p)$ 的表现形式。此外,由于¬(p∧¬p)↔(p∨¬p),因此负命题¬(p∧¬p)也可以表示 $f_1(p)$。

$f_2(p)$ 的特点在于当p真时它真,当p假时它假,故它对应的命题形式就是p。

$f_3(p)$ 则相反,它是对p的否定,可以表示为¬p。

$f_4(p)$ 恒取假值,它所对应的命题形式有 p∧¬p、¬(p∨¬p)和¬(p→p)等。

从 $f_1(p)$ 和 $f_4(p)$ 这两个真值函数可以看到,不同的命题形式可以表示相同的真值函数。凡互相等值的命题,其命题形式都表示相同的真值函数,如复合命题的负命题及其等值命题,都表示相同的真值函数。

由以上分析可知,由于真值函数在取值上有恒真、恒假和有真有假之分,因此表示真值函数的命题形式亦可相应地分成永真式、永假式和协调式三种。

1. 永真式

永真式(tautology)就是表示取值恒真的真值函数的命题形式,又称重言式。如 p∨¬p,就是重言析取式;p→p是重言蕴涵式。永真式可以定义为:一命题形式是永真式,当且仅当不论其命题变项取何值,命题形式的真值恒为真。

在真值表中,如果命题形式的主联结词(即最后起作用的联结词)的取值均为真,则该命题形式就是永真式。由此,我们就可用真值表来判定一命题形式是否为永真式。根据上述定义,如果一命题形式的真值可取假值,即使只有一个假,它也不是永真式。例如,p∨q就不是永真式,因为由析取式的真值表可知,当p和q都为假时,p∨q的真值为假。

2. 永假式

永假式(contradiction)是表示取值恒假的真值函数的命题形式,又称矛盾式,如 p∧¬p和¬(p∨¬p)就是矛盾式。矛盾式可定义为:一命题形式是矛盾式,当且仅当不论其命题变项取何值,命题形式的值恒为假。显然,永真式的否定就是矛盾式。在真值表中,矛盾式的主联结词的真值均为假,因此也可用真值表来判定一命题形式是否为矛盾式。

3. 协调式

即表示取值至少有一真的真值函数的命题形式,称作可满足式(satisfiable)。可满足式除了永真式,还有协调式,即表示取值有真有假的真值函数的命题形式,或者说,既非永真式又非永假式的命题形式,如 p∧q、p∨q和p→q等都是协调式。协调式可定义为:一命题形式是协调的,当且仅当不论其命题变项取何值,命题形式的值有真有假。在真值表中,主联结词的值有真有假的命题形式就是协调式。协调式是对永真式和永假式的同时否定:有真是对永假的否定,有假是对永真的否定。

由以上分析可知,任何一个命题形式都可归属于这三类中的一类。在这三类命题形式中,永真式具有特别重要的意义,因为它们是逻辑真理(logical truth)的表现形式。凡是复合命题推理的有效式,如表示成横写式,都是重言蕴涵式。反之,若一个蕴涵式不是重言式,它所表示的推理就不是有效推理。如表示充分条件假言推理否定前件式的蕴涵式(p→q)∧¬p→¬q,可用真值表证明其不是永真式(见下文),因此使用这一蕴涵式的推理就不是有效推理。据此,真值表可用来判定一复合命题推理是否有效。此外,本书第九章将要介绍的传统逻辑的基本规律,其相应的命题形式也都是永真式。

永假式则是逻辑矛盾(logical contradiction)的表现形式。由于矛盾式的否定就是永真式,若能证明一命题形式的永假是不可能的,实际上就证明了该命题形式是永真式。下面将要介绍的归谬赋值法就运用了这一原理。

三、命题形式的判定方法

1. 真值表判定方法

根据上述三种命题形式的定义,即可了解真值表是用来判定一命题形式是永真式、永假式还是协调式的最直接的方法。我们在前面已介绍过怎样列出一命题形式的真值表。下边再简要介绍怎样用真值表来判定一复合命题形式是否为永真式。

一般而言,真值表判定方法的程序如下:

(1) 找出待判定的命题形式中的所有(不同的)命题变项,列举出这些命题变项的各种取值组合。若命题形式中共有 n 个不同的命题变项,则这些命题变项的取值组合就有 2^n 种,即真值表的行数是 2^n 行。

(2) 从左到右、由简而繁地列举出该命题形式的各个组成部分,最后一列为该待判定的命题形式本身。

(3) 根据五个命题联结词的真值表,计算出命题形式各个组成部分的真值,最后得出该命题形式的真值。

如果真值表的最后一列的所有取值为真,则该命题形式为永真式;所有取值为假,则该命题形式为永假式;取值有真有假,则该命题形式为协调式。

例如:

〔35〕用真值表方法判定 $(p \lor q) \land \neg p \to q$ 和 $(p \to q) \land \neg p \to \neg q$ 是否为永真式。

解:

p	q	¬p	¬q	p∨q	p→q	(p∨q)∧¬p	(p→q)∧¬p	(p∨q)∧¬p→q	(p→q)∧¬p→¬q
T	T	F	F	T	T	F	F	T	T
T	F	F	T	T	F	F	F	T	T
F	T	T	F	T	T	T	T	T	F
F	F	T	T	F	T	F	F	T	T

将待判定的两个命题形式置于真值表的最后两列。由于它们包含有两个不同的命题变项 p 和 q,故可能有的真假组合为 $2^2 = 4$ 种。由于命题形式中有 ¬p 和 ¬q,所以需要根据否定的定义,计算出 ¬p 和 ¬q 在真值表上的值;然后根据析取和蕴涵的定义,分别确定 p∨q 和 p→q 的值;再根据合取的定义,分别确定 $(p \lor q) \land \neg p$ 和 $(p \to q) \land \neg p$ 的取值;最后,

根据蕴涵的定义,计算出$(p \lor q) \land \neg p \to q$与$(p \to q) \land \neg p \to \neg q$的值。由于$(p \lor q) \land \neg p \to q$的取值全为真,根据永真式的定义,可判定该命题形式是永真式;由于$(p \to q) \land \neg p \to \neg q$的取值有一假,故可判定它不是永真式。

　　一个命题形式的真值表,清楚直观地显示了该命题形式的真值情况,因此也可以用真值表方法来判定不同的命题形式是否等值。

　　例如:

　　〔36〕用真值表方法判定$p \to q$、$\neg p \lor q$和$\neg(p \land \neg q)$是否等值。

　　解:合并列出上述三个命题形式的真值表。

p	q	$\neg p$	$\neg q$	$p \land \neg q$	$p \to q$	$\neg p \lor q$	$\neg(p \land \neg q)$
T	T	F	F	F	T	T	T
T	F	F	T	T	F	F	F
F	T	T	F	F	T	T	T
F	F	T	T	F	T	T	T

由上述真值表可知,在$p \to q$、$\neg p \lor q$和$\neg(p \land \neg q)$的命题变项的真假组合相同的情况下,这三个命题形式本身的真值也相同,故三者是等值的。

　　总的来说,真值表方法对于任何复合命题形式,都能在有限的步骤内作出判定,因而是命题逻辑中一种能行的判定方法。但是,它的判定步骤会随着复合命题形式中不同命题变项的增多而越来越繁琐。为了简化判定步骤,人们在真值表方法基础上设计了一种被称为"归谬赋值法"的简化真值表方法。虽然这种方法只是适用于判定蕴涵式以及能等值地转换为蕴涵式的等值式和析取式,由于在逻辑学中要判定的命题形式绝大多数是蕴涵式(因为它们表示推理形式),因此归谬赋值法也是一种常用的命题逻辑判定方法。

　　2. 归谬赋值法

　　归谬赋值法以命题联结词的真值表定义作为判定基础,因此它与真值表方法没有实质的区别,故又叫做简化真值表方法。熟记各命题联结词的真值表定义,对于归谬赋值法的正确运用是必要的。

　　归谬赋值法依据的逻辑根据是逻辑学的归谬法则。该原则可表述为:要求证命题形式A成立,先假定A不成立,即假定$\neg A$成立;如果从$\neg A$合乎逻辑地导出形如$p \land \neg p$的逻辑矛盾,那么即可断定$\neg A$不成立,即否定$\neg A$;由于$\neg \neg A$与A等值,故由否定$\neg A$就可得A,即A得证。归谬原则与双重否定原则的逻辑根据,都是后文将要介绍的作为传统逻辑基本规律之一的排中律。

　　根据归谬原则和永真式的定义,归谬赋值法的一般步骤如下:

　　(1) 假设待判定的命题形式$A \to B$不是永真式,即$A \to B$取值为F。

　　(2) 从上述假设出发,由蕴涵的真值表可知A的取值应为T,B的取值应为F。

（3）由（2）出发，根据各种命题联结词的真值表，依次对 A 和 B 的各个部分赋予相应的值，直到所有的命题变项被赋予了确定的真值为止。

（4）检查所有命题变项的真值，若出现了赋值矛盾，根据归谬原则，（1）的假设就不成立，于是可判定 A→B 是永真式；若在赋值过程中始终没有矛盾，则表明（1）的假设可以成立，即存在一组命题变项的赋值使得 A→B 为假，故可判定其不是永真式。所谓出现赋值矛盾，是指 A→B 中所含的某一个命题变项的赋值既真又假，或者某些赋值与前面介绍的命题联结词的真值表定义相违背。

下面，举例说明归谬赋值法的运用。

〔37〕用归谬赋值法判定(p ∧ q→r) → (p→ ¬q ∨ r) 是否为永真式。

解：运用归谬赋值法对该命题形式赋值如下：

$$(p \wedge q \rightarrow r) \rightarrow (p \rightarrow \neg q \vee r)$$

(1) ：：：：：F：：：：：：
(2) ：：T：　：F：：：：
(3) ：：　：　T　：：F：：
(4) ：：：　：　　F：　F
(5) ：：：　：　　　T
(6) T F T　　F

如上所示，由于 p、q 和 p∧q 的赋值出现矛盾，故该命题形式为永真式。

以上题解中最左边的标号（1）—（6）分别表示运用归谬赋值法来判定(p ∧ q→r) → (p→¬q ∨ r) 是否为永真式所进行的步骤。对这六步的赋值可作如下说明：

第一步，假设待判定的命题形式的值为 F。该命题形式是形如 A→B 的蕴涵式，故把 F 写在这个→符号的下方，表示整个蕴涵式(p ∧ q→r) → (p→ ¬q ∨ r) 的值是 F。

第二步，以第一步的假设为基础，由蕴涵的真值表定义可知：待判定的蕴涵式的前件 p∧q→r 的值应为 T，后件 p→¬q∨r 的值应为 F。由于前件与后件均为蕴涵式，故把 T 和 F 分别写在前件和后件中的→符号下方。

第三步，根据第二步求得的 p→ ¬q ∨ r 的值为 F，由蕴涵的真值表定义可知：p 的值应为 T，¬q ∨ r 的值应为 F。把 T 写在 p 的下方，¬q ∨ r 为析取式，故把 F 写在 ∨ 符号的下方。

第四步，根据第三步求得的 ¬q ∨ r 的值为 F，由析取的真值表定义可知：¬q 和 r 的值应为 F。把 F 写在 r 的下方，¬q 是否定式，故将 F 写在 ¬符号的下方。

第五步，根据第四步求得的 ¬q 的值为 F，由否定的真值表定义可知：q 的值应为 T。把 T 写在 q 的下方。

第六步，在此前三步已先后求得 p 为 T、r 为 F、q 为 T 的基础上，先令待判定的命题形式的前件 p ∧ q→r 中的命题变项 p、q 和 r 分别取同样的值 T、T 和 F，并把这三个值分别写在这三个命题变项的下方。第二步已经求得 p ∧ q→r 的值为 T，而 r 又取值为 F，所以由蕴涵的真值表定义可知 p ∧ q 取值为 F，把 F 写在 ∧ 符号的下方。由于 p ∧ q 的值为 F，而 p、q 的值均为 T,与合取的真值表定义相违背,出现赋值矛盾,于是在彼此矛盾的赋值的下方划上两条横线加以表示。

既然出现了赋值矛盾,说明第一步的假设不对,即待判定的命题形式不可能取值为 F,所以该命题形式为永真式。

又如:

〔38〕用归谬赋值法判定(p→q)∧¬r→q∧¬p是否为永真式。

解:运用归谬赋值法对该命题形式赋值如下:

```
    (p→q)∧¬p→q ∧¬p
(1) ┊ ┊ ┊ ┊ ┊ ┊F ┊ ┊ ┊ ┊
(2) ┊ ┊ ┊T ┊ ┊  ┊F ┊ ┊
(3) ┊T ┊  T ┊  ┊ ┊
(4) ┊ ┊  F  ┊ ┊ ┊
(5) ┊ ┊     F  T F
(6)F   F
```

如上所示,未出现赋值矛盾,故该命题形式不是永真式。

熟练掌握了归谬赋值法之后,可将上面两例的六个步骤合并写为一行,并根据是否存在赋值矛盾来判定其是否为永真式。这样,上述两例的解题过程就可简要表述如下:

例〔37〕:

(p∧q→r)→(p→¬q∨r)

T̲F̲T̲TF F TF FTFF

由于存在赋值矛盾,故该命题形式为永真式。

例〔38〕:

(p→q)∧¬p→q∧¬p

FTF T TFFFF TF

未出现赋值矛盾,故该命题形式不是永真式。

某些命题形式在用归谬赋值法判定时,会出现多种可能的赋值情况,这时应对每一种可能的赋值进行讨论。若每一种赋值都导致矛盾,就可判定这是一个永真式;只要有一种可能的赋值不导致矛盾,就说明这不是永真式。下列情况会产生多种可能的赋值:

(1) 当合取式 A∧B 取值为 F 时,根据合取的真值表定义,有三种可能的赋值情况:①A取值为 T,而 B 取值为 F;②A 取值为 F,而 B 取值为 T;③A 和 B 均取值为 F。

(2) 当析取式 A∨B 取值为 T 时,根据析取的真值表定义,有三种可能的赋值情况:①A 和 B 均取值为 T;②A 取值为 T,而 B 取值为 F;③A 取值为 F,而 B 取值为 T。

(3) 当蕴涵式 A→B 取值为 T 时,根据蕴涵的真值表定义,亦有三种可能的赋值情况:①A 和 B 均取值为 T;②A 取值为 F,而 B 取值为 T;③A 和 B 均取值为 F。

(4) 当等值式 A↔B 取值为 T 时,根据等值的真值表定义,有两种可能的赋值情况:①A

和 B 均取值为 T；②A 和 B 均取值为 F。

（5）当等值式 A↔B 取值为 F 时，根据等值的真值表定义，亦有两种可能的赋值情况：①A 取值为 T，而 B 取值为 F；②A 取值为 F，而 B 取值为 T。

下面举两个与上述情况有关的例子：

〔39〕用归谬赋值法判定(p∧r)∨(q∧r)→(p∨q)∧r 是否为永真式。

解：(p∧r)∨(q∧r)→(p∨q)∧r

（1）   ⋮ ⋮ ⋮　T　⋮ ⋮ ⋮　F　⋮ ⋮ ⋮　F⋮

（2）   ⋮FF　　⋮FF　　　⋮T⋮　　F　　矛盾

（3）   FFT　　FFT　　FFF　　T　　矛盾

（4）   FFF　　FFF　　FFF　　F　　矛盾

出现赋值矛盾，故可判定该命题形式为永真式。

对于用归谬赋值法判定等值式的情况，需先根据充分必要条件关系的性质，将等值式转化为两个蕴涵式，然后再分别判定两个蕴涵式是否都是永真式。如果两个蕴涵式都是永真式，则原等值式亦为永真式；否则便不是永真式。例如：

〔40〕用归谬赋值法判定(p→q)∧(p→r)↔(p→q∨r)是否为永真式。

解：

（1）(p→q)∧(p→r)→(p→q∨r)

　　 TTT　T　TTT　F　TFFFF

　　 因 q 和 r 有赋值矛盾，所以(1)式是重言式。

（2）(p→q∨r)→(p→q)∧(p→r)

　　 TTTTF　F　TTT　F　TFF

　　 因所有命题变项均无赋值矛盾，故(2)式不是重言式。

综上，该等值式不是永真式。

除了等值式，析取式也可以运用下面的等值式：

(p∨q)↔(¬p→q)

即转化为等值的蕴涵式后，再用归谬赋值法对其进行判定。

四、命题逻辑的自然推理

在逻辑学中，自然推理(natural deduction)是相对于公理法推理(axiomatic deduction)而言的，两者都是演绎推理。公理法推理是从少数几个给定的逻辑真命题(即公理)出发，并根据若干推理规则，推出一系列其他逻辑真命题(即定理)的演绎推理。而自然推理没有作为推理出发点的固定的公理，只有若干推理规则或有效的推理形式，并根据这些规则和形式从随时引进和消去的假设或前提出结论的演绎推理。由于这种推理酷似自然科学尤其是数学证明中实际运用的推理，因此也被称为"自然推理"。

命题逻辑的自然推理就是命题逻辑范围内的自然推理，它不涉及词项逻辑和后面要讲到的关系推理的内容。本书第五、六章介绍的复合命题推理的各种有效推理形式以及归谬原则,作为推理依据,对于命题逻辑的自然推理是够用的。

下面先介绍一个命题逻辑自然推理的例子,每一步推理都说明了该步出现的逻辑依据。

〔41〕某夜,一商店被窃。据勘查,获知以下事实:

① 盗窃者至少是甲、乙两人之一;

② 如果甲是盗窃者,则作案时间决不在零点之前;

③ 零点时该商店的灯灭了;

④ 若乙的陈述与事实相符,则作案的时间在零点之前;

⑤ 只有零点时该商店的灯未灭,乙的陈述才与事实不符。

请问:盗窃者是谁?

解:

首先,引进变项。设 p 为"甲是盗窃者",q 为"乙是盗窃者",r 为"作案时间在零点之前",s 为"零点时该商店的灯灭了",t 为"乙的陈述与事实相符"。

其次,将已知条件符号化为命题形式:

① p∨q
② p→¬r
③ s ⎫ 引进前提
④ t→r
⑤ ¬s←¬t

再次,进行推理:

⑥ t　　　　(③+⑤,必要条件假言推理否定前件式)

⑦ r　　　　(④+⑥,充分条件假言推理肯定前件式)

⑧ ¬p　　　(②+⑦,充分条件假言推理否定后件式)

⑨ q　　　　(①+⑧,相容选言推理否定肯定式)

最后,从⑧和⑨可知,甲不是盗窃者,乙是盗窃者。

再看一个运用假设前提的命题逻辑自然推理的例子,题中已有的命题变项表示相应的简单命题。

〔42〕已知如果合同有效(p),则定货按期运到(q);如果合同有效,则催款通知亦到(r);但看来或者是定货不能按期运到,或者是催款通知不会到。问:这份合同有效吗?

解:

首先,引进前提:

① p　　　　假设前提(即假设"合同有效")

其次,将已知条件符号化为命题公式:

② p→q

③ p→r } 引进前提

④ ¬q∨¬r

⑤ q   （①和②,充分条件假言推理肯定前件式）

⑥ r   （①和③,同上）

⑦ ¬r   （④和⑤,相容选言推理否定肯定式）

⑧ r∧¬r   （⑥和⑦,联言推理组合式）

⑨ ¬p   （①和⑧,归谬原则）

所以,该合同无效。

上述解题过程运用了归谬原则,这一推理就是一种基于反证法（详见第十一章）的推理。

✏️ 练习题 ▮▮▮

一、填空题

1. "即使一个人缺乏一定的生活基础或者不具备必要的文字表达能力,他也能写出好作品。"这个命题的逻辑形式是（   ）。

2. 负命题的支命题与负命题的等值命题在真值方面是（   ）关系。

3. 表示真值函数的命题形式可以分为（   ）式、（   ）式和（   ）式。

4. 与"并非'做坏事而不受惩罚'"这个命题等值的充分条件假言命题是（   ）。

5. 与"只有通过考试,才能被录取"等值的充分条件假言命题是（   ）,将其转换为等值的联言命题负命题是（   ）。

6. "并非'发改委既是运动员又是裁判员'"等值于选言命题（   ）,等值于充分条件假言命题（   ）。

7. 由 r∨q 与 p∧¬q 均取值为真,可推断 ¬r 取值为（   ）;由 p∨¬q 取值为假可推断 ¬p∧q 取值为（   ）。

8. 若 p∨̇q 与 p←q 同真,则 p 的取值为（   ）,q 的取值为（   ）。

9. 以 ¬p→(¬q∨¬r) 和（   ） 为前提进行推理,可得出结论 p。

10. 以 p→q 和 q→r 为前提进行有效的否定式纯假言推理,其结论为（   ）。

二、单项选择题

1. 以下命题形式中,与 p→q 具有等值关系的是   （   ）

A. p∧q   B. ¬p∧q   C. ¬p∨q   D. p∨q

2. "小方不喜欢高等数学,也不喜欢逻辑学"与"只有小方喜欢高等数学,他才喜欢逻辑学"这两个命题在真值方面   （   ）

A．可以同真并可同假 　　　　　　　B．不可同真但可同假

C．可以同真不可同假 　　　　　　　D．不可同真不可同假

3．以"非 q 或非 s；如果 p，则 q；如果 r，则 s"为前提，可必然推出　　　（　　）

A．p 或 r 　　　　　　　　　　　B．非 p 或非 r

C．非 p 且非 r 　　　　　　　　　D．p 且 r

4．下列与 p ∨ ¬q 相等值的命题是　　　　　　　　　　　　　　　　（　　）

A．¬(p ∧ ¬q) 　　　　　　　　　B．¬(¬p ∧ q)

C．¬p ∨ q 　　　　　　　　　　　D．¬(p → ¬q)

5．以 p→q、r→q、s→p ∨ r 和 s 为前提进行有效推理，其结论是　　　（　　）

A．p 　　　　　　　　　　　　　B．¬p

C．q 　　　　　　　　　　　　　D．¬q

6．一个心理健康的人，必须保持自尊；一个人只有受到自己所尊敬的人的尊敬，才能保持自尊；而一个用追星的方式来表达自己尊敬之情的人，不可能受到自己所尊敬的人的尊敬。

以下哪项可以从题干的断定中推出？　　　　　　　　　　　　　　　　（　　）

A．一个心理健康的人，不可能接受用追星的方式所表达的尊敬

B．没有一个保持自尊的人，会尊敬一个用追星的方式来表达尊敬之情的人

C．一个用追星的方式表达自己尊敬之情的人，完全可以同时保持自尊

D．一个心理健康的人，不可能用追星的方式来表达自己的尊敬之情

E．一个人如果受到了自己所尊敬的人的尊敬，他(她)一定是个心理健康的人

7．2013 年 8 月，第 23 届世界哲学大会在希腊雅典举行。H 大学的张教授、马教授和李教授中至少有一人参加了这次国际哲学盛会。已知：

① 只有向大会组委会提交一篇英文论文并经评审通过，才能获得会议邀请。

② 张教授和马教授是同事而且经常合作进行研究，如果张教授参加此次大会，那么马教授也肯定会一同参加。

③ 李教授曾留学德国，他向大会提交了一篇用德语撰写的有关德国哲学家康德的论文。

根据以上情况，以下哪项一定为真？　　　　　　　　　　　　　　　　（　　）

A．李教授参加了雅典世界哲学大会

B．张教授参加了第 23 届世界哲学大会

C．张教授和马教授均参加了这次大会

D．马教授参加了这次世界哲学大会

E．张教授、马教授和李教授均参加了这次世界哲学大会

8．张、王、李、赵四人赴外地调研，结果他们各自选择了飞机、汽车、轮船与火车作为出行方式。已知：

① 明天或者刮风或者下雨；

② 如果明天刮风，那么张就选择火车出行；

③ 假设明天下雨,那么王就选择火车出行;

④ 假如李、赵不选择火车出行。那么李、王也都不会选择飞机或者汽车出行。

根据以上条件,可得出以下哪项结论?　　　　　　　　　　　　　　　　(　　)

A. 王选择轮船出行　　　　　　　　　B. 张选择飞机出行

C. 赵不选择汽车出行　　　　　　　　D. 李选择轮船出行

E. 赵选择汽车出行

9. 李、王、赵、张四位老师在考试前对 A、B 两位同学的成绩进行了推测。

张老师:如果 A 能考满分,那么 B 也能考满分。

李老师:在我看来,A、B 所在的班级没人能考上满分。

王老师:不管 B 能否考满分,反正 A 无法获得满分。

赵老师:我看 B 考不到满分,但 A 能考到满分。

考试结果表明四位老师中只有一人的推测成立。

如果上述断定是真的,则以下哪项也一定是真的?　　　　　　　　　　　(　　)

A. 李老师的推测成立　　B. 王老师的推测成立　　C. 赵老师的推测成立

D. 如果 B 考不到满分,那么张老师的推测成立

E. 如果 B 获得了满分,那么张老师的推测成立

10. 某地铁施工现场发生了一起严重的安全事故。关于事故原因,甲、乙、丙、丁四位负责人有如下断定:

甲:如果事故的直接原因是盾构设备故障,那么肯定有人进行了违规操作。

乙:确实有人操作违规,但事故的直接原因并不是盾构设备故障。

丙:事故的直接原因确实是盾构设备故障,但是并没有人进行违规操作。

丁:事故的直接原因是盾构设备出现故障。

如果只有一人断定为真,那么以下各项都不可能为真,除了　　　　　　　(　　)

A. 甲的断定为真,有人进行了违规操作　　B. 乙的断定为真

C. 甲的断定为真,但无人进行违规操作　　D. 丁的断定为真

E. 丙的断定为真

三、多项选择题

1. 当 $p \rightarrow \neg q$ 取值为假时,下列形式中取值为真的是　　　　　　　　　(　　)

A. $p \rightarrow q$　　　　　　　B. $p \leftarrow q$　　　　　　　C. $p \wedge q$

D. $p \vee q$　　　　　　　E. $p \leftrightarrow q$

2. 当 $p \rightarrow q$、$q \rightarrow p$ 和 $\neg p \vee \neg q$ 三公式均真时,下列公式中取值为真的是　(　　)

A. $p \rightarrow q$　·　　　　B. $\neg p \rightarrow q$　　　　　C. $q \rightarrow \neg p$

D. $p \leftrightarrow q$　　　　　　E. $\neg p \wedge \neg q$

3. 以 $\neg p \rightarrow q \wedge r$ 为一前提,若要必然推得 $p \wedge s$,可增加的前提为　　　(　　)

A. s　　　　　　B. ¬q ∧ s　　　　C. ¬q

D. ¬r ∧ s　　　　E. (¬q ∨ ¬r) ∧ s

4. 以下各项为无效式的有　　　　　　　　　　　　　　　　　（　　）

A. (p ∧ q→r) ∧ q→r　　　　　　B. (¬¬q ∧ p←r) ∧ r→q

C. (p→q) ∧ (¬p→q)→q　　　　　D. (¬p→q ∨ r) ∧ ¬p→q

E. (¬p→q) ∧ (¬q ∨ r) ∧ (r←s) ∧ s→¬p

5. 以 p→q、p ∨ r、r→q 和 ¬q ∨ s 为前提,如果要有效推出结论 s ∧ q,所用的推理形式有　　　　　　　　　　　　　　　　　　　　　　　　　　　　　（　　）

A. 二难推理简单构成式　　　　　B. 二难推理复杂构成式

C. 选言推理肯定否定式　　　　　D. 选言推理否定肯定式

E. 联言推理组合式

四、表解题

(一) 用真值表方法判定下列公式属于永真式、协调式还是矛盾式?

1. (p ∧ ¬p) ∨ (p ∧ q)

2. (p→r ∧ ¬r) → ¬p

3. (¬p ∨ q) ∧ (q→r) → (p→r)

4. p ∨ (p ∧ q)↔p

5. (p ∧ ¬q) ∧ (¬p ∨ q)

(二) 用真值表方法判定下列各组公式是否等值。

1. p ∧ (q ∨ r) 和(p ∧ q) ∨ (p ∧ r)

2. p 和 p ∨ (q ∧ ¬q)

3. (p→q) ∧ p→q 和(p←q) ∧ p→q

(三) 符号化以下推理,并用真值表方法判定它们是否为重言式。

1. 一个人要想实现自己的价值,他就要为社会创造价值;我想我们在座的青年朋友没有不想实现自己价值的;所以,我们也都应该为社会创造价值。

2. 如果市场是自由的,则某个供应商不可能单独左右物价;如果某个供应商不可能单独左右物价,则市场物价是稳定的;现在市场物价保持稳定;所以,市场是自由的。

3. 只有知道自己懂得很少的人,才算得上得知;如果一个人算得上得知,那么他就是个聪明人;所以,只有知道自己懂得很少的人,他才是个聪明人。

4. 如果犯罪后能够自首并且检举有功,那么就能被法庭从轻发落。所以,如果被法庭从轻发落,那么是由于嫌疑人有自首情节并且检举有功。

(四) 符号化以下推理,并用归谬赋值法判定其是否有效。

1. 如果地球围绕太阳公转(p),但并不围绕自己的轴心自转(q),那么地球上就不会有白天和黑夜(r);由于地球上有白天和黑夜是不容辩驳的事实;因此,或者地球并不公转,或者地球既公转又自转。

2. 如果调查继续进行(A)，则将曝光新的证据(B)；如果曝光新的证据，则会有若干领导人物受到牵连(C)；如果有若干领导人物受到牵连，则报纸将不再公布案情(D)；如果继续调查会导致报纸不再公布案情，则曝光新的证据会导致继续调查；现在调查已经终止；因此，不会再曝光新的证据。

3. 如果张丰接到电报(p)，他就会坐飞机赴会(q)；如张丰未坐飞机赴会，则他将赶不上会议(r)；如张丰未赶上会议，则李盛将被选进委员会(s)；如果李盛被选进委员会，则张丰会接到电报；如果张丰没赶上会议或张丰未接到电报，则张丰未坐飞机赴会或李盛未被选进委员会；最终张丰未赶上会议；因此，张丰未接到电报或者李盛未被选进委员会。

4. 如果小张买了点校本《史记》(p)，那么他这个月就没有零花钱了(q)；除非小张有零花钱，他才能再买一本《词选》(r)；小张或者从图书馆借阅《史记》或者买本《词选》(s)；如果小张不买《史记》，他就无法完成导师布置的阅读任务(t)；如果无法完成阅读任务，他就不能买《词选》；小张或者买或者不买《史记》；所以，他从图书馆借阅《史记》。

（五）运用真值表方法解答下列问题。

1. 请列出甲、乙、丙三人的断定的真值表，并据表判定丁的说法是否成立。

甲：如果小陈是语文课代表(p)，那么小赵是英语课代表(q)。

乙：小赵不是英语课代表或者小陈不是语文课代表——这一说法不合乎事实。

丙：要么小陈是语文课代表，要么小赵不是英语课代表。

丁：甲、乙、丙三人说的都对。

2. 列出 A、B、C 三命题的真值表，并回答：当 A、B、C 中恰有两假时，能否断定甲村所有人家有彩电？能否断定乙村有些人家没有彩电？

A：只有甲村有些人家没有彩电，乙村所有人家才有彩电。

B：甲村所有人家有彩电并且乙村所有人家有彩电。

C：或者甲村所有人家有彩电或者乙村所有人家有彩电。

3. 甲、乙、丙三位领导发表了下列意见。请用真值表解答：是否有一种方案可同时满足这三位领导的意见？

甲：如果小张去北京培训，那么小刘也去北京培训。

乙：只有小张去北京培训，小刘才去北京培训。

丙：或者小张去北京培训，或者小刘去北京培训。

五、证明题

（一）利用给出的变项符号证明下面的论证构造形式。

1. 如果日用品短缺情况日益严重(p)，那么物价上涨(q)；如果财政部门改组(r)，则财政管制将不再继续(s)；如果通货膨胀的威胁继续存在(t)，那么财政管制将继续下去；如果生产过剩(m)，则物价不会上涨；或者生产过剩，或者财政部门改组；因此，或者日用品短缺的情况不再继续发展,或者通货膨胀的威胁不再继续存在。

2. 如果石油供应保持现状(p)而石油消耗量增加(q),则石油会涨价(r);如果石油消耗量增加导致石油涨价,则国家要实行石油配给制(s);石油供应保持现状;所以,国家要实行石油配给制。

(二)用自然推理的方法证明下述推理的有效性。

1. ① M→N

② N→O

③ (M→O)→(N→P)

④ (M→P)→Q　　/∴ Q

2. ① A→B

② B→C

③ C→D

④ (A→D)→(B→A)

⑤ ¬A　　/∴ ¬B

3. ① A∧B→C

② (A→C)→D

③ ¬B∨E　　/∴ B→(D∧E)

4. ① A∨(B∧C)

② (A→D)∧(D→C)　　/∴ C

六、综合题

1. 在一次案情分析会上,刑警队长介绍了已经掌握的情况:

① 甲或者乙杀害了丙;

② 如果甲杀害了丙,那么办公室就不是作案现场;

③ 如果秘书证词真实,则办公室传出过枪声;

④ 当且仅当办公室是作案现场,秘书证词才不真实;

⑤ 甲会使用手枪。

据此他作出推断:如果办公室里未传出过枪声,那么凶手是乙,而不是甲。

请问:刑警队长的推理是否正确? 为什么?

2. 基于下述意见:

① A、B、C中至少有一人是杀害约翰逊的凶手;

② 如果约翰逊生前没服用海洛因,那么凶手不是C;

③ 如果约翰逊遇害前服用过海洛因,那么凶手不是A;

④ 如果A是凶手,那么B也参与了杀害约翰逊;

⑤ 如果作案时间在下雨前,则约翰逊是被A杀害的;

⑥ 如果作案时间不在下雨前,则约翰逊临死前曾与凶手搏斗过;

⑦ 若约翰逊临死前曾与凶手搏斗过,那他就不是 B 杀害的;

⑧ 经过法医解剖检验,约翰逊遇害前曾服用过海洛因。

请回答:谁是杀害约翰逊的凶手? 写出推导过程。

第七章
词项逻辑的现代形式
——谓词逻辑初步

　　第五、六章的内容属于命题逻辑的范畴。命题逻辑是以简单命题为基本单位的，对于简单命题的内部结构不再作进一步的分析。正因为如此，命题逻辑并不能处理所有的推理形式，许多有效的推理形式，如直言命题推理，如果用命题逻辑来处理就不再是有效的了。这充分说明不仅要研究命题之间的逻辑关系，还应该进一步考察简单命题内部的逻辑结构、各种结构之间的逻辑联系，并从中概括出命题逻辑所无法表达的有效推理形式，这就是词项逻辑的研究范围和基本出发点。

第一节
直言命题的内部结构
——一元谓词逻辑的基本知识

词项逻辑有古典形态与现代形态之分。前者从结构上将简单命题分解为主项、谓项、联项和量项等词项;后者则将简单命题分解为个体词、谓词和量词,然后研究命题间的推理关系。词项逻辑的现代发展形态又称作谓词逻辑(predicate logic)。

一、个体词与谓词

个体词(individual)是指称个体的词项,亦即表达单独概念的语词。如"上海"、"华东师范大学"等均为个体词。在谓词逻辑中,通常用小写英文字母 x、y、a、b、c……表示个体词。

谓词是指称个体的性质或个体间关系的词项。如"人"、"科学"等表达普遍概念的词项都是谓词,因为它们指称的对象不是独立存在的个体,而是一群个体的性质组成的类。此外,"大于"、"交叉"等表达关系的词项也是谓词。在谓词逻辑中,通常用大写英文字母 F、G、H、R、Q 等表示谓词。例如:

〔1〕9 是自然数。

在这个简单命题中,"9"是个体词;"是自然数"指称个体 9 的一种性质,因而是一个谓词。该命题的形式可记为:

F(a)

读作:个体 a 具有性质 F。

又如:

〔2〕小王和小李是朋友。

其中,"小王"和"小李"是个体词;"……和……是朋友"指称两个个体之间的一种关系,因而是一个谓词。该命题的形式可记为:

R(a, b)

读作:个体 a 和 b 有关系 R。

再如:

〔3〕天津位于北京和济南之间。

其中,"天津"、"北京"和"济南"是个体词;"……位于……和……之间"指称三个个体之间的一种关系,因而是一个谓词。该命题的形式可记为:

Q(a, b, c)

读作:个体 a、b、c 有关系 Q

指称个体性质的谓词是一元谓词(unary predicate),指称两个个体之间关系的谓词是二元谓词,一般地,指称 n(n ≥ 2) 个个体之间关系的谓词就是 n 元谓词。在例〔1〕—〔3〕的命题形式中，F、R、Q 分别是一元、二元和三元谓词。

本节介绍的谓词逻辑只涉及一元谓词。

二、量词、约束变元和自由变元

仅仅把简单命题分解为个体词和谓词是不够的。比如，在"任何事物都是发展变化的"和"有的教师是劳动模范"这两个简单命题中，"任何"和"有的"既不是个体词也不是谓词，但它们又是简单命题的重要组成部分，指称个体的数量。这种在命题中指称数量的词项就是量词（quantifier）。量词只用于限定个体词的数量范围而不涉及谓词的谓词逻辑，又叫作一阶谓词逻辑（first-order predicate logic）或狭谓词逻辑（restricted predicate logic）。

量词可分为全称量词和存在量词。

全称量词（universal quantifier）是指称某个体域中的任何个体或所有个体的词项。所谓个体域，亦称"论域"，指由个体组成的非空集合，通常指谓词逻辑涉及的对象范围。在自然语言中，全称量词的语词形式有"一切"、"所有"、"凡"、"任何（一个）"、"每一个"等，可用符号记作：$\forall$。

存在量词（existential quantifier）是指称某个体域中至少有一个个体存在的量词。在自然语言中，存在量词的语词形式有"有的"、"有些"、"某个"、"（至少）有一个"、"（至少）存在（一个）"等，可用符号记作：$\exists$。

有了个体词、谓词和量词后，包含一元谓词的简单命题，即传统逻辑所说的直言命题，就能够更加精确地被符号化。

先看全称命题，即包含全称量词的命题：

〔4〕任何事物都是发展变化的。

该命题是说："对任何事物而言，它都是发展变化的。"用全称量词 $\forall$ 表示"任何"；用一元谓词 F 表示"是发展变化的"；用 D 来表示所有的具体事物构成的个体域，用 x 表示 D 中的任意一个事物，则该命题可符号化为如下表达式：

$$(\forall x)F(x)$$

读作：对任何一个事物 x 而言，x 具有性质 F。

再看一个全称命题：

〔5〕凡商品都有使用价值。

这个命题并不是说："对任何事物而言，它都有使用价值。"而是说："对任何事物而言，如果它是商品，那么它有使用价值。"用全称量词 $\forall$ 表示"凡"，一元谓词 F、G 分别表示"是商品"、"有使用价值"，则该命题可符号化为如下表达式：

$$(\forall x)(F(x) \rightarrow G(x))$$

读作：对任何一个事物 x 而言，如果 x 具有性质 F，那么 x 具有性质 G。

事实上，例〔4〕也可表述为：

$$(\forall x)(P(x) \rightarrow H(x))$$

其中一元谓词 P、H 分别表示"是事物"、"是发展变化的",这一表达式的含义是:"对任何一个 x 而言,如果 x 是事物,那么 x 是发展变化的。"这与原命题的含义是一致的。

需要指出的是,虽然个体词均用小写字母来表示,但一般用 x、y、z……表示个体变元(individual variable),即某一个体域中任意的非特指的个体,如例〔4〕和〔5〕的命题形式中的 x。如果要表示特定的个体,则用 a、b、c……来表示,它们也被称为个体常元(individual constant)。在将例〔1〕—〔3〕符号化时,我们已经使用过个体常元。

再来看存在命题即含有存在量词的命题的符号化:

〔6〕有的事物是有生命的。

该命题是说:"至少存在一个事物,它是有生命的。"用存在量词 ∃ 表示"有的";一元谓词 F 表示"是有生命的";用 x 表示个体变元,个体域 D 是所有具体事物构成的集合。于是,该命题可符号化为如下表达式:

$$(\exists x)F(x)$$

读作:至少存在一个事物 x,它具有性质 F。

又如:

〔7〕有的金属是液体。

这个命题并不是说:"至少存在一个事物,它是液体。"而是说:"至少存在一个事物,它是金属并且是液体。"用存在量词 ∃ 表示"有的",一元谓词 F、G 分别表示"是金属"、"是液体",则该命题可符号化为如下表达式:

$$(\exists x)(F(x) \wedge G(x))$$

读作:至少存在一个事物 x,它具有性质 F 并且具有性质 G。

在谓词表达式中,逻辑常项一般指全称量词 ∀ 和存在量词 ∃,变项指个体变元和谓词变元。就狭谓词逻辑而言,量词仅仅描述个体词,只限定个体词的数量范围。在谓词表达式中,受量词限定或约束的个体变元叫作约束变元(bound variable),不处于量词约束范围之内的个体变元称为自由变元(free variable)。例如:

〔8〕某人是数学家。

这里,"某人"是个体词,但未被量词约束,其相应的谓词表达式为:

x 是数学家。

根据约束变元和自由变元的区分,上述表达式中的个体变元就是自由变元。例〔8〕这种带有自由变元的表达式的特点在于:它与纯粹的符号表达式一样,不是命题,而只是一个命题形式,因为它本身既不真也不假。只有将其中的自由变元代之以确定的个体词,它才或真或假。如以"华罗庚"代替上述表达式中的 x,则可得命题:

华罗庚是数学家。

这无疑是一个真命题。若以"巴金"代替 x,得到的则是一个假命题。可见,谓词含义确定的、含有自由变元的谓词表达式是无真无假的命题形式。

但是,由约束变元组成的谓词表达式却不是这样的。例如:

〔9〕所有人都是数学家。

〔10〕有人是数学家。

其谓词表达式分别为：

$$(\forall x)(x 是人 \rightarrow x 是数学家)$$

$$(\exists x)(x 是人 \wedge x 是数学家)$$

上述两个谓词表达式中的个体变元都是约束变元，在谓词含义确定的情况下，无需用具体的个体词代入就能区分其真假，即例〔9〕是假命题，而例〔10〕是真命题。因此，谓词含义确定的、由约束变元组成的谓词表达式是命题，而不只是命题形式。

在一个含有量词的谓词表达式中，个体变元是自由的还是约束的，取决于它是否处在它的量词的约束范围即辖域（scope）中。处于它的量词辖域中的个体变元是约束变元，反之则是自由变元。例如：

$$F(x) \rightarrow F(y)$$

$$(\forall x)(F(x) \rightarrow F(y))$$

$$\forall x \forall y(F(x) \rightarrow F(y))$$

$$Fx \rightarrow (\forall x)G(x)$$

第一个表达式，x 和 y 都是自由的，因为它们不处于任何量词的辖域中。第二个表达式中的 x 是约束的，但 y 是自由的，因为 y 虽处于 x 的量词辖域中，但不处于 y 的量词辖域中。第三个表达式中的 x 和 y 都是约束的，因为它们都处于各自量词的辖域中。第四个表达式中的前一个 x 是自由的，后一个 x 则是约束的，因为 x 的量词辖域只对后一个 x 有作用。

可见，量词的辖域就是紧接在该量词后边的谓词表达式。具体地说，量词后有括号时，括号内的表达式就是该量词的辖域；无括号时，量词后最短的表达式就是其辖域。

三、直言命题的谓词表达式

传统的词项逻辑将直言命题分为 A、E、I、O 四种。用本节前面介绍的逻辑工具，这四种直言命题可分别表示为以下的谓词表达式。

1. 全称肯定命题

全称肯定命题 SAP 的谓词表达式记为：

$$(\forall x)(S(x) \rightarrow P(x))$$

读作：对于任何一个 x 而言，如果 x 是 S，则 x 是 P。这与 SAP 的逻辑断定是一致的。

2. 全称否定命题

全称否定命题 SEP 的谓词表达式记为：

$$(\forall x)(S(x) \rightarrow \neg P(x))$$

读作：对于任何一个 x 而言，如果 x 是 S，则 x 不是 P。这与 SEP 的逻辑断定是一致的。否定词 ¬ 与其在命题逻辑中的逻辑含义相同。

3. 特称肯定命题

特称肯定命题 SIP 的谓词表达式记为：

$$(\exists x)(S(x) \land P(x))$$

读作：至少存在一个 x，x 是 S 并且是 P。这与 SIP 的逻辑断定是一致的。

4. 特称否定命题

特称否定命题 SOP 的谓词表达式记为：

$$(\exists x)(S(x) \land \neg P(x))$$

读作：至少存在一个 x，x 是 S 但不是 P。这与 SOP 的逻辑断定是一致的。

第二节
直言命题推理的形式化及其判定
——狭谓词逻辑的基本知识

一、狭谓词推理及其基本的有效式

所谓狭谓词推理是指其前提和结论均为狭谓词表达式（量词只用于个体变元的表达式）的演绎推理。比如，传统词项逻辑的直言命题推理中的 I 命题换位推理：

$$SIP \to PIS$$

用谓词表达式可表示为：

$$(\exists x)(S(x) \land P(x)) \to (\exists x)(P(x) \land S(x))$$

这就是一个狭谓词推理。在狭谓词推理中，所有命题逻辑的永真式和推理规则（或有效的推理形式）都可用作狭谓词推理的已证前提和推理依据。此外，狭谓词推理还经常把以下一些基本的有效式作为其前提和依据。

1. 全称命题与存在命题的等值推理

第六章介绍过四种直言命题负命题的等值推理，其推理形式如下：

$$\neg SAP \leftrightarrow SOP$$

$$\neg SEP \leftrightarrow SIP$$

$$\neg SIP \leftrightarrow SEP$$

$$\neg SOP \leftrightarrow SAP$$

若用谓词表达式表示，则上述四种推理可分别表示为：

$$\neg(\forall x)(S(x) \to P(x)) \leftrightarrow (\exists x)(S(x) \land \neg P(x))$$

$$\neg(\forall x)(S(x) \to \neg P(x)) \leftrightarrow (\exists x)(S(x) \land P(x))$$

$$\neg(\exists x)(S(x) \land P(x)) \leftrightarrow (\forall x)(S(x) \to \neg P(x))$$

$$\neg(\exists x)(S(x) \land \neg P(x)) \leftrightarrow (\forall x)(S(x) \to P(x))$$

这四种有效推理形式有两方面的意义：一方面，它们表明负命题的表达式可等值地换成非负命题的表达式，即将量词前的否定词 ¬ 消去；另一方面，它们表明全称命题和存在命题可以等值互换，即含全称量词的 ∀ 型命题可等值地换为只含存在量词的 ¬∃ 型命题，而含存在量词的 ∃ 型命题则可等值地换为只含全称量词的 ¬∀ 型命题。

2. 全称命题和存在命题的蕴涵推理

根据全称命题的逻辑含义，显然有以下有效推理：

$$(\forall x)(F(x) \to F(y))$$

因为既然任何个体都是 F，那么当然可以推出某个个体是 F。

根据存在命题的逻辑含义，显然以下推理也是有效的：

$$F(y) \to (\exists x)F(x)$$

因为既然某个个体是 F，那么当然可以推出至少存在一个个体是 F。

再根据命题逻辑的纯假言推理的有效式，以上述两个蕴涵式为前提，可推出下列结论：

$$(\forall x)(F(x) \to (\exists x)F(x))$$

这是一个有效式，表示从全称命题可合乎逻辑地推出谓词相同的存在命题，反之则不能成立。即这三个推理形式表示的都是单向的蕴涵推理，从它们的后件（结论）推不出前件（前提）。

二、直言命题推理有效式的判定

第三、四章介绍了直言命题的直接推理和三段论，其推理形式的有效性是由推理规则来担保的，即遵守了相应推理规则的要求的推理形式是有效的，反之则是无效的。本节将介绍一种不用推理规则，而是借助命题逻辑的归谬赋值法和少数形式判定规则来判定直言命题推理有效性的判定方法。为此，应首先了解如何用命题逻辑的符号化方法将 A、E、I、O 四种直言命题符号化。这种方法较简单，只要将上一节介绍的四种直言命题的谓词表达式中的个体变元统统消去即可。换言之，四种直言命题可变换成如下的符号式：

SAP：$\forall(S \to P)$

SEP：$\forall(S \to \neg P)$

SIP：$\exists(S \land P)$

SOP：$\exists(S \land \neg P)$

然后，再增加如下三条必要的形式判定规则：

规则 1：¬∀（并非所有）应等值地换为 ∃¬（有非）；¬∃（没有）应等值地换为 ∀¬（所有不）。

规则 2：前提中有 ∃ 命题，结论为 ∀ 命题的推理无效。

规则 3：如果结论从两个前提推出，则至少有一前提为 ∀ 命题，否则无效。

在这三条规则中，规则 1 是对全称命题和存在命题等值转换的引用，而规则 2 和 3 则是对三段论规则中相应规则的沿袭。

有了这些符号化的方法和判定规则,就能用命题逻辑的归谬赋值法,判定所有直言命题推理的有效性了。例如:

〔11〕试判定矛盾关系推理 SAP→$\overline{\text{SOP}}$ 的有效性。

解:首先,将 SAP→$\overline{\text{SOP}}$ 符号化为:

① $\forall(S \to P) \to \neg \exists (S \land \neg P)$

其次,利用规则 1,将①换成②,并用归谬赋值法对其进行判定:

② $\forall(S \to P) \to \forall \neg (S \land \neg P)$

　　　TT $\underline{\underline{\text{T}}}$ F　F　TT T$\underline{\underline{\text{F}}}$

其中 P 出现赋值矛盾,故可判定矛盾关系推理 SAP→$\overline{\text{SOP}}$ 是有效的。

又如:

〔12〕试判定差等关系推理 SIP→SAP 的有效性。

解:将 SIP→SAP 符号化为:

③ $\exists(S \land P) \to \forall(S \to P)$

据规则 2,可判定差等关系推理 SIP→SAP 是无效的。

这里需要注意的是,如果对③进行归谬赋值,会发现其中的 P 也存在赋值矛盾,似乎表明③也是有效推理。不过,根据规则 2,该推理是无效的。这表明规则 2 是不可缺少的。规则 3 亦是如此,如三段论 MIP $\land$ SIM→SIP 用归谬赋值法检验也有赋值矛盾,但据规则 3,这是一个无效推理。

用这种方法也能判定直言命题的变形法推理的有效性。例如:

〔13〕试判定换质法推理 SAP→$\text{S}\overline{\text{EP}}$ 的有效性。

解:将 SAP→$\text{S}\overline{\text{EP}}$ 符号化,并用归谬赋值法对其进行判定:

$\forall(S \to P) \to \forall(S \to \neg \neg P)$

　　TT $\underline{\underline{\text{T}}}$ F　　TF F T$\underline{\underline{\text{F}}}$

其中 P 出现赋值矛盾,故可判定换质法推理 SAP→$\text{S}\overline{\text{EP}}$ 是有效的。

又如:

〔14〕试判定换位法推理 SOP→POS 的有效性。

解:将 SOP→POS 符号化,并用归谬赋值法对其进行判定:

$\exists(S \land \neg P) \to \exists(P \land \neg S)$

　　TT TF F　　FF FT

赋值无矛盾,故可判定换位法推理 SOP→POS 是无效的。

再如:

〔15〕试判定三段论第一格 AAA 式的有效性。

解:将三段论第一格 AAA 式 MAP $\land$ SAM→SAP 符号化,并用归谬赋值法对其进行判定:

$$\forall (M{\rightarrow}P) \wedge \forall (S{\rightarrow}M) {\rightarrow} \forall (S{\rightarrow}P)$$

$$T\,T\,\underline{\underline{T}}\ \ T\quad T\,T\,T\ \ F\qquad T\,F\,\underline{\underline{F}}$$

由于 P 的赋值出现矛盾,故可判定三段论第一格 AAA 式是有效的。

又如:

〔16〕试判定三段论第一格 AEE 式的有效性。

解:将三段论第一格 AEE 式 MAP ∧ SEM→SEP 符号化,并用归谬赋值法对其进行判定:

$$\forall (M{\rightarrow}P) \wedge \forall (S{\rightarrow}\neg M) {\rightarrow} \forall (S{\rightarrow}\neg P)$$

$$F\,T\,T\ \ T\quad T\,T\,T\,F\ \ F\qquad T\,F\,F\,T$$

赋值未出现矛盾,故可判定三段论第一格 AEE 式是无效的。

需要指出的是,用本判定方法虽能排除直言命题推理中的所有无效推理,但某些在传统逻辑看来有效的直言命题推理也会被判定为无效。例如:

〔17〕试判定差等关系推理 SAP→SIP 的有效性。

解:将 SAP→SIP 符号化,并用归谬赋值法对其进行判定:

$$\forall (S{\rightarrow}P) {\rightarrow} \exists (S \wedge P)$$

$$F\,T\,F\,F\quad F\,F\,F$$

未出现赋值矛盾,故可判定差等关系推理 SAP→SIP 是无效的。

类似地,差等关系推理 SEP→SOP、限量换位法推理 SAP→PIS 以及三段论四个格 25 个有效式中的 5 个弱式,用狭谓词推理的判定方法来判定,均不会出现赋值矛盾。究其原因,这些直言命题推理的共同特点是从全称命题推出特称命题。这甚至影响到了反对关系推理和下反对关系推理。例如:

〔18〕试判定反对关系推理 SAP→$\overline{\overline{SEP}}$的有效性。

解:首先,将 SAP→$\overline{\overline{SEP}}$符号化为:

① $\forall (S{\rightarrow}P) {\rightarrow} \neg \forall (S{\rightarrow}\neg P)$

其次,利用规则1,将①换成②,并用归谬赋值法对其进行判定:

② $\forall (S{\rightarrow}P) {\rightarrow} \exists \neg (S{\rightarrow}\neg P)$

$$F\,T\,F\ \ F\quad F\ \ F\,T\,T\,F$$

未出现赋值矛盾,故可判定反对关系推理 SAP→$\overline{\overline{SEP}}$是无效的。

再如:

〔19〕试判定下反对关系推理$\overline{\overline{SIP}}$→SOP 的有效性。

解:首先,将$\overline{\overline{SIP}}$→SOP 符号化为:

① $\neg \exists (S \wedge P) {\rightarrow} \exists (S \wedge \neg P)$

其次,利用规则1,将①换成②,并用归谬赋值法对其进行判定:

② $\forall \neg (S \wedge P) {\rightarrow} \exists (S \wedge \neg P)$

$$T\ \ F\,F\,F\ \ F\quad F\,F\,T\,F$$

未出现赋值矛盾,故可判定下反对关系推理$\overline{\overline{SIP}}$→SOP 是无效的。

综上,如果用狭谓词推理的判定方法进行判定,直言命题推理的有效式将会大大减少,因为凡是从全称前提推出特称结论的直接推理和三段论都将会被排除在有效推理之外。

那么,这种判定方法导致的这样一种结果是否合乎逻辑呢? 答案是肯定的。因为在谓词逻辑中,诸如下面的这种谓词表达式:

$$(\forall x)(F(x) \to G(x)) \to (\exists x)(F(x) \wedge G(x))$$

的确不是普遍有效的,即传统逻辑的直言命题推理中那些从全称前提推出特称结论的推理形式,在谓词逻辑中不是普遍有效的。所以,用上述判定方法进行判定所得到的结果与谓词逻辑是符合的。

导致谓词逻辑与传统的词项逻辑(直言命题推理)出现上述差异的原因就在于: 全称命题与特称命题的谓词表达式的类型是不一样的。前文已经指出,全称命题的谓词表达式为:

SAP:$(\forall x)(S(x) \to P(x))$

SEP:$(\forall x)(S(x) \to \neg P(x))$

这些表达式均是蕴涵式,仅仅断定"对于任何一个 x 而言,如果 x 是 S,则 x 是(或不是)P",其前件并未明确肯定个体 x 的存在。但是,特称命题的谓词表达式却是合取式:

SIP:$(\exists x)(S(x) \wedge P(x))$

SOP:$(\exists x)(S(x) \wedge \neg P(x))$

它们断定"至少存在一个 x,x 是 S 并且是 P(或 x 是 S 但不是 P)",即明确肯定个体 x 的存在。由于在传统逻辑中,直言命题具有存在含义,即它的主项和谓项所指称的对象既不能是空类也不能是全类,而是由在现实世界中实际存在的个体所组成的一个非空非全的类,因此传统逻辑允许从全称命题推出特称命题,而谓词逻辑并不预设个体词的存在含义,所以就出现了与传统逻辑的上述差异。

如果把传统逻辑关于"直言命题具有存在含义"这一假定推广到本节介绍的狭谓词推理的判定方法中,那么该方法判定的结果就会与传统逻辑关于直言命题推理的内容完全一致了。为此,就需要再增加一条判定规则:

规则 4:如果被判定推理的前提是 ∀ 型蕴涵式,则应在前提中增加其前件的合取。

据此,例〔17〕对差等关系推理 SAP→SIP 的有效性的判定就应该按照如下方式来进行:

解:首先,将 SAP→SIP 符号化为:

$$\forall(S \to P) \to \exists(S \wedge P)$$

其次,据规则 4 对上述表达式进行转换,并用归谬赋值法对其进行判定:

$$\forall(S \to P) \wedge S \to \exists(S \wedge P)$$

$$\text{T T}\underset{=}{\text{T}} \quad \text{T T F} \quad \text{T F}\underset{=}{\text{F}}$$

P 出现赋值矛盾,故可判定差等关系推理 SAP→SIP 是有效的。不难发现,规则 4 就是"直言命题具有存在含义"这一假定的体现,因为它把蕴涵式的前件 S(即全称命题的主项)作为推理的另一前提同时肯定下来,从而肯定了主项的存在。同样根据规则 4,三段论第一格 AAI 式也能被判定为是有效的:

$$\forall(M{\rightarrow}P)\wedge\forall(S{\rightarrow}M)\wedge S\wedge M{\rightarrow}\exists(S\vee P)$$

$$\begin{array}{ccccccc} TT\underline{\underline{T}}T & TTT & TTTTF & TF\underline{\underline{F}} \end{array}$$

P 的赋值出现矛盾,故可判定三段论第一格 AAI 式是有效的。

　　事实上,在增加了判定规则 4 后,直言命题推理中所有从全称命题推出特称命题的有效推理,若用狭谓词推理的判定法来判定,亦都会被判定为有效,而无效的推理仍然会被判定为无效,结果与在谓词逻辑中的情况完全一致。

第三节
关系命题与关系推理
——多元谓词逻辑的基本知识

一、多元谓词与关系命题

　　如前所述,指称个体性质的谓词称作一元谓词,换个角度说,一元谓词也就是只需要同一个个体词结合就能构成一个简单命题的谓词。相应地,二元谓词就是需要同两个个体词结合才能构成一个简单命题的谓词。例如:

　　〔20〕孔子早于墨子。

　　〔21〕上海在南京和杭州之间。

在例〔20〕中,谓词"……早于……"需要同"孔子"和"墨子"这两个个体词结合才能构成一个简单命题,所以它是二元谓词。以此类推,例〔21〕中的谓词"……在……和……之间"是通过与"上海"、"南京"和"杭州"这三个个体词的结合才构成了一个简单命题,因此是三元谓词。推而广之,需要同 n(n≥2) 个个体词结合在一起才能组成一个简单命题的谓词就是 n 元谓词。各种 n 元谓词统称多元谓词,本节介绍的多元谓词只涉及二元谓词(binary predicate)。

　　含有多元谓词的简单命题通常叫作关系命题,因为它包含的多元谓词指称的是对象(个体或个体组成的类)之间的关系。二元谓词指称两个对象之间的关系,n 元谓词指称 n 个对象之间的关系,所以关系命题就是断定对象之间关系的命题。例如,命题〔20〕断定孔子和墨子之间具有"早于"的关系,命题〔21〕则断定了上海、南京和杭州之间的一种地理方位关系。

　　关系命题由个体词、谓词和量词三部分组成:

　　个体词,即指称承担某种关系的个体或对象的词项,传统逻辑又称之为关系者项,二元谓词联结的两个关系者项又有关系者前项与关系者后项之分。

　　谓词,即指称个体或对象之间关系的词项,传统逻辑称其为关系项。

　　量词,即指称个体词的外延或数量范围的词项,有全称量词与存在(即特称)量词之分。

　　例如:

　　〔22〕开学之初,所有的系领导都去宿舍看望了有些同学。

在这个命题中，"系领导"和"同学"是关系者项，其中"领导"是关系者前项，"同学"是关系者后项；"看望"是关系项；"所有"和"有些"是量词，前者是全称量词，后者是存在量词。

如果用 a、b、c……表示个体常元，x、y、z……表示个体变元，R、Q、H……表示谓词变元，全称量词记为 ∀，存在量词记作 ∃，那么就可对含有二元谓词的关系命题进行符号化。例如：

　　　aRb 或 R(a，b)　　　（读作：a 与 b 有关系 R）

　　　(∀x)(∀y)R(x，y)　　（读作：所有 x 与所有 y 有关系 R）

　　　(∀x)(∃y)R(x，y)　　（读作：所有 x 与有的 y 有关系 R）

　　　(∃x)(∀y)R(x，y)　　（读作：有的 x 与所有 y 有关系 R）

　　　(∃x)(∃y)R(x，y)　　（读作：有的 x 与有的 y 有关系 R）

其中，第一个表达式是不带量词的。又，不带量词的、含有三元谓词的关系命题可符号化为：

　　　R(a，b，c)　　　　（读作：a、b 与 c 有关系 R）

二、关系的几种基本逻辑性质

关系的逻辑性质就是逻辑学所讨论的关系的性质，这些性质既是在逻辑上对关系进行划分的标准，又是关系推理的逻辑依据。就二元关系来说，基本的逻辑性质有三种：对称性、传递性和自返性。本节仅介绍前面两种。

（一）对称性

二元关系的对称性（symmetry）是指关系的这样一种属性，当对象 x 与 y 有关系 R 时，y 与 x 是否也有关系 R，即关系者前项与关系者后项能否无条件交换位置的属性。依此属性为标准，所有的二元关系在对称性方面只有如下三种可能：

1. 对称关系

对称关系（symmetrical relation）就是关系者前项与后项虽经互换位置而不改变原关系命题真值的一种关系。亦可定义为：

　　　关系 R 是对称的，当且仅当 (∀x)(∀y)(R(x，y) → R(y，x))

该定义表明，对称关系联结的关系者前、后项可以任意互换位置。例如，概念在外延间的同一关系、交叉关系和全异关系，命题间的矛盾关系等等，都是对称关系。

2. 反对称关系

反对称关系（antisymmetrical relation）就是互换关系者前项与后项的位置会导致原关系命题被否定的一种关系。亦可定义为：

　　　关系 R 是反对称的，当且仅当 (∀x)(∀y)(R(x，y) → ¬R(y，x))

该定义表明，反对称关系联结的关系者前、后项不能任意互换位置；若互换，就会否定原关系命题。例如，概念在外延间的真包含关系、真包含于关系，数学中的大于、小于关系等等，都是反对称关系。

3. 非对称关系

非对称关系（asymmetrical relation）就是既不对称又不反对称的关系。亦可定义为：

关系 R 是非对称的,当且仅当 $(\exists x)(\exists y)(R(x, y) \to R(y, x) \lor \neg R(y, x))$

该定义表明,非对称关系联结的关系者前、后项,也许可以互换位置,也许不可互换位置。例如,认识关系就是一种非对称关系,因为如果 a 认识 b,那么 b 也许认识 a,也许不认识 a。此外,批评、喜欢、控告等关系都是非对称关系。

(二) 传递性

二元关系的传递性(transitivity)是指关系的这样一种属性,当对象 x 与 y 有关系 R、y 与 z 有关系 R,那么 x 与 z 之间是否也有关系 R。据此属性,所有的二元关系在传递性方面只有如下三种可能:

1. 传递关系

传递关系(transitive relation)是指若对象 x 与 y 有关系 R,y 与 z 也有关系 R,则 x 与 z 必有关系 R 的一种关系。亦可定义为:

关系 R 是传递的,当且仅当 $(\forall x)(\forall y)(\forall z)(R(x, y) \land R(y, z) \to R(x, z))$

例如,命题间的蕴涵关系就是一种传递关系,因为若 A 命题蕴涵 B 命题并且 B 命题蕴涵 C 命题,则 A 命题必然蕴涵 C 命题。此外,概念在外延间的同一、真包含于、真包含关系,命题间的等值关系,数学上的大于、小于关系等等,都是传递关系。

2. 反传递关系

反传递关系(antitransitive relation)是指若对象 x 与 y 有关系 R,y 与 z 也有关系 R,则 x 与 z 必定没有关系 R 的一种关系。亦可定义为:

关系 R 是反传递的,当且仅当 $(\forall x)(\forall y)(\forall z)(R(x, y) \land R(y, z) \to \neg R(x, z))$

例如,概念外延间的矛盾关系以及命题间的矛盾关系都是反传递关系,因为 A 命题与 B 命题矛盾并且 B 命题与 C 命题矛盾,则 A 命题与 C 命题一定不矛盾,而是等值的。此外,如"……是……的父亲"、"……比……大 3 岁"等也是反传递关系。

3. 非传递关系

非传递关系(intransitive relation)就是既不传递又不反传递的关系。可定义为:

关系 R 是非传递的,当且仅当 $(\exists x)(\exists y)(\exists z)(R(x, y) \land R(y, z) \to R(x, z) \lor \neg R(x, z))$

例如,认识关系就是一种非传递关系,因为若 a 认识 b 并且 b 认识 c,则 a 也许认识 c 也许不认识 c。此外,概念在外延间的交叉、反对关系,邻居、朋友等关系也是非传递关系。

三、基本的关系推理

(一) 纯关系推理

纯关系推理,亦即通常所说的关系推理,就是以关系命题为前提和结论的演绎推理。关系推理根据前提数量的多少又有直接的与间接的之分。

1. 直接的关系推理

直接的关系推理是从一个关系命题推出另一个关系命题的关系推理。常见的有效式有以下两种：

① 对称关系推理

对称关系推理是根据对称关系的逻辑性质进行推演的关系推理。例如：

〔23〕曹操和诸葛亮是同时代人，所以诸葛亮和曹操也是同时代人。

〔24〕$a^2 + b^2 = c^2$，所以 $c^2 = a^2 + b^2$。

上述两个关系推理之所以是有效的，是因为它们所依据的"同时代"、"＝"等关系都是对称关系。如果用 R 来表示对称关系，这种推理可用公式表示如下：

$$R(a, b) \rightarrow R(b, a)$$

② 反对称关系推理

反对称关系推理是根据反对称关系的逻辑性质进行推演的关系推理。例如：

〔25〕事实胜于雄辩，所以雄辩不能胜于事实。

〔26〕三角形的两边之和长于第三条边，所以三角形任意一边不长于另外两边之和。

上述两个关系推理之所以是有效的，是因为它们所依据的"胜于"、"长于"等关系都是反对称关系。如果用 R 来表示反对称关系，此类推理可用公式表示如下：

$$R(a, b) \rightarrow \neg R(b, a)$$

2. 间接的关系推理

间接的关系推理是从两个或两个以上的关系命题推出另一个关系命题的关系推理。常见的有效式有以下两种：

① 传递关系推理

传递关系推理就是根据传递关系的逻辑性质进行推演的关系推理。例如：

〔27〕上海在湖南的东边，湖南在四川的东边，所以上海在四川的东边。

〔28〕概念 A 的外延真包含于 B，B 真包含于 C，所以 A 真包含于 C。

上述两个关系推理之所以是有效的，是因为它们所依据的"在……的东边"、"真包含于"等关系都是传递关系。如果以 R 表示传递关系，这种推理可用公式表示如下：

$$R(a, b) \wedge R(b, c) \rightarrow R(a, c)$$

② 反传递关系推理

反传递关系推理就是根据反传递关系的逻辑性质进行推演的关系推理。例如：

〔29〕老李是大李的父亲，大李是小李的父亲，所以老李必定不是小李的父亲。

〔30〕在平面内，线段 AB 垂直于 CD，CD 垂直于 EF，所以 AB 肯定不垂直于 EF。

上述两个关系推理之所以是有效的，是因为它们所依据的"是……的父亲"、"垂直于"等关系都是反传递关系。如果以 R 表示反传递关系，这种推理可用公式表示如下：

$$R(a, b) \wedge R(b, c) \rightarrow \neg R(a, c)$$

(二) 混合关系推理

混合关系推理就是以一个关系命题和一个直言命题为前提推出以另一个关系命题为结论的演绎推理。例如：

〔31〕所有大学生应该自觉保护珍稀动物,小王是大学生,所以小王应该自觉保护珍稀动物。

〔32〕在这场选秀活动中,有的参赛者征服了所有的评委;小陈也是一名参赛者,所以他征服了所有的评委。

这两个推理都有两个前提和一个结论。前提中一个是二元关系命题,另一个是直言命题,结论也是一个二元关系命题。此外,前提和结论总共只包含三个不同的词项,其中一个只在前提中出现,类似三段论的中项,起着媒介的作用。由于这种混合关系推理很像直言三段论,因此又被叫作混合关系三段论。

混合关系三段论必须遵守以下几条推理规则:

(1) 混合关系三段论前提中的直言命题必须是肯定命题。

(2) 媒介项必须至少周延一次。

(3) 前提中不周延的项在结论中不得周延。

(4) 如果作为前提的关系命题是肯定的,则作为结论的关系命题也必须是肯定的;如果作为前提的关系命题是否定的,则作为结论的关系命题也必须是否定的。

(5) 如果关系不是对称的,则前提中的关系者前项(或后项)在结论中也必须相应地作为关系者前项(或后项)。

根据上述推理规则,我们可以来判定上述两个推理的有效性。例〔31〕的推理形式可用公式表示为:

$$\frac{\text{所有 a 与 b 有关系 R}}{\text{c 是 a}}$$
$$\text{c 与 b 有关系 R}$$

不难发现,这个推理形式是有效的。

至于例〔32〕的推理形式可用公式表示为:

$$\frac{\text{有的 a 与 b 有关系 R}}{\text{c 是 a}}$$
$$\text{c 与 b 有关系 R}$$

由于违反了规则(2),媒介项 a 在前提中一次也没有周延,所以该推理形式是无效的。

总之,遵守上述五条规则的混合关系三段论就是有效的,反之就是无效的。这就是说,我们可以运用这五条规则来对混合关系三段论的有效性进行判定。

练习题

一、填空题

1. 就关系的对称性与传递性来说,关系项"……是……的老师",在直接推理中表现为具有(　　)性,在间接推理中表现为具有(　　)性。

2. 如果关系 R 具有反传递性,则以 aRb 和 bRc 为前提,可推出(　　)。

3. 在概念外延间的全异、真包含、交叉关系这三种关系中,属于传递关系的是(　　),属于反对称关系的是(　　)。

4. 在概念外延间的全同、真包含于、交叉、矛盾关系中,属于反对称关系的是(　　),属于反传递关系的是(　　)。

5. 已知关系 R 具有传递性与反对称性,由 aRb 真,可知(　　);由 aRb 真且 bRc 真,可知(　　)。

二、单项选择题

1. "大家都理解张老师,所以张老师也理解大家"这个关系推理的逻辑错误是　　(　　)

A. 把反对称关系误作为对称关系　　　　B. 把对称关系误作为反对称关系

C. 把非对称关系误作为对称关系　　　　D. 把非对称关系误作为反对称关系

2. 在"p→q"中"→"所代表的蕴涵关系属于　　　　　　　　　　　　　(　　)

A. 对称且传递关系　　　　　　　　　　B. 非对称且传递关系

C. 反对称且反传递关系　　　　　　　　D. 反对称且传递关系

3. 关系推理①"A 与 B 矛盾,B 与 C 矛盾,所以 A 与 C 矛盾"与②"A 与 B 等值,B 与 C 等值,所以 A 与 C 等值"的有效性情况是　　　　　　　　　　　　(　　)

A. 都有效　　　　　　　　　　　　　　B. ①有效而②无效

C. ①无效而②有效　　　　　　　　　　D. 都无效

4. "独断论者反对思想自由,崇拜权威不是思想自由,所以独断论者不反对崇拜权威。"这个混合关系三段论的逻辑错误是　　　　　　　　　　　　　　　(　　)

A. 直言命题不当否定　　　　　　　　　B. 把非对称关系误作为对称关系

C. 媒介项没有周延　　　　　　　　　　D. 前提中不周延的项在结论中周延了

5. 甘蓝比菠菜更有营养,但因为绿芥蓝比莴苣更有营养,所以甘蓝比莴苣更有营养。

以下除了哪项,都可以作为题干成立的一个必要前提?　　　　　　　　(　　)

A. 甘蓝与绿芥蓝同样有营养　　　　　　B. 菠菜比莴苣更有营养

C. 菠菜比绿芥蓝更有营养　　　　　　　D. 菠菜与绿芥蓝同样有营养

E. 绿芥蓝比甘蓝更有营养

6. 在英语四级考试中,小陈的分数比小朱低,但比小李的分数高;小宋的分数比小朱和小李的分数低;小王的分数比小宋高,但是比小朱低。

如果以上陈述为真,根据下列哪项能够推出小张的分数比小陈低?　　　　(　　)

A. 小陈的分数和小王的一样高　　　　　B. 小王的分数和小张的一样高

C. 小张的分数比小朱的低　　　　　　　D. 小张的分数比小宋的高,但比小王的低

E. 小王的分数比小张的高,但比小李的分数低

三、双项选择题

1. "人事变动不等于政策变动,所以政策变动不等于人事变动"这个推理是　　（　　）

A. 有效的反对称关系推理　　　　　　B. 有效的对称关系推理

C. 无效的反对称关系推理　　　　　　D. 无效的对称关系推理

E. 有效的纯关系推理

2. "李白认识杜甫,杜甫认识岑参,所以李白认识岑参"这个推理是　　（　　）

A. 有效的传递关系推理　　　　　　　B. 无效的纯关系推理

C. 无效的反传递关系推理　　　　　　D. 有效的反传递关系推理

E. 误把非传递关系当作传递关系

3. 下列既具有对称性又具有传递性的关系有　　　　　　　　　　（　　）

A. 同学　　　　B. 尊重　　　　C. 全同

D. 等值　　　　E. 矛盾

4. 在概念外延间的关系中,不具有传递性的有　　　　　　　　　（　　）

A. 同一关系　　　B. 真包含关系　　　C. 交叉关系

D. 全异关系　　　E. 真包含于关系

四、应用分析

（一）在下列语词或语句中,个体词、谓词、量词和命题分别是哪些语词或语句?

1. 8

2. x是深红色的

3. x＋y＝z

4. 所有的x

5. 将要出任校长的人

6. 小黄不爱小李,但也不讨厌小李

7. 至少有x

8. 几乎所有的人

（二）根据括号中的提示把下列命题改写为谓词公式。

1. 有的粉笔是红色的。（F：是粉笔；G：是红色的）

2. 所有学生都没有迟到。（F：是学生；G：迟到）

3. 有的官员既不廉洁也不爱民。（F：是官员；G：廉洁；H：爱民）

4. 小陈不接受任何意见。（a：小陈；F：是意见；R：……接受……）

5. 有的服务员认识每一位来自北京的客人。（F：是服务员；G：来自北京；H：是客人；R：……认识……）

6. 并非所有小孩都喜欢喝某种饮料。（F：是小孩；G：是饮料；R：……喝……）

7. 凡是小陈喜欢的书我都喜欢。（a：小陈；b：我；F：是书；R：……喜欢……）

（三）指出下列公式中，哪些是约束变项？哪些是自由变项？并指出量词的辖域。

1. $(\forall x)(P(x) \wedge Q(x)) \rightarrow (\forall x)P(x) \wedge Q(x)$

2. $(\forall x)(P(x) \wedge (\exists x)Q(x)) \vee (\exists x)(R(x) \rightarrow Q(x))$

3. $(\forall x)(P(x) \leftrightarrow Q(x) \wedge (\exists x)(R(x)) \wedge S(x)$

4. $(\forall x)(P(x) \rightarrow (\exists y)R(x, y))$

5. $(\forall x)(\exists y)(R(x, y) \rightarrow \neg G(x)) \wedge (\forall z)R(x, z)$

6. $(\forall x)(\forall y)(P(x, y) \wedge Q(y, z)) \wedge (\exists x)P(x, y)$

（四）把下列推理形式改写为谓词逻辑的蕴涵式。

1. 有的 S 是 P，所以有的 P 不是 S。

2. 所有 M 不是 P，所有 S 是 M，所以有的 S 不是 P。

3. 没有 P 是 M，凡 S 是 M，所以凡 S 不是 P。

4. 所有 M 是 P，所有 M 是 S，所以有的 S 是 P。

（五）分析下列命题，指出哪些是直言命题？哪些是关系命题？

1. 人民的利益高于一切。

2. 事实胜于雄辩。

3. 逻辑的普及与逻辑的研究是紧密相联的。

4. 逻辑的普及与逻辑的研究都是需要开展的。

5. p 和 q 是矛盾的。

6. A 和 B 都是全称肯定命题。

（六）下列混合关系三段论的形式是否有效？为什么？

1. 所有固体都能为有的液体所溶解，有的金属是固体，所以有的金属能为有的液体所溶解。

2. 一切负数都不比一切正整数大，零不是负数，所以零不比一切正整数大。

3. 每个人都同意一些建议，一些建议是十分宝贵的，所以每个人都同意一些十分宝贵的建议。

4. 有的甲班同学没有参加书法小组，小吴参加了书法小组，所以小吴不是甲班同学。

（七）把下列关系命题改写为谓词公式。

1. 珠穆朗玛峰比所有山都高。

2. 有的甲班同学的外语成绩比所有乙班同学的外语成绩差。

第八章
模态逻辑初步

　　本章所介绍的有关模态命题及其推理的基本知识，属于模态逻辑（modal logic）的内容。模态逻辑研究包含模态词的命题的逻辑特性及其推理，它有着悠久的历史。亚里士多德曾对模态词和模态三段论作了大量研究。中世纪逻辑学家也对模态命题及其推理作过一定研究。到了 20 世纪五六十年代，随着数理逻辑的发展，一些逻辑学家运用数理逻辑的工具对模态逻辑进行了新的研究，使模态逻辑有了长足的发展。现代模态逻辑的创始人是美国逻辑学家刘易斯（C.I. Lewis），他建立了一个模态逻辑的命题演算系统，其后其他逻辑学家又建立了包括谓词演算在内的种种模态逻辑系统。

第一节
模态及其种类

一、模态与模态词

汉语中的"模态"一词是对英语中 modal 的音译,它源于拉丁词 modalis,有形态、样式等意思。"模态"在现代有多种含义,狭义上指事物或认识的必然性和可能性,广义上则泛指对除了实然存在的事物以外的一切对象的样式、形状、趋势等等的断定。

在前几章中,我们所介绍的命题都是非模态命题,要么是只断定了对象具有或不具有某种属性的简单命题,要么是由这类命题通过不同逻辑联结词而构成的复合命题。当我们进一步研究有关对象的情况时,便会发现有的对象的属性的存在具有必然性,有的则只具有可能性;有的行为是应当做的,有的行为是不允许做的。我们把指称对象存在方式或发展程度以及命题真假程度的词项称作模态词,如"必然"、"可能"、"应该"、"允许"、"知道"、"相信"等,其中最基本的模态词是"必然"和"可能"。

二、模态的种类

按照不同的标准,可以对由各种模态词所指称的模态进行不同的划分。

1. 客观模态与主观模态

客观模态反映的是客观事物本身存在的样式、情状和趋势等。例如:

〔1〕生物体必然要进行新陈代谢。

〔2〕大的自然灾害发生后可能出现瘟疫。

主观模态反映的是人的认识所具有的不同的确定性程度。例如:

〔3〕恐龙的灭绝原因可能是小行星撞击地球。

〔4〕人类在 2030 年前登上火星,这是必然的。

由于上述两个命题中的模态词"可能"、"必然"反映的仅仅是人的认识的确定性程度,亦即说话者对该命题的确信程度,故它们表达的都是主观模态。

2. 命题模态与事物模态

命题模态,即 de dicto 模态,亦称作"从言模态",是用于修饰或限制某一完整命题的模态。从语法上看,表达命题模态的模态词通常置于命题的句首或句尾。如:

〔5〕正义的事业终将取得胜利,这是必然的。

〔6〕可能今年夏季是有气象记录以来最热的夏季。

前者断定"正义的事业终将取得胜利"这一命题为真具有必然性,后者断定"今年夏季是有气象记录以来最热的夏季"这一命题为真具有可能性。在这两个命题中,模态词所修饰或限制的都是一个完整的命题,故这种模态被称为命题模态。

事物模态,即 de re 模态,亦称作"从物模态",用于修饰或限制命题主项所指称的对象与谓项所指称的对象之间的联系方式。从语法上看,表达事物模态的模态词并不处于命题的句首或句尾,而是位于命题的主项和谓项之间。例如:

〔7〕凡人必有一死。

〔8〕中国可能在不久的将来超过美国成为世界第一大经济体。

这里,模态词反映的是人皆有死具有必然性,中国在不久的将来超过美国成为世界第一大经济体具有可能性,所以,这种模态也被称为事物模态。

3. 逻辑模态和非逻辑模态

逻辑模态是指反映逻辑上的必然性或可能性的模态。具体地说,凡符合一切逻辑、规则要求的都被视为必然的,凡不与逻辑规律和规则相矛盾的则被视为可能的。例如:

〔9〕长江不可能既是中国最长的河流又不是中国最长的河流。

〔10〕形式有效的推理,当其前提真时,结论必真。

前者与矛盾律的要求一致,后者符合逻辑上对有效性的规定。这种以逻辑规律和规则为依据的模态就是逻辑模态。

非逻辑模态所依据的并非逻辑上的必然性与可能性,而是逻辑以外的科学根据。非逻辑模态又可进一步被分为数学的、物理的、历史的、语义的甚至哲学的模态等多种类型。例如:

〔11〕3+2必然等于5。

〔12〕在地球上,自由落体下落的方向必然是向下的。

〔13〕人类社会的可持续发展是可能的。

〔14〕单身汉必然是未婚男子。

〔15〕物质的运动必然是有规律的。

例〔11〕反映的是数学模态,即以数学规律、规则为依据的必然性或可能性;例〔12〕涉及物理模态,即以数学之外的其他自然科学的规律为依据的必然性或可能性;例〔13〕则涉及历史模态,即历史发展过程中或特定的历史阶段上所表现出的必然性或可能性;例〔14〕反映了语义模态,即以人们的语义约定为依据的必然性或可能性;例〔15〕涉及的是哲学模态,即以某种哲学理论为依据的必然性或可能性。

也有一种观点主张将上述的语义模态和数学模态归入逻辑模态,而把其他的非逻辑模态统称为物理模态。

4. 狭义模态和广义模态

狭义模态是那些反映事物或认识的必然性、可能性或偶然性这一类性质的模态,亦即现代逻辑文献中常说的 alethic 模态。由于此类模态涉及一个命题的真假强度,即必然真或者可能真,因此 alethic 模态常被译作"真势模态"。考虑到它直接涉及命题的真假及其强度,本书将其称为真值模态。

广义模态是那些与真值模态(必然、可能)相类似而又有差别的其他模态,如道义或规范模态(应当、允许),时间模态(将要永远、将来、过去一直、过去),认知模态(知道、并不知道其否定、相信、并不相信其否定)等等。

本书除了讲授有关狭义模态即真值模态的基本知识外,对规范模态也将作简要的介绍。

第二节
模态命题及其推理

一、模态命题

（一）什么是模态命题

这里所说的模态命题（modal proposition），是从狭义上讲的，也就是真值模态命题（alethic modal proposition），这是包含真值模态词"必然"（necessity）与"可能"（possibility）的命题，或者说，是断定对象情况的必然性或可能性的命题。例如：

〔16〕智者千虑，必有一失。

〔17〕其他天体存在生命现象是可能的。

前者断定了对象情况的必然性，后者断定了对象情况的可能性；前者涉及事物模态，后者则涉及命题模态；前者表达的是客观模态，后者则是主观模态。在以后的分析中，我们将不再作上述区分，而将它们仅仅视为模态命题的两种：必然命题与可能命题。

（二）模态命题的种类及其符号化

根据模态命题断定的是对象情况的必然性还是可能性，可以将其首先区分为必然命题与可能命题。

1. 必然命题

必然命题是断定对象情况必然性的命题。又可分为肯定的与否定的两种：

必然肯定命题：断定对象情况必然存在的命题。如：

〔18〕冬天过后必然是春天。

〔19〕人类历史不断向前发展是必然的。

如果用□表示模态词"必然"，则上述命题可用公式表示为：

□p

必然否定命题：断定对象情况必然不存在的命题。如：

〔20〕客观规律不以个人的意志为转移是必然的。

〔21〕谎言不能持久是必然的。

上述命题可符号化为：

□¬p

2. 可能命题

可能命题是断定对象情况可能性的命题。又可分为肯定的与否定的两种：

可能肯定命题：断定对象情况可能存在的命题。

〔22〕长期大量吸烟可能致癌。

〔23〕3x 大于 5x 是可能的。

如果用◇表示模态词"可能"，则上述命题可用公式表示为：

◇p

可能否定命题：断定对象情况可能不存在的命题。

〔24〕火星上可能没有液态水存在。

〔25〕癌症不是绝症是可能的。

这两个命题用公式可表示为：

◇¬p

(三) 模态命题的真值条件

□、◇与∧、∨、→、↔、¬一样，都是作用于命题的运算符号即算子(operator)，不过两者也有一个重要的区别，即后者所代表的命题联结词是真值联结词，而前者即模态算子(modal operator)所代表的模态词不是真值联结词。具体一点，命题联结词作用于一个(或一些)支命题时，整个命题的真假完全由支命题的真假所决定。例如，当 p、q 均真时，我们就可以断定 p∧q、p∨q、p→q、p↔q 都是真的，而¬p 是假的。但是，当模态算子作用于一个命题时，整个模态命题的真假并不完全地取决于模态算子作用于其上的那个命题的真假，即□p 与◇p 的真假，并不仅仅由 p 的真假来决定。我们通过举例来说明这一点。

假如有一副完整的扑克牌(不包括两张王牌，下同)，小张从中抽出一张牌的花色正好是梅花。这时，可以说"小张抽出的牌是梅花"是真的。将此命题用 p 表示，此时 p 为真，但□p 即"小张抽出的牌必然是梅花"未必为真，因为他有可能抽出一张黑桃、红桃或方块。

再假如我们从扑克牌中取出其中的十三张梅花，再让小张从这十三张牌中去抽牌，这时不仅"小张抽出的牌是梅花"这一命题是真的，即 p 是真的，而且□p 即"小张抽出的牌必然是梅花"也是真的。

从上面两例的对照中我们可以发现：当 p 真时，□p 可能为真也可能为假，因此 p 的真假不能完全决定□p 的真假。

我们再用两个例子来说明◇p 的真假与 p 的真假的关系：

小张从一副完整的牌中抽出一张牌，其花色不是梅花。这时，可以说"小张抽出的牌是梅花"这一命题是假的，即 p 是假的，但◇p 即"小张抽出的牌可能是梅花"却是真的。

如果我们从一副完整的牌中取出其中的十三张梅花，再让小张从剩下的三十九张牌中去抽牌。这时，"小张抽出的牌是梅花"是假的，而且"小张抽出的牌可能是梅花"也是假的。

从上面两例的对照中我们可以发现：当 p 假时，◇p 可能为真亦可能为假，因此 p 的真假不能完全决定◇p 的真假。

那么，应当如何定义模态词"必然"、"可能"，从而判定模态命题的真值呢？这里我们可以引进"可能世界"(possible world)这一概念来进行说明。

所谓真值模态逻辑的"可能世界"，又称为逻辑可能的世界，是指不违反逻辑、能够为人们所想象的一切情况或场合。按此，只要对象的情况或其组合不会导致逻辑矛盾，该对象情况或其组合就是可能的，由这样的对象或对象情况所组成的世界就是可能世界。可能世界有无穷多个，我们生活于其中的现实世界也是这无穷多的逻辑可能世界中的一个。这样，我们就可借助逻辑上的可能世界把模态词"必然"与"可能"定义如下：

□p 为真,当且仅当 p 在所有可能世界中为真;

□p 为假,当且仅当 p 在至少一个可能世界中为假;

◇p 为真,当且仅当 p 在至少一个可能世界中为真;

◇p 为假,当且仅当 p 在所有可能世界中为假。

(四)四种模态命题间的对当关系

□p、□¬p、◇p 和◇¬p 四种形式的模态命题在真假上存在着一种类似素材相同的直言命题间的对当关系。简言之:

1. 反对关系:□p 和□¬p 之间的关系,二者不能同真可以同假。

2. 矛盾关系:□p 和◇¬p、□¬p 和◇p 之间的关系,其特点是二者不能同真不能同假。

3. 差等关系:□p 和◇p、□¬p 和◇¬p 之间的关系,其特点是二者既可同真亦可同假。根据这种关系,可由必然命题的真推出可能命题的真,也可由可能命题的假推出必然命题的假。

4. 下反对关系:◇p 和◇¬p 之间的关系,二者不能同假可以同真。

上述四种关系可用模态对当方阵(modal square of opposition)表示如下:

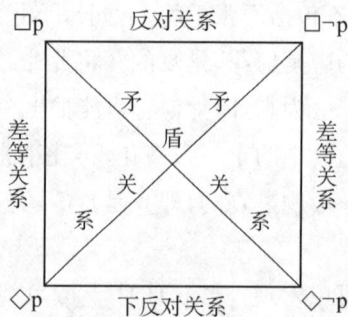

图 8-1

由于模态命题间的对当关系与直言命题间的对当关系在本质上是完全一致的,所以借助 A、E、I、O 四种命题间的对当关系及其有效推理,就可以很容易掌握□p、□¬p、◇p 和◇¬p 这四种模态命题间的对当关系及其有效推理。

如果用 p 表示不含有模态词的直言命题(以下称"实然命题"),那么□p、□¬p、◇p、◇¬p、p 和¬p 这六种命题在真假上的相互制约关系,就可以用模态六角图表示如下:

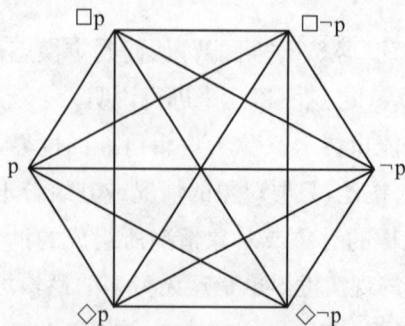

图 8-2

这个模态六角图为我们直观地显示了如下的对当关系：

1. 反对关系：□p 和□¬p、□p 和 p、□¬p 与 p 之间的关系。

2. 矛盾关系：□p 和◇¬p、□¬p 和◇p、p 和¬p 之间的关系。

3. 差等关系：□p 和 p、p 和◇p、□p 和◇p、□¬p 和¬p、¬p 和◇¬p、□¬p 和◇¬p 之间的关系。

4. 下反对关系：◇p 和◇¬p、p 和◇¬p、¬p 和◇p 之间的关系。

二、模态推理

模态推理(modal reasoning)是以模态命题为前提或结论，并根据模态命题的逻辑性质及其相互间的真假制约关系而进行的推理。例如：

〔26〕哀兵必胜，所以哀兵不可能不胜。

〔27〕我们的目的必定能够实现，所以我们的目的是可能实现的。

模态推理的种类繁多，既有由简单模态命题构成的推理，又有由复合模态命题构成的推理；既有直接的模态推理，也有间接的模态推理。下面介绍几种常见的模态推理。

(一) 依据模态方阵所进行的模态推理

依据模态逻辑方阵，可得下列四种类型共计 16 个有效的推理形式：

1. 反对关系推理

　　(1) □p→¬□¬p

　　(2) □¬p→¬□p

2. 矛盾关系推理

　　(3) □p→¬◇¬p

　　(4) □¬p→¬◇p

　　(5) ◇p→¬□¬p

　　(6) ◇¬p→¬□p

　　(7) ¬□p→◇¬p

　　(8) ¬□¬p→◇p

　　(9) ¬◇p→□¬p

　　(10) ¬◇¬p→□p

3. 差等关系推理

　　(11) □p→◇p

　　(12) □¬p→◇¬p

　　(13) ¬◇p→¬□p

　　(14) ¬◇¬p→¬□¬p

4. 下反对关系推理

　　(15) ¬◇p→◇¬p

(16) ¬◇¬p→◇p

由(3)和(10)、(4)和(9)、(5)和(8)、(6)和(7)的合取,可得:

□p↔¬◇¬p

□¬p↔¬◇p

◇p↔¬□¬p

◇¬p↔¬□p

这四个等值式说明"必然"与"可能",或者说,□与◇,是可以互相定义的。

为了帮助理解,我们举几个例子:

〔28〕有些人可能活到一百岁,所以并非任何人必然活不到一百岁。

〔29〕并非任一数的平方必然大于该数本身,所以有些数的平方可能不大于该数本身。

前者是(5)式的一个实例,后者则是(7)式的一个实例。通过这两个例子,我们需注意:当某一命题形式被简化为 p 时,其否定则是¬p。由于 p 与¬p 之间是矛盾关系,因此如果 p 代换的命题形式是 SIP,则相应的¬p 应当是 SEP,而非 SOP;如果 p 代换的是 SAP,则相应的¬p 应当是 SOP,而非 SEP;如果 p 代换的是 SEP,则相应的¬p 应当是 SIP,而非 SAP;若 p 代换的是 SOP,则相应的¬p 应当是 SAP,而非 SIP。

(二)依据模态六角图所进行的推理

依据模态六角图所揭示的命题之间的对当关系,可得 36 种有效的推理形式,其中 16 种与根据模态方阵进行的推理是一致的,在此不再赘述。下面是余下的 20 种有效式:

依据差等关系的推理有效式有:

(17) □p→p

(18) p→◇p

(19) □¬p→¬p

(20) ¬p→◇¬p

(21) ¬◇p→p

(22) ¬p→¬□p

(23) ¬◇¬p→¬¬p

(24) ¬¬p→¬□¬p

依据反对关系的推理有效式有:

(25) p→¬□¬p

(26) ¬p→¬□p

(27) □¬p→¬p

(28) □p→¬¬p

依据下反对关系的推理有效式有:

(29) ¬p→◇¬p

$$(30)\ \neg\neg p \to \Diamond p$$

$$(31)\ \neg\Diamond\neg p \to p$$

$$(32)\ \neg\Diamond p \to \neg p$$

依据矛盾关系的推理有效式有：

$$(33)\ p \to \neg\neg p$$

$$(34)\ \neg p \to \neg p$$

$$(35)\ \neg p \to \neg p$$

$$(36)\ \neg\neg p \to p$$

其中,依据矛盾关系的有效式(33)—(36)中不包含模态词,故其与非模态推理是一致的。

在上述 36 个有效式中,(19)与(27)、(20)与(29)、(21)与(32)、(22)与(26)、(34)与(35)是重复的,之所以将其分别列出是因为它们推理的逻辑依据不尽一致。

(三) 模态三段论

1. 什么是模态三段论

在模态逻辑中,模态三段论(modal syllogism)是最早为人们所讨论的推理形式。例如：

〔30〕所有绿色植物都必然要进行光合作用,

苔藓是绿色植物,

所以,苔藓必然要进行光合作用。

〔31〕灵长类动物必然有发达的大脑,

那个小动物可能是灵长类动物,

所以,那个小动物可能有发达的大脑。

这两个推理在形式上都与直言三段论第一格 AAA 式相似,只是在前提与结论中引入了模态词"必然"与"可能",因此模态三段论可以说是在直言三段论中引入模态词而形成的三段论。

根据必然命题、可能命题与实然命题在前提中的不同组合,模态三段论可以分为以下五种：

① 两个前提都是必然命题；

② 一个前提是必然命题,另一个前提是实然命题；

③ 一个前提是必然命题,另一个前提是可能命题；

④ 一个前提是实然命题,另一个前提是可能命题；

⑤ 两个前提都是可能命题。

2. 关于"结论从弱"原则

在直言三段论中引进模态词后,这种推理该如何进行? 结论该如何得出? 这个问题比较复杂。有的逻辑学家提出了"结论从弱"的原则,其基本内容是：从较强的前提可以推出较弱的结论,但不能由较弱的前提推出较强的结论。根据这种原则,模态三段论的结论不得强于前提中的任何一个前提。在组成模态三段论前提的三种命题类型中,必然命题蕴涵实然命题,实然命题蕴涵可能命题,即必然、实然、可能这三者的强度是依次递减的。确定了这种强弱顺序,我们在直言三段论的有效式的基础上,引入模态概念,再根据"结论从弱"原则,便可得出结论。例如,AII是第一格的有效式,我们在大小前提中分别引入□和◇两个算子,再按"结论从弱"原则构成推论,就有了下面的模态三段论:

$$\frac{\begin{array}{l}\Box MAP \\ \Diamond SIM\end{array}}{\Diamond SIP}$$

我们以具体的词项代入,就可得到下面的推理:

〔32〕受过严格逻辑思维训练的人必然是思路清晰的人,

有些同学可能是受过严格逻辑思维训练的人,

所以,有些同学可能是思路清晰的人。

上述模态三段论在直观上显然是一个能为人们所接受的推理。它的特点是在遵守直言三段论推理规则的基础上,按"结论从弱"原则进行推理。一些逻辑学家认为,凡是具有上述特点的模态三段论推理形式都是有效式。

3. 必然实然混合三段论

一些逻辑学家根据自己的研究认为,除了结论模态从弱的有效式以外,还存在着不按这一原则进行推理的模态三段论有效式。例如,由必然命题和实然命题为前提的混合三段论(mixed syllogism),就可以不按"结论从弱"的原则进行推理。下面我们仅以第一、二、三格的必然实然混合三段论为例来具体说明这一点。

在第一格中,作为结论的命题不能强于大前提。如果大前提是必然命题,而小前提是实然命题,则结论就可以是必然的,即可以不遵循"结论从弱"的原则。如:

〔33〕科学规律必然是不以人的意志为转移的,

逻辑规律是科学规律,

所以,逻辑规律必然是不以人的意志为转移的。

当然,如果大前提是实然命题,而小前提是必然命题,那么结论则要从弱,即结论应当是实然命题,而非必然命题。

在第二格中,结论应当不强于否定的前提。在第二格的有效式中,必须有而且只能有一个前提是否定命题,这个否定前提的模态决定了结论的模态。因此,如果否定前提的模态是必然的,而肯定前提是实然的,则结论的模态就可以是必然的。这也突破了"结论从弱"的原则。例如:

〔34〕基本粒子必然不是仅凭肉眼就能看见的,

月球是仅凭肉眼就能看见的,

所以,月球必然不是基本粒子。

当然,如果否定前提是实然命题,而肯定前提是必然命题,那么结论必须从弱,即结论应当是实然命题,而不能是必然命题。

在第三格中,结论不能强于大前提。因此,如果大前提是必然命题而小前提是实然命

题,则结论就可以是必然命题。这样,也突破了"结论从弱"的原则。例如:

〔35〕奇数必然是不能被 2 整除的,

奇数是整数,

所以,有的整数必然是不能被 2 整除的。

当然,如果大前提是实然命题,而小前提是必然命题,那么结论仍须从弱,即结论应当是实然命题,而不能是必然命题。

根据上述介绍,我们可以作如下概括:如果直言三段论第一、二、三格有效式的两个前提之一引入了模态词"必然",那么可以按下述原则决定结论的模态:

第一,如果前提之一是否定命题,那么结论不能强于否定前提。

在第一、三格中,小前提不能是否定命题,故这条原则与前文介绍的第一、三格的结论不强于大前提的思想是一致的。至于第二格结论的模态,据前文的说明,或与否定前提相一致或弱于否定前提。

第二,如果两个前提都是肯定命题,那么结论不能强于大前提。

由于三段论第二格必须有一个否定前提,因此这条原则是针对第一格和第三格而言的。前文业已指出,第一格、第三格的结论不能强于大前提,故这一原则与我们上面的介绍并不矛盾。

根据上述分析,我们可以有以下结论:以直言三段论有效式为基础,

① 如果前提之一引入了可能模态,另一前提无论是可能、必然还是实然命题,结论的模态只能是可能的;

② 如果两个前提都引入了必然模态,结论可以是必然、实然和可能命题中的任意一种;

③ 如果前提之一引入必然模态,另一前提为实然命题,则有两种可能性:结论不强于否定前提,或者如无否定前提,结论不能强于大前提。

以上所介绍的仅是关于模态三段论的一些较为流行的看法,目的是为了帮助读者对模态三段论有所了解,并不是说这些看法是逻辑学家们所公认的。

第三节
规范命题及其推理

一、规范命题

(一) 什么是规范命题

规范命题(deontic proposition)是广义模态逻辑——主要是规范逻辑或道义逻辑(deontic logic)——所研究的内容,它是含有"必须"、"允许"、"禁止"等规范模态词的命题。例如:

〔36〕结婚必须办理结婚登记手续。

〔37〕允许公民有信教或不信教的自由。

规范命题可以是简单的,如例〔36〕;也可以是复合的,如例〔37〕。考虑到复合的规范命题是以简单的规范命题为基础的,接下来主要介绍与简单的规范命题相关的基本知识。

在规范命题中,规范模态词"必须"、"允许"等与真值模态词"必然"、"可能"有一定的对应关系。"必须"反映了人们行为的当然性,亦即某种必然性;而"允许"则反映了人们行为的某种可能性。不过,规范模态词与真值模态词也有明显的不同:真值模态词"必然"、"可能"反映对象情况的必然性与可能性,因而有其真假性质,即可判定真值模态命题的真假;而规范模态词反映的是人们的行为是否符合一定的社会规范,它无所谓真假,只有对错,即符合规范者为正确,是对的;不符合规范者为不正确,是错的。

由此可见,规范命题所涉及的内容与法律制度和伦理道德观念相关联。当然,逻辑学不是从法律制度或伦理道德的角度,而仅仅是从逻辑的角度来研究规范模态词、规范命题及其有效推理的。

(二) 规范命题的种类

规范逻辑所研究的规范模态词通常有三个:"必须"(obligation)、"允许"(permission)、"禁止"(impermission)。按此,规范命题可分为以下三种:

1. 必须命题

必须命题是含有规范模态词"必须"("应该"、"应当"、"有义务"等)的命题。又可分为肯定的和否定的。

必须肯定命题:规定某种行为应当实施的命题。例如:

〔38〕所有提出应聘的申请者必须具有大学本科生以上学历。

〔39〕共产党员应该自觉遵守党章。

如果用算子 O 表示模态词"必须",则上述命题可用公式表示为:

Op

必须否定命题:规定某种行为应当不实施的命题。例如:

〔40〕公民有义务不泄露国家机密。

〔41〕个体的自由应当不违反法律的规定。

上述命题可用公式表示为:

O¬p

2. 允许命题

允许命题是包含规范模态词"允许"("准予"、"可以"、"有权"等)的命题。也有肯定的与否定的之分。

允许肯定命题:规定某种行为可以实施的命题。例如:

〔42〕允许公民有出境旅游的自由。

〔43〕研究生可以自主选择指导教师。

如果用算子 P 表示模态词"允许",则上述命题可用公式表示为:

Pp

允许否定命题：规定某种行为可以不实施的命题。例如：

〔44〕公民有权不公开自己的隐私。

〔45〕准予子女不随父姓。

上述命题用公式可表示为：

P¬p

3. 禁止命题

禁止命题是包含有规范模态词"禁止"（"不得"、"不准"、"不许"等）的命题。也可分为肯定的与否定的。

禁止肯定命题：规定某种行为不得实施的命题。例如：

〔46〕公共场合禁止吸烟。

〔47〕网店不得出售假冒伪劣产品。

如果用算子 F 表示模态词"禁止"，上述命题可用公式表示为：

Fp

禁止否定命题：规定某种行为不得不实施的命题。例如：

〔48〕禁止司机行车不带驾驶执照。

〔49〕学生不得不请假就擅自缺课。

上述命题可用公式表示为：

F¬p

规范命题大体可分为以上六种，其中禁止命题与必须命题可以相互定义：

Fp↔O¬p

F¬p↔Op

按此，规范命题可简化为四种，即必须肯定命题（Op）、必须否定命题（O¬p）、允许肯定命题（Pp）和允许否定命题（P¬p）。

（三）可能世界与理想世界

如何理解规范命题，取决于如何解释"必须"、"允许"等规范模态词。由于规范模态词与真值模态词有相似之处，因此我们可以继续使用"可能世界"的概念来对其进行解释。规范逻辑的可能世界总是与一定的法律制度和道德规范相联系，它设想在其中活动的每一个人都按照这一法律制度和道德规范规定的活动方式活动，不过鉴于在现实世界（可能世界之一）中难以做到这一点，这就是说，规范可能世界比现实世界更理想化，因此我们也可将之称为理想世界（ideal logic）。在对规范命题进行解释时，现实世界不是一个理想世界；当然，在这种理想世界中，基本的逻辑规律都是成立的，因为违反逻辑规律的自相矛盾的世界不是可能的。

据此，我们就可借助逻辑上的理想世界把"必须"与"允许"定义如下：

Op 是对的，当且仅当 p 在所有理想世界中为真；

Op 是不对的，当且仅当 p 在至少一个理想世界中为假；

Pp 是对的，当且仅当 p 在至少一个理想世界中为真；

Pp 是不对的,当且仅当 p 在所有理想世界中为假。

我们也可对"禁止"作出解释:

Fp 是对的,当且仅当 p 在所有理想世界中为假。

Fp 是不对的,当且仅当 p 在至少一个理想世界中为真。

(四) 四种规范命题间的对当关系

四种规范命题在对错上也存在着相互制约的关系,可以用下述方阵来表示:

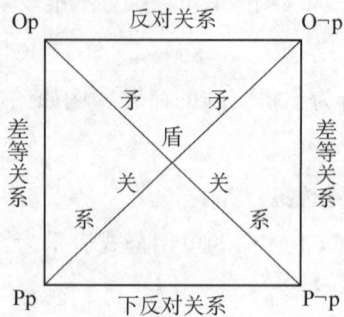

图 8-3

就其本质而言,规范命题逻辑方阵与前述模态对当方阵是完全一致的。只要掌握了 □p、□¬p、◇p 和◇¬p 之间的对当关系及其有效推理,就可以很容易掌握 Op、O¬p、Pp 和 P¬p 之间的对当关系及其有效推理。

二、规范推理

所谓规范模态推理(deontic modal reasoning),就是以规范命题作为前提或结论,并根据规范命题的逻辑性质及其相互间的对错制约关系而进行的推理。下面,我们仅介绍几种常用的规范推理。

(一) 按规范命题逻辑方阵进行的推理

按规范命题逻辑方阵所反映的对当关系,这种推理有如下 16 种有效形式:

1. 反对关系推理

　　(1) Op→¬O¬p

　　(2) O¬p→¬Op

2. 矛盾关系推理

　　(3) Op→¬P¬p

　　(4) O¬p→¬Pp

　　(5) Pp→¬O¬p

　　(6) P¬p→¬Op

　　(7) ¬Op→P¬p

　　(8) ¬O¬p→Pp

　　　　(9) ¬Pp→O¬p

　　　　(10) ¬P¬p→Op

　　3. 差等关系推理

　　　　(11) Op→Pp

　　　　(12) O¬p→P¬p

　　　　(13) ¬Pp→¬Op

　　　　(14) ¬P¬p→¬O¬p

　　4. 下反对关系推理

　　　　(15) ¬Pp→P¬p

　　　　(16) ¬P¬p→Pp

由(3)和(10)、(4)和(9)、(5)和(8)、(6)和(7)的合取,可得:

　　　　Op↔¬P¬p

　　　　O¬p↔¬Pp

　　　　Pp↔¬O¬p

　　　　P¬p↔¬Op

为了帮助理解,我们举几个例子:

　　〔50〕并非允许有些干部以权谋私,所以有些干部以权谋私不是应当的。

　　〔51〕全体党员都应当不违反党纪,这就是说,并非允许有些党员违反党纪。

前者是(13)式的一个实例,后者则是(4)式的一个实例。

　　由上可见,规范模态推理与真值模态推理在一定范围内有着明显的对应关系,不过二者也有并不对应的内容。这是因为这两种模态所涉及的是不同的可能世界,尤其是模态逻辑的可能世界包括了现实世界,而规范逻辑的可能世界则不把现实世界包括在其中。这样,必然命题、可能命题与实然命题之间的逻辑关系,就不能推广到应当命题、允许命题与实然命题之间,因而本章第二节所介绍的模态六角阵图就不能推广到规范逻辑中。例如,对模态推理而言,□p→p 与 p→◇p 都是有效的,但是在规范推理中,Op→p 与 p→Pp 却是无效的。例如,从"所有社会成员都应当遵守社会公德"是正确的,并不能必然推出"所有社会成员都遵守社会公德"是真的;从"有的社会成员有严重违法的行为"是真的,并不能必然推出"允许有的社会成员有严重违法的行为"是正确的。事实上,正是由于现实世界与法律和道德上的理想世界之间存在着距离,我们才需要进行法律和道德教育。

　　在"应当"、"允许"与"必然"、"可能"之间存在某种逻辑关系,这种逻辑关系可表示为下图:

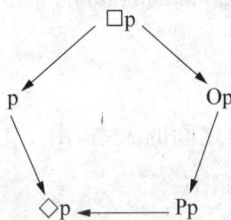

图 8-4

在上图中,箭头表示推出关系的方向。此图告诉我们,在□p、p、Op、Pp 与◇p 五个命题中,□p 最强,蕴涵了其他四个命题;◇p 最弱,被其他四个命题所蕴涵,而 p、Op、Pp 则处于□p 和◇p 之间。我们举两例说明上图所示的推出关系:

〔52〕伟大的哲学家必然是富于原创精神的哲学家,所以伟大的哲学家应当是富于原创精神的哲学家。

〔53〕允许非哲学专业本科生报考哲学专业硕士研究生,所以非哲学专业本科生报考哲学专业硕士研究生是可能的。

(二) 规范三段论

规范三段论(deontic syllogism)是前提之一和结论为规范命题的三段论。一般情况是:大前提是规范命题,小前提是直言命题,结论是规范命题。主要有以下几种:

1. 必须规范三段论:前提或结论是必须规范命题的三段论。常见的有效式为:

$$
\frac{\begin{array}{l}\text{所有 M 必须 P}\\ \text{所有 S 是 M}\end{array}}{\text{所有 S 必须 P}}
$$

例如:

〔54〕学生必须遵纪守法,大学生是学生,所以大学生必须遵纪守法。

2. 允许规范三段论:前提或结论是允许命题的三段论。常见的有效式为:

$$
\frac{\begin{array}{l}\text{所有 M 允许 P}\\ \text{所有 S 是 M}\end{array}}{\text{所有 S 允许 P}}
$$

例如:

〔55〕允许学生参加科研活动,本科生是学生,所以允许本科生参加科研活动。

3. 禁止规范三段论:前提或结论是禁止命题的三段论。常见的有效式为:

$$
\frac{\begin{array}{l}\text{所有 M 禁止 P}\\ \text{所有 S 是 M}\end{array}}{\text{所有 S 禁止 P}}
$$

例如:

〔56〕公共场所禁止吸烟,教学楼是公共场所,所以教学楼内禁止吸烟。

✏ 练习题 ▮▮

一、填空题

1. 根据模态命题与直言命题(p)之间的关系,由□p 可推出(   ),由 p 可推出(   );由¬◇¬p 可推出(   ),由¬p 可推出(   )。

2. 根据模态对当方阵,由¬□SOP可推出( ),由¬◇SOP可推出( )。

3. 若"这朵花可能是不结果的"为假,可推出"这朵花不可能是不结果的"为( )。

4. 根据模态命题间的矛盾关系,由¬◇SEP真,可推知( )真。

5. 根据规范命题间的对当关系,由"允许烟民在卫生间抽烟"是不对的可推出( )是不对的,可推出( )或( )是对的。

6. 依据规范命题间的矛盾关系,由"禁止在21点至次日6点进行有噪声的施工作业"是对的,可知( )是不对的。

二、单项选择题

1. 与"这次实验必然不会成功"为矛盾关系的命题是 ( )

A. 这次实验必会成功　　　　B. 这次实验不必然会成功

C. 可能这次实验会成功　　　　D. 这次实验不会成功是有可能的

2. 在下列各组命题形式中,具有差等关系的是 ( )

A. "必然p"与"可能p"　　　　B. "必然并非p"与"可能p"

C. "可能p"与"可能并非p"　　　D. "可能并非p"与"必然p"

3. ¬□p与¬◇¬p之间为 ( )

A. 矛盾关系　　B. 反对关系　　C. 差等关系　　D. 下反对关系

4. 以¬□SEP为前提进行对当关系的模态推理,可得结论是 ( )

A. □SAP　　　B. □SEP　　　C. ◇SIP　　　D. □¬SIP

5. 如果一模态三段论的前提之一含有模态词"可能",无论另一前提含有哪种模态词,其结论的强度应是 ( )

A. 必然　　　　B. 实然　　　　C. 可能　　　　D. 以上三种都可以

6. 以¬P(p∧q)为前提进行有效的规范命题的等值推理,其结论为 ( )

A. P(¬p∧¬q)　B. O(p∧¬q)　C. O(¬p∨¬q)　D. O(p→q)

7. 在这次百米飞人大战中,博尔特可能获胜。

以下命题与上述命题意思最为接近的是 ( )

A. 博尔特不可能在这次百米飞人大战中失败

B. 博尔特必然会在这次百米飞人大战中获胜

C. 博尔特必然会在这次百米飞人大战中失败

D. 在这次百米飞人大战中博尔特并非必然失败

E. 在这次百米飞人大战中博尔特不可能获胜

8. 不必然任何经济发展都会导致生态恶化,但不可能有不阻碍经济发展的生态恶化。

以下各项中,与上述断定的含义最为接近的是 ( )

A. 任何经济发展都不必然导致生态恶化,但任何生态恶化都必然阻碍经济发展

B. 有的经济发展可能导致生态恶化,但任何生态恶化都可能阻碍经济发展

C．有的经济发展可能不导致生态恶化，但任何生态恶化都可能阻碍经济发展

D．有的经济发展可能不导致生态恶化，但任何生态恶化都必然阻碍经济发展

E．任何经济发展都可能不导致生态恶化，但有的生态恶化必然阻碍经济发展

三、指出下列各模态命题的种类。

1．这次日全食是必然要发生的。

2．超过本科录取分数线的学生不必然被北京大学录取。

3．中国男子足球队有可能会成为世界强队。

4．这件案子不可能是共同作案。

四、根据模态命题间的对当关系，指出与下列命题同素材的其他三个模态命题的真假。

1．第一次登台表演可能是紧张的（真）。

2．有的同学可能不好相处（真）。

3．我国北方不可能在一年内种两茬麦子（真）。

4．中学生必然要考大学（假）。

五、依据模态命题间的对当关系，用适当的命题作前提驳斥下列命题。

1．事业有成的人必然管理不好家庭。

2．斤斤计较的人可能有宽广的胸怀。

3．年轻人不可能有见识。

4．没考上大学的孩子必然是没有出息的。

六、指出下列各模态推理的类型并说明其是否有效。

1．科学理论必然具有方法论意义，牛顿力学是科学理论，所以牛顿力学必然具有方法论意义。

2．历史小说可能百看不厌，《三国演义》是历史小说，所以《三国演义》必然百看不厌。

3．前提虚假的推理可能不是可靠的推理，所以前提虚假的推理必然不是可靠的推理。

4．不可能没有作案时间还是作案者，所以如果没有作案时间就不是作案者——这是必然的。

七、指出下列各规范命题的种类并写出其逻辑形式。

1．科学研究必须实事求是。

2．不准在公共场合吸烟。

3．并非订立经济合同允许违反国家法律。

4．并非不禁止大声喧哗。

5．允许大学生自主创业。

6．校园内禁止随地吐痰。

八、如果"禁止中小学老师有偿补课"是正确的,请根据规范命题间的对当关系指出下列同素材的其他命题是否正确。

1. 允许中小学老师有偿补课。
2. 并非允许中小学老师有偿补课。
3. 中小学老师必须有偿补课。
4. 不禁止中小学老师有偿补课。

九、指出下列各规范推理的类型,写出其推理形式,并说明其是否有效。

1. 禁止领导干部以权谋私,所以不允许领导干部以权谋私。
2. 允许在改革中犯错误,所以在改革中必须不犯错误。
3. 在外事工作中禁止违反外事纪律,所以在外事工作中允许不违反外事纪律。
4. 共产党员必须起模范带头作用,小张不是共产党员,所以小张不必起模范带头作用。

第九章
逻辑基本规律

第一节
逻辑基本规律概述

一、逻辑基本规律的含义

逻辑学是对思维的形式（逻辑形式）及其规律、规则的研究。思维的逻辑形式存在着一个是否具有逻辑性的问题，如概念有明确与不明确之分，推理有有效与无效、合理与不合理之别，那么我们应该用什么标准来对思维形式是否具有逻辑性进行判定呢？最根本的就是看它们是否符合逻辑规律以及体现这些规律要求的逻辑规则。凡是符合相关的逻辑规律和规则要求的逻辑形式就是具有逻辑性的；反之，则是不具有逻辑性的。正如其他任何一门科学都有其自身固有的、多种多样的规律一样，逻辑学也有其自身固有的多种多样的规律。比如存在于具有属种关系的词项（概念）间的内涵与外延的反变关系的规律、命题中各种命题的等值变换所体现的规律、推理中的三段论公理，等等。它们都是在逻辑思维中，并主要通过各种逻辑形式而存在和起作用的规律，所以我们将其称为逻辑思维的规律（law of logical thinking），简称逻辑规律。

在这些逻辑规律中，有一些规律被传统形式逻辑视为逻辑的基本规律（fundamental law of logical thinking），就是同一律、矛盾律和排中律。为什么说这三条规律是逻辑的基本规律呢？主要理由是：

首先，这三条规律在逻辑思维中（主要是在形式逻辑思维中）的作用特别明显、突出，它们最能表现逻辑思维的一般特点，即确定性、不矛盾性和明确性……换句话说，逻辑思维的一系列特点，主要是由这三条基本的逻辑规律所决定的，是这三条规律起作用的结果和体现。比如，思维的确定性表现为词项（概念）、命题（判断）的自身同一，这主要是由同一律决定的；思维的无矛盾性表现为思想的前后一贯、不自相矛盾，这主要是由矛盾律决定的；思维的明确性表现为在两个互相矛盾的思想之间排除中间可能性，不能模棱两可，这主要是由排中律决定的。因此，遵守这三条基本规律是保证我们思维具有确定性、无矛盾性和明确性的前提，是正确思维最起码的要求。

其次，这三条基本规律相较于其他非基本的逻辑规律在思维形式中具有较广泛的适用范围，即它们不仅仅是在一种或少数几种思维形式中起作用，而是在较多的、甚至是所有思维形式中起作用。同时，这三条基本规律对于其他非基本的逻辑规律、规则有着一定的制约作用。这就是说，各种思维形式的具体规律和规则大多直接或间接地渊源于这三条基本规律。

二、逻辑基本规律的客观性

逻辑基本规律不是客观世界的规律，而仅仅是在思维活动和思维过程中存在并起作用的思维的规律，但这并不意味着它们就是主观自生的、先验的或者是约定俗成的，相反，它们仍然具有某种客观的性质。逻辑思维的规律是人类在长期的思维实践中概括和总结出来的，"是客观事物在人的主观意识中的反映"[①]。逻辑基本规律当然也不例外，它们也是客观事物中某种最普遍的性质和关系在人的主观意识中的一种能动的反映。这是逻辑基本规律的客观性的一个重要表现。另一个表现是：逻辑基本规律虽然仅仅是思维的规律，但它如同其他一切规律一样，其作用具有不以人们的意志为转移的性质。人们的思维只能遵守它，而不可能违反它。人们可能违反的只是逻辑规律的要求，而不是规律本身。而思维一旦违反逻辑规律的要求，就必然会引起混乱，就不可能正确地组织思想、表达思想和交流思想。这就表明逻辑基本规律在思维中起作用也具有一种强制的、必然的性质。就此而言，遵守逻辑基本规律的要求，也就成为正确思维的一个必要条件。

第二节
同　一　律

一、同一律的基本内容

同一律（law of identity）的基本内容是：在同一思维过程中，任何一个思想与其自身是同一的。

同一律的公式是：

A 是 A

或者

如果 A，那么 A

所谓"同一思维过程"，指的是在同一时间、同一关系（或同一方面），对同一对象形成概念、作出判断、进行推理或论证的过程。公式中的"A"可以表示任何思想，即可以表示任何一个词项、命题、推理或论证。因此，这个公式是说：A 这个思想就是 A 这个思想；或者，如果是 A 这个思想，那么它就是 A 这个思想。任一思想都有其自身的同一性，都有其确定的内容。

比如，任何一个词项所表达的概念都有其确定的反映对象，是这个概念就是这个概念，而不是别的概念；任何一个命题都有其确定的判断内容，是这个命题就是这个命题，而不是别的命题。

二、同一律的逻辑要求

同一律的逻辑要求是：在同一思维过程中，一个思想必须保持其确定和同一。

具体一些说，这个要求包括两方面的内容：

第一，在同一思维过程中，每个思想都必须是确定的；

---

① 列宁：《哲学笔记》，《列宁全集》第 55 卷，人民出版社，1990 年，第 154 页。

第二,在同一思维过程中,每个思想应当前后保持一致。

从词项方面来说,同一律要求每一个词项在确定的语言环境下,表达什么概念就表达什么概念,必须是确定的;一个词项所表达的概念,反映某种对象,就反映某种对象,也必须保持确定。比如"智能手机"这个词项,既然它表达的概念反映的是具有独立的操作系统和运行空间,可由用户自行安装由第三方服务商提供的程序,并可通过移动通信网络实现无线网络接入的手机这一类对象,那么这个词项就具有确定的含义和所指,而不能同时表达又不表达"智能手机"这个概念。如果"智能手机"这个词项所表达的概念是不确定的,即没有确定的内涵和外延,它就会变得无法理解,因而也无法为人们所准确使用。而运用概念不确定的词项来进行思考,就必然无法使其内涵、外延前后保持一致,思维就会发生混乱。

再从命题方面来说,同一律要求每一个命题在确定的语言环境下,表达了什么判断就表达什么判断,必须是确定的;断定了什么对象情况,就断定了什么对象情况,必须保持确定。例如,断定"语言是社会现象"就是断定语言具有社会现象的性质,断定"语言不是上层建筑"就是断定语言不具有上层建筑的性质。同时,在同一个思维过程中,当一个命题多次出现时,其断定也应当保持前后一致,否则就会出现歧义,甚至变得不可理解。

推理和论证是由词项和命题构成的。同一律在推理和论证中的普遍有效性,同它在词项和命题中的情况一样。也就是说,任何一个正确的推理或论证都必须遵守同一律的要求,这不仅表现为作为其构成要素的词项和命题要有确定的含义并保持同一,即便就该推理或论证本身来说,也应该在同一思维过程中保持确定与同一,否则就会因违反同一律的要求而出现逻辑错误。

三、违反同一律要求的常见逻辑错误

针对不同的思维形式,违反同一律要求的逻辑错误就有不同的具体表现。

"混淆/偷换概念"(equivocation)指的是在概念层面上因违反同一律要求而经常出现的逻辑错误,即在同一思维过程中,把由同一词项或不同词项所表达的不同概念有意无意地混淆或等同起来,从而将一个概念变换为另一个概念。例如:

〔1〕众所周知,没有竞争就没有活力,没有竞争就没有动力。长期接受政府政策性扶持的企业一旦被完全置于市场经济的环境中,如果它们没有竞争的实力,就会失去说话的空间和生存的权力。

一般而言,"权力"指的是政治上的强制力量或职责范围内的支配力量,容易跟其混淆的"权利"则指公民或法人依法行使的权力和享受的利益。在这段文字中,作者由于不知道"权力"与"权利"是两个不同的概念,将二者等同并用前者代替后者,这就违反了同一律的要求,其错误就在于混淆了概念。

再如:

〔2〕某报载一则小品文,讽刺了一些恋人"向钱看"的态度:

小伙子:"你老是要这要那,不怕人家说你是高价姑娘吗?"

姑娘："怕什么！裴多菲都说了，'生命诚可贵，爱情价更高'嘛，价钱低了行吗？"

我们知道，所谓"高价姑娘"的"价"，是"价格"的"价"，是贬义。人们是用"高价姑娘"来贬斥那些把爱情当商品加以买卖的姑娘。而裴多菲诗中"爱情价更高"的"价"是"价值"的"价"，是褒义，它赞美真正的爱情比生命还要宝贵。在这段对话中，同一个语词（"价"）表达的是不同的概念，答话的姑娘故意将它们混同起来，用后者偷换前者，这是一种明显的偷换概念。

混淆/偷换概念对本教材的读者来说其实并不陌生。在前文讲到概念在外延间的关系时，那种有意或无意地把不具有同一关系的概念当作具有同一关系的概念来互换使用的做法，就是在混淆/偷换概念。又如，在讲到三段论时，违反三段论一般规则的第 1 条的要求而出现的"四词项"，就是混淆/偷换概念的一种特殊形式。

在命题层面上，因违反同一律要求而经常出现的逻辑错误被称作"混淆/偷换论题"（*ignoratio elench*），指的是论证过程中把两个不同的论题（命题）有意无意地混淆或等同起来，从而用一个论题去代换原来所论证的论题。例如：

〔3〕有人在讨论中学生需不需要学习地理时讲过下述这样一段话：

我以为中学生没有必要学习地理。学习某个国家的地形和位置完全可以和学习这个国家的历史结合起来。我主张可以把历史课和地理课合并，这样对学生是方便的。因为，这样做所占的时间较少，而获得的效果却很好。否则就会这样：这个国家的地理归地理，而它的历史归历史，各管各，不能互相联系起来。

从这段话里不难发现，讲话者最初主张"中学生没有必要学习地理"，而随后具体论述的却是另一个论题"可以把历史课和地理课合并"。显然，讲话者混淆了后一个论题与前一个论题，不自觉地用后一个论题去替换了前一个论题，这就是一种较为常见的混淆论题的情况。

四、同一律的作用

同一律在思维过程中的作用主要在于保证思维的确定性。只有具有确定性的思维才可能是正确的思维，才可能正确地反映客观世界，才可能帮助我们与他人进行有效的思想交流。如果自觉或不自觉地违反同一律的逻辑要求，混淆或偷换概念，混淆偷换论题，那就必然会使思维含混不清，难以保持确定，我们就既不能正确地组织思想，也不能正确地表达思想了。因此，遵守同一律的逻辑要求乃是正确思维的必要条件。

当然，也必须指出，同一律只是逻辑思维的规律，它只是在思维领城中起作用。它固然要求人们在思维过程中保持思想的确定和同一，但这绝不意味着同一律要求把思维的对象、客观事物看作是某种永远确定、永远不变的东西；这也绝不意味着形式逻辑把思想、思维形式看作是某种永远确定不变的东西。我们知道，把客观事物或反映客观事物的思想、思维形式看作是某种绝对不变的东西，乃是形而上学的观点。形而上学与形式逻辑的同一律有着原则性的区别，决不能将两者混为一谈。

第三节
矛　盾　律

一、矛盾律的基本内容

矛盾律（law of non-contradiction，也称"不矛盾律"）的基本内容是：在同一思维过程中，一个命题不可能既是真的又是假的。换句话说，如果一命题为真，那么该命题的否定必为假，两个互相否定的命题不能同真。

矛盾律的公式是：

　　　　并非（A 并且非 A）

公式中的"A"表示任一命题，"非 A"表示 A 的否定，即与 A 具有矛盾关系或反对关系的命题。因此，"并非（A 并且非 A）"就是说：A 和非 A 这两个命题不能同真，其中必有一个命题为假。

比如，在二值逻辑的范围内，命题"甲班所有学生都学英语"要么真要么假，不可能既真又假。如果它是真的，那么与之矛盾的"甲班有的学生不学英语"、与之反对的"甲班所有学生都不学英语"就是假的；反之，如果"甲班有的学生不学英语"是真的，那么与之矛盾的"甲班所有学生都学英语"就是假的。总之，在相互否定（矛盾或反对）的命题中最多有一真，不可能同真，因此同时肯定两个互相否定的命题必然是不能成立的。

二、矛盾律的逻辑要求

矛盾律的要求是：既然一个命题不可能既真又假，那就意味着在同一思维过程中，对于同一对象不能同时作出两个互相否定的断定，即不能既肯定它是什么又否定它是什么。比如，当我们看到一所学校时，我们就决不能说它是一所中学（即肯定"它是一所中学"为真），同时又否定它是一所中学（即肯定"它不是一所中学"为真）。换句话说，矛盾律要求在同一思维过程中，思想必须前后一贯，不能自相矛盾。

三、违反矛盾律要求的常见逻辑错误

违反矛盾律要求常见的逻辑错误，称作"自相矛盾"（self-contradiction）或"逻辑矛盾"（logical contradiction）。

关于思想的逻辑矛盾，《韩非子·难一》中记载有下面这个故事：

　　〔4〕楚人有鬻盾与矛者，誉之曰："吾盾之坚，物莫能陷也。"又誉其矛曰："吾矛之利，于物无不陷也。"或曰："以子之矛陷子之盾，何如？"其人弗能应也。

在这个故事中，卖矛与盾的人之所以无法回答别人的质问，就是因为当他说"吾盾之坚，物莫能陷"（我的盾任何东西都不能刺穿）时，实际上断定了"所有的东西都不能够刺穿我的盾"（SEP）；而当他说"吾矛之利，于物无不陷"（我的矛可以刺穿任何东西）时，实际上又断定了

"有的东西能够刺穿我的盾"（SIP）。这样，由于他同时肯定了两个具有矛盾关系的命题，因而就陷入了自相矛盾的境地。

从命题方面看，如果对两个互相否定的命题同时给予肯定，或者说，如果对同一对象同时作出两个互相否定的断定，那么就必然会产生逻辑矛盾。从语言方面看，在遣词造句时，如果用彼此否定语词来描述、限制同一个语词，或者一个句子的主语或谓语自相矛盾，这种文字上的矛盾也在相当程度上折射出思想上的逻辑矛盾。我们看下面两个例句：

〔5〕这次双方会谈所取得的唯一的两项成果引起了国际舆论的高度关注。

〔6〕企业的诚信决定着它在商战中的成败。

前一句中的"唯一"是说只有一个，"两项"则是说不止一个，因此"唯一"与"两项"是互相否定的。用互相否定的语词来限制"成果"，既肯定"唯一"又肯定"两项"（并非唯一），显然是自相矛盾的。后一句实际上包含了两个互相否定的意思："诚信决定成功"与"诚信决定失败"。对这两个互相否定的断定同时加以肯定，无疑违反了矛盾律的要求，必然导致自相矛盾。

四、矛盾律的作用

矛盾律的主要作用在于保证思想的无矛盾性即首尾一贯性。而保持思想的前后一贯性，乃是正确思维的一个必要条件。列宁曾经指出："'逻辑矛盾'——当然，在正确的逻辑思维的条件下——无论在经济分析中或在政治分析中都是不应当有的。"[1]不止于此，日常议论或科学理论也不应当包含逻辑矛盾。因为如果一个议论或一种科学理论包含有逻辑矛盾，那它就不可能被认为是正确的，也就不可能为人们所接受。

需要指出的是，矛盾律和同一律一样，只是思维过程中的一条规律，它只能在思维领域中起作用。矛盾律只是要求排除思维中的逻辑矛盾，它绝不否认或要求排除现实矛盾及其在思想中的反映。因为逻辑矛盾与现实矛盾及后者在思想中的反映有着本质的区别。现实矛盾是客观事物自身所固有的矛盾，即事物自身所包含的对立面的统一和斗争。这是客观存在着的，不管人们承认不承认，愿意不愿意承认，它们总是实际存在着的。这种矛盾是不能避免的，更不能人为地加以"排除"。

而逻辑矛盾是思维过程中由于主观上的错误而产生的矛盾，它是思维对客观现实矛盾的一种歪曲的反映，是人们主观臆造的矛盾。如果不排除思维中的逻辑矛盾，那么人们也就不能如实地反映客观存在的现实矛盾。因此矛盾律并不否认现实矛盾，它只是要求排除那种歪曲反映现实矛盾的逻辑矛盾。由此可见，形式逻辑的矛盾律同唯物辩证法并不排斥，而是一致的。矛盾律并不否认现实矛盾，辩证思维也不容许逻辑矛盾。但是，如果像某些人那样，把形式逻辑矛盾律所要求的排除逻辑矛盾解释成似乎矛盾律否认客观事物本身所固有的矛盾，就会使矛盾律变成一条形而上学的原则。这当然是完全错误的。

---

[1] 列宁：《论面目全非的马克思主义和"帝国主义经济主义"》，《列宁选集》第二卷，人民出版社，1995年，第746页。

第四节
排 中 律

一、排中律的基本内容

排中律（law of excluded middle）的基本内容是：在同一思维过程中，一个命题不可能既不是真的又不是假的。换句话说，如果一命题为假，那么该命题的否定必为真，两个互相否定的命题不能同假。

排中律的公式：

  A 或者非 A

公式中的"A"表示任一命题，"非 A"表示 A 的否定，即与 A 具有矛盾关系或下反对关系的命题。因此，"A 或者非 A"就是说：A 和非 A 这两个命题不能同假；或者 A 真，或者非 A 真，两者必居其一。

比如，命题"有的哲学专业的同学选修了中文专业的课"与"所有哲学专业的同学都没有选修中文专业的课"是两个互相矛盾的命题。就二值逻辑而言，它们之中的任何一个都只能有真假两种值，而不可能存在真假之外的第三种值。由此出发，如果前一命题为假，则后一命题必真；如后一命题为假，则前一命题必真。两个命题决不可能同假，其中必然有一个是真的。

二、排中律的逻辑要求以及违反排中律要求的常见逻辑错误

排中律的逻辑要求是：既然一个命题不可能既不是真的又不是假的，那就意味着在任何思维过程中，对两个互相否定（具有矛盾关系或下反对关系）的命题，必须明确地肯定其中之一是真的，不能对两者同时加以否定。换言之，否定命题 p 为真，就必须肯定 p 为假（即肯定¬p 为真）；不能既不承认 p 为真，又不承认¬p 为真，或者说，不能既认为 p 是假的，又认为¬p 是假的。如果违反了排中律的这一逻辑要求，就会犯我们通常所说的"模棱两可"（实际上应该叫作"模棱两不可"）的逻辑错误。

"模棱两可"（equivocation）指的是在一个命题的真假、是非、对错之间回避作出明确的选择，既不肯定其为真、为是、为对，也不肯定其为假、为非、为错，从而表现为对两个互相否定的命题既不肯定，也不否定，企图在真与假、是与非、对与错之间选择第三种可能，即第三种值，而这种情况在二值逻辑中是不允许存在的。例如：

  〔7〕甲和乙围绕下周是否去香山看红叶有如下的对话：

  甲：下周班里组织去香山看红叶，听说你也准备去？

  乙：谁说我要去？

  甲：这么说下周你不打算去了？

  乙：谁说我不打算去了。

甲：那你到底去不去呀？

乙：我已经说得很明白了。

甲：……

在这段对话中，当乙说"谁说我要去"时，是以反诘句的形式表达了"我不要去香山看红叶"的意思；当乙后来说"谁说我不打算去了"，表达的意思却是"我要去香山看红叶"。面对甲质疑乙没有在"我要去香山看红叶"与"我不要去香山看红叶"这两个互相矛盾的思想中作出明确选择时，乙虽回答"我已经说得很明白了"，但其实他说的话仍然违反了排中律的要求，犯了"模棱两可"的逻辑错误。

三、排中律与矛盾律的联系及区别

由于排中律与矛盾律都涉及两个互相否定的命题，以及对这两个命题的真假情况的断定，因此这两条规律确有其内在的密切联系。不过，二者也存在明显的区别，主要表现在如下几个方面：

1. 基本内容不同

矛盾律是说一个命题不能既是真的，又是假的；排中律是说一个命题不能既不是真的，又不是假的。与此相联系，矛盾律是说两个互相否定的命题不能同真，而排中律是说两个互相否定的命题不能同假。这是二者最根本的区别。

2. 适用范围不同

由于矛盾律认定一个命题不能既是真的，又是假的，即认定一个命题最多只有一真。因此，当断定一命题为真时，不仅与其矛盾的命题必假，而且与其反对的命题亦为假，所以矛盾律的适用范围就是具有矛盾关系或反对关系的命题。由于排中律认定一个命题不能既不是真的，又不是假的，即认定一个命题至少有一真。因此，当断定一命题为假时，不仅与其矛盾的命题必真，而且与之具有下反对关系的命题亦为真，所以排中律的适用范围是具有矛盾关系或下反对关系的命题。

3. 逻辑要求不同

基于矛盾律和排中律各自不同的基本内容，二者的逻辑要求也有所不同。矛盾律要求对一个命题不能既断定其为真，又同时断定其为假，即不能既肯定又否定；排中律则是要求对一个命题不能既不断定其为真，又不断定其为假，即不能既不肯定，又不否定。

4. 逻辑错误不同

由于矛盾律与排中律的逻辑要求不同，因而违反它们的要求所产生的逻辑错误也有所不同。违反矛盾律要求的常见逻辑错误是"逻辑矛盾"或"自相矛盾"，违反排中律要求的常见逻辑错误则是"模棱两可"。

四、排中律的作用

排中律的主要作用在于保证思维的明确性。思维的明确性也是正确思维的一个必要条件。

与同一律、矛盾律一样，排中律也只是逻辑思维的规律，它只要求在两个互相否定的思想中作出非此即彼的明确选择。因为在一定的论域内，真的思想总是属于两个互相否定的思想中的一个，而不可能属于第三者。但是，这丝毫不涉及客观事物在发展过程中有无过渡性中间状态的问题，也不存在否认客观事物之间的过渡和转化的问题。如果把排中律关于在两个互相否定的思想中排除中间可能的要求，解释为排中律似乎否认客观事物在发展过程中存在着过渡性中间状态，或否认客观事物之间的过渡和转化，这种解释无疑是一种形而上学的观点，也是对排中律的曲解。比如，生物中的眼虫，既具有动物特征又具有植物特征，是介于动植物之间的一种中间过渡性的生物。排中律并不否认也不可能否认其客观存在。但是，根据排中律要求，在"动植物之间存在着中间过渡阶段"与"动植物之间不存在中间过渡阶段"这两个互相否定的命题中，必须承认其中必有一真，不能认定其同假。在"眼虫有某些动物特征"与"眼虫没有某些动物的特征"、"眼虫有某些植物特征"与"眼虫没有某些植物的特征"这两组互相否定的命题中，每一组中同样是必有一真，不能同假。如果我们对两个互相否定的命题都加以否认，那就违反了排中律的逻辑要求。

要而言之，同一律要求在同一思维过程中，思想要保持自身同一；矛盾律要求在同一思维过程中，对同一个思想不能既肯定它又否定它，要求思想前后保持一贯，无矛盾；排中律则要求在同一思维过程中，对两个互相否定的思想应当明确地肯定其中之一是真的，不能含糊其辞，不能模棱两可。即使是在辩证思维的过程中，在运用唯物辩证法的规律去分析现实矛盾及基于这种矛盾而引起的事物的辩证运动时，也同样需要保持思维的确定性、无矛盾性和明确性，因而也同样需要遵守这三条规律的逻辑要求。当然我们也必须明确，为了获得关于思维对象的某种新的知识（推出知识），仅靠遵循这三条规律的逻辑要求是不够的，还必须具有关于对象的相应具体科学知识。这就是说，遵守同一律、矛盾律和排中律的逻辑要求只是我们获得正确认识的一个必要条件，而不是充分条件。

第五节
逻辑基本规律在实际思维中的应用

一、逻辑基本规律在论证和表达思想过程中的应用

从实际运用的角度来看，逻辑思维的过程本质上是一个论证思想和表达思想的过程。这是因为思维活动总是借助于推理来进行的，而推理的过程实际上也就是一个论证过程，推理的结论就是推理者想要得出、亦即想要论证的命题，而推理的前提就是推理者用来论证其结论真实性的根据，即论据。正因此，逻辑基本规律在逻辑思维过程中的应用，主要是通过论证思想并把这种思想表达出来的过程中体现出来的。归结起来，逻辑基本规律在逻辑思维过程中的应用主要表现在以下几个方面：

　　第一,论证思想和表达思想是通过将词项组成命题、命题组成推理来进行的,因此逻辑基本规律在论证和表达思想过程中的应用,首先就表现为它在词项、命题、推理中的应用,主要是在推理形式中的应用。为此,在使用任何一个词项时,都必须遵循同一律的逻辑要求,保持所使用的词项的确定性,具体一点说,必须使所运用的词项在确定的语言环境下表达确定的概念,并使表达的概念与其所反映的对象具有确定的一一对应的关系;不得在确定的语言环境下使用同一词项来表达不同的概念,避免概念与其所反映的对象之间缺乏确定的一一对应的关系。在使用任何一个命题时,要遵守同一律的逻辑要求,保持命题的确定与同一;要遵循矛盾律与排中律的逻辑要求,对同一个命题不能既肯定其为真又否定其为真(即肯定其为假),从而使自己陷入自相矛盾的境地;也不能对同一命题既不肯定其为真又不肯定其为假,即既不否定该命题,又不肯定该命题,从而使自己陷入模棱两可的境地。在使用任何一个推理时,既要保持其中一切词项的确定与同一,又要保持其中所有命题的确定与同一,同时还要保持命题之间的一致性(不自相矛盾)、明确性(不模棱两可)。只要在论证和表达思想的过程中,对使用的词项、命题和推理,都能自觉地、严格地运用逻辑基本规律来加以检验和规范,那么思想的论证和表达就一定是清晰的、有逻辑力量的。

　　第二,逻辑基本规律在论证和表达思想中的应用的另一个重要表现,就是逻辑论证(证明与反驳)的相关规则都直接或间接地体现了逻辑基本规律的要求,是逻辑基本规律在论证过程中的具体化。因此,重视逻辑基本规律在论证和表达思想过程中的应用,就要在论证和表达思想的过程中,自觉地遵守论证的各种规则,也就是要按照论证的规则来建构自己的论证,从而使证明和反驳以及关于这些证明和反驳的表述都符合逻辑基本规律的要求,即使它们是确定的、不包含自相矛盾的、明确的。而以这样的方式来论证和表达的思想,必然也就是有说服力的、有逻辑力量的。

二、逻辑基本规律在解析相关逻辑智力问题过程中的应用

　　在一些逻辑教材的练习题中,或者在一些为检验应试者的智力、特别是逻辑思维能力而编制的试题中,常常可以见到相当数量的需要综合运用相关逻辑知识才能准确解答的逻辑智力题。这些智力题的相当一部分,需要综合应用逻辑基本规律的知识,才能迅速、准确地回答出来。

　　比如,《趣味逻辑》一书中有这样一道题[①]:

　　〔8〕有一天,某国首都的一家珠宝店,被盗贼窃走一块价值五千美元的钻石。经过三个月的侦查,警方查明作案的人肯定是甲、乙、丙、丁这四个人中的某一个人。于是,这四个人被作为重大嫌疑犯被拘捕入狱。在审讯中,这四个人的口供如下:

　　甲:钻石被窃的那一天,我正在别的城市,所以我是不可能去作案的。

　　乙:丁就是罪犯。

① 彭漪涟、余式厚:《趣味逻辑》,北京大学出版社,2005年,第166页。

丙：乙是盗窃这块钻石的罪犯。三天前，我看见他在黑市上卖一块钻石。

丁：乙同我有私仇，有意诬陷我。

因为口供不一，案子一时不能定下来。

现在，我们假定这四个人中只有一个人说真话，请问：罪犯是谁？

我们再假定这四人中只有一个人说假话，请问：罪犯又是谁？

要回答上述问题，当然可以通过依次假定甲、乙、丙、丁四人中一人说真话而其余三人说假话（就前一问而言）或依次假定四人中一人说假话而其余人说真话（就后一问题而言）来求解本题。当某一假定成立（即假定其中某一人说真话或说假话，而与整个题设的条件相一致，即不出现矛盾）时，该题就得解。但这样一个个去假设，不仅花费时间，也常常容易出错。如果运用逻辑基本规律的知识去求解，就方便得多了。比如，根据上述题目所提供的条件（题设），就可把甲、乙、丙、丁四人的口供，分别表述为如下四个命题：

甲：我不是罪犯。　　　　①

乙：丁是罪犯。　　　　　②

丙：乙是罪犯。　　　　　③

丁：我不是罪犯。　　　　④

其中，②和④是互相矛盾的两个命题。

这样，根据排中律：两个互相矛盾的命题，不能同假，其中必有一真；又根据第一个假定：四个人中只有一个人说真话，因此说真话的或者是乙，或者是丁。于是，甲和丙说的必是假话。既然丙说假话，只能证明乙不是罪犯；而甲说假话，则正好表明他是这个案子里的罪犯。

其次，根据矛盾律：两个互相矛盾的命题，不能同真，其中必有一假，所以在乙和丁两人中必有一人说假话。又根据第二个假定：四个人中只有一个人说假话，所以甲和丙必说真话。既然甲说真话，证明他不是罪犯；而丙说真话，则证明乙就是这个案子里的罪犯。

由此可见，应用逻辑基本规律的知识和原理来求解这类智力题的主要步骤如下：

首先，分析题设条件，将其简化为相应的命题；

其次，分析和确定其中具有矛盾关系的命题；

再次，按题设的其他条件，如假定仅一人说真话（或说假话）时，则讲真（或假）话者为分别提出具有矛盾关系的两个命题的人中的一人（具体为两人中的何人，可以先不考虑），由此即可判定其余的人所提出的命题为假（或真）；

最后，判定其余的人提出的命题为假（或真）后，则可按其命题所断定的内容而使题目的求问得解。

当然，为了保证得出的答案准确无误，还可以将答案再返回到题设的诸条件中去验证，看其是否与题设完全一致。如完全一致，则答案确凿无疑；如出现不一致，则答案可能有误，就需再按上述步骤去发现在哪一个环节上出了问题，以求获得正确的答案。

很明显，像上述这样运用逻辑基本规律的知识和原理来求解这类智力题，既简单易行又能做到准确无误。

练习题

一、填空题

1. 违反三段论规则所犯的"四词项"错误，从逻辑规律的角度看，是一种违反（　　）要求的逻辑错误。

2. 同时肯定两个互相矛盾或反对的命题，违反了（　　）律的逻辑要求。

3. 根据逻辑基本规律中的（　　），已知 SIP 为假，则 SEP 为真。

4. 根据逻辑基本规律中的（　　），若"如果认真学习，就能考得好成绩"为真，则"即使认真学习也不能考得好成绩"为假。

5. 根据逻辑基本规律的（　　），由"小张和小李二人中至少有一人获奖"为假，可知联言命题（　　）为真。

6. 根据逻辑基本规律的（　　），若 p ∧ ¬q 为真，则 ¬p ∨ q 为（　　）。

二、单项选择题

1. 既断定 aRb 为真，又断定 bRa 为假，则　　　　　　　　　　　　　　　（　　）

A. 必定违反同一律的要求　　　　　　　B. 必定违反矛盾律的要求

C. 必定违反排中律的要求　　　　　　　D. 未必违反逻辑基本规律的要求

2. 在以下断定中，违反逻辑基本规律的要求的是　　　　　　　　　　　　（　　）

A. SEP ∧ PES　　　　　　　　　　　　B. POS ∧ ¬SOP

C. SAP ∧ SEP　　　　　　　　　　　　D. PAS ∧ SIP

3. 同时肯定"如果灯亮，那么有电"和"如果灯不亮，那么无电"，则　　　　（　　）

A. 只违反矛盾律的要求　　　　　　　　B. 只违反排中律的要求

C. 既违反矛盾律又违反排中律的要求　　D. 既不违反矛盾律也不违反排中律的要求

4. 在下列断定中，违反逻辑基本规律要求的是　　　　　　　　　　　　　（　　）

A. 关系 R 既是非对称的又是反对称的　　B. 关系 R 不是对称的而是反对称的

C. 关系 R 既不是对称的也不是传递的　　A. 关系 R 既不是对称的也不是非对称的

5. 既否定◇p 又否定◇¬p，则　　　　　　　　　　　　　　　　　　　　（　　）

A. 违反同一律的要求　　　　　　　　　B. 违反矛盾律的要求

C. 违反排中律的要求　　　　　　　　　D. 不违反逻辑基本规律的要求

6. 既断定 p←q 为真又断定 p ∧ ¬q 为假，则　　　　　　　　　　　　　（　　）

A. 违反同一律的要求　　　　　　　　　B. 违反矛盾律的要求

C. 违反排中律的要求　　　　　　　　　D. 不违反逻辑基本规律的要求

7. 下列各项违反排中律要求的是　　　　　　　　　　　　　　　　　　　（　　）

A．¬SIP∧¬SAP   B．既肯定 SOP 又否定 ¬SIP

C．□p∧◇¬p   D．既否定 ¬p∨q 又肯定 ¬（p∧¬q）

8．"在正数的范围内,减法只有在被减数不小于减数时才能进行。而在有理数范围内,减法在被减数小于减数时也能进行。"这个说法   （   ）

A．违反同一律的要求   B．违反矛盾律的要求

C．违反排中律的要求   D．不违反逻辑基本规律的要求

9．"如果所有贪污犯都有作案动机,那么有些贪污犯有作案动机"和"有些贪污犯没有作案动机,或者有些贪污犯有作案动机,是不对的",若断定这两个复合命题都真,则所犯的逻辑错误是   （   ）

A．自相矛盾   B．模棱两可   C．偷换论题   D．偷换概念

10．甲、乙、丙、丁四人在一起议论本班同学申请学生贷款的情况。

甲：我班所有同学都已申请了贷款。

乙：如果班长申请了贷款,那么学习委员就没有申请。

丙：班长申请了贷款。

丁：我班有人没有申请贷款。

已知四人中只有一人说假话,则可推出以下哪项结论?   （   ）

A．甲说假话,班长没申请   B．乙说假话,学习委员没申请

C．丙说假话,班长没申请   D．丁说假话,学习委员申请了

E．甲说假话,学习委员没申请

三、双项选择题

1．"能否理顺工资、价格的关系是改革成功的关键",这句话   （   ）

A．没有违反逻辑基本规律的要求   B．犯有"模棱两可"的逻辑错误

C．违反了矛盾律的要求   D．违反了排中律的要求

E．犯有"自相矛盾"的逻辑错误

2．下列各项违反排中律要求的有   （   ）

A．¬SIP∧¬SEP   B．¬SEP∧¬SAP

C．¬□p∧¬◇p   D．□p∧◇¬p

E．¬（¬p∧q）∧¬（p∨¬q）

3．下列复合命题违反逻辑基本规律的要求的有   （   ）

A．火灾必然有原因,并且不可能没有原因

B．可能火灾有原因,并且火灾必然有原因

C．火灾有原因是必然的,火灾没有原因也是可能的

D．并非火灾必然没有原因,并且火灾可能有原因

E．不可能火灾有原因,并且不必然火灾没有原因

4. 下列情况不违反逻辑基本规律的要求有　　　　　　　　　　　　　　　（　　）

A. 在不同时间、不同方面,对同一对象作出两个互相矛盾的判断,并断定其为同假

B. 在同一时间、同一方面,对同一对象作出两个互相矛盾或反对的判断,并断定其为同真

C. 在同一时间、同一方面,对同一对象作出两个互相矛盾或反对的判断,并断定其为不能同真

D. 在同一时间、同一方面,对同一对象作出两个互相矛盾的判断,并断定其为同假

E. 在同一时间、同一方面,对某一个别对象作出肯定和否定的判断,并断定其为同假

5. 下列逻辑错误中,不属于违反了同一律要求的有　　　　　　　　　　　（　　）

A. 混淆概念　　　　　B. 预期理由　　　　　C. 虚假论据

D. 转移论题　　　　　E. 论证过少

6. 以下各项中违反了矛盾律逻辑要求的有　　　　　　　　　　　　　　　（　　）

A. 只有概念 A 与 B 是交叉关系,它们才是相容关系

B. 概念 A 与 B 既是交叉关系,也是相容关系

C. 概念 A 与 B 或者不是交叉关系,或者不是相容关系

D. 概念 A 与 B 既是交叉关系,又不是相容关系

E. 概念 A 与 B 或者不是交叉关系,或者是相容关系

四、多项选择题

1. 下列各项中,违反矛盾律要求的有　　　　　　　　　　　　　　　　　（　　）

A. $\Box p \land \neg \Diamond p$　　　　　　　　　　　B. $\Box \neg p \land \neg \Box \neg p$

C. $\neg \Diamond \neg p \land \Box \neg p$　　　　　　　　　D. $\Box \neg p \land \Diamond p$

E. $\Box \neg p \land \Box p$

2. 下列各组命题,若为同一思维过程中的陈述,则违反排中律要求的是　　（　　）

A. 某法官并不是如果受了礼,就秉公断案

　　某法官并不是受了礼而没有秉公断案

B. 某法官并不是只有受了礼,才秉公断案

　　某法官并不是没受礼也秉公断案

C. 某法官并非受了礼,或者秉公断了案

　　某法官并不是受了礼且秉公断了案

D. 某法官并不是或者受了礼,或者秉公断了案

　　某法官并不是既没受礼也没秉公断案

E. 某法官并不是或者不受礼,或者不秉公断案

　　某法官并不是不受礼而秉公断案

3. 下列各项中,违反逻辑基本规律要求的有　　　　　　　　　　　　　　（　　）

A. $\neg SAP \land \neg SOP$　　　　　　　　　B. $\overline{SEP} \land SIP$

C．$(p \wedge \neg q) \wedge (\neg p \vee q)$ D．$aRb \wedge \overline{aRb}$

E．$\neg \square p \wedge \neg \diamondsuit \neg p$

4．甲、乙、丙、丁四个孩子在院子里踢足球，把一户人家的玻璃踢碎了。当房主人问他们是谁把玻璃踢碎的时，他们谁也不承认。

甲："是丙踢的。"

乙："不是我踢的。"

丙："甲说的不符合事实。"

丁："是甲踢的。"

已知四个孩子中只有一人说了真话，则   （   ）

A．说真话的孩子是丙   B．打碎玻璃的是乙

C．打碎玻璃的是甲   D．打碎玻璃的不是甲

E．丁说假话，但打碎玻璃的不是他

五、表解题

1．请用真值表方法回答：肯定乙和丙，但否定甲，是否违反矛盾律的要求？

甲：张教授的确是逻辑学教授，但李同学不是逻辑学博士生。

乙：如果李同学不是逻辑学博士生，那么张教授就不是逻辑学教授。

丙：只有李同学是逻辑学博士生，张教授才不是逻辑学教授——这并不是事实。

2．小王、小毕和小陈三人中，只有一人参加了推理俱乐部，另外两人则没有参加。辅导员赵老师想知道究竟谁参加了推理俱乐部，请根据以下条件帮助赵老师进行推断。

赵老师问：你们谁参加了推理俱乐部？

小王：……。（赵老师一不留神，没听清。他要求小王再说一遍，小王没有说。）

小毕：小王刚才说，他参加了推理俱乐部。我呢，当然就没有参加咯。

小陈：小王刚才说他没有参加推理俱乐部，我也没有参加。

六、分析题

（一）试判断下列各题是否包含逻辑错误，如有，请指出它违反了哪条逻辑基本规律的要求。

1．我基本上完全同意他的意见。

2．南极海岸地带，鸟的种类虽然少，鸟却很多。

3．苏州距离上海将近一百公里开外，其刺绣工艺品驰名中外。

4．类似这次的地震预测，我们以前做过很多，既不能算成功，也不能算不成功。

5．若是仇杀案的凶手，则罪犯与死者必然有仇。他是仇杀案的凶手，但与死者无仇。

6．创新是进步的灵魂，直接关系着中华民族的伟大复兴能否实现。

7．鲁迅的小说不是一天能读完的，《祝福》是鲁迅的小说，所以《祝福》也不是一天能读完的。

8. 当有人说欧谛德谟说谎时，他狡辩说："谁说谎，谁就是说不存在的东西；不存在的东西是无法说的，因此没有人说谎。"

9. 甲说："这种陶瓷产品如果不是景德镇产的，就是唐山产的。"乙说："对！既不是景德镇产的，也不是唐山产的。"

10. 最近几年，××足球俱乐部引进球员的经费始终在变，一年高，一年低，让教练组难为无米之炊。

（二）下列议论是否符合传统逻辑基本规律的要求？如不符合，请指出其错误所在。

1. 下面是甲、乙两人的一段对话。

甲：照你这样说，就没有信念之类的东西了？

乙：没有，根本就没有。

甲：你是这样确信的？

乙：当然，多年来我一直确信根本没有信念之类的大学。

2. 下面是金朝人王若虚的一段话。

或问文章有体乎？

曰：无。

又问无体乎？

曰：有。

然则果如何？

曰：定体则无，大体则有。

3. 几个人就"飞碟"这种不明飞行物是否存在的问题展开了讨论。

小赵：可能存在"飞碟"。

小钱：根本不可能有什么"飞碟"。

小孙：你们没看杂志介绍吗？一定有"飞碟"。

小李：我同意小钱和小孙的看法。

小周：我不同意小钱和小孙的看法。

小王：我不同意小钱和小赵的看法。

4. 下面是子路、冉有和孔子之间的问答。

子路问："闻斯行诸？"

子曰："有父兄在，如之何其闻斯行之？"

冉有问："闻斯行诸？"

子曰："闻斯行之。"（《论语·先进》）

七、综合题

1. 同时肯定下列三个命题形式，是否违反了逻辑基本规律的要求？为什么？

A：ME$\overline{P}$ B：SAM   C：S$\overline{IP}$

2. 某高校要从甲、乙、丙、丁四人中选一人出国进修。A、B、C、D作了如下猜测：

A：甲不能中选。

B：丁能中选。

C：丙能中选。

D：丁不能中选。

结果证明，只有一人没有猜对。请问：被选中出国的是谁？

3. 小李、小张、小王是某大学的学生。有一次，他们在一起讨论数学题，在讲了各自的解法后，小李说："我做错了。"小张说："小李做得对。"小王说："我做错了。"为能得到正确答案，三人一同去请教数学老师。数学老师听了他们的解法和上述意见后说："你们三人中有一位的答案是正确的，有一位意见是正确的。"请问：他们中谁的答案正确？谁的意见正确？

4. 哲学系教授会议在讨论今年的职称晋升申请时，出现了两种不同的意见：

A：如果甲晋升教授，那么乙就不能晋升教授。

B：甲和乙都晋升教授。

在征求系主任的意见时，系主任说："这两种意见都不对。我主张乙晋升教授，甲的申请今年就不考虑了。"

请问：系主任的意见是否违反了逻辑基本规律的要求？为什么？

5. 甲、乙、丙、丁四人争夺围棋赛前四名。赵、钱、孙、李对此预测如下：

赵：丁是第一名。

钱：甲不是第一名，并且乙不是第二名。

孙：如果乙是第二名，那么丙不是第三名。

李：如果甲不是第一名，那么乙是第二名。

结果表明上述四人中仅一人的预测正确。请问：甲、乙、丙、丁分获什么名次？写出推导过程。

6. 五名大学一年级的新生去学生活动中心报名参加推理俱乐部。回来后寝室室友问起报名的情况。

A：推理俱乐部太热门了，我们五人都没有报上名。

B：D的运气好，报名成功了。

C：如果A报上名了，那么D或B就没有报上名。

D：排队报名的人太多了，我等不及，中途就提前走了。

E：我们五人中有人报名成功了。

后来证实，五人中只有两人说真话。请问：说真话的是谁？成功报名参加推理俱乐部的又是谁？写出推导过程。

第十章
归纳推理与归纳方法

　　本书前面各章主要介绍的是有关演绎推理的基本知识,它们属于演绎逻辑(deductive logic)的内容。在日常思维和科学研究中,人们还大量运用了包括归纳推理和归纳方法在内的各种非演绎的推理和方法,它们构成了广义的归纳逻辑(inductive logic)研究的主要对象。演绎与归纳在性质上有着明显的区别。本章将集中介绍以归纳推理和归纳方法为代表的广义归纳逻辑的基本知识。

第一节
归纳逻辑概述

一、归纳的实质与特征

归纳逻辑作为逻辑的一个分支,有狭义与广义之分。狭义归纳逻辑的研究对象是归纳推理,广义归纳逻辑的研究对象除了归纳推理,还包括在进行归纳推理时所使用的科学方法即归纳方法,以及溯因推理、类比推理、假说等其他的非演绎的推理和方法。归纳方法比归纳推理在内容上要丰富得多、复杂得多。不过,导论性的逻辑教材对这两者并不作严格区分。

按照逻辑学的传统看法,从个别的、特殊的知识概括出一般性原理的方法,就是归纳方法。经过这种概括,人们把有关已观察到的对象的认识推广到尚未观察过的对象上。与此相应,凡以个别性或特殊性知识为前提推出一般性知识为结论的推理就是归纳推理。例如,过去欧洲人曾长期以为所有天鹅都是白的,就是应用归纳推理得出的结论。这一推理可以表述如下:

〔1〕 观察到的天鹅 S_1 是白的,

观察到的天鹅 S_2 是白的,

观察到的天鹅 S_3 是白的,

……

观察到的天鹅 S_n 是白的,

所以,所有天鹅都是白的。

上述推理中,前提实际上只是认定"有的天鹅是白的"(SIP),而结论是"所有天鹅是白的"(SAP)。SIP 只是 SAP 成立的必要条件而不是充分条件。因此,即便上述推理中的前提都是真的,也不足以担保下一次观察到的天鹅 S_{n+1} 也是白色的。后来果然在澳洲发现了黑天鹅。这就是说,尽管这一归纳的前提都是真的,却推出了一个假的结论。

由此,人们意识到仅仅从思维进程的角度来规定演绎(deduction)与归纳(induction),即把从一般到个别称为演绎,从个别到一般称为归纳是不够的,还应该从前提与结论联系的逻辑性质的角度来理解演绎与归纳。按照现代的理解,有效的演绎推理是必然性推理、保真的推理,而广义的归纳推理则是或然性联系的推理,亦即无效的、不能保真的推理。换言之,或然的归纳推理的前提仅仅是其结论的必要条件,而有效的演绎推理的前提则是其结论的充分条件。

二、归纳推理与演绎推理的联系与区别

为了进一步准确把握归纳的实质和特征,有必要将归纳推理与演绎推理进行对比,以明确二者的联系与区别。

归纳与演绎的主要区别,除了传统逻辑所强调的思维进程的不同之外,主要还有以下几点区别。

首先,就前提与结论的逻辑关系而言,有效的演绎推理具有保真性,而归纳推理不具有保真性。这就是说,在有效的演绎推理中,由于前提蕴涵了结论,因此结论可由前提必然推出;如果前提是真实的,再加之推理形式是有效的,则结论必定为真。归纳推理则不然。尽管对于得出结论来说,前提是不可缺少的条件,但由于归纳推理的前提并不蕴涵结论,即便前提是真实的,结论并不必然为真。

其次,就前提与结论所断定的知识范围而言,有效的演绎推理的结论所断定的知识范围没有超出前提所断定的知识范围,而归纳推理的结论所断定的知识范围却超出了前提所断定的知识范围。传统逻辑中的完全归纳推理,其结论所断定的知识范围,并没有超出前提所断定的知识范围,而且在其前提均真的情况下,结论必然为真,因此也有一种观点主张其本质是一种具有必然性的演绎推理。本书为了叙述方便,仍将完全归纳推理归在本章加以介绍。

从上述对比中不难发现,归纳推理与演绎推理有很大的区别。从有效的演绎推理具有必然性这一角度看,归纳推理的依据是有问题的、站不住脚的,从 SIP 出发不能必然推出 SAP,这在讲述直言命题的对当关系时就已经明确了的。而从归纳推理的角度看,从"已观察到的 S 是 P"(SIP)推出"所有 S 是 P"(SAP)又是允许的,是有其合理性的,尽管前提的真实性并不必然担保结论也是真的。总之,演绎与归纳是两种不同的方法和推理,它们各有各的规则与根据。既不能用演绎的规则去评价归纳,也不能用归纳的规则去评价演绎。同时,还必须认识到二者在人们的实际思维中和认识活动中,是密切联系、相互渗透、相互补充的,决不能有意无意地把它们机械地对立起来、割裂开来。

在逻辑科学的发展史上,曾出现过归纳万能论与演绎万能论,或者说,归纳主义与演绎主义的对立。归纳万能论(inductivism)认为,归纳是逻辑学的中心,演绎因其不能提供新知识是没有用的。演绎万能论(deductivism)则认为,只有通过演绎才能获得确实可靠的知识,否认归纳的作用。这两种观点无疑都有其明显的片面性。事实上,在认识现实的过程中,归纳总是和科学分析即演绎活动紧密联系在一起。没有演绎,就不可能实现认识的归纳过程。归纳的结论都是待证的,都要求助于演绎的论证或补充。而演绎的出发点、前提,都是直接或间接地由归纳提供的。正是有见于此,恩格斯说:"归纳和演绎,正如综合和分析一样,必然是属于一个整体的。不应当牺牲一个而把另一个捧到天上去,应当设法把每一个都用到该用的地方,但是只有记住它们是属于一个整体,它们是相辅相成的,才能做到这一点。"①

_____

① 恩格斯:《自然辩证法》,《马克思恩格斯选集》第四卷,人民出版社,1995 年,第 335 页。

三、归纳逻辑的产生和发展

古希腊哲学家亚里士多德在其著作中曾涉及某些归纳理论问题。他把归纳作为一种三段论的特殊形式来考察,因此归纳推理在他那里是一种归纳三段论。英国哲学家培根 1620 年出版的《新工具》,批判了经院哲学,较详细地分析、例示了归纳方法,为古典归纳逻辑奠定了基础。培根把观察和实验作为整个归纳法的基础,由观察、实验获取经验材料,再按次序上升到较低公理、中间公理,最后是普遍的公理。培根之后,赫舍尔、惠威尔对归纳所涉及的因果关系、归纳过程及其程序作了进一步的探讨。密尔 1842 年出版的《逻辑体系》一书,把归纳逻辑纳入逻辑体系之中,系统表述了探求因果联系的五种方法(又称"密尔五法"),从而使归纳法、归纳推理成为传统逻辑体系中的重要组成部分。

最近几十年来,归纳逻辑的研究有了新进展。除了继续探索由经验事实上升到相应的普遍原理的逻辑途径外,人们更多地尝试用概率论和公理化、形式化的方法对归纳推理和归纳方法进行研究。现代归纳逻辑认识到归纳推理不能保证从真前提必然得出真结论,因此归纳被看作是概然性的推理。现代归纳逻辑的研究几乎都是结合数学概率论进行的,由于对概率的解释存在着严重的分歧,又加上归纳推理本身的多样性,现代归纳逻辑实际上是许多本质上不同的系统同时并存。逻辑实证主义之后的科学哲学认为,归纳不是导致真理或概然性真理的推理方法,而是检验假说的操作。由此,归纳的地位也从整体性理论向局部性理论发展。

第二节
完全归纳推理与不完全归纳推理

在传统逻辑看来,凡思维进程是从个别到一般的推理都是归纳推理。这样,根据一个归纳推理的前提是否考察了结论主项所指称的对象类的所有分子,可把归纳推理分为完全归纳推理和不完全归纳推理。

一、完全归纳推理

完全归纳推理(complete induction)是根据某对象类的每一个分子具有(或不具有)某种属性,从而断定该对象类的全部分子都具有(或不具有)该属性的推理。如:

〔2〕北京的人口超过 1 000 万,

上海的人口超过 1 000 万,

天津的人口超过 1 000 万,

重庆的人口超过 1 000 万,

北京、上海、天津和重庆是我国仅有的四个直辖市,

所以,我国的直辖市都是人口超过 1 000 万的城市。

完全归纳推理的结构可表示如下：

$$S_1 \longrightarrow P$$
$$S_2 \longrightarrow P$$
$$S_3 \longrightarrow P$$
$$\cdots\cdots$$
$$S_n \longrightarrow P$$
$$\underline{S_1、S_2、S_3\cdots\cdots S_n \text{ 是 } S \text{ 类的所有分子}}$$
$$S \longrightarrow P$$

完全归纳推理有两个重要特点：

第一，前提考察了某对象类的每一个分子；

第二，结论所涉及的知识范围实质上没有超出前提知识的范围。

如果完全归纳推理的每一个前提都是真的，那么其结论显然必定为真，也就是说，完全归纳推理的前提蕴涵结论。正是在这个意义上，完全归纳推理仅仅具有归纳推理的表现形式——前提都是个别性知识，结论是一般性知识，其实质却是一种必然性推理，或者说，有效的演绎推理。

根据上述两个特点，为保证完全归纳推理的结论为真，推理过程就必须满足如下两个条件：

首先，必须确切知道所考察的对象类的全部分子的数量，而且这个数量必须是有限的。

其次，必须确切知道每一个前提都是真实的。

由于这两个条件很难同时满足，导致完全归纳推理只能在很有限的场合才能得到运用。对于具有无穷分子的对象类或暂时无法确知其分子数量的对象类，不能运用完全归纳推理；对于分子数量有限的对象类，若不具备对其每一个分子进行逐一考察的可行性，也不能运用完全归纳推理。

二、不完全归纳推理

通常教材中所介绍的不完全归纳推理有两种：一是简单枚举归纳推理，二是所谓科学归纳推理。此外，判明现象间因果联系的归纳方法也是一种不完全归纳推理。

（一）简单枚举归纳推理

简单枚举归纳推理（enumerative induction）是根据某对象类的部分分子具有（或不具有）某种属性，并且已有经验中没有发现相反的情况，从而推断该对象类的全部分子具有（或不具有）该种属性的归纳推理。例如：

〔3〕树木有年轮，从它的年轮可以知道树木生长的年数。动物也有年轮，易于引人注意的是乌龟的年轮，从龟甲上的环数的数量，就可以知道它的年龄。牛马也有年轮，它们的年轮在牙齿上，从它们的牙齿就可以知道牛马的年龄。最近，日本科学家发现人的年轮在脑中。这些事实表明，所有生物都有记录自己寿命的年轮。

简单枚举归纳推理的结构可表示为：

$$S_1 \text{——} P$$
$$S_2 \text{——} P$$
$$S_3 \text{——} P$$
$$\cdots\cdots$$
$$S_n \text{——} P$$

S_1、S_2、S_3……S_n 是 S 类的部分分子且未发现反例

$$S \text{——} P$$

简单枚举归纳推理是一种最简单、最常用的归纳推理。说它最简单，一方面是说进行这种推理时，不需要太多的具体科学知识和逻辑学知识，小孩子有时也能使用这种推理；另一方面是说其前提与结论之间的联系性质不是必然的，它只是根据对一对象类的部分分子的考察而推断该对象类的一般情况。虽然在被考察的分子中没遇到反例，但是这并不意味着事实上就不存在反例。对于获得全称结论来说，在所考察的分子中未发现反例只是必要条件，而不是充分条件。在进行简单枚举归纳推理时，将所有"已观察到的 S 是 P"作前提，推出"所有 S 是 P"，这实际上把关于已观察到的对象的知识推广到尚未观察过的对象，结论所断定的知识内容已超出了前提所断定的知识范围，因此前提的真不能必然保证结论为真。比如，"血总是红的"、"天下乌鸦一般黑"、"哺乳动物都是胎生的"等等曾经是人们长期坚持的看法，但它们都是用简单枚举归纳推理得出的结论。后来，在南极洲发现了一种鱼的血是白色的，在西伯利亚发现了白色的乌鸦，在澳洲发现了卵生的哺乳动物——鸭嘴兽，这些结论就不再成立了。

既然简单枚举归纳推理只是一种或然性推理，为了提高其结论的可靠程度或者说提高推理的合理程度，需要遵守下面两条原则：

首先，前提所考察对象的数量要尽可能多，范围要尽可能广。

在简单枚举归纳推理中，一般而言，前提中枚举的对象数量越多、范围越广，结论的可靠程度就越高。当然，即便是考察了同一个对象类的很多分子，只要没有穷尽该对象类的所有分子，我们就仍然不能说这种推理是必然的。例如，我们测量和计算了 300 个（而不是三个）直角三角形，发现每个直角三角形的两条直角边的平方之和等于斜边的平方，我们仍然不能认为据此就可以必然得出结论。因为对于所有直角三角形来讲，300 个也只是其中极有限的一小部分，而且这还只是经验的积累，缺乏必要的逻辑论证，故只能认定其结论可能为真，而不是必然为真。

其次，要注意考察可能出现反面事例的场合。

简单枚举归纳推理的结论是一个全称命题，只要出现一个反例，结论就会被推翻，因此在进行此种推理时，要注意考察可能出现反面事例的场合。如果在一些有可能出现反面事例的场合中，都没有出现反例，那就说明所考察的对象类与某种属性之间的关系较为紧密，结论的可靠程度就相对地提高了。例如，将鸟分为益鸟和害鸟，主要根据其食性。而鸟的食

性受时间、地点等条件的影响很大,当我们经考察发现某一种鸟在特定的时间、地点等条件下主要是吃害虫时,为了确定这种鸟是否为益鸟,还应当考察这种鸟在其他时间、地点等条件下的食性,然后再下结论。

违反上述原则常见的逻辑错误叫作"轻率概括",即仅仅根据对一对象类中并不具有代表性、典型性的少数分子的考察,甚至无视反面事例的存在,就得出一个关于该对象类的一般性结论。

在现代精密科学中,简单枚举归纳推理已不再被广泛采用,但是作为一种明快、简便的逻辑方法,它在日常生活与科学研究中仍有一定的地位。科学上的不少重要发现,往往就是由简单枚举归纳推理而形成假设,并经过进一步的证实或证伪而发展起来的。只要我们不把它的结论看作是定论,而看作是尚需证明的,并以此为线索继续考察,那么这种方法对于我们获得可靠结论仍会是有帮助的。

(二) 科学归纳推理

科学归纳推理(scientific induction)是另外一种较为常用的不完全归纳推理。就前提考察对象的数量而言,它也只考察了某对象类的部分分子;就考察的结果而言,它也是发现被考察的分子全部都具有(或不具有)某种属性,且没有发现相反的情况。这些都与简单枚举归纳推理相同,二者的区别仅在于科学归纳推理除了依据经验以外,还包含了某种科学分析的因素,即它是通过判明所考察的部分分子之所以具有(或不具有)某种属性的原因后,进而得出该对象类的全部分子都具有(或不具有)某属性的结论。

科学归纳推理的结构可表示如下:

$$S_1\text{——}P$$
$$S_2\text{——}P$$
$$S_3\text{——}P$$
$$\cdots\cdots$$
$$S_n\text{——}P$$

S_1、S_2、S_3……S_n 是 S 类的部分分子

S_1、S_2、S_3……S_n——P 是因为有某种原因

$$\overline{\qquad\qquad\qquad\qquad}$$

$$S\text{——}P$$

下面是一个运用科学归纳推理的例子:

〔4〕意大利那不勒斯附近有个石灰岩洞,人们带牛马等高大牲畜通过岩洞从未发生问题,但狗、猫、鼠等小动物走进洞里就倒地死亡。人们通过进一步的研究得知:小动物之所以死亡,是因为头部靠近地面;头部靠近地面之所以会死,是因为地面附近沉积大量二氧化碳,缺乏氧气。这样,人们就懂得了石灰岩洞缺氧的地面会造成头部离地面较近的小动物死亡。

从上面的分析我们可以看到,科学归纳推理与简单枚举归纳推理的主要区别有三:

第一,根据不同。简单枚举归纳推理的根据是经验事实,是在经验过程中没有遇到反

例;而科学归纳推理除了以经验事实为根据,还强调科学分析,即它是在经验事实的基础上,通过分析所考察的部分对象具有(或不具有)某种属性的原因后才推出结论的。

第二,前提事实数量的多少对推出结论的意义不同。对简单枚举归纳推理而言,前提事实的数量越多,结论越可靠;而科学归纳推理要求前提所考察的对象具有典型性,至于前提的数量,并不是最主要的。

最后,两者结论的可靠性程度也有所不同。虽然严格说来,简单枚举归纳推理与科学归纳推理都是或然性推理,但相对地说,科学归纳推理结论的可靠程度比简单枚举归纳推理结论的可靠程度更高一些。

第三节
判明现象间因果联系的逻辑方法
——古典的排除归纳推理

人类在长期的社会实践中发现,把握事物间的因果联系是认识事物的发展规律、预见事物发展趋势的重要条件。而人们运用归纳推理进行思维活动的重要目的之一,就是寻求现象间的因果联系。

因果联系是客观事物普遍联系和相互作用的形式之一。如果由于现象 A 存在,必然引起另一现象 B 的存在或发生,那么 A 与 B 之间就有因果联系,其中 A 是 B 的原因,B 是 A 的结果。

事物间的因果联系错综复杂,寻求因果联系也是一个复杂的过程。人们在长期的实践与认识过程中,根据因果联系的最一般的性质逐步提出了一些判明现象间因果联系的逻辑方法。随着科学在近现代的日益发展,人们探求因果联系的方法也日益精巧、细密。本节所讲的内容仅限于由近代英国逻辑学家密尔所总结的判明现象间因果联系的五种归纳方法,即"密尔五法"(Mill's five methods of induction)。

密尔五法不同于上一节所说的枚举归纳法。这五种方法的共同特点是在寻求研究现象的原因时,通过对所研究现象的某些(不是所有的)先行场合的分析比较,排除那些不是恒常一致地与被研究现象相联系的先行情况,最后剩下的先行情况就被认为是被研究现象的原因。因此,密尔五法是不完全的排除归纳法。它与枚举归纳法的不同就在于:枚举归纳法的结论主要是通过对前提加以总计而得出的,而排除归纳法的结论则是通过对前提所确认的先行情况进行分离而获得的。

在科学研究中,这五种方法通常是交替地混合使用的,为方便起见,我们在这里分别加以介绍。

一、求同法

求同法(method of agreement),又称契合法。求同法的基本内容是:考察被研究现象出现的若干场合,如果在这些场合中,只有一个先行情况是相同的,那么这个唯一相同的先行情况就是被研究现象的原因。

如果我们用大写的英文字母分别表示先行情况,以小写的英文字母分别表示后继现象,其中 a 表示被研究的现象,求同法的结构可以表示如下:

场合	先行情况		后继现象
(1)	A、B、C、D	——	a、b、c、d
(2)	A、B、E、F	——	a、b、e、f
(3)	A、C、E、G	——	a、c、e、g

A 是 a 的原因

由于在被研究现象 a 出现的场合(1)、(2)、(3)中只有 A 这一先行情况是相同的,因此 B、C、D、E、F、G 就被排除了作为现象 a 的原因的可能性,于是可以推出结论:A 是 a 的原因。通过对求同法的上述分析不难理解,密尔五法为什么是排除归纳法而非枚举归纳法。

求同法的特点是异中求同,除异求同。

科学史上找到虹产生的原因,用的就是求同法。虹可以出现在各种不同的场合:夏季雨过天晴,常可以看到天际一条彩虹;飞泻的瀑布旁,常会出现虹;在河中划船,木桨击起水花,也可以见到虹。科学家们经过研究,逐一排除了这些场合中不同的先行情况,终于发现了唯一相同的先行情况:阳光穿过水珠。于是推断:阳光穿过水珠是出现虹的原因。

求同法在运用上也有局限。首先,必须具有一个以上的事例才能运用求同法。这是因为求同法是在几个不同场合中探求某一共同现象的原因;如果只有一个事例,也就是说不存在不同的场合,那么也就不可能求同了。

其次,求同法的前提与结论的联系是或然的。这一局限也是密尔五法所共有的。其原因主要有下面两个方面:(1)运用求同法时,前提并没有对被研究现象出现的所有场合进行考察,而只是考察了部分的场合;(2)因为先行情况众多,往往无法对不同场合的所有先行情况逐一加以考察,所以在求同时往往无法准确判定前提所提供的共同的先行情况是否就是唯一共同的先行情况。例如:

〔5〕小王一连三个晚上失眠。为了不影响学习,他开始寻找失眠的原因。小王回忆:第一天晚上看了三个小时书,又喝了几杯浓茶;第二天晚上也看了三个小时的书,又抽了许多香烟;第三天晚上同样看了三个小时的书,还喝了大量咖啡。他想,这三天晚上都看了三个小时的书,看来这就是失眠的原因。

从表面上看,这三个晚上的确只有一个共同的先行情况,即看了三个小时的书;而喝几杯浓茶、抽许多香烟、喝大量咖啡是三个不同的先行情况。但是,这种求同却有可能忽略了隐藏在现象后面的真实原因。事实上,在喝浓茶、抽香烟、喝咖啡这些看似不同的先行情况背后,还隐藏着另一个共同点,即小王这三个晚上都摄入了大量兴奋性的东西。一般而言,正是这个隐藏着的共同因素才是失眠的真正原因。

二、求异法

求异法(method of difference),又称差异法。求异法的基本内容是:考察两个(或两组)场合,其中一个(或一组)出现被研究现象(正面场合),另一个(或一组)不出现被研究现象(反面场合),如果在这两个(或两组)场合中只有一个先行情况是不同的,那么这唯一不同的先行情况就是被研究现象的原因。

求异法的结构可以表示如下:

场合	先行情况	相继现象
正面场合	A、B、C、D ——	a、b、c、d
反面场合	B、C、D ——	b、c、d

A 是 a 的原因

求异法的特点是对正面场合与反面场合进行同中求异,除同求异。由于先行情况中的共同情况 B、C、D 不可能成为后继现象中不同现象 a 出现的原因,故需要将它们从可能成为原因的先行情况中排除;只有先行情况中那个唯一不同的情况 A 才可能成为 a 的原因。所以,求异法也是一种排除归纳法。

求异法在科学研究中运用广泛。例如:

〔6〕一百多年前的法国,大量家畜因一种流行的炭疽病而死亡,损失巨大。巴斯德经过研究培养出了炭疽病防疫菌苗,当时的权威们不相信巴斯德的研究成果,因此他们进行了一次公开的试验。1881 年 2 月,50 只羊羔被分作两组,一组接种了炭疽病防疫菌苗,一组不接种。同年 5 月底,上述 50 只羊羔又全部被注射了足以致命的炭疽病毒菌液。三天后,接种过防疫菌苗的羊羔全部生气勃勃,未接种防疫菌苗的羊羔全部死亡。这样,通过大规模接种巴斯德培养出的防疫菌苗,在法国流行一时的致命性畜类炭疽病就被征服了。

在上述试验中,组织方将同一品种的健康状况相同的 50 只羊羔分为两组,一组接种防疫菌苗,另一组不接种。这里,在两组场合所涉及的诸多先行情况中,唯一的不同就是是否接种防疫菌苗,而其余的情况都是一样的,可见采用的是求异法。结论也很明显:接种防疫菌苗是部分羔羊得以存活的原因。

与求同法相比较,求异法具有明显的优点。求同法主要是观察的方法,它很难保证所观察到的相同的先行情况是唯一共同的先行情况。求异法则主要是实验的方法,应用范围很广泛。在实验过程中,人们可以人为地控制先行条件,将被研究对象分成两组,其中一组加入某一新条件,而另一组则加以控制使之不具备这一新条件,从而通过对比,判明因果联系。求异法不仅考察正面场合,也考察了反面场合,这样得出的结论比求同法的结论要可靠一些。

为提高求异法的结论的可靠程度,需要注意以下几点:

首先,要确定被考察的正面场合与反面场合的先行情况中,除了已发现的不同情况以外,不存在其他差异。如果正面场合与反面场合有差异的先行情况不止一个,而其中的某些

区别又被我们忽视,并且这被忽视的又有可能正好是被研究现象的原因,那么通过这种求异法所得到的结论就会不可靠。例如:

〔7〕小李上学期刚刚修读了逻辑导论。最近这段时间,他一上课就感到头痛,而不上课时则感觉不到头痛。他尝试用求异法来寻找头痛的原因,得出结论:上课是头痛的原因,并因此怀疑自己患上了神经性头痛病。

事实上,小李只注意到了上课、不上课这个不同的先行情况,却忽视了另外一个不同的先行情况,即他平时不戴眼镜,只有上课时才戴眼镜。后来经医生检查,发现他的近视度数加深,眼镜度数不合适了,于是小李重新配了一副眼镜。戴着这副新眼镜上课后,小李就再也没有感到头痛了。可见,正是这后面一个不同的先行情况才是引起头痛的原因。

其次,在把握了正面场合与反面场合唯一不同的先行情况后,还应进一步分析这唯一不同的先行情况是被研究现象的全部原因,还是部分原因。例如,将两组绿色植物都给予水分、二氧化碳,而其中一组给予阳光照射,另一组则得不到阳光照射。那么,前一组植物能进行光合作用,后一组植物则无光合作用。此时决不能断言阳光照射是绿叶植物进行光合作用的唯一原因,因为离开了水分、二氧化碳,光合作用也是不能进行的。

再次,要注意已发现的正面场合与反面场合不同的先行情况中,是否存在与引起被研究现象不相关的因素;如果存在,就要排除这些因素与被研究现象有因果联系的可能性。例如,对两组绿色植物同时给予阳光照射和水分,再为其中一组提供空气,另一组则不提供空气。这样,前一组植物的光合作用仍在继续,而后一组的光合作用则中止了。这时我们可能会说,空气是绿色植物进行光合作用的原因。实际上,在绿色植物进行光合作用时起作用的并不是空气的整体,而仅仅是空气中的二氧化碳,并且二氧化碳也只是光合作用的部分原因。

三、求同求异并用法

求同求异并用法(jointed method of agreement and difference),又称契合差异并用法。它的基本内容是:考察被研究现象出现的若干场合,如果在这些正面场合中只有一个先行情况是相同的,而在不出现被研究现象的若干反面场合中,也只有一个相同的先行情况,即不存在那个出现于正面场合的相同的先行情况,那么该先行情况就是被研究现象的原因。

求同求异并用法的结构可以表示如下:

场合		先行情况	后继现象
正面场合	(1)	A、B、C、D ——	a、b、c、d
	(2)	A、E、F、G ——	a、e、f、g
	(3)	A、F、H、I ——	a、f、h、i
反面场合	(1)	B、E、H ——	b、e、h
	(2)	C、F、G ——	c、f、g
	(3)	D、G、M ——	d、g、m

A 是 a 的原因(或部分原因)

在科学研究中,经常运用求同求异并用法。例如:

〔8〕为了探索太阳在候鸟迁徙过程中是否具有定向功能,科学工作者曾进行过这样的实验:建造一座中心对称的六角亭,每一壁都开一个窗户。把玻璃底圆柱形铁丝笼置于亭中,将处于迁徙兴奋状态的候鸟——椋鸟放入笼中,受试的椋鸟只能透过亭窗看到一块不大的天空。阳光透过亭窗时,椋鸟马上将头转向通常迁徙的方向,振翅欲飞。如果用镜子将阳光折射60度或90度,椋鸟飞行方向也随之相应地调转60度或90度。每逢阴天或雨天,云遮住了太阳,笼中的椋鸟就迷失了方向,在亭中六面墙壁上乱撞。而一旦太阳重新露脸,椋鸟则又向着通常迁徙的方向振翅欲飞。科学家们由上述实验得出结论:有些候鸟(如椋鸟)以阳光为定向标。

求同求异并用法的主要特点是两次求同,一次求异。换个角度说,运用这一方法来探求因果联系,主要包含三个逻辑步骤,其中两次运用求同法(正面场合求同,反面场合求同),一次运用求异法(对两次求同的结果进行求异),其中的重点是在两次求同的基础上的第三步——求异。下面对此作一些简单的分析。

第一步,对正面场合求同,即对出现被研究现象的那些正面场合进行比较。如果在这些场合中只有一个先行情况是相同的,那么就可以根据求同法断定:这唯一共同的先行情况是被研究现象的原因。在上例中,椋鸟在有阳光的情况下,总是与阳光保持一定的角度振翅欲飞,不管这阳光是太阳直接照射的,还是经过镜子折射的,也不管折射的角度是60度还是90度。这样,我们就可断定:阳光是椋鸟迁徙飞行的定向标。

第二步,对反面场合进行求同,即对被研究现象未出现的反面场合进行比较。如果这些场合都不具备正面场合中出现的那个唯一共同的先行情况,我们就可以断定:没有这个先行情况是不出现被研究现象的原因。这里用的仍然是求同法。在上例中,每逢阴天或雨天,没有阳光,椋鸟就迷失方向,四处乱撞,由此就可推断:失去阳光是椋鸟迷失方向的原因。

第三步,运用求异法对正面场合求同与反面场合求同所得到结论进行比较,得出最终结论。在上例中,对正面场合与反面场合求同所得结论进行比较,可以发现正面场合所具有的"有阳光"这个唯一共同的先行情况,恰恰是反面场合都不具有的,由此便可推断:阳光是椋鸟飞行的定向标,或者说,有些候鸟以太阳为定向标。

求同求异并用法虽然使用了求同法与求异法两种方法,但它不仅与求同法和求异法这两种方法不相同,而且与求同求异相继运用法也有区别。首先,求同求异相继运用法是先用求同法、再用求异法的一种方法。运用这种方法时,各种正面场合与反面场合唯一的不同之处只在于有无所求的原因,至于其他的先行情况则完全相同;求同求异并用法除了各种正面与反面场合中唯一的不同之处在于有无所求的原因,其他的先行情况则可能不完全相同。其次,求同求异相继运用法得到的结论相对可靠些。正是基于这些特点,求同求异并用法才被看作是一种独立的判明现象间因果联系的方法。

四、共变法

共变法（method of concomitant variations）的基本内容是：如果在某一先行情况发生一定程度的变化而其他先行情况保持不变的场合中，被研究现象也随着发生一定程度的变化，那么这唯一发生变化的先行情况就是被研究现象的原因。

共变法的结构可以表示如下：

场合	先行情况		后继现象
（1）	A_1、B、C、D	——	a_1、b、c、d
（2）	A_2、B、C、D	——	a_2、b、c、d
（3）	A_3、B、C、D	——	a_3、b、c、d

A 是 a 的原因

共变法在科学研究中应用相当广泛。例如，通过实验得知，相同质量的气体，在相同的压强下，温度增高则体积膨胀，温度增高越多，体积膨胀的幅度越大；反之，温度下降则体积缩小，温度下降越多，体积缩小的幅度也越大。于是，根据共变法的基本内容即可推断：温度升降与气体体积膨胀、缩小有因果联系。在生产实践与日常生活中，共变法也有重要的意义，几乎所有测量仪器的构造原理，都是以有因果联系的现象间的共变关系为基础的。

运用共变法应当注意：共变法只能适用于单一原因和单一结果的场合。换句话说，在应用共变法时，只能有一个先行情况变化，其他先行情况是不能发生变化的。如果同时有两个或两个以上的先行情况发生变化，运用共变法就可能得出错误结论，此时就不能使用共变法。例如，我们一边给气体加热，一边对该气体加大压强，这样气体的体积就不是不断膨胀，而是持续缩小。如果我们忽视了压强加大这个因素，就会以为加热是气体体积缩小的原因。此外，现象间的共变关系常常是有限度的，超出某个限度就可能破坏原有的共变关系。例如，在一定的限度内，施肥越多，农作物产量越高；超出这一限度，产量反而开始下降，出现另一种共变关系。

与求同法、求异法和求同求异并用法相比较，共变法有着自己的特殊之点。前三种方法都是从先行情况以及被研究现象是否出现来判明因果联系的，而共变法则是从先行情况和被研究现象的数量、程度的变化来判明因果联系的。在运用共变法时，先行情况与被研究现象在被考察的几个场合中始终存在，只是两者都在量上发生了一定的变化。

共变法的另一个特点是：在一些不能用求同法、求异法的场合，共变法却是可行的方法。如有些先行情况或被研究现象不易消除或不能消除，这时就不能用求同法或求异法，因为这两种方法都要求消除这些现象。但是，在这种情况下使用共变法往往是可能的。我们可以通过实验使不能消除或不易消除的先行情况发生一定数量（程度）上的变化，借此来判明先行情况与被研究现象的因果关系。例如，作用于物体的外力是无法消除的，但外力的大小是可以设法改变的。在这种情况下，我们就可用共变法来确定外力与物体运动之间的关系。

五、剩余法

剩余法(method of residues)的基本内容是：如果已知某个复合情况是某个复杂现象的原因，又已知该复合情况中的一部分情况是这个复杂现象的一部分现象的原因，那么复合情况的剩余部分与复杂现象的剩余部分之间就存在因果联系。

剩余法的结构可以表示如下：

复合情况 K(A、B、C、D)是复合现象 F(a、b、c、d)的原因
B 是 b 的原因
C 是 c 的原因
D 是 d 的原因
———————————————————————————
A 是 a 的原因

自然科学史上运用剩余法而获得巨大成功的事例是很多的，其中较为著名的有海王星与冥王星的发现以及居里夫妇发现化学元素钋和镭。

〔9〕1846 年前，天文学家在观察天王星的运行轨道时发现，其实际运行轨道与计算出来的结果发生了四个方向的偏离，已知三个方向的偏离是由一些已知行星的引力所致，而另一个方向的偏离则原因不明。法国科学家勒维耶考虑，既然其余三个方向的偏离系其他行星引力所致，那么剩余的一个方向的偏离也应是由另一个未知行星的引力所引起的。根据天体力学理论，勒维耶计算并预测了未知行星的运行轨道。他于 1846 年 9 月 18 日向柏林天文台的伽勒请求帮助。果然，当年 9 月 23 日，在与计算结果相差不到 1 度的地方发现了一颗新的行星，这颗行星后来被命名为海王星。

剩余法只用于研究复杂现象的原因，即用来研究由几个情况同时起作用而发生的复杂现象的原因。运用剩余法来判明被研究现象的原因，必须首先知道某一复杂现象的一部分现象的原因。因此，剩余法不能是探求现象间因果联系一开始就采用的方法，它必须以其他方法所求得的部分因果联系作为前提条件。

为了保证运用剩余法所得结论的可靠性，需要注意以下两点：

首先，必须确认被考察现象 F 的一部分 b、c、d 是复杂的先行情况 K 的一部分 B、C、D 引起的，而被考察现象 F 的剩余部分 a 并不是由上述先行情况 K 中的 B、C、D 引起的。如果是 B、C、D 中的部分或共同作用导致了 a 的出现，那么就无法断定 A 是 a 的原因。

其次，复合现象的剩余部分 a 的原因 A，不一定是一个单一情况，也可能是一个复合情况。例如：

〔10〕居里夫妇为了弄清一批沥青铀矿样品中是否含有值得加以提炼的铀，对其中的含铀量进行测定。测定结果表明，一些样品的放射性比纯铀的放射性更强，于是他们认定这些沥青铀矿中含有铀以外的放射性元素。经过艰苦的提炼，1898 年 7 月和 12 月，他们在这批沥青铀矿样品中先后发现了两种此前未曾发现的元素钋和镭。

在这个例子中，正是钋所放射的能量与镭所放射的能量这一复合情况造成了沥青铀矿的部

分样品具有比纯铀更强的放射性。

对于探求现象间的因果联系来说,密尔五法还只是一些较为初步的逻辑方法。对于那些更为错综复杂的因果联系,仅仅用这些方法是非常不够的,因此在判明现象间因果联系时决不能满足于、局限于运用密尔五法。

第四节
溯　因　推　理

一、溯因推理的实质与特征

溯因推理(abductive reasoning),又称"溯源推理"或"回溯推理",是一种由结果推断原因的归纳推理,是人们在日常思维中经常使用的一种推理。

例如,一盏日光灯突然熄灭了,为了使其复明,总要先推测日光灯熄灭的原因:是停电?或是电源线路接触不好?还是日光灯管坏了或者是其他零件损坏了?……可以把上述推测所使用的推理整理如下:

〔11〕如果停了电,那么日光灯熄灭;日光灯熄灭,所以停了电。

〔12〕如果电源线路接触不好,那么日光灯熄灭;日光灯熄灭,所以电源线路接触不好。

〔13〕如果日光灯管坏了或者是其他零件损坏了,那么日光灯熄灭;日光灯熄灭,所以日光灯管坏了或者是其他零件损坏了。

这三个推理都是溯因推理,其形式可以表示如下:

$$\frac{\begin{array}{c} q \\ p{\rightarrow}q \end{array}}{p} \quad 或 \quad \frac{\begin{array}{c} q \\ p \lor r {\rightarrow} q \end{array}}{p \lor r}$$

左边是〔11〕和〔12〕的形式,右边是〔13〕的形式。这些推理形式亦可横写为$(p{\rightarrow}q) \land q{\rightarrow}p$ 或 $(p \lor r{\rightarrow}q) \land q{\rightarrow}p \lor r$,很明显属于充分条件假言推理的肯定后件式。不过,由于溯因推理实质上是由一对象存在的必要条件来推测该对象的存在,因此它只是貌似演绎推理,而实际上属于归纳推理。与此相关,溯因推理也不是必然性推理,由于不符合充分条件假言推理的规则,溯因推理的前提并不蕴涵结论,前提与结论之间的联系是或然的。

二、溯因推理的作用

溯因推理虽然不是必然性推理,但决不能因此而说这种推理没有作用。在日常生活中,在科学研究提出假说的过程中,在医生的诊疗实践中,以及在刑事侦查工作中,溯因推理都发挥着非常积极的作用。

下面我们对溯因推理在刑事侦查工作中的作用作一个分析。任何一个案件,在侦查破案的开始阶段,侦查人员总是只知道犯罪的结果和罪犯留下的犯罪痕迹,而造成犯罪结果的原因以及犯罪的各个环节,只能由侦查人员运用已有的知识去推断,从而为破案提供线索。例如,1986 年 7 月 31 日,S 市发生了一起新中国成立后罕见的特大盗窃黄金首饰案,价值 24 万元的首饰被人盗走。对于这起大案,公安人员迅即展开调查,从现场留下的痕迹推测:盗贼是一个偷盗老手,此案是一个外盗案件。这些结论就是运用溯因推理法得到的。经过整理,这两个推理可以表述如下:

〔14〕如果盗贼是一个偷盗老手,那么作案现场留下的痕迹就不多;作案现场留下的痕迹不多(没有发现指纹),所以盗贼是一个偷盗老手。

〔15〕如果此案是一个外盗案件,那么作案目标就不明确;作案目标不明确(作案人员曾翻弄现场专放洗漱用具和换洗衣服的牛津包),所以此案是一个外盗案件。

虽然上述推测的结论并不能最终确定盗贼的身份,但是却明显地缩小了作案嫌疑人的范围。经过一系列缜密的推理、论证和紧张的行动,公安人员在案发后三天就成功破案了。

第五节
类 比 推 理

一、类比推理的实质、结构与特征

类比推理或类比,是人们在思维中经常使用的一种推理。

"类比"(analogy)是一个多义词。经考证,"类比"这个术语在古希腊语中的原意是比例,最初被古希腊数学家用来指几组数量之间的关系相一致。例如,6 和 9 这两个数的系统与 8 和 12 这两个数的系统是"相类似的",因为这两个系统如下的相应关系是一致的,即 $6:9 = 8:12$。

后来,"类比"的含义逐渐得到拓展,常被用来描述两个对象或两类现象的相似、相符,或相同关系。例如,哲学史学者常常将黑格尔与柏拉图进行类比,因为他们在如何解决思维与存在的关系问题方面具有类似的思想;也有人把黑格尔与亚里士多德进行类比,因为两人都对逻辑思维形式进行了当时条件下全面的考察。

在修辞学中,类比是一种比喻的手法。

在传统逻辑中,类比推理是一种根据两个或两类对象在某些属性上相同,进而推断它们在另一属性上也相同的推理。例如:

〔16〕两百年多前,奥地利一位医生在解剖死尸时发现,一些病人死后胸腔内化脓、积水现象严重。为了及时诊断,挽救病人,这位医生反复思考。一天,他突然想起父亲经营酒业时,用手指关节叩击木制酒桶,根据声音就可以估量出桶中酒量的多少。于是他想:酒桶与胸腔都是封闭的,叩击时都能发出声音,既然能用叩击来估量桶内的藏酒量,那么也可以用叩击来判断病人胸腔内的积水量。由此,这位奥地利医生发明了"叩诊"的方法。

类比推理的结构，可以表示如下：

> 对象 A 有属性 a、b、c、d
> 对象 B 有属性 a、b、c
> _____
> 对象 B 有属性 d

从类比推理的结构可以看出，在对象 A 与 B 之间进行类比，就是把已观察到的 A 所具有的属性 a、b、c、d 之间的相互联系，推广到 B，并由 B 已被确认具有属性 a、b、c，进而推断 B 也具有属性 d。由于属性 a、b、c 为 A 和 B 同时具有，我们可以称之为共有属性；前提所确认的 A 具有的属性 d（此时 B 是否具有 d 尚不得而知），在结论中被断定为 B 也具有，我们可以称之为推出属性。

类比推理的根据是对象属性之间的相互联系和相互制约的关系。任何对象都是多种属性的统一体，各种属性并不是孤立的，而是相互联系、相互制约。因此，如果两个或两类对象在一系列属性上相同或相似，那么它们在另一些属性上也可能相同或相似。

那么，是否由此就可以说类比推理是一种必然性推理，当其前提为真时结论就必然为真呢？不可以。这主要是因为：

首先，虽然对象内部各种属性之间存在着相互联系，但这种联系往往具有不同的性质：有的联系是必然的，有的联系是偶然的。而类比推理只是根据简单的比较就进行推断，并未分析属性之间各种联系的性质，因而不一定能够准确掌握对象属性间的逻辑联系。如果共有属性与推出属性之间的联系是偶然的，那么以 A、B 对象具有共有属性为根据而推出 B 对象也具有推出属性的可能性就并不大，从而结论的可靠程度也就不高。

其次，被类比的两个或两类对象总是不仅有相似性，也有差异性。对象 A、B 在共有属性上是相同的，但不能说在推出属性上就一定相同，因为 A、B 毕竟是两个或两类对象，两者之间必有差异，而推出属性很有可能就是两者的差异所在。

由此可见，类比推理的前提与结论之间的联系并不是必然的，即便其前提均真，结论也并不必然为真。例〔16〕所说的奥地利医生通过类比推理发明的"叩诊"方法，至今仍被认为是可行的，但也有一些类比推理的结论被实践证明是假的。比如，有人曾根据地球与火星在一系列属性（太阳系的行星、存在着大气层、水分、适合生命存在的温度）上是相同的，并且地球上有高等动物，从而推断火星上也存在高等动物。不过，近年来的火星探测结果表明，火星大气层中所含氧气极少，而必要数量的氧气是高等动物生存的必要条件，于是"火星上存在高等动物"就被证明是一个不可靠的类比结论。

由于类比推理属于或然性推理，由其得到的结论并非总是真的，因此应当对类比推理的结论作进一步的验证，不能将其当作完全正确的认识加以运用。

二、提高类比推理合理性的途径

那么，我们该通过何种途径来提高类比推理的合理性、提高其结论的可靠性呢？一般认为，类比推理合理性的高低与前提所确认的共有属性的广度和本质性程度密切相关。具体

来说,可以从以下三方面着手来提供类比推理的合理性:

首先,前提要尽可能多地确认对象的共有属性,共有属性越多,类比的合理性越高,其结论的可靠程度就越高。

就自然界而言,如果两个或两类对象的共有属性越多,就说明它们在自然领域的属种系统中地位越接近,这样推出属性也就有较大的可能为类比对象所共有。竺可桢、宛敏渭在《物候学》一书中记载了这样一个例子:

〔17〕美国农业部利用物候学对作物进行引种驯化,他们分析了世界各国特有经济作物的生长、开花、结果时期,探明其温度、湿度、日光的需求,然后将这些作物移植于美国适当地区。过去他们曾从我国移植了不少品种,如移植到加利福尼亚的柑橘,移植到佛罗里达的油桐和移植到中西诸州的大豆等。经一二十年的培育,这几种经济作物在美国不但能够做到自给,而且还能在国际市场上和我国竞争。[①]

美国移植世界各国特有的经济作物之所以取得成功,一个重要的原因就是美国方面利用物候学的知识,充分注意到了引种地区与原产地区在自然环境和气候条件(温度、湿度、日光等)方面的相同属性应尽可能地多。从逻辑上分析,这里面就有着对类比推理的运用,而移植的成果说明了前提所确认的共有属性越多,类比的合理性就越高,结论的可靠程度就越高。

其次,类比的逻辑根据应尽可能是现象间规律性的东西,而不是偶然的表面的相同。

这里有两层含义:一是说前提所确认的共有属性应是对象较本质的属性,这样结论的可靠程度就较高;二是说前提所确认的共有属性与推出属性之间相关性越高,类比推理的合理性就越高。例如,在用类比推理来推断动物的智能活动水平时,如果不是任意地抽取一些属性进行类比,而是重点考察与智能水平相关的脑的绝对重量、相对重量的大小以及脑的复杂程度是否相同,那么这样得到的类比结论的可靠性就会高一些。

违反上述要求常见的逻辑错误叫作"机械类比",即不是对两个或两类对象较本质的属性进行类比,不是从与推出属性密切相关的属性去类比,而只是从表面的、非本质的属性相同就推断两个或两类对象在另一属性上也相同。

最后,要注意寻找有无与类比推理结论相排斥的情况。

在进行类比时,如果发现对象 B 中存在与推出属性 d 不相容的属性,那么无论对象 A 与 B 之间存在着多少的共有属性,"对象 B 有属性 d"的结论也是不能成立的。

三、类比推理的作用

类比推理结论所涉及的知识范围实际上已经超出了前提所涉及的知识范围,这种外推性质就决定了类比推理是一种创造性思维的方法。在对某些对象领域进行开创性研究时,人们常常在不同程度上使用这种推理以提出一种待证的假设,为进一步的研究提供一种新的思路,从而使得类比推理在人们认识和改造客观世界的活动中,具有非常重要的意义。科

---

① 竺可桢、宛敏渭:《物候学》,湖南教育出版社,1999 年,第 20 页。

学史上的许多重要理论,最初就是通过类比推理得出的。例如,荷兰物理学家惠更斯类比了光与声,发现它们有一系列相同属性,又根据声具有由一种周期运动引起的、呈波动的状态这一特点,推断光也有波动性,提出了有深远影响的光的波动说。著名的英国生物学家达尔文将自然界生物的进化与人工通过选择培育生物相类比,得出了《物种起源》一书的理论结论。

随着现代工程技术发展得越来越快,再加上建设一项大工程的花费极为昂贵,为了节省财力、人力与时间,人们在研制新型飞机、卫星和建造大型水利工程、高层建筑时,常常依靠于精密准确的模型试验,以此类推出研制原型的性能。20 世纪 60 年代,人类根据新兴科学——仿生学的重要原理,从自然原型类推出人工模拟系统的属性,从而制造出电子狗鼻、电脑、机器人等新工具,为人类利用自然、改造社会提供了新的手段。从逻辑上看,这些新的技术均在不同程度上以类比推理为基础。

第六节
假　　说

一、假说的实质与特征

人们在探索自然界与社会的奥秘时,往往无法一下子就把握研究对象的规律、洞察研究对象的本质而建立科学的理论系统。在这种情况下,为了实践的需要,同时也是为继续研究的需要,不得不以现有的客观事实和科学知识为依据,提出其可靠性尚未得到证明的假说。

在科学研究过程中,提出假说是一种广泛应用的方法。在天文学中,曾有康德关于太阳系起源于原始星云的假说;在地质学中,出现过李四光关于地壳运动发展的起因是地球内部运动所引起的地球自转速度变更的假说;生物学、物理学、化学则先后出现过自然选择、物质分子、原子结构、元素周期性变化等许多假说。在社会科学领域,也产生过马克思关于社会经济形态的发展是一个自然历史过程的假说……

逻辑学所说的假说(hypothesis),又称假设,是根据已有的事实材料和科学原理对某一未知对象或现象,某一未知的客观规律所作出的一种推测性的说明。

从假说的定义可以看出,假说是科学性与假定性的统一。它有如下的主要特点:

首先,假说以一定的科学事实为根据。假说是建立在一定的观察、实验材料或其他经验事实的基础上,并经过了一定的逻辑论证的,因此它是对未知对象、现象或规律的有根据的猜测。这一点使得假说既不同于毫无事实根据的迷信、臆测,也不同于缺乏科学论证的简单猜测、幻想。

其次,假说的基本思想、主要部分是根据已知的客观事实和科学知识推想出来的。它是否把握了客观真理,还是有待证实的,因此假说不同于确实可靠的科学理论。

从认识意义考察,假说是科学认识中形成理论体系的必经环节,又是一个理论向另一个理论发展的桥梁。假说有待证实,但又是关于未知对象、现象或规律的有根据的推测。从运动发展的眼光看,假说在实践检验过程中不断被修改、补充、更新,人的认识就会更多地、更准确地反映现实,因此假说是人的认识接近客观真理的方式。

二、假说的提出

假说的提出或者说形成是一个十分复杂的过程。从逻辑的角度说,假说的提出一般需要经过三个阶段:

第一阶段:随着实践活动的深入,新事实与旧理论发生了矛盾,出现了一些为已知的科学原理无法解释的新事实、新关系,或者是通过研究发现了原有理论中或原有理论之间存在逻辑矛盾。

第二阶段:为了解决上述矛盾,依据已知的客观事实和科学知识,进行科学分析,运用归纳推理、类比推理、溯因推理以及探求现象间因果联系的各种方法提出假说,力图对上述新事实、新关系产生的原因和发展的规律提出初步的假定,或消除原有理论内部或原有理论之间的矛盾。

第三阶段:利用有关的理论和尽可能多的科学材料进行广泛的论证,使上述初步的假定发展为结构较为完整、较为稳定的科学假说。

下面以大陆漂移假说的提出为例来具体说明假说提出的三个阶段。

最初(17世纪以来),许多学者发现非洲西部的海岸线和南美洲东部的海岸线彼此相吻合。当时的地质理论,如地球收缩说等,都不能解释这一事实。这是第一步。

1910年,德国地球地理学家魏格纳依据当时已知的力学原理和海岸形状、地质、古气候学等方面有限的科学材料,提出了大陆漂移的初步假说。按魏格纳当时的分析,不仅南美洲与非洲,而且北美洲与欧洲,印度、澳洲和南极洲的海岸线都可以拼合。这是第二步。

1915年魏格纳出版了《大陆和海洋的起源》一书。此书利用地球物理学、地质学、古生物学、古气候学、大地测量学等学科的材料,对大陆漂移的初步假定进行了广泛的科学论证。魏格纳设想:在古生代,地球上只有一块陆地,称为泛大陆,其周围是广阔的海洋,后来由于天体引力和地球自转所产生的离心力,使泛大陆分裂成若干块,这一块块陆地像浮冰一样在水面上漂移,逐渐分开。美洲脱离了欧洲与非洲,它们之间形成了大西洋;非洲的一半脱离了亚洲,其间形成印度洋;南极洲、澳洲脱离了亚洲与非洲,而后南极洲与澳洲又彼此分开。魏格纳还以大陆漂移说解释了地球上山脉的成因。这样,初步的假定成了比较完整的科学假说。这是第三步。

假说是对于未知的对象、现象或规律的科学推测,因此假说的提出应当满足以下四点要求:

第一,要尊重已被实践证实为科学原理的知识。

这里有两层意思:一是假说必须与科学的世界观——辩证唯物论相一致,二是假说应不与具体科学中经过实践检验的科学知识相矛盾。

例如,能量守恒与能量转化定律已经为科学事实反复证实,如果构造假说时与上述定律相违背,如试图制造永动机,那就必然要导致失败。当然也要看到,认识本身是一个辩证发展的过程。在一定历史条件下,被人们所认定的理论,常常会因为实践与认识的发展而得到修正、完善甚至推翻。例如,燃素说、神创论、地心说等就先后被氧化说、进化论、日心说等所取代。因此,只要有实践提供的依据,就可以提出与人们公认的原理相悖的假说,当然假说本身也应接受实践的检验。

第二,必须能说明它所要解释的那些事实,并能预测未知的事实。

假说是用来回答由事实提出的问题的。只有当假说能对广泛的有关事实作出解释,才能表明假说具有较大的适用性并得到大量事实的支持,从而该假说才会有意义。不仅如此,一个假说还必须尽可能多地预测未知的事实,以表明假说不仅具有巨大的启发作用,同时还可以接受广泛的检验。

万有引力定律最初是牛顿提出的一个假说,它不仅成功地解释了太阳系错综复杂的运动,后来又被用以预测了海王星的存在,推出了彗星的运动规律,等等。而这些解释与预测都与观测的结果相符,从而证明万有引力定律不仅是科学假说,而且是被实践广泛证实了的科学定律。

第三,在内容上不应当存在逻辑矛盾。

假说往往包括相当多的内容,这些内容在逻辑上不能是互相否定的。如果假说中存在逻辑矛盾,就应设法消除它;如果无法消除,就应当抛弃该假说。微积分在提出之初就面临这样的问题:无穷小量究竟是不是零? 牛顿一方面用无穷小量作分母进行除法运算,另一方面又在某些步骤上把无穷小量当作零而舍去。如果无穷小量是零,那就不能在除法运算中作分母;如果无穷小量不是零,就不能随便舍去。在这种情况下,就必须消除这种矛盾,否则微积分作为假说就没有存在下去的理由,也不可能进一步发展成为科学理论。

第四,在结构上要简明、严整。

假说的提出,从初始阶段到完成阶段是一个内容不断扩充的过程,难免掺和进去许多无关紧要的材料,从而导致假说不够严密,往往吞没了假说的核心概念。因此,简明是科学假说的一个基本特征,至于简明到什么程度,则要依假说所要解释和说明的对象的性质而定,但基本的要求是无论如何要消除无关的、非必要的东西,以保证内容精练、重点突出。

三、假说的验证

提出假说以后,应当对其加以验证。验证对于假说能否最终为人们所接受具有决定性的意义。由于研究对象不同,假说的验证方式也是多种多样的。

当假说的主要内容是关于可观测的现象或对象的存在与否时,一般用观察的手段来验证假说。例如:

〔18〕德国生物学家施旺与施列登分别发现动物和植物都是由细胞构成的,而施列

登又提出所有植物组织都是由有核细胞构成的。施旺设想：如果动物同植物在本质上相似，那么构成动物的细胞中也应该有细胞核。后来，他用显微镜反复观察，最终在动物的脊索细胞和软骨细胞中如愿观察到了细胞核。至此，动物细胞中也有细胞核这一假说就被证实了。

当假说的主要内容不可能或不必要直接由实践验证时，则常常通过逻辑手段间接地对其进行验证。数学与逻辑中的许多命题就是用这种方法来验证的。更多的假说则是通过如下两个步骤来进行验证：

首先，从假说的基本观念引申出关于某些事实的结论：对已有事实的解释或者对未知事实的预测，后者通常更为重要。如从假说的整体或部分 p 出发，逻辑地推出若干事实推断 q，即 p 蕴涵 q。q 指称的可以是已知事实，也可以是未知事实，因此 q 实际是 q_1、q_2、……q_n 的合取。

其次，验证由假说引申出来的这些事实，即验证 q_1、q_2、……q_n 是否为真。验证结果，可能都是真的，也可能并非如此，这样假说就在某种程度上被证实或否定。

当 p 引申出的关于事实 q_1、q_2、……q_n 的推断均为真时，是否意味着可以在逻辑上必然断定 p 是真的呢？不能。因为这里的推断过程所使用的推理形式是 $(p \rightarrow q) \wedge q \rightarrow p$ 即溯因推理，这种推理是或然性的，因此 p 可能为真，亦可能为假。由此可见，当由假说引申出的关于事实的推断得到证实时，这只表明假说的基本内容或基本观念得到了有条件的、相对的证实，假说并不因此而就成为真正科学的理论。那么，在什么情况下，假说可以转化为科学理论呢？只有当科学家经过严格的逻辑论证，设计出典型性的观察或有决定意义的实验，证实了假说的基本思想时，假说才能转化为一定历史条件下的科学理论。例如，爱因斯坦的广义相对论，就是经由三大验证（水星近日点的运动、光线在引力场中的弯曲和光谱线在引力场中的红移）的证实而得到确认的。

当假说 p 引申出的关于事实 q_1、q_2、……q_n 的推断并不全部为真时，也不能断然否定 p 的真实性。这里的推断过程所使用的推理形式是 $(p \rightarrow q) \wedge \neg q \rightarrow \neg p$，虽然这是有效的充分条件假言推理否定后件式，结论的获得具有必然性，但是假说核心命题的提出是根据已有的事实和原有的科学理论，也许问题出在这两个方面，因此不应轻易抛弃假说。此外，关于事实 q 的推断，可能是由假说的中心观念引申出来的，也可能是由假说的非中心观念引申出来的。这样，我们可以有两种选择：如果 q 所断定的事实不存在足以否定假说的基本内容，那么就要考虑所依据的已有事实和原有的科学理论是否有问题，若没有问题，那么就只能否定假说、抛弃假说并以新的假说取代这一假说；如果 q 所断定的事实不存在并不足以否定假说的基本内容，那么就补充、修正假说，使之更加确切、具体。

总之，假说的验证（无论是证实还是否定）是一个过程，草率地把假说当作科学理论或者轻易地抛弃假说的做法，在实践上往往是有害的。

第七节
归纳逻辑的现代发展
——概率与统计方法初步

一、古典概率与频率概率

在进行简单枚举归纳推理的时候，会碰到两种情况：一种情况是被考察的对象一致而无例外地具有或不具有某种属性；另一种情况是考察了某对象类（如 S）的部分个别对象（如 n 个对象）后发现，被考察的对象中有些对象（如 m 个对象）具有属性 P，而其余则不具有属性 P。在前一种情况下，我们往往根据归纳推理的一般原则，断定某类对象的所有个别对象具有或不具有某种属性；在后一种情况下，显然无法推出一个全称命题，即无论是断定"所有 S 是 P"还是断定"所有 S 不是 P"，都是行不通的。如果此时出于实践的需要，必须知道第 n+1 个 S 是否具有属性 P，那么根据已获得的考察结果，我们能作出什么断定呢？传统的归纳逻辑不讨论这个问题。为了解决这类问题，归纳逻辑在现代发展中就逐步引进了概率的研究方法。

概率（probability），亦称或然率、几率，是用来表示随机事件发生的可能性大小的一个量。在自然现象与社会现象中，有一些事件在相同条件下可能发生也可能不发生，此类事件就是随机事件。例如，抛掷一枚质地均匀的硬币，结果可能正面向上，也可能反面向上；妇女生育孩子，可能生男，也可能生女。人们通常把必然发生的事件的概率规定为 1，把不可能发生的事件的概率规定为 0，而其他随机事件的概率则是介于 0 与 1 之间的一个数。数值越大，随机事件发生的可能性越大。

那么，如何计算一般随机事件的概率呢？下面我们举一个例子来进行说明。在一个口袋里装有两只白球、一只黄球、一只红球，这四只球的大小、形状、重量完全一样，伸手从袋内任取一球，"所取得的是红球"就是一个随机事件。这一随机事件的概率很显然是 1/4。因为口袋内共有四个球，从袋内任取一球时，就有四种可能情况，其中一种可能情况是取得红球。由上述这一事件，我们可以引出一种关于概率的古典算法：

　　　　事件 A 出现的概率，是 A 可能出现的情况与全部可能情况在数量上的比率。
由此我们可以推断，上例中"所取得的是白球"的概率是 2/4 即 1/2，"所取得的是黄球"的概率是 1/4。也可以把古典的概率算法规定如下：

　　　　如果事件 A 在全部 n 种可能情况中会出现 m 次，则 A 出现的概率是 m/n。
例如，一颗骰子有六面，分别刻有一到六点，那么掷一次骰子而出现五点只是六种可能性中的一种，则其概率就是六分之一。

尽管古典概率（classical probability）有相当大的应用范围，但这个范围仍是有限的，即只适用于会产生有限种类不同结果的随机事件场合。设这类随机事件共有 n 种，分别用 A_1、

A_2……A_n 表示,则只有当 A_1、A_2……A_n 具有下列三种性质时,古典的概率算法才能适用。这三种性质是:

(1) 等可能性:A_1、A_2……A_n 出现的可能性大小相等;

(2) 完备性:在任何一次试验中,A_1、A_2……A_n 至少有一个发生;

(3) 不相容性:在任何一次试验中,A_1、A_2……A_n 至多有一个发生。

在满足上述三种性质的场合,古典的概率算法的准确性是毋庸置疑的。许多人反复试验了抛掷均匀质地的硬币出现正面向上的可能性,都证实了这种准确性。有一个试验的结果是:

表 10 - 1

抛掷硬币次数	正面向上的次数	正面向上的次数与抛掷硬币次数的比率
4 040	2 048	0.506 9
12 000	6 019	0.501 6
24 000	12 012	0.500 5

可见,正面向上的次数与抛掷硬币次数的比率总是约等于 1/2,并且试验的次数越多,其比率越接近 1/2。

由于古典的概率算法预设了随机事件出现的等可能性,这就导致了它的局限性。实际情况是,与一个事件有关的各种随机事件的出现并不一定具有相等的可能性。枪击 100 米以外的 10 厘米大小的靶子,其结果无非是两种可能性:要么射中,要么射偏。这是否意味着,无论对谁来说,射中与射偏的概率都是 1/2 呢?当然不是。如果是的话,那举行射击比赛就没有意义了。对于这种情况,古典的概率算法因其局限性而不再适用。那么,这种类型的随机事件的概率又该如何确定呢?

人们提出了一种对于概率的新理解,即频率概率(frequentist probability)或者统计概率(statistical probability)。那么,频率又是如何确定的呢?通常的算法如下:

在一组固定的条件下,重复进行 n 次试验,若事件 A 在 n 次试验中发生了 m 次,则 A 在这组条件下对 n 次试验的频率是 m/n。

以此为基础,可以把频率概率或统计概率规定为:

在一组固定的条件下,重复进行 n 次试验,事件 A 在 n 次试验中发生了 m 次。当试验次数 n 很大时,A 的频率 m/n 始终在数值 p 的附近摆动,而且随着试验次数的增加,这种摆动的幅度越小,那么 p 就可被认定为 A 在该条件下发生的概率,记作 p(A) = p。

通过计算事件 A 的发生频率来计算其概率的方法是一种试验的方法。在实际过程中,精确的 p 值常常是无法求得的,因此当试验次数 n 适当增大时,我们就把频率 m/n 作为 p 的近似值。那么,将频率作为概率值是否有其客观性呢?看来是有的,但必须要有一组固定的条件,即各次试验的条件相当。例如,为了确定菜类种子的发芽率,从大批种子中抽出若干

批做发芽试验。在相同的条件下,获得如下结果:

表 10 - 2

种子粒数	发芽粒数	发芽种数的频率
2	2	1
5	4	0.8
10	9	0.9
70	60	0.857
130	116	0.892
310	282	0.910
700	639	0.913
1 500	1 364	0.909
2 000	1 806	0.903
3 000	2 715	0.905

从上述数据可见,发芽率总是在 0.9 附近摆动。频率具有稳定性这一事实,说明以频率作为刻画随机事件发生的可能性大小的量——概率,是有客观依据的。

二、复杂事件的概率

在研究随机事件的概率时,为了掌握复杂事件发生的可能性大小即概率的大小,常常把复杂事件分解为若干较简单的事件。如何分解? 又如何计算出复杂事件的概率? 这需要研究事件之间的逻辑关系。我们在这里主要介绍以下几种关系:

1. 事件的积

两个事件同时发生称为事件的积。假设甲与乙两位足球选手先后罚点球,已知甲罚中点球的概率为 0.65,乙罚中点球的概率为 0.4,问两人同时罚中点球的概率是多少? 我们把甲罚中称为事件 A,乙罚中称为事件 B,两人同时罚中称为事件 C。很显然,C 相当于"A 与 B 同时发生",我们称 C 兼有 A 与 B,记为 $C = A \cdot B$ 或 $C = AB$ 或 $C = A \wedge B$,而 $A \cdot B$、AB 和 $A \wedge B$ 都表示 A 与 B 的积或交。这种关系在逻辑性质上相当于两个类的逻辑积关系,或者两个集合的交关系,抑或是包含两个支命题的联言命题。

对于随机事件 A 和 B 而言,如果 A 是否发生都对 B 的概率不产生影响,我们就称 A 与 B 在概率意义上是相互独立的。上述例子中,假设甲与乙中的任何一方是否罚中点球,都对另一方的命中率不产生影响,那么 A 与 B 就是相互独立的。对于相互独立的两个事件的积,其计算公式如下:

$$p(AB) = p(A) \cdot p(B)$$

在上例中,甲和乙罚中点球的积就是:

$$p(C) = p(AB) = p(A) \cdot p(B)$$

$$= 0.65 \times 0.4$$
$$= 0.26$$

即甲和乙同时罚中点球的概率为 0.26。

2. 事件的和

两个事件中至少有一事件发生称为事件的和。我们继续使用前面那个例子，A 与 B 仍分别表示"甲罚中点球"与"乙罚中点球"，而将 C 改为表示"甲与乙至少有一人罚中点球"，那么 C 就是 A 与 B 的合成事件，记为 $C = A + B$ 或 $C = A \lor B$。$A + B$ 和 $A \lor B$ 都表示 A 与 B 的和或并。这种关系在逻辑性质上相当于两个类的逻辑和关系，或者两集合的并关系，抑或是含有两个支命题的相容选言命题。事件 $A + B$ 通常包含有三个部分：①A 与 B 同时发生；②A 发生但 B 不发生；③B 发生而 A 不发生。

如果要计算"甲与乙至少有一人罚中点球"的概率，也不会太困难。我们用 A' 与 B' 分别表示"甲未罚中"与"乙未罚中"，那么 A' 与 B' 的概率就分别为 $(1-0.65)$ 与 $(1-0.4)$，即分别为 0.35 与 0.6。这样：

$$p(C) = p(A+B) = p(AB) + p(AB') + p(A'B)$$
$$= 0.26 + 0.39 + 0.14$$
$$= 0.79$$

即"甲与乙至少有一人罚中点球"的概率为 0.79。

如果 A 与 B 不能同时发生，我们称 A 与 B 不相容（或互斥）。在这种情况下，A 与 B 的和便只包含两个部分：②A 发生；③B 发生。这时的加法公式如下：

$$p(C) = p(A+B) = p(A) + p(B)$$

例如，袋中放着三个红球、三个黑球和四个白球，这些球除了颜色以外其他方面都相同，那么任取一球取得非红球的概率是多少呢？所谓"取得非红球"，就是指取得黑球或白球。若以 A 与 B 分别表示"任取一球取得黑球"与"任取一球取得白球"，很显然，$p(A) = 0.3$，$p(B) = 0.4$。我们再以 C 表示"任取一球取得非红球"，由于任取一球不可能同时取得黑球与白球，即 A 与 B 不相容，因此：

$$p(C) = p(A+B) = p(A) + p(B)$$
$$= 0.3 + 0.4$$
$$= 0.7$$

即任取一球取得非红球的概率为 0.7。

3. 互补事件

在一次试验中，事件 A 要么发生要么不发生，这样对于 A 来说，"A 不发生"就可称为 A 的对立事件或逆事件，记作 $\neg A$。A 与 $\neg A$ 互为互补事件。A 与 $\neg A$ 的关系在逻辑性质上相当于类或集合的补的逻辑关系，据此 $A + \neg A$ 就是一个必然事件。再根据不相容随机事件的概率加法公式 $p(A + \neg A) = p(A) + p(\neg A)$ 可知，$p(A) + p(\neg A) = 1$，即互补事件概率之和为 1。这样，我们就可以在已知 $p(A)$ 的条件下，推知 $p(\neg A)$，因为既然 $p(A) + p(\neg A) =$

1，那么 $p(\neg A) = 1 - p(A)$。

我们继续用前面那个袋中取球的例子。既然"任取一球取得非红球"的概率为 0.7，那么"任取一球取得红球"的概率自然就是 $1 - 0.7 = 0.3$。

三、统计方法

在科学研究中，常常要处理数据（data）。我们把研究数据的搜集、整理与分析方法的学问叫作统计学（statistics）。例如，我们希望了解在大量的随机事件中，有利于某事件的概率有多大？又如，要了解某钢铁公司星期三所生产的一万根钢筋的合格率，对每一根都进行检验显然是无法办到的，那么我们如何估算这批钢筋的合格率？再如，从统计所得的大量数据中，如何确定能代表这些数据的数值？这些都涉及统计学的知识。

（一）数据的代表值

数学统计的一个目的在于了解数据集中趋向的度量，即所谓的代表值、典型值，也有人称其为平均数、水平值。通常以统计方法求得代表值的方法有以下几种：

1. 算术平均数

算术平均数（arithmetic mean）是将数据集合的所有数值相加，再除以数据的个数，所得的商。例如，某寝室八名同学，在某次外语考试中的得分分别为 90、84、80、77、72、70、64、62，则可算出该寝室同学此次外语考试的平均成绩是 74.9。

算术平均数通常被认为是最佳集中趋势度量值，在所有代表值中它的用途无疑是最广的。它可用公式表示，又容易计算，并且考虑到了每一个数据。但是，如果数据集合的一端含有少数特别大或特别小的数据，算术平均数就不再具有代表性了。例如，某房产中介公司的三位业务员均为 22 岁，但经理的年龄是 58 岁，则上述四人的年龄的算术平均数为 31 岁，这不能被认为是有典型性的。

2. 加权平均数

在有些场合，简单的算术平均数并不能表现数据集合的代表值。例如，有三块棉花试验田，第一块亩产 180 斤皮棉，第二块亩产 201 斤皮棉，第三块亩产 240 斤皮棉，这三个数值的算术平均数是 207。但是，207 斤并不能表现这三块试验田的平均亩产，因为这里没有考虑上述三块试验田的面积。如果将面积因素也考虑进来，那就要用到加权平均数。

什么是加权平均数（weighted arithmetic mean）呢？如果在有 n 个数据的集合中，数据 A 出现 f_1 次，数据 B 出现 f_2 次……数据 K 出现 f_k 次，其中 $f_1 + f_2 + \cdots\cdots + f_k = n$，那么加权平均数就等于 $(Af_1 + Bf_2 + \cdots\cdots + Kf_k)/n$。

假设在上面那个例子，第一、二、三块试验田的面积分别为 3、4、8 亩，那么 3、4、8 就称为"权"。上述加权平均数就是：

$$(180 \times 3 + 201 \times 4 + 240 \times 8) \div (3 + 4 + 8) = 217.6$$

即该三块试验田皮棉的平均亩产量为 217.6 斤。

3. 众数

众数(mode)也常被用来作为数据集合的代表值。所谓众数,是数据集合中出现次数最多的那个数据。通常只要把数据集合列成频率分布表,频率最高的那一项数据就是众数。

比如,某篮球队在一场比赛中上场的八名队员得分的频率分布如下表:

表 10 - 3

得分	频率
14	1
10	1
8	3
6	1
4	2

不难看出,在这场比赛中,该篮球队上场队员得 8 分的人数最多,众数即为 8。

众数由于出现的频率最高,所以往往被认为是数据集合中最典型的一个数据。众数作为代表值的缺点在于:确定众数时并不考虑其他数据数值的大小;而且有时会出现有几个数据同时符合众数定义的情况,这时众数就失去了作为代表值的意义。

4. 中位数

中位数(median),又称"中数",是将数据集合中所有数据按照从小到大(或从大到小)的顺序排列后所得到的正中的那个数(中间值)。如果数据集合中数据的个数是偶数,则中位数就是当中两个数据的算术平均数。例如,在数据 3,4,5,5,7,7 中,中位数就是 5。

现行的一些体育比赛如跳水、体操等的评分方法,就是以中位数作为运动员的得分。通常有四位体操裁判打分,如四位裁判员给运动员 M 的自由体操打分,分别为 9.65、9.55、9.5、9.5,那么 M 的自由体操得分就是当中两数的算术平均数即 9.525。

中位数的优点是容易计算,而且不受少数极端大或极端小的数据数值的影响,从而比较稳定。

(二) 抽样

在实际工作中,有时被考察的对象类有许多分子,无法一一加以考察,我们只能从所研究的对象全体中抽取一部分个别对象对其加以考察。这时,我们称所考察的对象的全体为总体(population),而把每一个个别对象称为个体(individual),把从总体中抽取出的那部分个体叫作样本(sample),样本所含个体的多少叫作样本的大小。抽样(sampling)是把样本从总体中抽取出来的过程,抽样的目的是为了对总体的某些数学特征作出较为可靠的推断。

进行抽样时,需要考虑如下两个问题:

第一、如何抽样?抽多少?这涉及抽样的方法;

第二、如何对抽样的结果进行合理的分析,并作出科学的推断。这涉及对数据的处理,亦即有关统计推理的问题。

　　一个合理的抽样方法应该保证所抽取的样本能代表总体，为此需满足以下三个条件：

　　首先，样本要足够大。要消除误差，样本就应该足够大，而且样本越大，代表性越强，结论就越可靠。当然，样本过大也是一种浪费。

　　其次，样本要从总体的各个"层"中去抽取。"层"指的是以跟所研究问题有关的性质为标准将总体进行划分而得到的若干小类。从各个"层"中抽取若干个体，比从单一一个"层"中抽样更具代表性。例如，前面提及的要推测某钢铁公司星期三生产的一万根钢筋的质量，如果这些钢筋分别是由甲、乙、丙三个班组生产的，我们从甲、乙、丙三个班组各自生产的钢筋中分别抽取一些样本，就比只从甲班组所生产的钢筋中抽样要更具代表性。

　　如果采用的抽样方法不适当，就会导致错误结论。例如：

　　〔19〕1936年，为了预测候选人罗斯福与兰登究竟谁能当选美国总统，《文学摘要》编辑部花费了大量的人力、物力，根据电话簿以及俱乐部会员名单上的地址发出了1000万封信，最后成功回收了200万封。基于这样一个在当时非常少有的巨大样本，《文学摘要》编辑部认为兰登将以57％对43％的优势获胜，并对此进行了大量的宣传。但最终的选举结果却是罗斯福以62％对38％的绝对优势获胜。

《文学摘要》编辑部的预测之所以不准确，在很大程度上是因为他们抽取的样本并不具有代表性。在当时的美国，能够使用私人电话并参加俱乐部的，往往是来自比较富裕家庭的成员，而这部分人并不能代表选民的总体。

　　再次，从各个"层"抽取样本时要随机抽取。所谓随机抽取，就是任意抽取，不能专拣具有某种性质的对象来抽取。

　　在抽样统计的基础上，由样本具有或不具有某种属性推断总体也具有或不具有该种属性的推理就是统计推理（statistical reasoning）。显然，这里的思维进程是由个别到一般，结论所涉及的对象范围超出了前提所涉及的对象范围，因此统计推理实质上是一种归纳推理，前提与结论的联系是或然的。

　　例如，一万根钢筋分别由甲、乙、丙三个班组生产，其中甲班生产2000根，乙班生产5000根，丙班生产3000根，我们从三个班组中分别抽出40、100、60根作为样本加以检验，发现样本中次品率甲、乙、丙三个班组分别是0.025、0.02、0.05，那么就可推得甲班组所生产的2000根钢筋中有50根次品，乙班的产品中有100根次品，丙班的产品中有150根次品，即10000根中共有次品300根，次品率为0.03。

　　上面是一个很简单的例子。在精确的统计推理中，实际使用的统计方法要复杂得多。

练习题

一、填空题

1. 将归纳推理分为完全归纳推理和不完全归纳推理的划分依据是（　　）。

2. 从归纳推理的类型看,广泛使用的抽样调查方法属于(　　　)。

3. 求同法的主要特点是(　　　),运用求同法要求在各个场合的先行情况中只有一个先行情况是(　　　)。

4. 求异法的主要特点是(　　　),运用求异法要求在正反两个场合中,只有一个先行情况是(　　　)。

5. 运用求同求异并用法要经过三个步骤:第一步是在正面场合组(　　　),第二步是在反面场合组(　　　),第三步是(　　　)。

6. 假说是以(　　　)和(　　　)为依据,对某一未知对象或现象、某一未知的客观规律所作出的一种(　　　)的说明。

二、单项选择题

1. 下列各项属于"轻率概括"逻辑错误的是　　　　　　　　　　　　　　(　　　)

   A. 东施效颦　　　　　　B. 画蛇添足　　　　　C. 守株待兔　　　　　D. 拔苗助长

2. 求同求异并用法的特点是　　　　　　　　　　　　　　　　　　　　(　　　)

   A. 同中求异　　　　　　　　　　　　　B. 求同求异相继运用

   C. 异中求同　　　　　　　　　　　　　D. 两次求同一次求异

3. 类比推理是　　　　　　　　　　　　　　　　　　　　　　　　　　(　　　)

   A. 必然性推理　　　　　　　　　　　　B. 或然性推理

   C. 模态推理　　　　　　　　　　　　　D. 有的是必然性推理,有的是或然性推理

4. 类比推理与简单枚举归纳推理的相同点之一在于　　　　　　　　　　(　　　)

   A. 思维进程从一般到一般　　　　　　　B. 前提不蕴涵结论

   C. 思维进程从个别到一般　　　　　　　D. 结论是模态命题

5. 假设的形成阶段提出初步假定所运用的推理大多是　　　　　　　　　(　　　)

   A. 演绎推理和归纳推理　　　　　　　　B. 归纳推理和类比推理

   C. 类比推理和演绎推理　　　　　　　　D. 模态推理和归纳推理

6. 科学家发现,太阳黑子大量出现的年份,长江流域的降水量就大;太阳黑子出现不多的年份,长江流域的降水量就不大;太阳黑子很少出现的年份,长江流域的降水量就很小。据此科学家认为,太阳黑子出现的多少同长江流域降水量的大小之间存在因果联系。这里,科学家使用的探求现象间因果联系的方法是　　　　　　　　　　　　(　　　)

   A. 求同法　　　　　B. 求异法　　　　　　C. 共变法　　　　　D. 剩余法

7. 法国里昂大学的科学家对一百名男子展开调查,得出结论:"留大胡子者易秃顶。"他们认为,浓密的长胡妨碍了皮肤散热,许多男子秃顶是由于机体以脱发的方式保护了大脑,使其免予过热所致。这些科学家所使用的推理是　　　　　　　　　　　(　　　)

   A. 完全归纳推理　　　　　　　　　　　B. 简单枚举归纳推理

   C. 科学归纳推理　　　　　　　　　　　D. 概率归纳推理

8. 一项时间跨度为半个世纪的跟踪调查显示：饮用常规量的咖啡对人的心脏没有害处。因此,咖啡的饮用者完全可以放心地享用,只要不过量。

以下哪项如果为真,最为恰当地指出了上述论证的漏洞? （　　）

A. 咖啡的常规饮用量可能因人而异

B. 喝茶,特别是喝绿茶比喝咖啡更有利于心脏保健

C. 有的人从不喝咖啡心脏仍然健康

D. 心脏健康不等同于身体健康

E. 咖啡饮用者可能在喝咖啡时吃对心脏有害的食物

9. 上一次引进美国科幻大片《阿凡达》,仅仅在滨州市放映了一周的时间,各影剧院的总票房收入就达到了 800 万元。这一次滨州市又引进了《星际穿越》,准备连续放映 10 天,票房收入应该能够突破1 000 万元。

根据上文包括的信息,上述推断最可能隐含了的假设是 （　　）

A. 滨州市很多人因为映期时间短都没看上《阿凡达》,这一次可以得到补偿

B. 这一次各影剧院普遍更新了设备,音响效果比以前有了很大改善

C. 这两部片子都是艺术精品,预计每天的上座率、票价等非常类似

D. 连续放映 10 天是以往比较少见的映期安排,可以吸引更多的观众

E. 科幻片加上冒险片,《星际穿越》的影响力和票房号召力是巨大的

10. 两个实验大棚种了相同品种和数量的黄瓜苗,实验人员给第一个大棚里的瓜苗施了镁盐,但没有给第二个大棚里的瓜苗施这种肥料。结果,第一个大棚产出了 1 000 公斤的黄瓜,而第二个大棚产出的黄瓜只有 500 公斤。由于除了水以外没有向大棚施加任何别的东西,所以第一个大棚产量较高一定是由于施加了镁盐。

以下哪项如果为真,最严重地削弱了上述论证? （　　）

A. 两个实验大棚里还种植了其他蔬菜

B. 两个实验大棚的土质和日照量不同

C. 两个实验大棚的土壤里都含有少量的镁盐

D. 两个实验大棚里都种植了四种不同的黄瓜品种

E. 第三个实验大棚施加了一种高氮肥料但没有加镁盐,产出了 700 公斤的黄瓜

三、双项选择题

1. 类比推理与溯因推理的相同点是 （　　）

A. 均是从个别到个别的推理　　　B. 均属于或然性推理

C. 结论均未超出前提断定的范围　　D. 均属于必然性推理

E. 前提均不蕴涵结论

2. 为了提高类比推理的合理性,下列关于对象 S_1 和 S_2 的说法中正确的有 （　　）

A. 推出属性应该是 S_1 所特有的　　B. 应该具有尽可能多的共有属性

C．推出属性应该是 S_2 所特有的   D．推出属性应该是 S_2 的本质属性

E．推出属性应该与共有属性具有较强的相关性

3．设 H 为一假说，C_1 是由 H 引申出的结论。如果 C_1 被证实了，则在关于 H 的如下说法中，不成立的有   （   ）

A．H 为科学理论   B．H 得到了支持

C．H 必然成立   D．H 尚未被推翻

E．H 可能成立

4．某天深夜，先后有几位腹泻病人来肠道诊室就诊。医生询问后得知，他们都吃了某菜场出售的一种河鱼。据此初步断定，腹泻可能是由这种河鱼不新鲜引起的。这里运用的探求因果联系的逻辑方法的特点是   （   ）

A．两次求同，一次求异   B．同中求异

C．异中求同   D．先行情况中仅有一种情况是相同的

E．先行情况中仅有一种情况是不同的

四、下列结论能否借助于完全归纳推理得出？为什么？

1．4、24 和 28 之间没有质数。

2．春夏秋冬周而复始。

3．蚂蚁搬家、蛇过道，必有大雨到。

4．本次报考逻辑学专业博士研究生的都获得过逻辑学硕士学位。

五、分析下列各段论述，从中可推出什么结论？需要运用哪种推理或方法？

1．用锯锯物，锯会发热；用锉锉物，锉也会发热；在石头上磨刀，刀会发热；用枪射击时，枪膛也会发热。

2．硝酸钠能溶解于水，硝酸钾能溶解于水，硝酸铵能溶解于水，硝酸钙能溶解于水；硝酸钠、硝酸钾、硝酸铵、硝酸钙是硝石的全部种类。

3．美国曾在 25 个州针对其他情况大致相同的 100 万人进行了一项调查。结果显示：每天吸烟 1—9 支的人，平均减寿 4.6 岁；每天吸烟 10—19 支的，平均减寿 5.5 岁；每天吸烟 20—29 支的，平均减寿 6.2 岁；每天吸烟 40 支以上的，平均减寿 8.3 岁。

六、试分析下列结论是根据何种探求因果联系的逻辑方法得出的，写出其逻辑结构。

1．萨克斯在 1862 年发现植物淀粉是由于叶绿素在进行光合作用吸收二氧化碳并分解后与其他养料合成的。因为他发现，在其他条件相同时，如果日光被遮挡，则植物不能产生淀粉；但只要日光重临，淀粉便又立刻产生。

2．1827 年，英国的植物学家布朗在用显微镜研究植物的花粉粒子浸在水中的形状时，发现这些粒子都在作不规则的运动。后来，他又发现植物叶子的微粒在水上也会运动，甚至如玻璃、烟灰、泥土等无生命活动的物体的微粒也会在水上作不规则的运动。经过三个月反

复和细微的观察后，布朗得出结论：凡是能漂在水上的微粒都会作不规则的运动。

3. 从前有两位化学家，他们从各种化合物中观察到氮重 2.299 0 克，但在空气中氮则重 2.301 2 克。于是他们设想，空气中的氮的多余重量，必定是一个同氮相结合的未知元素的重量。后来，化学家们根据多次实验发现了一种新的化学元素——氩。

4. 天文学家借助对 1959 年以来观察到的现象证明：大约在太阳活动加强，磁场产生扰动时，在两星期内大气环流便发生了改变。通常是当太阳活动加强时，大气环流的经向度加大，维持的时间增长，因此冷空气的活动就显得频繁。反之，大阳活动减弱时，纬向环流加强，冷空气就不十分活跃了。由此便可得出结论：太阳活动的强弱是地球上气温升降的原因之一。

5. 达尔文在研究动物和环境的关系时发现，不同类的动物如果生活在相同的环境里，常常呈现相同的形状。鲨鱼属于鱼类，鱼龙属于爬行类，海豹属于哺乳类，种类不同，但由于长期生活在相同的环境中，外貌很相似，身体都是棱形，都有胸鳍、背鳍和尾鳍。反之，同类的动物如果生活在不同的环境里，就有不同的形态，例如狼、鲸、蝙蝠都是哺乳类，由于生活条件不同，形态就不同，狼适于奔跑，蝙蝠适于飞翔，鲸适于游水。由此可知，生物的形态构造与其生活条件和环境有因果联系。

七、下列推理是什么推理？是否正确？如不正确，指出其逻辑错误。

1. 太阳是上帝创造用以照亮地球的。我们总是移动火把去照亮房子，决不会移动房子去就火把照亮。因此是太阳绕地球转，而不是地球绕大阳转。

2. 繁星商厦在前一阵疲软的服装市场中打了一个反季节销售的胜仗。据统计，繁星商厦羽绒服和皮服的销售额在 6、7、8 三个月连续成倍增长，6 月 527 件，7 月 1 269 件，8 月 3 218 件。商厦高层认为这种反季节销售的策略非常成功，今年 11、12 月和明年 1 月的夏衣销售肯定能有一个大突破。

3. 罗马体育馆的设计师，通过分析研究人的头盖骨的结构和性能发现，人的头盖骨由 8 块骨片组成，形薄体轻，但却比较坚固。他由此受到启发：如果体育馆的屋顶也用形薄体轻的构件组成颅形，也应该是坚固的。他按照这种想法设计组织施工，果然达到了预期效果。

4. 我们学校的运动会是一个学校的运动会，如果一个学校的运动会要一个学校的全体人员参加开幕式，那么奥林匹克运动会是全世界的运动会，岂不是要全世界所有的人都参加开幕式？

八、写出下述各假说中的核心命题，并分析在这些假说的提出或验证中各使用了何种推理或方法。

1. 人们很早就发现，蝙蝠在黑夜能快速飞行而不会撞到障碍物。这个现象如何解释呢？生物学家根据已有的知识，如"动物的眼睛是发现障碍物的器官"、"猫头鹰的视力在夜晚特别强"等等，提出了一个假说：蝙蝠能在黑夜避开障碍物是由于它拥有特别强的视力。由这个假说可以推出：如果将蝙蝠的眼睛蒙上，它就会撞到障碍物。科学家为此设计了一个实验：在一个暗室中布放若干条纵横交错的钢丝，并在每根钢丝上拴上一个铃铛，将蒙上眼睛的蝙蝠放进暗室让其飞行。结果并没有听到蝙蝠撞上钢丝而引发的铃声。

2. 科学家发现，当一棵糖槭树遭到害虫侵袭时，树叶的化学成分会发生变化，其中可供害虫消化吸收的成分会减少，而害虫难以消化的物质会增加，由此使得树叶变得难吃，使害虫大倒胃口。更为奇怪的是，周围没有受到害虫蛀食的其他糖槭树的叶子的化学成分，也会随之发生变化，好像受到侵袭的糖槭树向它们发出了某种信息似的。糖槭树究竟使用的是怎样的信息来进行联系，这种信息又是通过什么渠道来传递的呢？科学家杰克·斯库认为，糖槭树之间的通信可能是通过空气进行的。树木发出某种化学物质，这种物质散发开去，落在别的树上，被识别后就传递了信息。为了验证这一假说，他进行了如下的实验：在两间相邻的暖房里分别种一些糖槭树，但使暖房的空气相互隔离，互不通风。结果，一间暖房的一棵糖槭树受到害虫蛀食时，同一暖房中的其他糖槭树的叶子全发生了化学变化，而隔壁暖房里糖槭树却没有这种变化。这就证实了糖槭树之间的通信是由化学物质通过空中传递来实现的。

第十一章
论　证

第一节
论 证 概 述

一、论证的实质和作用

在认识自我与世界的过程中,人们不可避免地在观察角度、评价标准或认识水平等方面存在差异,从而对同一对象的认识常会产生种种意见或观点的分歧。那么,我们究竟该如何确定一个主张的真假,并由此为消除分歧创造条件呢? 这就提出了有关论证的问题。

一般来说,要确定一个主张的真假,可以通过两条途径来实现:

第一种是实践检验。这是一个援引经验事实或通过实践活动来判定一个主张与它所反映的对象是否一致,因而是否真实的过程。比如,要判定"生水中有大量细菌"这个主张是否真实,只需从一杯生水中任取一滴水,将其放在玻璃片上,而后用显微镜来观察即可。若通过显微镜果真观察到大量细菌,则该主张就是真的;反之,则是假的。

第二种是逻辑论证,简称"论证"(argument),即通过援引一个或一些真实性已经得到断定的或者至少被论证所涉各方共同接受的命题作为理由,并借助推理来确定另一个命题是否真实的思维形式。例如:

〔1〕王教授的心脏病是环境性的,因为王教授的心脏病只有两种可能,要么是遗传性的,要么是环境性的,而经过多名医生的会诊,王教授的心脏病被确诊为不是遗传性的。

这里,为了确定"王教授的心脏病是环境性的"这一主张是否真实,我们可以引用"王教授的心脏病要么是遗传性的,要么是环境性的"以及"王教授的心脏病不是遗传性的"这两个业已断定为真的命题作为前提,然后运用有效的选言推理否定肯定式进行推理,即可判定该主张是真的。

就实践检验与逻辑论证的关系说,一方面,二者在认识过程中具有不同的地位。检验认识是否具有真理性的最重要标准只能是实践,逻辑论证只是实践检验的一种间接方式或认识真理的辅助工具。这不仅是因为在逻辑论证中,作为理由的命题的真实与否,归根到底是由实践来判定的,而且是因为逻辑论证赖以进行的推理,其推理形式是人们经过千百万次的重复实践才得以固定下来而成为具有公理性质的东西。另一方面,人们常常运用逻辑论证来确定某一主张的真实性或可接受性等,进而说服他人接受或放弃该主张。作为一种言语的、社会的和理性的活动,逻辑论证有助于人们消除分歧、谋求共识、协调行动,对于培育公民的批判性思维能力,推进社会的民主化和法治化,提升社会的合理化程度具有重要的意义。

一般来说,逻辑论证具有两个维度:一是作为结果的论证,即由一组命题组成的命题序列或命题集;二是作为过程的论证,涉及论证在探究、教学、说服、辩论、谈判、咨询等不同的对话领域的具体表现,即论证是一种有目的的、多主体的、语境敏感的、动态的论辩活动。逻辑学在研究论证时,并不研究具体论证的内容,仍然是从形式结构的角度去研究贯穿于各种具体论证的最一般的共同东西,即论证的结构、策略以及在建构、评估、削弱和强化论证等环节应遵循的基本规范和常见方法等,以便为人们通过论证来消除分歧、谋求共识、协调行动提供必要的逻辑工具。这就是说,逻辑学主要关注的还是作为结果的论证。不过,当代论证理论已经对论证的过程维度进行了大量的研究。

二、论证的基本要素

从论证的定义看,论证是由一组命题组成的命题序列或命题集,其基本要素包括论题、论据和论证方式。

1. 论题(thesis)

也叫论点或主张,是在作为论证的命题序列中那个其真假需要加以确定的命题。如例〔1〕中的"王教授的心脏病是环境性的"这个命题。

在付诸论证之前,作为论题的那个命题,其真假既可以是已经得到确定的,也可以是尚未得到确定的。如果属于前者,那么论证将主要侧重于表述,用简练、概括的方式把已有的认识成果合乎逻辑地表述出来。出现于教学或宣传中的论题大都属于这类论题。如果属于后者,那么论证的重点就在于探求,即为确定一命题的真假寻求事实和理论的根据。

2. 论据(reason)

也称理由或根据,是在作为论证的命题序列中用来确定论题的真假且自身的真实性已经得到断定或者至少为论证所涉各方共同接受的那个或那些命题。如例〔1〕中的"王教授的心脏病要么是遗传性的,要么是环境性的"和"王教授的心脏病不是遗传性的"。

一般而言,论证之所以必要,就在于论题的真假并不明显或尚未得到确定,于是就需要援引论据来判明其真假,因此论据的可信度应该高于论题。如果论题的可信度比论据还高,那就意味着整个论证过程被完全颠倒了,原有的论据对论题的支持关系不再成立。另一方面,论据的数量与层次是由确立论题是否真实的具体需要来确定的。论据有基本论据与非基本论据之分,前者是在论证中最先引用或无需其他理由支持的论据,后者是在论证中由其他理由所支持的论据。

3. 论证方式(mode of argument)

也称支持关系,即论据对论题的支持关系。这种关系通过推理体现出来,因此论证方式本质上是一种推理关系。如例〔1〕在确定"王教授的心脏病是环境性的"这一论题的真实性时,其论证方式就是通过有效的选言推理否定肯定式表现出来的。

由于推理有多种类型,不同的推理对论题的支持强度也不同,加之支持论题的论据往往不止一个,而每一个论据对论题的支持关系也不尽相同,因此一个具体论证通常包含有多种支持关系。

如果用 C 表示一个论证的论题,P 表示其论据,箭头表示论据对论题的支持关系,则该论证的基本结构（basic structure of argument）可图解如下：

$$P$$
$$\downarrow$$
$$C$$

需要指出的是，自然语言中具体论证的结构远比这一基本结构要复杂得多。考虑到多重论据之间的不同组合及其对论题的不同支持关系，下一节还将介绍几种不同的扩展结构。

三、证实与证伪

论证是对一个命题的真实性或虚假性进行判定，因此根据论证目的的不同，论证可以被区分为证实与证伪两种类型。

所谓证实（verification），亦称证明（proof），就是借助真实性已经得到断定或至少被论证所涉各方共同接受的命题来确定另一命题的真实性。所谓证伪（falsification），也叫否证，就是借助真实性已经得到断定或至少被论证所涉各方共同接受的命题来确定另一命题的虚假性。

就证实与证伪的关系来说，对命题 p 的证实实际上就是对 p 的负命题 ¬p 的证伪；反之，对 p 的证伪，也就是对 p 的负命题 ¬p 的证实。例如，当我们以"水银是金属"和"水银不是固体"作为论据来证明"有些金属不是固体"时，实际上也就证伪了该命题的负命题，即"所有金属是固体"。

四、论证和推理的关系

论证和推理有着密切的联系。

一方面，论证总是借助推理来进行的。论据相当于推理的前提，论题相当于推理的结论，论证方式反映了论据与论题之间的推理关系。任何论证过程都是运用推理的过程，没有推理就无法构成论证。

另一方面，并非任何推理都是论证：

首先，二者体现的思维进程不同。论证总是先有论题，然后再围绕论题寻找相关的论据，这相当于从结论到前提的过程。推理则相反，它总是从前提向结论过渡。

其次，从结构上看，论证往往比推理复杂。一个最简单的论证可以由一个推理来完成，但复杂的论证常常由多个推理构成。进一步看，构成一个复杂论证的多个推理，既可能是多个属于同一推理类型的不同推理，也可能是分属多个推理类型的不同推理。因此，论证是推理的综合运用。

最后，作为一种对推理的有目的的使用，即证实或证伪一个命题，论证必定要求断定论据的真实性，否则论证的目的就难以实现。而处于论证过程之外的推理，如出于思维训练或娱乐目的而进行的推理，则既可以在真命题与真命题之间进行，也可以在真命题与假命题之间展开,甚至还可以在假命题与假命题之间进行。这就是说,这种推理并不要求断定前提的真实性,它更为关注的是前提和结论之间的逻辑联系。

第二节
论证的结构

一、论证的扩展结构

论证的基本结构刻画的是由一个论据支持一个论题的论证,但实际语境中的论证结构远比基本结构要复杂。例如:

〔2〕死刑不能防止人们犯死罪。对理智清醒的人来说,他们在作案时认为自己不会被捕,否则就不会去犯死罪。此外,许多犯了死罪的人精神错乱,他们意识不到自己的非理性行为所导致的可怕后果。

上述论证包括如下要素:

论题: C——死刑不能防止人们犯死罪。

论据: P_1——对理智清醒的人来说,他们在作案时认为自己不会被捕;

　　　P_2——许多犯了死罪的人精神错乱;

　　　P_3——精神错乱者意识不到自己的非理性行为所导致的可怕后果。

该论证的结构可图解如下:

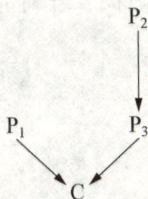

其中,C是论题,P_1 和 P_3 是支持它的两个论据,但 P_3 本身又是一个为 P_2 所支持的论题。

显然,在刻画实际语境中的复杂论证的结构时,有必要区别不同层次的论题、论据和论证。以下就是一些用来指称论证扩展结构(extended structure of argument)各组成部分的常用术语:

1. 论证链:论证中各个论据与论题构成的整个支持关系。

2. 步骤:论证链中任何单个的推理或论证链中的一个支持关系。

3. 主论题:论证链的最终结论。

4. 主论证:由主论题及其直接论据构成的论证。

5. 主论据:直接支持主论题的论据。

6. 子论题:论证链中除主论题之外的任何一个步骤的结论。

7. 基本论据：论证中最先引用或无需其他理由支持的论据。

8. 非基本论据：即子论题，论证中由其他理由所支持的论据。

9. 子论证：由子论题及其论据组成的论证。

在上例中，论证链由 P_1 支持 C、P_3 支持 C 以及 P_2 支持 P_3 三个步骤组成；主结论是 C；主论证是 P_1 支持 C、P_3 支持 C；子结论有 P_3；基本论据是 P_1 和 P_2；非基本论据是 P_3；子论证是 P_2 支持 P_3。

当论证拥有不止一个论据时，多重论据之间的不同组合及其对论题的不同支持关系，就会呈现出不同的扩展结构。无论是主论证还是子论证，论证的扩展结构通常可以区分为线性结构、组合结构、收敛结构和发散结构等四种。

二、线性结构

线性结构（serial structure）指的是论据对论题的支持是一种直线式的关系，即一论据支持一子论题，且该子论题又作为非基本论据支持另一子论题，如此等等。例如：

〔3〕买卖人体器官，如心脏、肾脏、角膜等，应被认定为非法。允许买卖器官将不可避免地导致只有富人才负担得起移植费用，这是因为无论是何种稀缺的东西被当作商品来买卖，其价格总是不断攀升的。

该论证包含如下要素：

论题：C——买卖人体器官，如心脏、肾脏、角膜等，应被认定为非法。

论据：P_1——允许买卖器官将不可避免地导致只有富人才负担得起移植费用；

　　　P_2——无论是何种稀缺的东西被当作商品来买卖，其价格总是不断攀升的。

其结构可图解如下：

$$P_2$$
$$\downarrow$$
$$P_1$$
$$\downarrow$$
$$C$$

当论据本身的真实性或可接受性尚有待确定时，线性的支持关系就不可避免。在这种结构中，每一个论据或子论证都对确定主论题的真假有所贡献，但它们只有作为整体才能为主论题的真实或虚假提供充分的支持。任何一个步骤出现问题，都会使整个论证链受到伤害。

三、组合结构

组合结构（linked structure）指的是由两个或两个以上的论据共同支持一个论题的支持关系。让我们来看前述例〔1〕，该论证包含如下要素：

论题：C——王教授的心脏病是环境性的。

论据：P_1——王教授的心脏病只有两种可能，要么是遗传性的，要么是环境性的；

　　　P_2——王教授的心脏病被确诊为不是遗传性的。

其结构可图解如下：

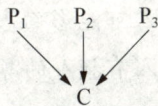

$$P_1 + P_2$$

$$\downarrow$$

$$C$$

在组合结构中，如果没有其他论据的配合，任何一个论据对于确定论题的真假都仅仅是必要的，而不能单独为论题之真假提供充分的支持。一旦其中任何一个论据被断定为假或被论证所涉各方共同认为不可接受，整个论证就不能成立了。

四、收敛结构

收敛结构（convergent structure）指的是一种由两个或两个以上的论据分别独立支持同一个论题的支持关系。例如：

〔4〕你们家应该装日光浴室，这有几条理由：首先，可以享受部分免税；其次，能减少供暖支出；第三，如果安装正确的话，还能在夏天用它给屋子降温。

该论证包含如下的要素：

论题：C——你们家应该装日光浴室。

论据：P_1——可以享受部分免税；

　　　P_2——能减少供暖支出；

　　　P_3——如果安装正确的话，还能在夏天用它给屋子降温。

其结构可图解如下：

$$P_1 \quad P_2 \quad P_3$$

$$\searrow \downarrow \swarrow$$

$$C$$

具有收敛结构的论证实质上是由支持同一论题的多个独立论证构成，任何一个独立论证都分别地有助于确定论题的真实与否，因此其中任何一个独立论证不可接受，并不意味着整个论证的崩溃。当然，所有的独立论证整合在一起，则为论题提供了较之单个独立论证更强的支持。

五、发散结构

发散结构（divergent structure）指的是同一个论据支持两个或两个以上论题的支持关系。例如：

〔5〕史密斯不是杀人凶手，因此罗宾逊与犯罪无关，顺便说一句，也因此格雷格太太的悲伤不过是为了掩盖手枪被人发现这一事实。

这一论证包含如下要素：

论题：C_1——罗宾逊与犯罪无关；

C_2——格雷格太太的悲伤不过是为了掩盖手枪被人发现这一事实。

论据：P——史密斯不是杀人凶手。

其结构可图解如下：

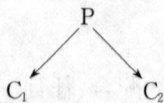

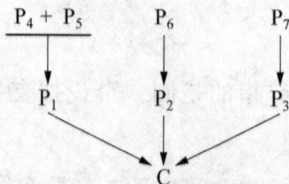

$$P$$
$$C_1 \qquad C_2$$

从论证的扩展结构看，整个论证链只能有一个主论题，否则将被视为不止一个论证，因此发散结构实际上只有在子论证中才有意义。

事实上，实际语境中的论证结构并不那么单一，常常表现为多种结构的综合运用。如：

〔6〕反对克隆人，主要有以下三个理由。首先，不安全。虽然克隆技术近几年发展迅速，但目前克隆动物的成功率仅有2％左右，贸然用到人身上，克隆出畸形、残疾、夭折的婴儿，是对人的健康和生命的不尊重和损害。科学界普遍认为，由于对细胞核移植过程中基因的重新编程和表达知之甚少，克隆人的安全性没有保障，必须慎之又慎。其次，可能影响基因多样性。克隆人的"闸门"一旦开启，人们很有可能会以多种多样的理由来要求克隆人或"制造"克隆人，出现所谓"多米诺骨牌效应"。第三，有损人的尊严。根据公认的"人是目的而非工具"以及"每个人都享有人权和尊严"的伦理原则，生命科学界和医疗卫生界自然也要遵循，然而对人进行克隆，恰恰背离了这些原则。

上述论证包含如下要素：

主论题：C——反对克隆人。

非基本论据(子论题)：P_1——克隆人不安全；

P_2——克隆人可能影响基因多样性；

P_3——克隆人有损人的尊严。

基本论据：P_4——克隆技术近几年发展迅速，……；

P_5——科学界普遍认为，……；

P_6——克隆人的"闸门"一旦开启，……；

P_7——根据公认的"人是目的而非工具"……。

其结构可图解如下：

$$\frac{P_4 + P_5}{} \qquad P_6 \qquad P_7$$
$$P_1 \qquad P_2 \qquad P_3$$
$$C$$

这一论证综合运用了多种论证结构。其中,P₁、P₂ 和 P₃ 作为论据分别独立支持论题 C,构成了一个收敛结构;P₄ 和 P₅ 共同作为论据支持 P₁,形成了一个组合结构;P₆ 支持 P₂、P₂ 又支持 C,这是一个线性结构;此外,P₇ 支持 P₃、P₃ 又支持 C,也是一个线性结构。

第三节
论证的策略

论证的策略,包括论证方式和论证方法。按照论证方式(即论证中所运用的推理形式)的不同,论证有演绎论证和归纳论证之分;按照论证方法(即是否对论题直接进行论证)的不同,论证又有直接论证和间接论证之别。

一、演绎论证和归纳论证

1. 演绎论证

演绎论证(deductive argument)是运用演绎推理来进行的论证。从思维进程的角度说,演绎推理通常是由表达一般性知识的前提出发推出表达个别性或特殊性知识的结论,因此演绎论证的特点就在于用表达一般原理的论据来判定表达个别或特殊的事实的论题是否真实。有效的演绎推理的前提与结论之间具有必然性的联系,因此使用了演绎推理有效式的论证,亦即有效的演绎论证,就能够保证从论据的真必然得出论题的真。

例如,有时为了相互鼓励以克服学习上的困难,我们常讲:"我们或者战胜学习上的困难,或者被困难吓倒。但是,我们决不能被困难吓倒。"这实际上就是运用演绎推理中的选言推理的否定肯定式来证明"我们必须战胜学习上的困难"这一论题的真实性。

又如,我们常说:"必须控制人口增长和保护资源环境,因为如果不控制人口增长和保护资源环境,就不可能实现社会的可持续发展。"由于其中所运用的推理形式是充分条件假言推理的否定后件式(这里省略了"应该实现社会的可持续发展"这个论据),所以这个论证也是一个演绎论证。

2. 归纳论证

归纳论证(inductive argument)是运用归纳推理来进行的论证。从思维进程的角度看,由于归纳推理是由表达个别性或特殊性知识的前提过渡到表达一般性知识的结论,因此归纳论证的特征就在于论据是关于个别或特殊知识的命题,论题则是表达某种一般性知识的命题。例如,本教材在证明三段论规则"两个特称前提不能得出任何确定的结论"时所运用的推理就是归纳推理,因此该论证就是归纳论证。

从前提和结论之间联系的性质看,由于广义的归纳推理亦即或然性推理(如不完全归纳推理、溯因推理、类比推理等)前提的真实性并不必然保证结论的真实性,因此仅仅运用或然性推理来进行论证,并不能对论题的真假作出具有必然性的判定。至于完全归纳推理和科学归纳推理,由于前者实质上是一种前提蕴涵结论的必然性推理,后者也是一种包含演绎因素因而结论具有较高可靠性的推理,所以单独使用这两种推理的论证,仍然可以对论题的真假作出具有必然性的判定,或者作出较之一般归纳论证更为可靠、更有说服力的判定。

二、直接论证和间接论证

1. 直接论证

直接论证就是从论据的真实性或可接受性出发直接判定论题真实性的一种论证方法。这里所说的"直接",既不是指论据只有一个(直接论证与直接推理不同),也不是说论据只有一层(论据可以划分为基本论据与非基本论据等不同层次),而是说它不是首先通过断定另一些命题的虚假性来迂回地证明论题的真实性。例如,前述例〔6〕对"反对克隆人"的论证就是直接论证。

从论证使用的推理形式看,直接论证既可以借助演绎推理来进行,也可以援引归纳推理来进行。如前文对三段论规则"两个特称前提不能得出任何确定的结论"的证明,就是一个使用了归纳推理的直接论证。

2. 间接论证

间接论证是通过援引另一些命题的虚假性作为逻辑中介来迂回地证明论题真实性的一种论证方法。间接论证通常采用两种方法:反证法和选言证法。

反证法(reduction to absurdity/*reductio ad absurdum*)是通过确定与论题相矛盾的命题(即反论题)的虚假来确定论题真实的间接论证。反证法的主要步骤是:首先假定反论题为真,并从中引出谬误的推断;然后根据归谬原则,即根据充分条件假言推理的否定式,从否定谬误的推断导出对反论题真实性的否定(即断定反论题的虚假);最后根据排中律,两个互相否定的命题不能同假,从反论题的虚假推断出论题为真。反证法的结构可以表述如下:

[求证] A

[证明] ① 设¬A;

② ¬A→B;

③ ¬B;

④ 所以,¬(¬A)   (②+③,归谬原则)

⑥ 所以,A   (④,排中律)

这里,所谓谬误的推断(B),包括三种情况:第一,推断本身与实际不符,或与已知的真理性认识相悖;第二,推断本身包含逻辑矛盾;第三,推断与其所依据的假定相矛盾。从反论题引出的推断只要满足这三种情况中的一种,就是谬误的推断。

例如,前文在证明三段论第一格"小前提必须肯定"这条规则时,首先假定它的反论题"小前提是否定命题"为真,并由其合乎逻辑地引出"大前提是否定命题"的推断。由于这个推断导致三段论中出现了两个否定的前提,而根据三段论规则,上述推断是不能成立的。于是根据归谬原则,必须否定反论题的真实性。既然反论题的真实性已被否定,那么根据排中律,即可确定论题("小前提必须肯定")是真实的。

选言证法(method of disjunctive proof)，又称淘汰法或穷举法，它要求列举出待证论题以外还可能成立的其他各种不同论题，然后根据事实或推理对这些不同论题——予以否定，从而确定待证论题的真实。

这种间接论证具有如下结构：

〔求证〕　A

〔证明〕　① 或者 A，或者 B，或者 C，或者 D

　　　　　② ¬A

　　　　　③ ¬C

　　　　　④ ¬D

　　　　　⑤ 所以，B　　　　（①＋②＋③＋④，选言推理的否定肯定式）

例如，在《建立巩固的东北根据地》一文中，毛泽东对"建立巩固根据地的地区，是距离国民党占领中心较远的城市和广大乡村"的证明就是运用了选言证法：

〔7〕建立这种根据地的地区，现在应当确定不是在国民党已占或将占的大城市和交通干线，这是在现时条件下所作不到的。也不是在国民党占领的大城市和交通干线的附近地区内。这是因为国民党既然得了大城市和交通干线，就不会容许我们在其靠得很近的地区内建立巩固的根据地。……因此，建立巩固根据地的地区，是距离国民党占领中心较远的城市和广大乡村。①

在这里，毛泽东先列举了与待证论题相异的可能成立的两个论题，即建立巩固的根据地，一可以"在国民党已占或将占的大城市和交通干线"，二可以"在国民党占领的大城市和交通干线的附近地区内"，然后通过对它们的否定，确定了自己所要证明的论题的真实性。

选言证法的关键是判定除待证论题以外其余可能成立的论题均为虚假，于是作为论据的选言前提不仅要努力穷尽对象情况的全部可能性，还必须把待证论题以外的其他各种不同论题——予以否定，所以选言证法实质上是选言推理的否定肯定式和完全归纳推理的联合运用。

联系到实际语境中论证结构的复杂性，人们在诉诸论证以消除分歧、谋求共识和协调行动的过程中所使用的论证策略其实并非那么单一，常常是多种论证方式或方法的综合运用。

第四节
论证的规范

我国汉代的思想家王充指出："事莫明于有效，论莫定于有证。"②这就是说，对一件事情最好的证明就是看其是否有效，而对一个言论最好的检验就是看其是否有证据。任何一个

---

① 毛泽东：《建立巩固的东北根据地》，《毛泽东选集》第四卷，人民出版社，1991 年，第 179—180 页。

② 王充：《论衡·薄葬》。

正确的思想都必须经过严密的逻辑论证,才能达到以理服人的效果。因此,思维具有论证性就构成了合乎逻辑的思维的一个重要特征。从逻辑的角度看,论证的说服力(cogency)主要是由充足理由原则(有的著作或教材也称其为充足理由律)决定的,因此充足理由原则就构成了有说服力的论证(cogent argument)应当遵守的基本原则,并在论题、论据和论证方式三个方面具体化为有说服力的论证应当遵守的逻辑规则。论证的基本原则和逻辑规则,统称论证的规范。

一、论证的基本原则:充足理由原则

(一)充足理由原则的基本内容

充足理由原则(principle of sufficient reason)的基本内容是:在思维过程中,任何正确的思想必然有其充足理由。或者说,在论证过程中,一个论题被确定为真,总有其充足理由。

充足理由原则的公式是:

A 真,因为 B 真并且 B 能推出 A。

公式中的 A 表示论证的论题,亦可称为推断;B 表示用来确定 A 为真的一个或一组命题,即论据,也可叫作理由。由于 B 真并且 B 能推出 A,所以 B 就构成 A 的充足理由。由此可见,所谓充足理由,就是一个正确思想赖以成立的真实而充分的根据。有了这样的根据,就能合乎逻辑地推出另一思想,因此理由和推断之间的关系是充分条件的关系。

(二)充足理由原则的逻辑要求

充足理由原则要求人们在任何一个论证中,都必须为论题提供充足理由。具体地说,充足理由原则对于论证的逻辑要求包括三方面的内容:

1. 真实性(或可接受性)

真实性(truth)或可接受性(acceptability)要求:对一个有说服力的论证而言,其理由应当是已经判明为真的命题,或者至少是被论证所涉各方共同接受的命题。

2. 相关性

相关性(relevance)要求:一个有说服力的论证,其论据与论题之间应当具有意义内容上的关联。

3. 充足性

充足性(sufficiency)要求:一个有说服力的论证,其论据应当为论题提供足够的支持。所谓足够的支持,就是说从论据能推出论题,或者说,论据与论题之间应当有逻辑联系,后者进一步表现为推理形式是有效的或者论据与论题之间的联系是合理的。

例如,一位数学老师向一个学生提问:"7 是质数吗?"这个学生想了一想,回答说:"7 是质数。"老师又问:"为什么呢?"这个学生回答说:"根据质数的定义,质数就是只能被 1 和它自身整除且大于 1 的自然数,而 7 这个数只能被 1 和它自身整除并且 7 大于 1,所以 7 是质数。"在这里,这位学生对"7 是质数"的论证就是符合充足理由原则的逻辑要求的:论据真实,论据与论题相关,而且推理合乎逻辑(使用了有效的三段论第一格 AAA 式)。

（三）违反充足理由原则要求的常见逻辑错误

违反充足理由原则要求的常见逻辑错误有三种表现：

1. 虚假论据（或论据不可接受）

比如，和平主义者主张"反对一切战争"，他们的理由是"一切战争都是不正义的"，但后者是一个虚假的全称命题，因为只要有战争，就会有正义战争和非正义战争之分。因此，和平主义者的上述言论就包含着"虚假论据"（false reason）的错误。

2. 相关谬误

一般地说，相关谬误大多是基于论据与论题在心理上相关，而不是在意义内容上即逻辑上相关而产生的。它利用语言表达情感的功能，以言词来激发起人们心理上的同情、怜悯、恐惧、崇拜等，以引诱人们接受或拒绝某一论题。下一章对相关谬误有更为详细的介绍。

3. 推不出

如果论据和论题之间没有逻辑联系，推理不符合逻辑，就会犯"推不出"（non sequitur）的逻辑错误。例如，有人说："如果一个人是运动员，那么他就要经常锻炼身体。我不是运动员，所以我不要经常锻炼身体。"由于这一论证所使用的推理形式是无效的充分条件假言推理的否定前件式，因此尽管满足了真实性和相关性的要求，由于推断不是从理由中合乎逻辑地推出的，因此整个论证并没有满足充足性要求，犯了"推不出"的错误。

需要指出的是，不具有说服力的论证往往可能同时违背充足理由原则的多个要求。例如，虚假论据（或论据不可接受），不仅违反了真实性（或可接受性）的要求，事实上也犯了"推不出"的逻辑错误。从某种角度看，所有相关谬误都不仅没有满足相关性要求，而且都犯了"推不出"的错误，因为论据对论题的支持强度不够。

二、论证的逻辑规则

（一）关于论题的规则

1. 论题应当明确

论证的目的在于确定论题是否真实。只有论题本身清楚明白，论证才能有的放矢，才能找到适当的论据和恰当的论证方式，否则就会犯"论旨不明"的逻辑错误。为了使论题明确，论题所涉及的概念，尤其是核心概念就必须明确，避免使用含混或有歧义的概念。论旨不明实质上是一种违反同一律要求的表现。

2. 在同一论证过程中，论题应当保持同一

在同一论证过程中，只能围绕已经确定了的论题展开论证，应始终按照论题所断定的内容去论证，不能下笔千言，离题万里。如果在同一论证过程中，无意或有意地把两个不同的论题这样或那样地混淆或等同起来，从而用一个论题去代换原来所论证的论题，以致造成论题不同一、不一贯，就会犯"转移/偷换论题"（ignoratio elenchi）的逻辑错误。在第九章的例〔3〕中，讲话者最初主张"中学生没有必要学习地理"，随后却去具体论证"可以把历史课和地理课合并"，这就是转移论题。

　　转移或偷换论题是违反同一律要求的一种具体表现。这种错误常常表现为无意或有意地扩大或缩小了论题断定的内容，这就是"论证过多"或"论证过少"的逻辑错误。所谓论证过多，就是实际论证的论题所断定的内容比原定论题所断定的内容多；所谓论证过少，就是实际论证的论题所断定的内容比原定论题所断定的内容少。

　　（二）关于论据的规则

　　1. 论据应当已知为真或者至少被论证所涉各方共同接受

　　论据已知为真或者至少被论证所涉各方共同接受是论证有说服力的重要条件。如果违反这条规则，就会犯"虚假论据"、"预期理由"、"以相对为绝对"等逻辑错误。

　　"虚假论据"或"虚假理由"，指的是在论证过程中引用假命题作为论据。如亚里士多德曾说："地球是宇宙的中心，因为日月星辰都是围绕地球转的。"由于"日月星辰都是围绕地球转的"是一假命题，所以亚里士多德用这一命题作为论据，就犯了"虚假论据"的错误。

　　一个有说服力的论证不仅要求论据是真实的或者至少被论证所涉各方共同接受，而且要求论据的真实性是已知的或者说得到判明的。如果在论证中使用真实性尚未得到确认的命题作为论据，就要犯"预期理由"的错误。例如，有人为了证明"火星上有人存在"，提出如下论据："用望远镜观察火星，可以发现上面有不少有规则的条状阴影，而这就是火星人开凿的运河。"这个论证之所以被认为是不成功的，就在于论据（"火星上的有规则的条状阴影是火星人开凿的运河"）的真实性并未得到确认。

　　"以相对为绝对"指的是把一定条件下的真命题当作无条件成立的真命题，并以此为论据来展开论证。如在标准大气压的条件下，水在 100℃ 沸腾，如果不顾气压条件，认为在青藏高原上沸腾的水的温度也是 100℃，这就犯了"以相对为绝对"的逻辑错误。由于命题在特定条件下的真实性在超出了其成立的时空范围后未必一定成立，因此这种错误实质上也是在论据的真实性上出了问题。

　　2. 论据的真实性不应当依赖论题来说明

　　在同一论证过程中，论题的真实与否是依赖论据来确定的。如果在同一论证过程中论据的真实性又要依赖论题来说明，论题与论据互为论据，实际上就会导致包括论题在内什么也未能得到证明，从而犯了"循环论证"（begging the question/*petitio principii*）的逻辑错误。

　　例如，有人试图用在海岸上看远处的航船总是先看见桅杆后见到船身这一现象来证明地球是圆的。但是，若进一步追问为什么在海岸上看远处的航船总是先看见桅杆后见到船身呢？这又有待于"地球是圆的"这一论题被证明。在此，由于论据的真实性还得依赖论题的真实性得到证明，因此这种论证其实就是一种循环论证。

　　（三）关于论证方式的规则

　　1. 论据应当能推出论题

　　论证方式反映了论据对论题的支持关系。有说服力的论证对论证方式的逻辑要求是：论据应当能推出论题，否则就会犯"推不出"的错误。常见的"推不出"有以下几种情况：

　　（1）论证过程使用了无效的推理形式。如有人说："这个人是篮球运动员。因为篮球运动员都是高个子,而这个人是高个子。"这个证明使用了三段论,由于违反了"中项在前提中至少周延一次"的规则,尽管两个论据都是真的,但论据与论题之间并没有必然的逻辑联系,所以结论并不一定真。

(2)论据与论题不相关,即论证过程中所使用的论据也可能是真实的,但与所要论证的论题毫无意义内容上的联系。例如,有位年轻人在谈及自己学习不好的原因时说:"我想,自己脑袋小,知识装不进,学习不好的原因就在这倒霉的长相上。"由于学习的好坏同长相的好坏(脑袋大小)毫不相关,因此这位年轻人用"我的长相不好"作为论据来证明"我的学习不好",就犯了"推不出"的错误。

(3)论据不足,即论证过程没有遵守提高归纳推理(推广一点说,还包括溯因推理和类比推理等)合理性的基本原则,所提出的论据对于确定论题的真假虽然必要但不充足。如毛泽东在驳斥亡国论者时曾指出:"亡国论者看到敌我强弱对比的一个因素,从前就说'抗战必亡',现在又说'再战必亡'。如果我们仅仅说,敌人虽强,但是小国,中国虽弱,但是大国,是不足以折服他们的。他们可以搬出元朝灭宋、清朝灭明的历史证据,证明小而强的国家能够灭亡大而弱的国家,而且是落后的灭亡进步的。如果我们说,这是古代,不足为据,他们又可以搬出英灭印度的事实,证明小而强的资本主义国家能够灭亡大而弱的落后国家。所以还须提出其他的根据,才能把一切亡国论者的口封住,使他们心服,而使一切从事宣传工作的人们得到充足的论据去说服还不明白和还不坚定的人们,巩固其抗战的信心。"[①]从毛泽东的这段论述中,可以看出论据充足、全面的重要性。

(4)以人为据,即在论证过程中不以事实和真实性已得到确认的科学原理为论据,也不去考察与该论题有关的人的言论是否真实,而仅仅以他们的权威、地位、品德等作为论据。通常所说的"因人废言"和"因人纳言"等就犯了这种错误。

第五节
论证的建构与评估

论证的建构和评估是论证活动总体中相互联系着的两个方面,理性地建构有说服力的论证,不仅有助于主体间消除分歧、谋求共识和协调行动,同时也构成了评估一个论证是否有说服力的一项基本逻辑要求。

一、论证的建构

在实际的生活、学习和工作中,人们常常自觉或不自觉地在进行论证,但常常有不少人对自己实际进行的论证胸中无数——要论证什么,模糊不清;如何进行论证,不明不白。自以为言之成理,持之有据,实则常常不过是提出了一些虚假的或片面的论据……那么,究竟

---

① 毛泽东:《论持久战》,《毛泽东选集》第二卷,人民出版社,1991年,第450—451页。

该如何正确建构并有效进行论证呢？关键在于论证者必须从论证所涉各方共同接受的论据出发,通过有效的或合理的推理程序,确立自己所要主张或拒绝的命题。具体地说,论证的建构(construction of argument)通常包含如下的步骤:

1. 确立论题

建构论证的中心是确定论题。一般而言,除了在少数情况下论题是事先确定而不得加以调整、修改或更换以外,在其他论证活动中,即使我们对某一命题的真假毫不怀疑,在将它作为论题进行论证之前,也有必要对其加以严格的批判性考察,以确保其明确和清晰,而进行这种考察的一个行之有效的方法就是充分发挥想象力以寻找反例。如果考察的结果表明不存在明显的反例,便可以着手论证;否则就应首先设法消除反例。有些反例实属语言方面的误解,可以通过表达的精确化加以排除;若遇到无法消除的反例,就只能对原先的命题作出实质性的修改。这种批判性考察对于论题的确定非常重要,能使我们节约时间和精力,避免为不可能的东西徒劳地进行论证。

2. 寻求共识

一个有说服力的论证,仅仅具有明确的论题是不够的,它还必须有强有力的理由来支持论题。作为论证出发点的那些论据应该是真实的或者至少为论证所涉及各方所共同接受,也就是说,这些论据应该是论证所涉各方的一种共识,它构成了论证得以展开的基础。

在明确了自己在哪些方面、在多大程度上与论证所涉的其他方具有共识后,论证者接下去就可以确立共识中的哪些内容可以用来支持论题。一般而言,这一过程表现为由结论(即论题)追溯其前提,由获得的这些前提追溯更为基本的前提。结果是:或者达成共识,于是论证得以进行;或者发现无法取得共识,于是结论必须被修改或抛弃。在这一过程中,仍需继续寻找反例。任何一个步骤上出现的思想如果不能通过这种批判性检验,它就应该接受修改。总之,一个有说服力的论证应当建立在论证所涉各方具有基本共识的前提之上,否则就会犯"论据不可接受"的逻辑错误,导致论证难以取得成功。

3. 考察并说明反例

作为论证所涉各方的共识而被接受的那些论据,并不能完全免受质疑。在建构论证时,论证者有必要对实际存在或可能存在的一些否定其论证的现象、思想或论证(通常为反例)作出说明:或者说明它们与自己的论证在实质上并非不相容,或者说明它们在数量或强度方面极少或极弱,不足以影响自己的论证。这种说明如果成功,将有助于强化原来的论证,提高其可信度。而对反例采取回避的态度,则会妨碍自己论证的成功进行。

4. 以清晰的方式组织整个论证

以清晰的方式组织整个论证,既是逻辑的要求,也是语用的要求。就前者而言,在建构论证时,一方面要警惕把那些似是而非的命题,或者是与论题貌似有关而其实无关的命题作为论据;另一方面也要防止在运用推理以确定论题的真假,以及在不同层次论据之间建构复杂而多层次的推理关系时,出现逻辑错误。

从语用的角度看,论证决不是要点的简单堆砌,它应该以论证对象所能接受的方式来加以组织。通常,论证的语言表达应该注意以下几点:(1)一开始就以明确而清晰的方式表达出自己的论点;(2)对较为复杂的论证进行分段;(3)通过使用隐含陈述、代词和指示词等来避免过多的重复;(4)适当地使用语言连接词;(5)如果简单的语句能够清楚地表达自己的思想,就不要使用复杂的语句;(6)对较为抽象的主张应提供必要的具体事例加以说明,等等。

二、论证的评估

如何确定一个论证是否有说服力呢? 这就提出了有关论证评估(evaluation of argument)的问题。基于充足理由原则的逻辑要求,对论证的评估主要包括以下三方面的内容:评估论据的真实性或可接受性,评估论据与论题间的相关性,以及评估论据对论题的支持强度。

评估论证可以有不同的方法和程序,下面所介绍的论证评估包含这样几方面的工作:

1. 解释文本,重建论证

解释文本主要解决的是这样一个问题,即写出或说出的话语中是否包括一个论证,如果包括的话,这个论证是什么,它的结构是怎样的。

要回答这一问题,首先需要识别论证。要在自然语言中识别出作为论证的命题序列,主要的线索是论证标识词,即用以识别论题与论据的语词。由于论证是通过推理来确定论题的真假,因此论证标识词其实也就是前面提到过的推理标识词。一般来说,常见的论题标识词有"所以"、"因此"、"由此可见"、"总而言之"、"可以推断"、"其结论是"、"我(们)认为"……等等;论据标识词则有"因为"、"由于"、"根据"、"鉴于"、"考虑到"、"举例来说"……等等。如果没有发现论证标识词,就应该通过分析文本所处的语境来识别其中是否包含论证;如果语境没有提供识别论证的线索,那么还可以根据文本作者的意图来判定其中是否包含论证。

其次,补充省略论据以重建论证。实际语境中的论证,论证者出于各种目的,往往不完全明确表述其所使用的每一个论据。为了准确评估论证,就有必要在分析论证结构之前将那些省略了的或者隐含的论据清楚地显示出来。一般来说,在进行这种补充以重建论证时,应遵守下述原则:第一,只增加论证者认为理所当然的论据;第二,只增加那些能够与原论证具有相关性的论据;第三,增加的论据不能仅由已被表述的推理构成;第四,如果许多不同的命题都满足上述原则,那么就增加最能支持论题的那个或那组论据。例如,在"老张是个丑角,所以小李不会喜欢他"这个论证中,我们可以补充的省略论据有以下几种可能:

小李不喜欢任何丑角。

小李不喜欢任何种类的演员。

小李从来就不喜欢任何人。

如果老张是丑角,那么小李不喜欢他。

但根据上述原则,用"小李不喜欢任何丑角"来补充省略论据最能支持论题,因而补充这一条最为合理。

最后,图解论证以揭示论证的结构。对论证的图解包括三个步骤:(1)将文本中的论证标识词用方括号括上;(2)用圆括号标记出每个命题并依次编号;(3)按照前述论证结构一节所介绍的方法图解论证。例如：

〔8〕①（为了有效地评估论证，就需要发挥想象力）。②（有些人毫无想象力）。③（有些人不能有效地评估论证）。显然，④（没有哪个醉汉能有效地评估论证）。〔因此〕，⑤（有些人是醉汉）。

至此，我们已经完成了图解论证的前两个步骤，接下去便是图示其结构：

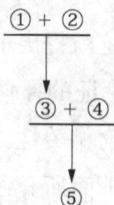

$$
\begin{array}{c}
\dfrac{① + ②}{} \\
\downarrow \\
\dfrac{③ + ④}{} \\
\downarrow \\
⑤
\end{array}
$$

不难看出，这一论证的主论题是⑤；主论证的结构是一个由③和④共同支持⑤的组合结构，其中③是非基本论据，④是基本论据；子论证是①和②共同支持③，其结构也是组合结构，①和②均是基本论据。

2. 评估论据

评估论据，就是去判定论据是否真实、是否可接受。论据有基本论据和非基本论据之分，论据评估也就相应地展开为对这两种论据的评估。

首先，评估基本论据。在实际论证中，可以充当基本论据的命题大致有以下几种：(1)哲学或各门科学中的一般原理；(2)科学中的基本定义或公理等；(3)有关经验事实的命题；(4)表达证人证言的命题；(5)陈述个人观点的命题；(6)没有根据或无法评价的命题。这些命题的真实性或可接受性大致分为四个层次：(1)和(2)的真实性通常无需辩护，可接受性不证自明；(3)的真实性小于前两者，但一般情况下也是可接受的，不过它并不否定有例外的情形；(4)和(5)的真实性需要通过进一步的论证来确立，其可接受性也是不确定的；(6)则是根本无法确定其真假或可接受与否的命题。在评估基本论据时，应该先判定基本论据究竟属于上述六种命题中的哪一种，然后再结合论证所属的实际语境或对话领域来评估其真实性或可接受性。

其次，评估非基本论据。非基本论据也就是子论证的论题，即子论题，于是对非基本论据的评估，就具体展开为如下几个方面：子论证的论据是否真实或可接受？子论证的论据与子论题之间是否具有相关性？子论证的论据对子论题是否提供了足够的支持？

此外，在评价基本论据和非基本论据的可接受性时，还应检查它们是否彼此一致和相容。如果论据本身不一致，即论据本身包含逻辑矛盾或者可以推出逻辑矛盾，这就意味着从这些论据可以推出任何结论，因此将一组不一致或自相矛盾的命题作为论据是不可接受的。

3. 评估相关性

评估相关性，就是去判定论据与论题之间是否存在意义内容上的关联。实际生活中的论证，其论据和论题之间总是存在某种共同的意义内容，使得论证者可以从论据想到或推出论题。正是这种共同的意义内容潜在地引导、制约着从论据到论题的思维进程。因此,在评估论证时,就必须注意论据与论题之间的这种内容上的相关性,去判定论据与论题之间是否是既有内容上的关联(这是充足理由原则的基本要求之一),又在内容上没有完全等同(否则就是循环论证,抑或根本没有论证的必要)。

4. 评估支持强度

评估支持强度,就是去判定论据为论题的真假提供了何种程度的支持。由于这种支持是通过推理来实现的,因此评估论证的支持强度,实质上也就是去评估论证所使用的推理,更具体一点说,去评估推理的前提与结论之间的联系性质。

一般来说,前提与结论的联系性质可以被划分为如下三种情况:

(1) 有效的,即前提真时结论必然为真,或者说,在前提为真的所有可能世界中结论为真的概率是 100%;

(2) 合理的,即虽然前提真时结论并不必然为真,但在前提为真的所有可能世界中结论为真的可能性大于 50%;

(3) 不合逻辑的,即在前提为真的所有可能世界中结论为真的概率小于 50%。

尽管这三种划分,尤其是后两种划分不是很精确,但对于判定实际论证中论据对论题的支持强度已经够用了。

基于如上的理解,在评估只包含单一推理的论证的支持强度时,只需弄清楚前提与结论的联系性质属于哪一种情况就可以了。但是,如果一个论证包含有多个推理,那么要评估其支持强度,在通常情况下就应根据如下规则来进行:

规则 1:如果一个论证所包含的多个推理均是有效的,则该论证的支持强度在总体上便是有效的。

规则 2:如果一个论证所包含的多个推理均是或然性推理,或者是必然性推理与或然性推理的混合,但不包含不合逻辑的推理,那么该论证的支持强度或者是合理的,或者是不合逻辑的,这取决于这个论证所包含的或然性推理的数目及其合理性程度。(有例外)

规则 3:如果一个论证所包含的多个推理中存在着不合逻辑的推理,那么该论证的支持强度便是不合逻辑的。(有例外)

这样,在分析出论证结构的基础上,根据上述确定支持强度的规则,我们就可以对论证中包含的各个推理进行评估,按照前提与结论的联系性质的不同在表示推理的箭头旁标上"V"(有效)或"R"(合理)或"F"(不合逻辑)。如果论证包含不止一个推理,则要把依据上述规则对各单一推理所进行的评估综合为对论证的支持强度的总体评估。

下面,我们尝试对例〔8〕所表述的论证的支持强度进行评估。不难发现,从①和②出发,借助有效的充分条件假言推理的否定后件式,③必然为真,所以①和②对③的支持强度是有效的。但是,在③和④对⑤的支持中,由于推理违反了三段论"两个否定前提不能得出结论"这条规则,故该支持

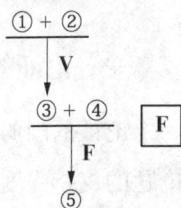

强度就是不合逻辑的。由于③和④对⑤的支持是整个论证链的主论证,因此根据上述标准就可以确定该论证总的支持强度为不合逻辑。

从论证的结构看,上面三条规则主要针对的是线性结构和组合结构,即一个命题所得到的支持或者来自另一单个命题,或者来自另外几个命题的组合。但是,如果在一个论证中某命题同时受到其他多个命题的独立支持,即如果一个论证的结构是收敛结构的话,判定支持强度的规则 2 和 3 就有例外。例如:

〔9〕①(不会是他作案。)〔因为〕②(他心地一向很善良),而且③(他当时不在场。)
④(不在场怎么作案呢?)

这一论证的特点在于:①既受到②的支持,同时也受到③与④的共同支持。②对①的支持强度可作两种不同的分析。如果认为与②共同支持①的那个省略前提为"心地善良的人通常不会作案",则由②到①的支持强度是具有较高合理性的;如果认为省略的前提是"所有心地善良的人都不会作案",由于这个命题明显不真实,因此与②结合无法支持①。根据补充省略论据以重建论证应遵守的原则,我们把该论证的省略论据确定为:

⑤ 心地善良的人通常不会作案。

根据前面确定的评估论证支持强度的规则 2,这个论证总的支持强度应该是合理的。但常识告诉我们,在③和④均真的情况下,①必然为真。这就是说,不管②是否对其提供了支持,①已经得到了足够的支持。因此,这个论证总的支持强度就应该是有效的。

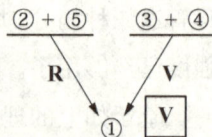

基于对例〔9〕的分析,我们可以为具有收敛结构的论证的支持强度的评估确立一条新的规则:

规则 4:在具有收敛结构的论证中,总的支持强度等于它所包含的最强的支持强度。

第六节
论证的削弱与强化
——反驳及其方法

日常生活与科学研究中的论证常常不是一次完成的,它总是处于各种现实的或隐含的对话之中。在存在意见或观点分歧的情况下,对话一方的论证总是会受到另一方的质疑和批判,而受到质疑和批判的一方,唯有通过自我辩护才能使自己的论证日臻完善。正是在这种批判与辩护的往复运动中,如何削弱和强化一个论证的问题就被提了出来。

一、论证的削弱

论证的削弱,就是去降低一个证明中论题的真实性、论据的可信度,或者是降低论据对论题的支持强度。削弱论证最为有力的形式就是通常所说的反驳(refutation)。反驳是对某一具体证明过程或者立论的论题的证伪,即用已经断定为真的或被论证所涉各方共同接受的命题去确定另一命题的虚假性或某一证明过程不能成立。

削弱或反驳一个论证,往往可以有如下三种方法:

(一) 反驳论题和反驳论据

反驳论题即论证对方论题的虚假性,反驳论据即论证对方的论据为假或不可接受。常见的反驳论题和论据的方法有如下两种:

1. 直接反驳

直接反驳是从已断定为真的或被论证所涉各方共同接受的命题出发直接确定对方论题的虚假性或者论据的虚假性(或其不被论证所涉各方共同接受)。在进行直接反驳时,可以有两种不同的方法:

第一,直接列举出与对方论题或论据相矛盾的事实。例如,有人主张"任何数的平方大于这个数本身",要反驳这一论题,就可以提出,设一个数为 n,当 $0 \leqslant n < 1$ 时,n 的平方就小于或等于这个数 n 本身。这样,通过直接提出与对方论题相反的事例,就驳倒了对方的论题。

这种引用事实直接反驳的方法,也可用于反驳论据。例如,1949 年,时任美国国务卿的艾奇逊致信总统杜鲁门,大谈美国对中国的"友谊",其论据是"用庚子赔款来教育中国学生,在第二次世界大战期间废除治外法权,以及战时和战后对中国的大规模援助等等"。毛泽东在《"友谊",还是侵略?》一文中指出,美国"参加八国联军打败中国,迫出庚子赔款,又用之于'教育中国学生',从事精神侵略";"治外法权是'废除'了,强奸沈崇案的犯人回到美国,却被美国海军部宣布无罪释放";"'战时和战后的对华援助'……帮助蒋介石杀死几百万中国人"[1]。这里,毛泽东通过引用事实直接反驳了艾奇逊所列举的论据。

第二,归谬反驳。归谬反驳(refutation by reduction to absurdity)是以对方的论题或论据为前件(理由),推出一个或几个谬误的后件(推断),然后根据归谬原则,即根据充分条件假言推理的否定式,由否定后件到否定前件,从而确定对方的论题或论据为假(或不可接受)。鲁迅曾在《作文秘诀》一文中对"作文有秘诀"进行了反驳:

〔10〕现在竟还有人写信来问我作文的秘诀。……假使有,每个作家一定是传给子
孙的了,然而祖传的作家很少见。[2]
这个反驳就是运用归谬法对论题所作的直接反驳。

2. 间接反驳

间接反驳是先证明被反驳论题或论据的矛盾命题的真实性,然后根据矛盾律确定被反驳论题的虚假性或者论据的虚假性(或不为论证所涉各方共同接受)。

例如,有人主张"所有鸟都会飞",我们不同意这一论题,但并不去直接否定它,而是作如

---

① 毛泽东:《"友谊",还是侵略?》,《毛泽东选集》第四卷,人民出版社,1991 年,第 1505—1506 页。
② 鲁迅:《作文秘诀》,《鲁迅全集》第四卷,人民文学出版社,2005 年,第 628 页。

下的证明："鸵鸟是鸟,但鸵鸟不会飞,可见有的鸟不会飞。"这里,我们运用三段论首先证明了被反驳论题("所有鸟都会飞")的矛盾命题("有的鸟不会飞")的真实性,然后根据矛盾律就可以确定被反驳论题的虚假性。

需要指出的是,反驳论题与反驳论据在削弱或反驳论证中并不具有同等的地位。事实上,驳倒了对方的论据,只是论证了对方用以判定论题真实性的理由是错误的,从而判明对方的证明不能成立,这并不意味着对方论题必然就是虚假的。因为驳倒了论据,只是否定了理由,根据充分条件假言推理的规则,否定前件(理由)并不能必然否定后件(推断)。例如,《古今谭概·塞语部》记载有如下一则"苏公论佛"的故事:

〔11〕范蜀公不信佛,苏公常求其所以不信之故。范云:"平生事非目见即不信。"苏曰:"公亦安能然哉。设公有疾,令医切脉,医曰'寒',则服热药;曰'热',则服寒药。公何尝见脉而后信之?"[1]

这里,苏东坡用归谬法对范蜀公进行了反驳:如果你非目见即不信,那么你不见脉就应当不相信医生的切脉,但你又为什么相信切脉呢?但是,苏东坡虽然驳倒了范蜀公不信佛的论据"非目见即不信",但其反驳并未判明论题"不信佛"本身是假的。所以,如果要论证对方论题的虚假性,就不能仅仅求助于反驳论据,而必须针对对方论题进行驳斥。

(二)反驳论证方式

反驳论证方式就是指出从对方的论据出发推不出所要证明的论题,即揭露对方在证明过程中犯有"推不出"的逻辑错误,或者使用了无效的推理形式,或者没有遵守提高归纳推理(也包括溯原推理、类比推理等)结论可靠性的原则,或者论据与论题不相关,或者以人为据,等等。例如有人提出这样的论证:"只有不畏艰难险阻,才能登上科学高峰;王师傅在工作中不畏艰难险阻,所以他登上了科学高峰。"要反驳这一论证,我们可以直接指出:这一论证使用了无效的必要条件假言推理的肯定前件式,犯了"推不出"的错误。

当然,从论据推不出论题并不表明论题或论据必然是假的,因此驳倒了对方的论证方式并不等于就驳倒了对方的论题或论据。不过,如果在证明过程中犯有"推不出"的错误,那至少表明其论题的真实性并未得到确立,或者其真实性变得可疑了。

在具体的削弱或反驳过程中,反驳论题、反驳论据和反驳论证方式并不是各不相干、彼此孤立的,而总是相互补充、相互结合在一起的。至于在某一具体反驳过程中究竟采用哪些方法以及按怎样的顺序来使用它们,则需要根据具体情况来确定。

二、论证的强化

当一个论证在受到质疑和批判后,论题本身的真实性很可能变得不确定,论据的真实性(或可接受性)有可能变得不明显,论据对论题的支持强度也可能有所降低,在此情况下,论证的强化就显得非常必要。所谓论证的强化,指的是提高一个证明中论题的真实性、论据的

---

[1] 冯梦龙:《古今谭概》,中华书局,2007年,第311页。

可信度,或者是提高论据对论题的支持强度。常见的强化论证的方法有:

1. 强化论题

论题之所以需要强化,除了论据的真实性、论据对论题的支持强度等方面可能存在缺陷外,也可能是因为论题及其所涉及的关键性概念在含义上存在含混或歧义,以至于引起他人的质疑或否定。如果是后一种情况,就有必要根据有关论题的逻辑规则对论题予以澄清,放弃不恰当的表述方式,使论题能够不仅含义明确,而且在论证过程中保持同一。

例如,有人主张"儒家思想可以抵御西方歪风",这一论题的关键性概念就是"抵御"。"抵御"具有不止一种含义,既可以指"有效的防御,就像是御敌于国门之外",也可以是"把西方歪风的潮流压低,要抵抗敌人不一定要在国外作战"。如果不明确论题中的"抵御"究竟是在哪种含义下使用的,就很容易导致他人对论题的误解,甚至质疑或否定论题的真实性。反过来,如果及时澄清了"抵御"的含义,则有助于强化论题,提高其真实性的程度。

2. 强化论据

当现有论据被驳倒,或者现有论据的真实性或可接受性需要进一步辩护时,就有必要对论据进行强化以确保论证取得成功。常见的强化论据的方法有二:其一是用新的论据取代被驳倒的论据,通过重新建构论证来确定论题的真实性或可接受性;其二是在论证中构造子论证,尽可能援引真实性通常无需辩护、可接受性不证自明的命题作为基本论据,来为现有论据进行辩护,以使其真实性变得明显和确定,更易于接受。

例如,在前文讲解论证的线性结构时所举的例子中,为了证明"买卖人体器官应被认定为非法",论证者提出"允许买卖器官将不可避免地导致只有富人才负担得起移植费用"作为理由。如果有人质疑这一论据的真实性,他就可以援引"无论何种稀缺的东西被当作商品来买卖,其价格总是在不断攀升的"来进行辩护。而当后者的真实性还遭到质疑时,他甚至可以援引"这是由价值规律决定的"这一真实性通常无需辩护、可接受性不证自明的论据来作进一步的辩护,从而不断地强化现有论据以确保论证取得成功。

3. 强化论证方式

论证方式之所以需要强化,往往是因为从论据推不出论题,这可能是因为论证采用了无效的推理形式,或者是现有论据虽然真实或可接受但不足以确定论题的真假,抑或是现有论据与论题之间不相关,等等。以此为前提,强化一个论证的论证方式通常有以下一些途径:如果可能,尽量使用必然性推理来构造论据对论题的支持关系,通过有效的推理形式来确保对论题真假的判定;如果难以使用必然性推理而只能使用或然性推理来建构论证,就应该按照提高或然性推理结论可靠性的基本原则的要求,通过补充必要的论据,或者使现有论据与论题之间的相关性得以显现,或者与现有论据结合起来提升对论题的支持强度;当然,也可以换一个新的角度对论题进行重新论证,以使论题获得相较于原有的论证角度更为有力的支持。

例如,有考古学家认为"人类早在旧石器时就有了死后复生的信念",其理由是"在发掘出的那个时代的古墓中,死者的身边有衣服、饰物和武器等陪葬物"。当有人质疑这一论证的论据与论题之间缺乏相干性,或者认为论据没有为论题提供足够支持时,考古学家就可以补充一条新的论据即"陪葬物是为了死者在复生后使用而准备的",来强化论证方式,从而不仅使得现有论据与论题的相关性清楚地显现出来,还能与现有论据结合起来为论题的成立提供更为充分的支持。

作为强化论证的不同途径,强化论题、论据和论证方式虽然彼此不同,但总是相互联系在一起。至于在某一具体强化过程中究竟采用哪些方法,则需要根据具体情况来确定。

✎ 练习题 |||||||||||||||||||||||||||||||||||||||||||||||||||||||||||||||||||||||||||||||||||||||||||||||||||||||||||||||

一、填空题

1. 论证与推理所体现的思维进程不同:论证是先有(　　　),后有(　　　);推理则是先有(　　　),后有(　　　)。

2. 如果一个论证是由两个或两个以上的论据分别独立支持同一个论题,其论证结构就被称作(　　　)。

3. 充足理由原则对论证的逻辑要求包括(　　　)、(　　　)和(　　　)。

4. 在论证过程中,如果以(　　　)的命题作为论据,就会犯"预期理由"的错误。

5. 违反"论据的真实性不应依靠论题来说明"这一规则所犯的逻辑错误叫作(　　　)。

6. 反证法是先确定与原论题具有(　　　)关系的命题为假,然后根据(　　　)律来确定原论题为真。

7. 间接反驳是先证明与被反驳论题或论据具有(　　　)关系的命题为真,然后根据(　　　)律来确定被反驳论题或论据的虚假性。

8. 使用归谬原则的论证属于(　　　)论证,而使用归谬原则进行反驳则属于(　　　)反驳。

二、单项选择题

1. 选言证法是通过先论证与原论题相关的其他可能的论题都不能成立,然后确定论题为真的一种间接论证方法。其逻辑依据是　　　　　　　　　　　　　　　　　　(　　　)

　　A. 充分条件假言推理的肯定前件式　　　B. 联言推理的合成式

　　C. 必要条件假言推理的否定前件式　　　D. 选言推理的否定肯定式

2. 我们必须重视粮食生产,为什么呢? 如果我们不重视粮食生产,就难以解决十四亿人口的吃饭问题,工业生产也就成了问题。

上述论证是　　　　　　　　　　　　　　　　　　　　　　　　　　(　　　)

　　A. 直接论证、演绎论证　　　　　　　B. 直接论证、归纳论证

　　C. 反证法　　　　　　　　　　　　　D. 选言证法

3. 归谬法所运用的推理形式是　　　　　　　　　　　　　　　　　　(　　　)

A．必要条件假言推理肯定后件式　　　B．充分条件假言推理肯定前件式

C．必要条件假言推理否定后件式　　　D．充分条件假言推理否定后件式

4．驳倒了对方的论据，可以说明　　　　　　　　　　　　　　　　　　　（　）

A．已驳倒了对方的论题　　　　　B．对方的论题与论据都是虚假的

C．对方的论证不能成立　　　　　D．所用推理形式不正确

5．有人说天下乌鸦一般黑，其实这是不正确的，因为人们在西伯利亚地区发现了白乌鸦。所以，并非所有乌鸦都是黑的。

上述议论所运用的反驳方法是　　　　　　　　　　　　　　　　　　　（　）

A．直接反驳　　　　B．间接反驳　　　　C．归谬法　　　　D．反证法

6．目前的大学生普遍缺乏对中国传统文化的学习和积累。教育部相关部门及部分高校最近的一次调查结果表明：在大学生中，喜欢和比较喜欢京剧艺术的只占被调查人数的14％。

下列各项最能削弱上述论证的是　　　　　　　　　　　　　　　　　　（　）

A．14％的比例正说明培养大学生对传统文化的学习和积累大有潜力可挖

B．大学生在京剧艺术欣赏方面缺乏指导，不懂得怎样去欣赏

C．调查的比例大小，恐怕不能反映当代大学生的真实情况

D．喜欢京剧艺术与学习中国传统文化不是一回事，不能以偏概全

E．有一些大学生既喜欢京剧，又对中国传统文化的其他领域有兴趣

7．喜欢甜味的习性曾经对人类有益，因为它使人在健康食品和非健康食品之间选择前者。例如，成熟的水果是甜的，不成熟的水果则不甜。喜欢甜味的习性促使人类选择成熟的水果。但是，现在的食糖是经过精制的。因此，喜欢甜味不再是一种对人有益的习性，因为精制食糖不是健康食品。

以下哪项如果为真，最能加强上述论证？　　　　　　　　　　　　　　（　）

A．绝大多数人都喜欢甜味

B．许多食物虽然生吃有害健康，但经过烹饪则可成为极有营养的健康食品

C．有些喜欢甜味的人，在一盘甜点心和一盘成熟的水果之间，更可能选择后者

D．喜欢甜味的人，在含食糖的食品和有甜味的自然食品之间可能选择前者

E．史前人类只有依赖味觉才能区分健康食品

8．20世纪90年代初，连江镇建立了不少造纸厂，当地居民的收入有了明显提高，但工厂每天排出的大量污水，也使居民们忧心忡忡：如果工厂继续排放污水，饮用水就会被污染，健康也会受到严重影响。然而，这种担心是多余的。因为1994年对连江镇居民的健康检查发现，几乎没人因水污染而患病。

以下哪项如果为真，最能质疑上述论证？　　　　　　　　　　　　　　（　）

A．1994年，连江镇造纸厂的污水排放量是历年来较低的

B．1994年，并非全体连江镇居民都参加了健康检查

C．1994年，由于经济不景气，连江镇造纸厂的产量有较大幅度的减少

D．造纸厂排放的污水所导致的疾病需要多年后才会显现出来

E．造纸厂排放的污水导致的疾病与一般疾病相比更难被检测出来

9．转基因食品可能带来副作用，但一种转基因大豆含有有益于人体健康的微量元素，专家建议人们食用用这种大豆加工成的产品。

以下哪项最能支持专家的建议？　　　　　　　　　　　　　　　　　（　　）

A．从其他非转基因食品中无法得到这种微量元素

B．转基因食品经过加工后，其副作用会减少

C．没有充分证据表明转基因食品会给人体带来副作用

D．人们正在寻找含有这种微量元素的天然食品，估计 5 年后就能成功

E．这种微量元素对人体健康的益处大于转基因食品的副作用带来的害处

10．在目前财政拮据的情况下，在本市增加警力的动议不可取。在计算增加警力所需的经费开支时，光考虑到支付新增警员的工资是不够的，同时还要考虑到支付法庭和监狱新雇员的工资。由于警力的增加带来的逮捕、宣判和监管任务的增加，势必需要相关部门同时增加人员。

以下哪项如果为真，将最有力地削弱上述论证？　　　　　　　　　　（　　）

A．增加警力所需的费用，将由中央和地方财政共同负担

B．目前的财政状况，决不至于拮据到连维护社会治安的费用都难以支付的地步

C．湖州市与本市毗邻，去年警力增加 19%，逮捕个案增加 40%，宣判个案增加 13%

D．并非所有侦察都导致逮捕，并非所有逮捕都导致宣判，并非所有宣判都导致监管

E．当警力增加到与市民的数量达到一个恰当的比例时，将减少犯罪

三、多项选择题

1．论证与推理之间的联系是　　　　　　　　　　　　　　　　　　　　（　　）

A．推理就是论证　　　　　　　　　　B．论证要借助于推理

C．论证的论题相当于推理的结论　　　D．论证的论题相当于推理的前提

E．论证的论据相当于推理的前提

2．古希腊学者克拉底曾说："一切命题都是假的。"亚里士多德反驳说："如果一切命题都是假的，那么这个'一切命题都是假的'也是假的。"

亚里士多德在进行反驳时使用的是　　　　　　　　　　　　　　　　（　　）

A．直接反驳　　　　B．间接反驳　　　　C．归谬法

D．类比反驳　　　　E．归纳反驳

3．各级领导干部必须提高科学文化水平。因为各级领导干部不提高科学文化水平，各级组织管理工作就不能适应新形势的需要，改革就会踏步不前，最后，改革就会成为一句空话。所以各级领导干部不能不提高科学文化水平。

上述论证是　　　　　　　　　　　　　　　　　　　　　　　　　　（　　）

A．反证法　　　　B．间接论证　　　　C．直接论证

D．演绎论证　　　E．归纳论证

4．下列各项中可以驳倒 SAP 的有　　　　　　　　　　　　　（　　）

A．SEP 真　　　　B．□SEP 真　　　　C．SA$\overline{P}$真

D．◇SIP 假　　　E．◇SOP 真

四、分析题

（一）分析下列论证的结构，指出其论题、论据（包括省略论据）、论证方式和论证方法。

1．长期以来，治疗肿瘤不外乎药物、放疗和手术三种途径，但是药物和放疗是"敌我不分"，会将正常细胞和癌细胞一起杀伤；至于手术切除，对人体损伤很大，而且不一定能根除。相比之下，新近出现的单抗疗法，其优点之一就是能"分清敌我"，可以具有针对性地对待某种癌细胞。

2．这名婴儿是出生后才死的。因为如果婴儿在出生前就死亡了的话，死婴的肺中就不会有空气；但是，经解剖发现，该婴儿肺中残存有空气，可见他的死亡发生于出生之后。

3．在中华民族的发展史上，有发达的农业和手工业，有许多伟大的思想家、科学家、政治家、军事家、文学家和艺术家，有丰富的文字典籍。在很早的时候，中国就有了指南针。中国人早在一千八百年前就已经发明了造纸法，在一千三百年前就已经发明了雕版印刷，在百年前还发明了活字印刷。对火药的应用也在欧洲人之前。所以，中国是世界上文明发达最早的国家之一。

（二）图解下列论证的结构，并对论证进行评估。

1．乐善好施之人往往比那些凡事都漠不关心的人拥有更好的人际关系。他们的下一代在很多指标上也表现得更好。因此，乐善好施是一种对社会负责的行为。在制定公共政策时应贯彻有利于乐善好施的原则。

2．张华的学习成绩在年级中名列前茅，他是我校最好的篮球运动员。去年秋天，他成功组织了全校的篮球比赛。张华性格开朗，人缘很好。我想他这次竞选学生会的体育部长会取得成功。

3．书店以低于市场的价格销售书籍而获利的唯一途径是从出版商那里得到低于正常价格的书；除非书店的销量大，否则不能从出版商那里得到低于正常价格的书；要想有大的销量，书店就必须广泛满足读者的兴趣，或者拥有专业书市的独家销售权。大夏书店虽然不能广泛满足读者的兴趣，却能以低于市场的价格获利，因此，它肯定拥有专业书市的独家销售权。

（三）分析下列反驳的结构，指出被反驳的论题与反驳的方法。

1．燃素说是 17 世纪由德国化学家施塔尔提出的，他认为一切可燃烧物中都有一种特殊的物质——燃素，其燃烧过程就是可燃物放出燃素的过程。但是，后来对燃烧现象进行了精确的定量分析后，人们发现，金属燃烧后，重量不是减少，而是增加。这样，燃素说只好宣称燃素有负重量。这当然是极其荒谬的。

2. 亚里士多德有一个论点："物体越重，下落速度越快。"（p）伽利略指出，根据这一论点，一块轻石 A 加在一块重石 B 上下落，会出现以下矛盾结果：①A＋B 比 B 重，下落速度比 B 大（q）；②速度小的 A 加在速度大的 B 上，会减小 B 的下落速度，因而 A＋B 的下落速度，比 B 小（¬q）。伽利略说："这两个结果自相矛盾，证明亚里士多德错了。"

3. 假如语言能生产物质财富，那么夸夸其谈的人就会成为世界上最富有的人了。但这不是事实，所以，语言不能生产物质财富。

五、证明题

1. 试用选言证法证明：结论为 A 命题的有效三段论必定是第一格。

2. 试用归谬法反驳：结论为 A 命题的第四格三段论是有效的。

3. 试用归纳论证法证明：前提之一为特称命题的有效三段论，其结论必定是特称命题。

第十二章
谬　　误

第一节
谬 误 概 述

一、什么是谬误

"谬误"一词译自英语的 fallacy，其含义在当前学术界和日常使用时大致有广义、狭义和最狭义之分。广义地说，谬误泛指人们在思维和语言表达中所存在的一切逻辑错误；狭义地说，谬误指因违反逻辑规律、规则的要求而出现的各种逻辑错误；最狭义地说，谬误仅指因违反论证规则的要求而出现的逻辑错误。本书在讲解有关谬误的逻辑知识时，取其广义的用法，其中也就包含了对于谬误的狭义和最狭义的理解。

就谬误作为一种逻辑错误而言，诡辩（sophism）乃是其最恶劣的表现。所谓诡辩，指的是一种故意违反逻辑规律、规则的要求而出现的逻辑错误，也可以说是有意识地为某种错误而进行的推理论证。就此而言，诡辩都是谬误，但谬误并不都是诡辩。一般地说，谬误是不自觉地违反逻辑规律、规则的要求而产生的，但诡辩总是以自觉地、有意识地违反逻辑规律、规则的要求为其特征，总是表现为用一种欺骗的手法、通过看似合乎逻辑而实则有缺陷的推理论证来达到某种特定的目的。

考虑到区分逻辑错误是自觉的还是不自觉的，是一个十分复杂的问题，往往需要结合思维主体的动机、思维的具体内容及其所处的具体情境来分析，而这仅靠逻辑学是难以做到的。因此，本书不专门讨论有关诡辩的问题，仅对一般常见的谬误作些分类和简单的分析。

二、谬误的种类

按分类根据即标准的不同，谬误可以有各种不同的分类。主要的有：

（一）归纳谬误与演绎谬误

在概念、判断、推理和论证等思维形式中，都有可能出现谬误。根据出现谬误的推理的不同，谬误有演绎谬误与归纳谬误之分。

演绎谬误（deductive fallacy）出现于演绎过程之中，是在运用演绎推理的各种形式时由于违反相应的推理规则而出现的谬误。例如，因违反三段论规则而导致的"中项两次不周延"、"大项不当周延"、"小项不当周延"等谬误。

归纳谬误（inductive fallacy）则出现于观察、实验、调查、统计等收集经验材料的过程中，或者是分析、综合、概括、类比、探求现象因果联系等整理经验材料的过程中。常见的归纳谬误有轻率概括、机械类比等等。

（二）形式谬误与非形式谬误

这是按谬误的产生是否是由于违反了演绎推理的逻辑规则而作的分类。

形式谬误（formal fallacy）也就是前文所说的演绎谬误，即由于违反了演绎推理的逻辑规则而使用了无效的推理形式所导致的谬误。比如，因违反换质法、换位法规则而产生的逻辑错误,如使用了 SAP→PAS、SOP→SIP 等无效的推理形式;又如,因违反三段论规则而产生的逻辑错误,如使用了第一格的 AEE 式、AOO 式,第二格的 AII 式,第三格的 IEO 式等无效的三段论形式;再如,因违反相容选言推理的逻辑规则所导致的逻辑错误,如使用了(p ∨ q)∧p→¬q、(p ∨ q)∧ q→¬p 等无效的相容选言推理的肯定否定式。

所谓非形式谬误(informal fallacy),则泛指一切并非由于违反了演绎推理的逻辑规则,或者说,并非因为使用了无效的推理形式而产生的谬误。例如,混淆概念、预期理由、以人为据等就属于非形式谬误。

(三) 语义谬误、语形谬误和语用谬误

这是从逻辑指号学(符号学)的角度,按谬误是产生于指号运用过程的语义方面、语形方面还是语用方面所作的分类。

所谓语义谬误(semantic fallacy),指的是在运用指号(符号)过程中,在指号同其指谓对象的关系方面所出现的谬误,也就是各种与语言表达式的含义有关的谬误。如含混、歧义等谬误。

所谓语形谬误(syntactical fallacy),指的是在运用指号(符号)过程中,在指号之间的关系方面所出现的谬误,也就是由于种种无效的推理形式而产生的谬误。这是一种将无效的推理形式视为有效的推理形式所引起的谬误。

所谓语用谬误(pragmatic fallacy),指的是在运用指号(符号)过程中,在指号同其解释者的关系方面所出现的谬误,这是一种同语言使用者和语境密切相关的谬误。如诉诸无知、诉诸怜悯等谬误。

不难看出,第三种分类中的语形谬误对应于第一种分类中的演绎谬误和第二种分类中的形式谬误,而语义谬误和语用谬误则属于非形式谬误,其中就包括了归纳谬误。由此可见,在上述三种分类中,形式谬误与非形式谬误之分是最基本的分类。由于有关形式谬误的知识在本书相关章节中已分别作过说明和介绍,所以下一节将着重介绍一些常见的非形式谬误。

第二节
常见的非形式谬误

如上所述,非形式谬误是相对于形式谬误而言的。粗略地说,非形式谬误是一种看似合乎逻辑而实则有缺陷的推理或论证,但这种推理或论证之所以有缺陷,并不是因为它使用了无效的推理形式,而是由于它所使用的语言存在含混或歧义,或者是因为其前提(论据)以及前提与结论(论题)之间的联系存在缺陷。如果说与前者相关的谬误主要表现为语言方面的含混或歧义,那么与后者相关的谬误就主要表现为非语言方面的实质性谬误,具体包括前提谬误、相关谬误和论据不足的谬误。下面,我们依次简要介绍这几大类常见的非形式谬误。

一、含混和歧义

(一) 含混

含混(vagueness)是指在用语言表达和交流思想的过程中,因未能保持语言的明晰性,亦即未能明确语词所表达的概念的内涵或外延而产生的逻辑谬误。日常语言中的语词往往是含混的,如"高"、"大"、"漂亮"、"喜欢"、"容易"等等,我们通常难以精确地确定这些语词是否适用于某个给定的情形。在对话双方彼此熟识或者对语言的精确性要求不高的情况下,含混的语词一般不会造成表达和交流的障碍,但是,科学研究、数据统计、法律制定与实施等领域则要求所使用的语词必须明确,不能含混。例如:

〔1〕有统计数据表明,当今社会贫富分化日趋严重,有钱人已占总人口的20%,穷人的比例高达80%。究竟该如何通过收入分配的综合改革来缩小甚至避免贫富分化呢?

这里,作者用百分比来描述贫富分化的情况,显示这是一个对语言的精确性有很高要求的语境。但是,跟百分比相关的语词"有钱人",其内涵却是含混的,并不明确,我们无从得知一个人的年收入究竟要达到多少才能算作有钱人。因此,例〔1〕就包含着一个含混的谬误。

(二) 歧义

歧义(ambiguity)是指在用语言表达和交流思想的过程中,由于没有保持所用语言的确定性,亦即在确定的语境下没有保持语言所表达的概念、判断等的确定性而产生的种种谬误。歧义主要有以下几种表现形式:

1. 语词歧义

语词歧义(ambiguity of term)指的是在确定的语境下使用了同一语词的不同意义(即表达了不同概念)而引起的逻辑谬误。在自然语言中,一个语词往往具有多种意义,我们可以通过对语境因素的强调来对这些意义进行区分。如果在一个确定的语境中,有意无意地混淆了一个语词的不同意义,就会犯"语词歧义"的错误。例如,违反三段论规则所导致的"四词项"就是一种语词歧义:

〔2〕所有的鸟都是有羽毛的,拔光了羽毛的鸟还是鸟,所以拔光了羽毛的鸟是有羽毛的。

这一推理的结论是自相矛盾的,因而是错误的,其原因就在于两个前提中共同使用的"鸟"这一语词有歧义。在第一个前提中,"鸟"是就鸟之所以为鸟应当是有羽毛这个意义而言的,而在第二个前提中,则是就鸟的一种特殊状态,即被拔光了羽毛这个意义而言的。这种表现为"四词项"的语词歧义造成了上述推理结论的错误。

2. 语句歧义

语句歧义(syntactical ambiguity)指的是在确定的语境下对同一语句作出不同意义的理解(即表达了不同的判断)而导致的逻辑谬误。在一个语句中,如果语词指代不明、一词多义、词语兼类(一个语词兼有多种词性)、句子结构不清等,就有可能出现语句歧义。例如:

〔3〕昨天,我在网上书店订购了两本鲁迅的书。

这个句子有两种不同的但都是明确的意义：一种是订购了两本鲁迅本人写的书，另一种是订购了两本别人写的关于鲁迅的书。由于语境的因素以及句子本身的结构无法使听话者确定说话者通过这个句子究竟要表达哪一种意义，因此说话者实际上就犯了"语句歧义"的错误。

3. 语音歧义

语音歧义(pronunciational ambiguity)指的是在确定的语境下因语词的读音不同而导致对包含该语词的语句作出不同意义的理解所导致的逻辑谬误。这可以是由于对一个语词的某个音节的语音强调而引起的。例如，俄语中的"锁"与"城堡"都写作замок，但它们的重读音节不同，前者为замóк"，后者为зáмок。如果在阅读过程中将重读音节读错，就会造成误解，"买一把锁"就会变成"买一座城堡"。语音歧义也可以是由对某个语词的语音强调所引起的。例如：

〔4〕一个农民创建的图书馆开馆了。

通过语音重读，对于例〔4〕既可以强调"一个"，也可以强调"农民"。由于对语词强调的不同，同一个语句就可以表达不同的意义。如果将其混淆，就会引发语音歧义。此外，语音歧义也可以是由多音字引起的。在口语中，多音字一般不会引起歧义，但在书面语中有时则会导致歧义谬误。例如：

〔5〕截至 2015 年底，他还欠款 10 000 元。

由于"还"可读作 hái，指"仍旧"；也可读作 huán，即"归还"之义，因此这个句子在书面语中就有两种不同的理解。如果有意无意将这两种意义混淆，就会犯"语音歧义"的谬误。

二、前提谬误

前提谬误(questionable premise)是一种由于推理的前提或论证的论据存在缺陷而引发的非形式谬误，这种缺陷主要表现为前提(论据)并非已知为真，或者至少不被推理(论证)所涉各方共同接受。

除了前一章已经介绍过的虚假理由、预期理由、以相对为绝对、循环论证等，常见的前提谬误还有如下几种：

1. 前提不一致

所谓前提不一致(inconsistent premises)，指的是作为前提的命题集未能同时为真，这通常表现为前提集中包含着彼此否定的命题，或者是同一个命题在前提集中多次出现，其真值未能保持一致。在二值逻辑的范围内，如果将一组不一致的命题作为前提进行推理或者将其作为论据进行论证，这是不能被接受的，因为根据矛盾律，彼此否定的命题不能同真，其中必有一假，而假命题不能作为前提(论据)为结论(论题)提供支持。例如：

〔6〕如果合同是有效的，那么朝阳公司应受到处罚；如果该公司受到处罚，它就会破产；如果银行给它贷款，它就不会破产。事实上，合同是有效的而且银行给朝阳公司发放了贷款。

如果以上述命题为前提进行推理，由于合同是有效的，故朝阳公司会破产；但是，银行给该公司发放了贷款,因此它不会破产。对于该公司是否破产这一问题,结论之所以是自相矛盾的,原因就在于其前提不一致。

2. 复杂问语

复杂问语(complex question)是一种暗含为对方所不持有或不能接受的某个预设(关于预设的内容,本书下一章有详细的介绍)而要求对方回答的问话。对于这种问语,无论回答"是"或"不是",都意味着承认了其中所隐含的某个自己本不持有或不能接受的预设。例如:

〔7〕小李,你戒烟了吗?

如果回答"戒了",这就意味着小李承认自己过去是抽烟的;如果回答"没有戒",这也意味着他承认自己过去是抽烟的(而且现在还在抽烟)。倘若小李从来就不抽烟,他就不能简单地回答"戒了"或"没有戒",而应明确指出问语中所隐含的预设是不存在的。因此,在对话或论辩过程中,对复杂问语不作明确的肯定或否定的回答,并不违反排中律的逻辑要求,但由于复杂问语本身是一种逻辑谬误,所以应当在对话或论辩时避免使用它。

三、相关谬误

相关谬误(fallacy of relevance)指的是由前提(论据)包含的信息似与结论(论题)的确立有关但实际无关而引起的种种谬误。一般地说,相关谬误大多是由于前提(论据)与结论(论题)在心理上相关,而不是在逻辑上相关而产生的,它往往利用语言表达情感的功能,以言词来激起人们心理上的同情、怜悯、恐惧、崇拜等,以引诱人们接受或拒绝某一结论(论题)。

相关谬误种类繁多,"论证"一章介绍过的偷换论题、转移论题,就是两种常见的相关谬误。论证者在运用论据来为论题提供支持时,有意无意地用其他命题代替了所要论证的命题,导致论据与实际论证的命题不相关。此外,常见的相关谬误还有:

1. 诉诸无知

诉诸无知(appeal to ignorance/*argumentum ad ignorantiam*)就是以无知为论据,其主要表现有二:不能证明或未能证明 A 为真,因此 A 为假;不能证明或未能证明 A 为假,因此 A 为真。由于任何个人的知识总是有限的,因此诉诸无知并不总是谬误;只有当诉诸无知与结论不相关时,诉诸无知作为一种论证手段才是谬误。例如:

〔8〕夏朝是不存在的,因为在迄今为止的考古发现中没有找到明确写有"夏"的任何文字材料。

上述论证的缺陷就在于论证者把缺乏证据证明夏朝存在当作证明夏朝不存在的证据,从而犯了"诉诸无知"的错误。

2. 诉诸怜悯

诉诸怜悯(appeal to pity/*argumentum ad misericordiam*)是仅仅以认定某人某事值得怜悯、同情为理由,而不是诉诸强有力的证据,来证明某个主张或要求是合理的。例如,有的盗窃分子,在案发后的预审或庭审中,常常说自己老母年老体弱、妻子多病、儿子伤残、医药费昂贵但是家庭经济情况又很不好,希望借此博得他人的怜悯和同情,为自己的盗窃行为开脱,这就是一种诉诸怜悯的谬误。需要注意的是,诉诸怜悯利用的是人们的同情心,而利用人们的同情心来开展各种救助募捐活动是完全合理的,因此诉诸怜悯并非总是谬误。只有在论证中援引怜悯、同情之举被判定为与结论不相关时,诉诸怜悯才成为一种谬误。

3. 诉诸大众

诉诸大众(appeal to the people/*argumentum ad populum*),亦称诉诸流行,指的是仅仅根据大众的情感、信念或意见,而不是基于客观严谨的理智分析,来促使人们接受某种主张或者采取某种行动。例如:

〔9〕20 年的专业品质,2 000 万妈妈的营养选择。三鹿婴幼儿奶粉,更多三鹿,更多营养。

这则广告试图用相当数量的消费者都喜欢三鹿奶粉(2 000 万妈妈的营养选择)来证明这种奶粉品质好、值得购买,就犯了"诉诸大众"的错误。事实上,三鹿奶粉在 2008 年卷入三聚氰胺事件,其生产厂家石家庄三鹿集团股份有限公司也因此在 2009 年被宣告破产。这告诉我们,多数人信以为真的未必就是真的,人们相信一个命题为真并不构成证明该命题为真的理由。当然,引用大众的情感、信念或意见进行论证并不总是谬误,在民主选举或解决公众纠纷的裁决中所实施的"少数服从多数"原则,就不能被归结为诉诸大众的谬误。

4. 诉诸强力

诉诸强力(appeal to force/*argumentum ad baculum*),亦称诉诸威胁(appeal to threat)或诉诸恐惧(appeal to fear),指的是论证者借助威胁、恫吓等强力手段以激起听者的恐惧感来迫使后者接受某个主张。例如:"你要是再跟我争下去,我可要对你不客气了。"这里,说话者就是试图通过诉诸威胁(对你不客气)来迫使对方接受自己的主张(你不能再跟我争下去了)。值得注意的是,诉诸强力、威胁或恐惧并不总是谬误,如在有毒物质的外包装上印上骷髅头以提醒人们注意安全,这是对诉诸恐惧的合理使用,并不是谬误。这就是说,在论证、论辩过程中,需要对合理的警告与无理的威胁作出区分,只有后者才是谬误。

诉诸怜悯、诉诸大众和诉诸恐惧,都是在论证过程中援引某种情感作为立论或驳论的唯一根据,因而是"诉诸情感"(appeal to emotion/*argumentum ad judicium*)这种相关谬误的具体表现。

5. 诉诸权威

在论证中,合理地引用专家或权威的意见可以成为论题成立的好的理由,但不合理的引用就会犯"诉诸权威"(appeal to authority/*argumentum ad verecundiam*)的逻辑错误。这里所说的"不合理"主要有以下几种表现形式:所引用的权威并不是某领域的真正的权威,所引用的权威不是论题所属领域的权威,盲目摘引权威的言论而未对这些言论的真实性及其理由进行分析,所引用的权威在人品上有缺陷,所引用的权威与同领域的其他权威在与论题相关的问题上意见不一致,等等。例如:

〔10〕甲:转基因食品非常不安全,政府根本就不应该批准生产和销售这类食品。

乙：你为什么会有这种想法？

甲：崔教授就是这么认为的，我完全赞成他的观点。

乙：崔教授是转基因技术和食品安全方面的专家吗？

甲：不是，他是一位哲学教授。

这个对话涉及的话题是转基因食品的安全性，而甲在证明自己主张时所引用的权威崔教授是一位哲学教授。即便崔教授是哲学领域的权威，但转基因食品的安全性问题也超出了他所擅长的领域，论据与论题不相关，因此甲在对话中犯了"诉诸权威"的逻辑错误。

6. 人身攻击

人身攻击（argument against the person/*argumentum ad hominem*）指的是在论辩中通过攻击对方的品格、境况或行为，而不是诉诸有力的理由，来否定对方的主张或降低其言论的可信度。例如：

〔11〕张××有什么资格来管教我的小孩！说我儿子上课不专心，影响其他同学学习，他的儿子又好在哪里？还不是经常旷课，泡网吧，跟一些不三不四的人混在一起。

这里，"我"在反驳张××的指责时，不是直接指出其指责没有根据，是错误的，而是通过对张××提出相似的指责来否定他对"我"的指责的合理性，这实际上就是在进行人身攻击。

针对一个人的品格、境况或行为进行论证以否定其主张或降低其言论的可信度，并不总是谬误。例如，在法庭上允许律师对证人的品格、境况或行为进行检验，如果发现证人有作伪证的先例，或者与当事人有利害关系，证人的证言就会受到合理的怀疑。但是，如果仅仅以证人曾作过伪证，而不辅之以其他的证据，便完全否定证人当前证言的证据效力，便犯了"人身攻击"的错误。

7. 因人纳言

因人纳言是仅仅根据论证者的愿望或自己对论证者的钦佩，而不考虑其主张是否真实或其论证过程是否合乎逻辑，便对其主张表示接受和赞同。例如，有些人或由于某种小团体观念，或出于对某人的盲目崇拜，只要是自己小团体中的人或是自己所崇拜的人的言论就认定是正确的，就加以赞同、支持和拥护。这就是一种因人纳言的谬误。

8. 因人废言

因人废言是仅仅根据论证者的品格或自己对论证者的厌恶，而不考虑其主张是否真实，也不根据反驳的规则和要求，便否定其主张。例如，有些人在批评人家的主张时，常常不是就别人主张是否真实、论证是否符合逻辑进行批评，而是抓住人家过去或现在的某些"小辫子"（如德行有亏、犯过某些错误之类）不放，并以此作为否定对方主张的唯一根据。这就是一种因人废言的谬误。

诉诸权威、人身攻击、因人纳言、因人废言这四种谬误实际上是"以人为据"这种相关谬误的具体表现，它们从不同角度、在不同程度上表现为以"人"本身作为论证的唯一根据。

9. 诉诸武断

诉诸武断（appeal to arbitrary judgment）指的是既未提出相关的论据，也未进行必要的论证，就主观作出推断的一种谬误。例如，昆剧《十五贯》中，无锡知县过于执，仅凭尤葫芦（被害人）养女苏戍娟年轻貌美这一点，便判定她是与熊友兰勾搭成奸，谋财杀死养父的凶手。过于执的论断是：

〔12〕看你艳如桃李，岂能无人勾引？年正青春，岂能冷若冰霜？你与奸夫情投意合，自然要生比翼双飞之意。父亲拦阻，因之杀其父而盗其财，此乃人之常情。

这种无根据的主观臆断便是一种诉诸武断的谬误。

10. 稻草人

作为一种相关谬误，稻草人（straw man）是通过歪曲对方的论题或论证来攻击对方事实上并未主张的论题或并未提出的论证。例如：

〔13〕我坚决反对进行产前 B 超检查，因为主张进行这项检查的医生实际上是想杀死那些有缺陷的生命。

从医学上看，产前 B 超检查的作用在于其能够确定是否是多胎妊娠，能够确定胎儿的心跳、位置以及胎盘的位置、子宫内的羊水量，还能确定胎儿是否发育正常，并不是如论证者所说的是为了"杀死那些有缺陷的生命"，显然论证者是把"进行产前 B 超检查是为了杀死那些有缺陷的生命"这个论题强加给了那些主张进行这项检查的医生，因而犯了"稻草人"谬误。

四、论据不足的谬误

论据不足的谬误（fallacy of insufficient reason），亦即理由不充足的谬误，指的是由于结论（论题）缺乏充足的前提（论据）的支持因而不能成立的谬误。前面所说的归纳谬误，大多属于这类谬误。常见的有：

1. 轻率概括

轻率概括（hasty generalization），亦称仓促概括，是一种由于没有遵循提高归纳推理合理性的原则，从个别特例推出一个全称命题所产生的谬误。在归纳概括的过程中，如果只是根据不具有代表性、典型性的个别经验事实或某些特殊事例就简单地得出某种普遍性的结论，并认定该结论是真实可靠的，那就会犯"轻率概括"的错误。比如，东晋诗人陶渊明有著名诗句"采菊东篱下，悠然见南山"，有人就据此推论陶渊明只写平淡风雅的诗，这就是把特殊情况视为普遍情况。其实，正如清人龚自珍所说："陶潜酷似卧龙豪，万古得阳松菊高。莫信诗人竟平淡，二分《梁甫》一小《骚》。"鲁迅也曾指出，陶渊明还写过"刑天舞干戚，猛志固常在"的"金刚怒目式"的诗。因此，认为陶渊明只写平淡风雅的诗，是不合陶渊明诗作的实际的。

2. 平均数谬误

平均数谬误（fallacy of the average）是一种基于平均数的假象而引申出一般性结论的谬误。比如，小张从甲工厂职工平均月工资为 2 000 元，推断甲工厂的工人月工资至少也得超过 1 000 元。但是，该厂大多数工人的月工资其实不足 1 000 元，因为该厂技术人员、管理人员与工人的数量之比为 1∶1，而技术人员、管理人员的工资较高，多超过 3 000 元。这就是为什么职工的平均月工资为 2 000 元，一般工人的月工资却不足 1 000 元。小张的上述推论就包含着平均数谬误。

3. 错误抽样

错误抽样（biased or unrepresentative sample），亦称以偏概全（overgeneralization），是一种在归纳概括过程中由于抽样不合理（如抽样片面、样本不具代表性等）而产生的谬误。如：

〔14〕19世纪美西战争期间，有的美国人根据这期间美国海军士兵的死亡率是0.9%，而纽约市民的死亡率是1.6%，得出结论：战争期间在海军中服役的军人比一般居民还安全。

事实上，在纳入统计范围的居民中，既有健康的青年人，也有老人和婴儿，还有各种各样的病人，而一般来说后两者的死亡率是相对较高的。至于海军士兵，他们都是经过严格体检选拔出来的身体健康的青年人，相较于老人、婴儿以及各种病人，其死亡率无疑是较低的。因此，基于片面抽样而得出的结论自然是不正确的。

4. 赌徒谬误

赌徒谬误（gambler's fallacy）是一种由于意识不到独立事件的独立性而作出错误推论所引起的谬误，因一般赌徒常犯这一谬误而得名。比如，在具有红、黑二色的轮盘中，每次呈现红色的概率是0.5，而且它们中的每一次都是独立的。但是，参与玩轮盘的赌徒总以为在轮盘转过多次红色数字以后，下一次就会落在黑色数字上面。其实，下一次数字为黑色或红色的概率仍然是各为0.5，它们相对于以往的事件是完全独立的，并不会因为前几次呈现的是红色就必然增加下一次黑色出现的概率。又如，有的妇女在生了一个、两个或三个女孩后，总以为如果再生小孩的话将会是男孩，从而在这种渴求中连续生了多个女孩。这就是因为她们不懂得每次生小孩都是不依赖于前一次生小孩结果（是生女孩还是男孩）的独立事件，过去生了女孩并不会增加下次生男孩的概率。从某种意义上，这些妇女也陷入了类似赌徒谬误的思维怪圈。

5. 机械类比

机械类比（false analogy），或称错误类比，指的是仅仅从表面的、非本质的属性上相同来推断它们在两个或两类对象在另一属性上也相同，而不是根据提高类比推理合理性的原则，从它们较本质的属性或与推出属性密切相关的属性上去进行类比。比如，基督教神学曾针对"存在造物主"这一论题进行过如下的论证：

〔15〕宇宙是由许多部分构成的一个和谐的整体，如同钟表是由许多部分构成的和谐的整体一样，而钟表有一个创造者，所以宇宙也有一个创造者，那就是上帝。

这里，基督教神学把宇宙和钟表这两类相似点极少，即使有也只有偶然相似性质的对象加以比较，由钟表有创造者推出宇宙也有创造者的错误结论，就犯了"机械类比"的错误。

6. 强加因果

强加因果（illogically inferring causation from correlation）是一种把仅仅具有某种统计相关性的两类事件误认为是具有因果关系的事件而产生的谬误。例如：

〔16〕我们别带王磊去野餐了，每次带他去，天就下雨。

尽管王磊去野餐与野餐时天下雨之间具有某种统计上的相关性,但天下雨本身是一种自然现象,与王磊是否参加野餐没有因果关系。为了避免野餐时下雨,说话者主张不带王磊去野餐,其实就是把仅具有统计相关性的事件误认为是具有因果关系的事件,这就犯了"强加因果"的谬误。

7. 以先后为因果

以先后为因果(*post hoc ergo propter hoc*)是一种把两个在时间上具有先后关系的事件误认为是具有因果关系的事件而产生的谬误。一般而言,具有因果关系的两个事件在时间上存在先后关系,原因在前,结果在后,但具有先后关系的两个事件之间未必就存在因果关系。比如,在古代中国,当月食出现时,人们便会放鞭炮来"驱天狗"。放了一段时间的鞭炮后,月亮就会重现,于是人们认为放鞭炮是驱走"天狗"使月亮重现的原因。这一推论就包含着以先后为因果的错误。

8. 因果倒置

因果倒置(reversing causation)是一种在相对确定的条件下,把原因与结果相互颠倒,视结果为原因、视原因为结果而引起的谬误。比如,有机物的腐败与微生物的入侵存在着一定的因果关系,后者是原因,前者是结果。但是,有的人却认为是因为有机物腐败才引起微生物的入侵,这就把两者之间真实的因果关系颠倒了。

9. 虚假原因

虚假原因(false cause/*non causa pro causa*)是一种把并非给定结果的原因误认为是该结果的真实原因而产生的谬误。比如,某学生一上课时就觉得头疼,不上课时则感觉不到头疼,于是他认为自己是患了神经衰弱症,上课时因用脑较多而感到头疼,即认定上课听讲是头疼的原因。后经医生检查,发现引起他头疼的原因其实是他上课时戴的那副度数并不合适的近视眼镜。显然,这个学生在推断中犯了"虚假原因"的谬误。

10. 滑坡谬误

滑坡谬误(slippery slope)是一种因未能准确理解对象之间的因果链条的性质而进行错误推断所产生的谬误。对象之间往往存在着一连串性质不尽相同的因果关系,有的仅仅是可能的,有的则具有必然性;在可能的因果关系中,有的结果出现的概率较小,有的出现的概率则较大。如果对因果链条中某个环节的性质缺乏准确理解,片面夸大其因果强度,就会使推理仿佛被置于陡滑的斜坡之上,一旦迈出第一步,就会一滑到底,最终导致不可接受的结论。例如,一位环卫工人在讲自己的工作经历时说:

〔17〕有一次,我在山崖下捡垃圾,一个还燃着的烟头被扔了下来,差点掉到我脖子里。

还有一次,我试图制止一位游客乱扔垃圾,可他却说:"我们不扔,你们不就失业了?"
这里,那位游客从"不扔垃圾"推出"环卫工就会失业",就存在着一个滑坡谬误。游客不扔垃圾,的确会导致环卫工失去清扫此类垃圾的机会,但是,并没有充分的理由说明:一旦失去清扫此类垃圾的机会,环卫工就会失业。因为即便游客不扔垃圾,环卫工也要清扫尘土、落叶、下雨冲来的淤泥、风刮来的垃圾、积雪等等,此外,垃圾也需要人运走,景区内的垃圾桶也需要人来清理和维护。

11. 合成谬误

合成谬误(composition)是指从作为整体之部分、类之分子具有某种属性出发不合理地推断整体、类也具有该种属性。例如：

〔18〕小李喜欢吃臭豆腐，也喜欢吃番茄蛋花汤，所以他喜欢吃放有臭豆腐的番茄蛋花汤。

〔19〕一辆公共汽车的油耗比一辆小轿车的油耗大，所以在上海全部公共汽车的油耗比全部小轿车的油耗大。

上述两个推理都存在着合成谬误。就前者说，"喜欢"这一属性并不必然能够从部分传递至整体；就后者看，即便前提为真，但倘若上海的小轿车数量远远超过公共汽车，则结论未必为真。当然，从作为整体之部分、类之分子具有某种属性出发推断整体、类也具有该种属性，并不总是错误的。例如：

〔20〕这面墙壁的每一部分都是白色的，所以这面墙壁是白色的。

这里，将"白色的"这一属性从部分传递至整体就是合理的，整个推理不包含合成谬误。

12. 分解谬误

分解谬误(division)与合成谬误是对应的，它是从整体、类具有某种属性不合理地推断作为整体之部分、类之分子也具有该种属性。例如：

〔21〕盐(氯化钠)是无毒的，所以盐的组成要素氯和钠也是无毒的。

〔22〕中国的大学是分布在全国各地的，华东师范大学是中国的大学，所以华东师范大学是分布在全国各地的。

根据化学知识可知，"无毒"这一属性不能从整体(盐/氯化钠)传递至部分(氯、钠)；由于存在"四词项"的错误，尽管华东师范大学是中国的大学这个类的一分子，但后者所具有"分布在全国各地的"这一属性并不能传递至前者。因此，这两个推理都存在分解谬误。需要指出的是，从整体、类具有某种属性推断作为整体之部分、类之分子也具有该种属性，并不总是错误的。例如：

〔23〕所有的猫都是哺乳动物，所以每一只猫都是哺乳动物。

在这个推理中，"哺乳动物"这一属性从类传递至分子显然是合理的。判断一个推理是否包含分解谬误或合成谬误，需要对推理所涉及的对象以及被传递的属性进行具体考察，这也正是这些谬误属于非形式谬误的原因所在。

第三节
谬误的识别与避免

一、研究谬误的意义

谬误种类繁多，不仅存在于我们的日常思维中，也存在于我们一切学习、工作以至科学

研究的思维过程之中。对谬误问题进行深入研究,具有重要的理论意义和现实意义,这主要表现在以下几个方面:

首先,谬误,不管形式的还是非形式的,都是思维不具有逻辑性的具体表现,它们在不同程度上妨碍了正确的、合乎逻辑的思维和认识。避免或排除谬误,是实现正确地、合乎逻辑地思维与认识的前提条件,为此就必须认真研究谬误,弄清其产生的原因,找到识别与避免谬误的正确方法和途径。

其次,正确思维与错误思维、真理与谬误,总是相比较而存在,相斗争而发展的,加强对谬误问题的研究,不仅有助于在比较和斗争中识别和防止谬误,而且有助于加深对正确思维的理解,促进正确思维的发展。

最后,人们在实际思维特别是论辩过程中往往会出现谬误,因此加强对谬误问题的研究,是防止在实际思维中产生谬误,从而提高人们实际的逻辑思维水平的一个很重要的方面。相应地,加强对谬误问题的研究也就成为了逻辑科学与人们日常思维相结合的一条重要途径,成为了逻辑科学理论联系实际的一个很重要的方面。

总之,研究谬误能够帮助人们在实际思维过程中合乎逻辑地进行推理、论证,以避免各种谬误的产生。而为了避免谬误,就必须首先识别谬误。

二、谬误的识别

谬误的识别问题归根到底是判定一个具体的推理或论证是否符合逻辑的问题,因此,相应于不同种类的谬误,识别谬误的标准和方法自然就有所不同。下面,我们对如何识别形式谬误与非形式谬误这两类不同的谬误分别作简要的说明。

1. 关于形式谬误的识别

如前所述,形式谬误是违背推理形式的逻辑规则而产生的谬误,它直接涉及的是推理形式的有效性问题。这就是说,一个形式谬误的产生或存在必然相应地伴随着一个无效的推理形式。因此,识别形式谬误的主要步骤就是:第一,判断可能存在谬误的推理究竟是演绎推理还是非演绎的其他类型的推理。只有当一个推理是演绎推理,其逻辑结构或推理形式才会存在有效与否的问题,因而才会涉及该推理形式是否包含形式谬误的问题。第二,进一步明确该推理形式属于演绎推理形式中的何种推理形式,比如,弄清它是属于简单命题推理的某种形式,还是复合命题推理的某种形式。第三,用相应的推理形式的逻辑规则进行判定,以明确该推理形式是否违反了逻辑规则的要求。一旦确定其违反了推理的逻辑规则,即可判断该推理形式是一个无效的推理形式,其中存在着形式谬误。

2. 关于非形式谬误的识别

相较于对形式谬误的识别,非形式谬误的识别要复杂得多。这是因为非形式谬误的表现多样,分类复杂,各种非形式谬误之间常常错综交织,很少有明确的界线。所以,不论我们采用哪一种标准,都很难把非形式谬误包罗无遗,也就是说,难以找到一个识别非形式谬误的共同标准。同时,我们还必须了解,许多非形式谬误的产生,往往是由于人们对一些推理、论证方法和技巧进行了不恰当或不合理地运用,因此难以找到一个绝对的标准来识别非形式谬误。常会出现的情况是:一个论证在这个语境中是不合逻辑的因而包含着谬误,在另外一个语境中却是合乎逻辑的,不包含谬误。为此,就必须对谬误可能出现其中的推理、论证进行具体考察,当然这并不意味着我们不可以针对非形式谬误的识别提出一个概略的步骤和思路。

首先,应用有关推理的逻辑知识,特别是关于演绎推理的知识,对可能包含谬误的推理、论证进行具体分析,以判明可能存在的谬误确系非形式谬误,而不是形式谬误。

其次,判明推理、论证存在的缺陷究竟是属于语言使用方面的问题,还是有关前提以及前提与结论之间联系的实质性方面的问题。如果属于前一种情况,就可能存在含混或歧义的谬误;如果属于后一种情况,就可能是实质性的谬误。

最后,如果是实质性谬误,再进一步判定该谬误与前提的缺陷有关,还是跟在前提与结论之间的联系方面所存在的缺陷有关。如果是前者,该谬误就是前提谬误;如果是后者,该谬误就应该是相关谬误或论据不足的谬误。

三、谬误的避免

研究谬误是为了防止和避免谬误。那么,究竟应当如何去防止和避免谬误呢？最基本的途径是学习和掌握逻辑学的基本知识和原理,明确逻辑思维的规律、规则的具体要求,并自觉地把这些逻辑知识和逻辑要求运用于自己的实际思维,以提高自己的逻辑思维能力和逻辑素养。一个人逻辑思维能力和逻辑素养的强弱高低是同他防止和避免谬误的能力的强弱高低成正比,而同其在推理、论证中出现谬误的多寡成反比的。也就是说,一个人逻辑思维能力越强,逻辑素养越高,他的防止和避免谬误的能力就越强,从而也就越能有效地防止和避免谬误,把思维过程中出现谬误的概率减少到最低限度;反之,一个人逻辑思维能力越弱,逻辑素养越差,他的防止和避免谬误的能力也就越弱,也就越难以有效地防止和避免谬误,从而导致在思维过程中愈加频繁地出现谬误。所以,防止和避免逻辑谬误的基本途径是自觉地学习逻辑、应用逻辑,不断提高自己的逻辑思维能力和逻辑素养,舍此别无其他捷径。

其次,由于各种谬误的性质和产生的具体原因有所不同,为了有效地防止和避免谬误,还必须针对不同谬误的不同特点,对症下药,采取不同的措施和办法。比如,对于形式谬误,就应当熟练地掌握各种演绎推理的逻辑规则及其有效式,同时熟悉相应的无效式,这样就能较为迅速而准确地识别和避免实际思维过程中出现的各种形式谬误;对于含混和歧义,则应注意在确定的语境下保持语词和词句的明晰性和确定性,明确语词所表达的概念的内涵和外延,使语词和语句所表达的概念、判断保持同一;对于前提谬误,要尽可能确保前提(论据)已知为真,或者至少被推理(论证)所涉各方共同接受;对于相关谬误,则应当尽力避免心理因素与逻辑因素相混淆,力求在推理、论证过程中严格遵循逻辑要求进行逻辑推导,力戒各种心理因素、特别是情感因素的干扰;至于论据不足的谬误,则应当把注意力集中到推理或论证过程中前提(论据)对结论(论题)的支持强度上,判明支持结论(论题)的前提(论据)的有无或多少以及它们对结论(论题)的支持和确证的程度,以避免出现论据不足的种种谬误。

练习题

一、单项选择题

1. "世间万物中，人是第一个可宝贵的。我是人，所以，我是世间万物中第一个可宝贵的。"这个推理中的逻辑错误，与以下哪项中出现的逻辑错误最为类似？　　（　　）

A. 想当翻译就要学外语，我又不想当翻译，所以我不要学外语

B. 党员都要严守党的政治纪律，我不是党员，所以我不要严守党的政治纪律

C. 人贵有自知之明，你没有自知之明，所以你根本不是人

D. 群众是真正的英雄，我是群众，所以我是真正的英雄

E. 凡作案者皆有作案动机，甲有作案动机，所以甲一定是作案者

2. 某保险公司近来的一项研究表明，那些在舒适的工作环境里工作的人比在不舒适的工作环境里工作的人的工作效率高了 25％。对工作效率进行评价的标准包括承办保险索赔的案件数和案件的复杂性。这项研究表明：日益改善的工作环境可以提高工作效率。

以下哪项如果为真，最能削弱以上结论？　　（　　）

A. 舒适的环境比不舒适的环境更能激励员工努力工作

B. 效率高的员工的工作时间不会比效率低的员工长

C. 公司奖励效率高的员工的举措之一就是提供舒适的工作环境

D. 在不舒适的环境中，同事的压力往往妨碍员工的工作

E. 平均来说，效率低的员工每天的工作时间比效率高的员工要少

3. 有人坚信存在飞碟，理由是谁能证明不存在飞碟呢？

下列各项中，在论证手段上与上述论证相似的是　　（　　）

A. 神农架山区有野人，因为有人看见过野人的踪影

B. 鬼是存在的。如果没有鬼，为什么古今中外有那么多人讲鬼故事

C. 科学家不是天生聪明的，因为爱因斯坦就不是天生聪明的

D. 中世纪欧洲神学家论证上帝存在的理由是：你能证明上帝不存在吗

E. 一个经院哲学家不相信人的神经是在脑中汇合的，理由是亚里士多德主张神经是从心脏里产生出来的

4. 林教授是湖北人，考试时他只把满分给湖北籍的学生。例如，上学期他教的班级中只有张红和李娜得了满分，而她们都是湖北人。

以下哪项最可能用来指出上述论证存在的逻辑错误　　（　　）

A. 循环论证　　　　B. 以偏概全　　　　C. 因果倒置

D. 自相矛盾　　　　E. 含混定义

5. 学生家长：这学期学生的视力普遍下降，这是由于学生书面作业负担过重。

校长：学生视力下降和书面作业负担没有关系。经我们调查，学生视力下降的原因，主要是由于他们做作业时的姿势不正确。

以下哪项如果为真，最能削弱校长的辩解？　　　　　　　　　　　　（　　）

A．学生视力下降是个普遍的社会问题，不仅仅是这所学校是这个样子

B．校方在纠正学生的书写姿势以保护视力方面做了一些工作，但力度还不够

C．该校学生的书面作业负担比上学年有所加重

D．该校学生的书面作业负担和其他学校相比，其实并不算重

E．过多的书面作业容易使学生疲劳，以至于难以保持正确的书写姿势

6. 一个月了，这个问题时时刻刻缠绕着我，而在工作非常繁忙或心情非常好的时候，这个问题又被暂时抛开了。

以上的陈述犯了下列哪项逻辑错误？　　　　　　　　　　　　　　（　　）

A．论据不足　　　　B．偷换概念　　　　C．自相矛盾

D．循环论证　　　　E．转移论题

二、指出下列议论中的谬误种类并作简要分析。

1. 心理学是人文科学，因为心理学并不与物质生产直接联系，而人文科学都不与物质生产直接联系。

2. 宇宙是有限的，因为宇宙是围绕地球这个中心运行的，而中心又是相对于边缘来说的，没有边缘就没有中心。而宇宙之所以围绕地球运行，就是因为它有边缘。如果宇宙是无限的，那么那些距离地球无限远的星星怎么能在一昼夜间围绕地球运行一周呢？

3. 鸡不吃了。

4. 一人请客，满桌都是青菜，没有一点儿肉。他对宾客们说："对不起，没有什么菜，大家见谅……"有一位客人应声说道："您太客气了，怎么能说没有菜呢？难道这满桌子都是肉吗？"

5. 一位专攻埃及学的教授说："妇女的逻辑跟男子的逻辑是不同的。作为教授，我可以说这是完全正确的。"

6. 号称美国旅店皇后的利昂娜是拥有10亿美元的旅店业大老板，其丈夫哈里是拥有50亿美元资产的大房地产主。利昂娜因涉嫌逃税被起诉。她在有数百人旁听的法庭上，装出一副可怜相，哭哭啼啼地求情说："没有人能够想象我感到多么羞惭。我觉得我如在噩梦之中。三年前，我失去了独生儿子杰伊。我求求你们，不要再让我失去哈里。我们俩这一辈子只有工作和相互扶持，除此之外，我们什么也没有。"

7. 一位先生曾提议从学校的课程表上取消作文课，另一位先生对此评论说："这位先生为什么提出这种提议呢？因为他自己不会写文章。看一看他写的报告就知道了。他认为自己不会做的事，别人也不应该会做。他害怕有一天一位清洁工的儿子或女儿会写文章，超过了他，所以他要来打倒作文。"

8. 日本通产省曾发布消息说："东京是全世界第八个最容易生活的都市。因为从国民收入来看，东京是物价比较便宜的都市。"并称这是调查了全球 31 个主要都市的物价，参照各都市的国民收入所得出的结果。有人指出这一结果未将同人民生活有密切关系的地价、房租、食品和其他高物价的物品计算在内。

9. 有一人看了电视上日本相扑力士的表演说："日本人怎么这么多大块头？"

10. 甲问乙："一枚硬币连抛 10 次，都是正面向上，那么在抛第 11 次时哪面向上的可能性更大？"乙："反面。"

11. 一个足球迷兴致勃勃地对女朋友吹嘘说："对足球，就像对情人一样，要有缠的功夫。一双脚要像牛皮糖一样粘在足球上，那就绝了。"女朋友回敬道："然后呢？就一脚踢开？那才真叫绝呢！"

12. 王古村的王大是个远近闻名的鸡贩子。他给买来的鸡注射完水，再转手卖掉。一天王大带着发高烧的儿子去医院打针，医生刚拿出针筒，孩子就"哇"地一声哭了："爸爸，你可别把我卖了！"

13. 有一位顾客想买一件皮袄。"这件皮袄我很喜欢，但它怕雨水吗？""当然不怕雨啦。"售货员说，"难道你见过打雨伞的兔子吗？"

14. 在经过一场激烈的争论之后，作家对厨师说："你从没有从事过写作，因此你无权对这本书提出批评。""岂有此理！"厨师反驳道，"我这辈子没下过一个蛋，可我能尝出炒鸡蛋的味道，母鸡行吗？"

第一节
语言逻辑概述

一、什么是语言逻辑

语言逻辑(logic of language),亦称"自然语言逻辑"(logic of natural language)或"自然逻辑"(natural logic),是以研究自然语言中的逻辑问题为主要任务的逻辑分支。语言逻辑考察用自然语言表述的语句和推理,强调从语言的交际性方面来研究自然语言中的各种逻辑问题。这涉及语言交际的实际环境,交际者的命题态度,交际过程中各种语言符号与其意义之间的关系,自然语言语句的逻辑结构分析,成功的交际所需要遵循的准则等等。

对自然语言中的逻辑问题的研究源远流长。早在两千多年前,古希腊伟大的思想家亚里士多德在创立逻辑学这门学科时,就注重从自然语言出发来研究逻辑问题。在他的逻辑学著作《工具论》中,就阐述了文字词和口头词,语词和概念,以及语词、概念同客观事物之间的关系。他把命题作为判断的表达加以分析研究,认定只有含有真或假的性质的句子才是命题。他讨论了概念的多种语词形式,以及在交际中可能发生的错误。他的逻辑研究与论辩及修辞密切相关。继承亚里士多德传统的传统逻辑学,也一直把自然语言的逻辑问题作为自己的研究对象。从这个意义上也可以说,传统逻辑就是古典的自然语言逻辑。

19世纪七八十年代由弗雷格开创并在其后飞速发展的数理逻辑,为进一步精确地、细致地分析自然语言中的逻辑问题提供了现代化的工具。20世纪50年代起,现代逻辑的理论和方法被广泛地用于自然语言的逻辑分析之中,使现代语言学的研究发生了革命性的变革,也使语言逻辑的研究进入了一个新阶段。在这一时期引人注目的成果有乔姆斯基(Avram Noam Chomsky)建立的生成语法体系和蒙太古(Richard Montague)发展的内涵逻辑。在此基础上,美国学者莱可夫(George Lakoff)提出了"自然逻辑"这一术语。他指出:"一种自然语言的生成语法的作用,不仅是生成这种语言的语法句,而且要把语法句和它们的逻辑形式联系起来。应该从'自然逻辑'方面理解'形式逻辑'这一概念,即它是自然语言的逻辑形式,它的目的在于,表现所有的可以表现于自然语言的逻辑形式,说明所有可以用自然语言作出的有效推理的特点,而且和自然语言的适当的语言学描述相结合,这后一项要求给自然逻辑加上了许多经验语言学的限制。"[①]

二、语形、语义和语用

在自然语言逻辑的研究中,语形、语义和语用的研究占有重要的地位。

语形学(syntax)研究语言表达式之间的形式关系,不涉及语言的使用者,也不考虑语言

---

① 乔治·莱可夫:《语言学与自然逻辑》,中国逻辑学会语言逻辑专业委员会、符号学专业委员会编译:《语用学与自然逻辑》,开明出版社,1994年,第1页。

表达式的意义。例如,对自然语言的语句作形式化的处理,研究自然语句的语法结构和逻辑结构之间的对应关系,就属于语形学的研究范围。

语义学(semantics)研究语言表达式与其意义或所意谓的对象之间的关系,亦不涉及语言的使用者。有些逻辑学家把意义只理解成语言表达式所指称的对象,即外延;另一些认为意义还可以有第二层含义,相当于斯多葛学派的"所意谓的东西",即内涵。在语言逻辑的研究中,对语言表达式作语义分析,应包括内涵和外延。语义学还探讨真值、可满足、有效性问题,涉及形式语言的解释和模型。

语用学(pragmatics)研究语言表达式与它的使用者之间的关系,这对于语言逻辑来说尤为重要。活生生的自然语言是在一定的语言环境中使用的,因而对自然语言作逻辑分析时,不能脱离语言的使用者、具体的语言环境和背景知识,缺少这些东西,有时对一个语句就不能作出正确的理解,当然更不用说进行有效的推理了。而语言的使用者、语言环境和背景知识,这些都是语用学研究的重要内容。语用学还研究用自然语言进行的有效交际所应遵循的准则,研究在具体语言环境中语言的恰当性等等。本章下面两节介绍的"语境"和"预设"两个专题,就是语用学的重要组成部分。

第二节
语　　境

一、什么是语境

人们日常的语言交际活动总是在一定的环境中进行的,文艺作品中语句的含义亦需要借助于上下文来理解,这种语言交际的环境和作品的上下文或口头语言中前言后语,就是通常所说的语境。

对语境的研究,至少可以追溯到 20 世纪 20 年代波兰裔英国社会人类学家马林诺夫斯基(Bronislaw Malinowski)提出的"语境"(context of situation)概念。他指出,话语和语境互相紧密地纠合在一起,"除非处于语境之中,否则话语没有含义。"①

当代的语言学家和语言逻辑学家对语境概念极为重视,分析也较为深入。例如,我国语言学家张志公主编的《现代汉语(试用本)》一书中对语境作了这样的表述:"语言不论是基本单位词,还是大一些的单位句子,或是更大一些的片段,都不是孤立的。它有前言后语,而前言后语不仅可以邻近,也可能相隔很远。语言交际总是双方在一定的场合中进行的。语言是一种社会现象,是一种社会活动,因此语言总是在大大小小的语言环境中使用着的。理解语言和使用语言,都离不开一定的语言环境。口头语言是这样,书面语言也是这样。所谓语

---

① Bronislaw Malinowski: "The Problem of Meaning in Primitive Language", C. K. Ogden and I. A. Richard: *The Meaning of Meaning*, Harcourt, Brace & World, Inc. , 1923,p. 307.

言环境,从比较小的范围来说,对语义的影响最直接的,是现实的语言环境,也就是说话和听话时的场合以及话的前言后语。此外,大至一个时代、社会的性质和特点,小至交际双方个人的情况,如文化教养、知识水平、生活经验、语言风格和方言基础等,也是一种语言环境。与现实的语言环境相对待,这两种语言环境可以称为广义的语言环境。……语言环境简称为'语境'。"[1]

我国逻辑学家周礼全教授在《逻辑——正确思维和有效交际的理论》一书中,从语言逻辑的角度出发对语用语境作了详细的阐述。他把一句话语的语境分为四种,分别记作 C_0、C_S、C_H 和 C_{SH}。C_0 是客观存在的语境,C_S 是说话者所认识的语境,C_H 是听话者所认识的语境,C_{SH} 是说话者和听话者共同认识的语境。之所以要作这样的区分,是因为 C_0 中的那些客观存在的因素,说话者和听话者很难有完全的认识,两个人更难有共同的完全的认识。C_0 可以看成是一个命题的集合,C_S 和 C_H 分别是 C_0 的子集,C_{SH} 则又是 C_S 和 C_H 的子集。客观语境 C_0 包含了下列各种因素:

(1) 当前情境(即谈话时说话者和听话者能直接感知的事物和事态)。包括说话的时间、地点、说话者、听话者以及其他们当前能直接感知的事物和事态。

(2) 上下文。

(3) 话语涉及的事物和事态。可以包括当前说话者能直接感知的事物或事态,也可以包括时间上或空间上遥远的事物和事态;可以包括现实世界的事物和事态,也可以包括想象的或虚构的事物和事态。

(4) 说话者的情况。包括历史情况和目前情况,特别是说话者目前的思想和感情情况。

(5) 听话者的情况。亦包括历史情况和目前情况,特别是听话者目前的思想和感情情况。

"在一次谈话中,语境 C_0、C_S、C_H 和 C_{SH} 总是不断地发生变化的。随着谈话时间的延长、谈话内容的增多和谈话者的思想感情的变化,语境就会跟着不断变化。正确地了解话语的语境及其变化,是正确地表达、传达和理解的必要条件和重要条件,也是成功交际的必要条件和重要条件。"[2]

二、索引词

语境概念的引入,与需要解决语句中索引词的指称问题有关。所谓索引词(indexical),包括人称代词"我"、"你"、"他(她/它)"、"我们"、"你们"、"他们(她们/它们)",指示代词"这个"、"那个"、"这些"、"那些",时态词"今天"、"昨天"、"明天"、"前天"、"后天"、"过去"、"现在"、"将来",地点词"这里"、"那里",等等。离开了语境,就无法把握含有索引词的语句的含义。

例如:

---

[1] 张志公主编:《现代汉语(试用本)》上册,人民教育出版社,1982年,第213—214页。
[2] 周礼全主编:《逻辑——正确思维和有效交际的理论》,人民出版社,1994年,第391—392页。

〔1〕我是前天到这里的。

〔2〕你俩弄错了，那件事不是他做的。

这两句话都是在某种特定的语境下说的，脱离了语境，不知说话者和听话者为何人，句中的"我"、"你俩"的所指对象就无法确定；不知道说话的时间和地点，"前天"指哪一天、"这里"指什么地方就无从知晓；不知道说话时的情景，上下文以及谈话涉及的事物和事态，"他"指谁，"那件事"指什么事，"你俩弄错了"（它与对话者说的上一句话有关）究竟指的是怎么回事，这些都找不到明确的答案。由此可见，语境的各种因素对于明确语句（尤其是含有索引词的语句）中词项的指称对象和理解整个语句的含义具有重要的意义。

三、语词和语句在不同语境中的多种含义

在不同的语境中，形式相同的语词或语句可能会具有不同的所指对象和含义。例如，上文例〔1〕那句话，若出自刚从外地到清华大学开会才两天的李明之口，则"我"指李明，"前天"指李明到达北京的那一天，"这里"指清华大学。若说话人换成了暑假后刚回到华东师范大学的大学生王军，则"我"指王军，"前天"指王军的返校日，"这里"指华东师范大学。李明和王军所说的形式相同的语句的含义截然不同。

又如，在一篇题为《桥》的抒情散文中，随着上下文语境的不断变换，语词"桥"具有多种不同的含义：

〔3〕没到过水乡，印象里，只见过街心公园的小石桥，小学课本的赵州桥，再往下数，恐怕就是雨后空中斑斓的彩虹"桥"了。

桥——不就是栖于水上，架于河面，连接两岸，让人行走的路吗！

直到今天才发现，不单是水上才有桥的。

当我绕过堆于路边的一座座土山，抬眼望去，透过茫茫的尘埃，忽然一条漂亮的弧线划过眼前。啊，桥，立交桥！一座长长的、宽宽的、陆上的桥正安详地卧在昔日的马路上。它其实还没有完工，这就让我更真切地认识了它。

……啊！我又一次被震撼了，我分明看到了建筑工人眼中的无限深情和身上的英雄气概，正是他们用自己的诚实劳动，用自己的奉献精神，建造了这一座座傲然挺立的钢铁大桥，使我们伟大的共和国首都更加雄伟壮观。我恍然大悟，原来真正的桥在这儿！建设者的辛勤劳动，劳动者的无私奉献，才是真正的桥。正是这座更高意义上的桥，连接着幸福和理想，连接着现代和未来，连接着国家和人民……这是凌驾于一切土木桥、砖石桥、水泥钢筋桥之上的最崇高的桥！[①]

文中提到的"桥"有公园中的小石桥、课本中的赵州桥、空中的彩虹"桥"、陆上的立交桥，然后又联想到建桥工人的劳动和奉献也是一座具有崇高意义的"桥"，它连接着幸福和理想，连接着现代和未来，连接着国家和人民，生动而富有想象力地刻画了这座具有精神上连接意义的"桥"。

---

① 常爽：《桥》，《作文通讯》1995 年第 2 期。

四、语境歧义、多义词和双关语

在特定的语境中所说的一句话或者这句话中的某些语词,说话者有自己的理解,听话者亦有自己的理解,两者可能会不同,这就产生了语境歧义。

产生歧义的因素是多方面的,一般地说,同对话人的年龄、经历、文化素养、思想感情的差异以及对事物和事态的了解程度的不同有关,当然也可能是听话人有意利用语境歧义而开玩笑。

请看下面这个例子:

〔4〕一位贵夫人头一次去邮局——在这以前是她的一个仆人替她干这些事。进去后她买了一张邮票;看着这小小的背面有黏性的小纸片,她傲慢地问邮务员:

"我是否自己贴上这东西?"

邮务员回答说:

"不,夫人,要贴在信封上。"

贵夫人说"我是否自己贴上这东西?"时,意思是"我得自己动手贴上这东西吗?"可是邮务员把贵妇人的话理解为"我得把这东西贴在自己身上吗?"于是才回答说"不",并告知她要把邮票贴在信封上。两人对语句"我是否自己贴上这东西?"的含义的理解有歧义。

又如:

〔5〕一位老太太在公园里散步,看见詹姆和一条狗,问道:

"你的狗咬人吗?"

"不咬人",詹姆说。

当老太太伸出手摸摸狗时,这狗差点把她的手指给咬掉。"你刚才不是说你的狗不咬人吗?"老太太大声喊道,手指正往下滴着血。

"是的,"詹姆回答,"我的狗不咬人——可这条狗不是我的。"

老太太说"你的狗咬人吗?"时,虽然用了"你的狗"这一语词,但实际上指的是在公园看到的詹姆边上的那条狗,老太太以为这条狗是詹姆的,她对狗的所属情况不了解。可詹姆认为"你的狗"是指他养的狗(当然他的狗并不在身边),由此引起了歧义。

语言中有些词是多义词,对词义的不同理解亦会引发歧义。例如:

〔6〕小燕指着不远处的小山坡,惊喜地说:

"瞧!那是杜鹃!"

可小燕的同学小红放眼看去,一只鸟也找不到,不由诧异地问:

"我怎么没看到杜鹃?那儿一只鸟也没有。"

小燕笑了起来,手指着前方:

"那一大片火红的不是杜鹃是什么?山坡都要映红了呢!"

"杜鹃"一词既可指杜鹃花,又可指杜鹃鸟,是多义词。小燕在说"瞧!那是杜鹃!"时指的是杜鹃花,可小红却把它理解成了杜鹃鸟,由此产生了歧义。通过上述语境中的对话,歧义最终得以消除,小红也弄明白了小燕所说的"杜鹃"的真实含义。

在一定的语境中,说话者的不同的情感、语调、语气、停顿、神态、姿势等也可能会使形式相同的语句具有截然不同的含义。例如:

〔7〕午间休息的时候,小王和小张摆开了阵势,在"黑白世界"里厮杀起来,形势错综复杂,周围的观战者一边关注着围棋棋盘,一边议论开了:

"小王会赢。"小陈语气平和地说。

"小王会赢?"这是小刘的声音,脸上露着疑惑。

"当然啰,小王会——赢——"调皮的小李拉长了声调,还做着鬼脸,他又在讲反话了。

同样是"小王会赢"这句话,但使用的语气、语调不同,表达时的神情各异。小陈使用平和的语调,表示对小王会赢这一事态的肯定;小刘说的是一个问句,无论从其语气还是面部表情都显露出对这一事态的怀疑;小李拉长的声调和做鬼脸的举止,表明他是在调侃,实际上是说"小王才不会赢呢!"处于这一语境中的其他人完全能理解其真正的含义。

有的话语中包含着双关语,即所谓"言在此而意不尽在此"的话外之音,只有在特定的语境中才能透过话语的表象而理解其要旨。例如:

〔8〕韩信平定齐地,汉王刘邦被迫封他为齐王,楚霸王项羽闻讯后遣使游说韩信反汉连楚,三分天下,但并未成功。此时,齐人蒯通又试图以相面之术的奇策来说服韩信叛汉,蒯通对韩信说:

"相君之面,不过封侯,又危不安。相君之背,贵乃不可言。"[1]

蒯通这句话的意思是:我看你的"面"相,最多只能封侯,而且危险不安宁;可是看你的"背"相,那就贵不可言了。这里,蒯通通过"面"、"背"两个词的双关词义(面相——向着,背相——背叛)来暗示韩信:在刘邦手下,你的地位已经到顶了,以后还会有杀身之祸,只有背叛,才能大富大贵。这才是隐藏在语句表象后面的通过语境显现出来的真实含义。

五、外延语境和内涵语境

从逻辑研究的角度来讲,语境又有外延语境和内涵语境之分。所谓外延语境(extensional context),即弗雷格的外延论题适用的语境,而外延论题是指"当语句成分被具有相同指称但是不同含义的表达式替换时,语句的真值应保持不变"[2]。

例如,世界上最高的山峰叫珠穆朗玛峰,因而限定摹状词"世界上最高的山峰"和专有名词"珠穆朗玛峰"具有相同的指称,都指称同一座山峰,但两者的含义不同。例如:

〔9〕珠穆朗玛峰位于中(国)尼(泊尔)边界。

用"世界上最高的山峰"替换〔9〕中的"珠穆朗玛峰",可构成另一语句:

〔10〕世界上最高的山峰位于中尼边界。

---

[1] 司马迁:《史记·淮阴侯列传》。
[2] 弗雷格:《论含义与指称》,涂纪亮主编:《语言哲学名著选辑》,生活·读书·新知三联书店,1988年,第10页。

这两句话含义不同,但真值相同,都是真语句。这说明此时外延论题是适用的。

在外延论题不适用的场合提供的就是内涵语境(intensional context)。弗雷格注意到:当语句中出现了间接引语,或者在"说"(to say)、"听说"(to hear)、"认为"(to opine)、"认识到"("确信")(to be convinced)、"推论"(to infer)和类似的语词后面,都可能涉及的是内涵语境。"认识"(to recognize)、"知道"(to know)、"相信"(to believe)等词语也是类似的。

例如:

〔11〕有一天奥列斯特从远方回家来了,出现在厄勒克特拉的面前。厄勒克特拉从未见过这个哥哥,虽然她知道有个哥哥叫奥列斯特。

这时,尽管专有名词"奥列斯特"和限定摹状词(厄勒克特拉)"面前的这个男人"有同样的指称,但下面两个语句却有不同的真值:

〔12〕厄勒克特拉知道奥列斯特是她的哥哥。

〔13〕厄勒克特拉知道面前的这个男人是她的哥哥。

语句〔12〕为真,〔13〕为假。这里涉及的就是内涵语境。

关于外延语境和内涵语境,奥尔伍德(Jens Allwood)等逻辑学家提供了如下的实例和解说:

〔14〕比尔正在想(象)他未来的妻子。

〔15〕比尔正在吻他未来的妻子。

语句〔14〕有一种读法,其中"想(象)"(think of)可以看作个体之间的一种关系。〔14〕按这种读法是真的,当且仅当比尔和他的未来的妻子在个体的对偶之中可以找到,这些个体的对偶组成"想(象)"的外延。但是,〔14〕还有另外一种读法,按这种读法,即使在我们所处的这个现实世界中,并不存在作为比尔未来妻子的那个个体(比尔可能在他长到可以结婚的年龄之前就死了),这个语句也可以是真的。比尔仍可能想到他希望作为他未来妻子的那种类型的女人。第二种读法完全不可能用于语句〔15〕。在〔15〕中,如果这个语句是真的话,作为比尔未来妻子的那个个体必须存在于我们这个现实世界之中。

但是,我们是怎样说明语句〔14〕的第二种读法呢?按照弗雷格的说法,每一个复合表达式的外延都应当可以从它的各个部分的外延派生出来。但是按这个读法,"比尔的未来的妻子"在我们这个现实世界并不需要外延。弗雷格所提出的这一原理还可能保存下来吗?我们采用的解决办法是弗雷格自己提出来的——有些语言表达式,特别是限定的名词短语(definite noun-phrases),在某些语境中没有在通常情况下是它们外延的东西作为外延,代替它的是在通常情况下为其内涵的东西作为外延。〔14〕的第二种读法为我们明确地提供了一个这一类的语境,即内涵语境。语句〔15〕与此完全不同,它提供的是一个纯粹的外延语境。这意味着"想(象)"既可以提供一个外延语境(在第一种读法中,它指示个体之间的关系),也可以提供一个内涵语境(在第二种读法中,它指示个体与个体的概念之间的关系)。所以,在〔14〕的第二种读法中,"比尔未来的妻子"指示的是一个个体概念,而不是一个个体。①

① 奥尔伍德、安德森和达尔:《语言学中的逻辑》,河北人民出版社,1984年,第163—164页。语句实例的编号按本章例子的顺序作了改动。

奥尔伍德等人对例子〔14〕的分析是有见地的。这一语句所提供的是外延语境还是内涵语境，可以通过外延论题是否适用来进行检验。只有当比尔未来的妻子（比方叫玛丽）存在于这个现实世界并且比尔想的也正是玛丽时，〔14〕提供的才是外延语境。因为我们用"玛丽"取代〔14〕中的"他未来的妻子"得到的如下语句仍然是一个真命题：

〔16〕比尔正在想（象）玛丽。

第三节
预　　设

一、什么是预设

预设（presupposition）与语境有密切的关系。在给定的语境中，说话人说出一个语句，无论是在进行陈述、提出问题，还是发出命令、作出请求，总是相信或假定了一些前提条件或背景知识，这些前提条件或背景知识就是这一语境中该语句的预设。由于这些前提条件或背景知识通常表现为在交际过程中交际双方共同接受的事实或命题，所以也可以说，预设就是在交际过程中交际双方共同接受的事实或命题。

预设隐含地存在于各种语句之中。例如：

〔17〕蒸汽机的发明使瓦特成了世界著名的大发明家。

〔18〕小张考取研究生了吗？

〔19〕起风了，快去关窗！

例〔17〕是陈述句，不仅预设了瓦特这一个体的存在，而且预设了"瓦特发明了蒸汽机"。〔18〕是一个特定语境中的问句，它不仅预设了小张这一个体的存在，还预设了"小张报考了研究生"。〔19〕是一个特定语境中的祈使句，它预设了说话时"窗还开着"。

预设可真可假。如果一个语句的预设不成立，这就说明该语句是没有意义的或者说是不恰当的。例如，在说语句〔18〕时，如果实际情况是小张根本就没有报考研究生，那么这句问句就没有意义，不能成立。

需要指出的是，在给定的语境中，说话者的预设中不应包含彼此矛盾的事物情况，否则将会导致荒谬的结果。"自相矛盾"的典故就是一个绝妙的实例：

〔20〕楚人有鬻盾与矛者，誉之曰："吾盾之坚，物莫能陷也。"又誉其矛曰："吾矛之利，于物无不陷也。"或曰："以子之矛，陷子之盾，何如？"其人弗能应也。[①]

叫卖者断言了"他的矛可以戳破任何盾"和"他的盾不会被任何矛戳破"这两种彼此否定、互不相容的事物情况，旁人以这两种事物情况为预设，提出诘问"以子之矛，陷子之盾，何如？"叫卖者无论怎样回答，都只能否定他原先两个断言中的一个，因而陷入了困境。

---

① 《韩非子·难一》。

在一定的语境中,巧妙地设置预设,会达到出奇制胜的效果。"晏子使楚"的故事就是明证:

〔21〕晏子是春秋时齐国的上大夫,奉齐景公之命,出使楚国。楚王知道晏子个头矮小,不满五尺,想羞辱他,以振楚国之威。于是派人于都城东门之旁凿一小孔,刚满五尺,并吩咐守门军士:等齐国使臣到时,将城门关闭,让使臣由小孔而入。

晏子车到东门,见城门不开,就停车让御者呼门。守门军士指着小孔说:"大夫出入此门,宽然有余,何用启门?"晏子见这情况机智地答道:"此狗门,非人所出入也! 使狗国者,从狗门入;使人国者,还须从人门入。"

楚王听到报告之后,无可奈何,只得命军士开门让晏子一行入城。

在回答守门军士的问话时,晏子首先断言了这个小孔是狗门,是狗出入的地方而不是人出入的地方。在这一预设之下,进一步指出:从狗门进入就意味着楚国是狗国,只有从城门进入才说明楚国是人国。这一巧妙的预设以及由此而得出的结论令楚王十分狼狈,本想戏弄人反被人取笑,真是搬起石头砸了自己的脚。

二、合作交际准则

为了使一定语境中的话语成为恰当的话语,需要遵守合作交际准则,即要求在谈话中说出的话语应当明确地提供真实可靠的、相关的最大量的信息。重要的准则是能力准则(the norm of competence)和相关(或意图)准则(the norm of relevance or point)。

能力准则是说:说话者必须是诚实的并且他所说的要有一定的根据。就命题来说,这意味着他必须相信他所陈述的是真的,并且他必须具有一定的证据来支持它。相似的含义也适用于其他类型的话语。

相关(或意图)准则是说每一个语言表述都应该有一定意图,即相关于一定的、即将实现的意图。对于命题来说,这个意图一般是传递新的信息。[①]

例如:

〔22〕小吴这次考试竟然及格了。

如果我们研究一下语句〔22〕,就可发现我们是如此习惯于假定这样一个背景,有了这个背景,新的信息才能得以传递,这句话中的背景就是:小吴平时学习成绩很差,经常考试不及格。如果小吴学习成绩一直很好,我们就会觉得〔22〕虽然是一句真话,但它没有意图,因而是不恰当的,弄得不好还会惹得小吴动怒。

事实上,在人们的日常交际活动中,不时会碰到不恰当的话语。只要谈话者都尽可能遵循上述准则,就不难通过对话澄清有关的事物情况,并且对不恰当的话语作出修正。例如:

〔23〕"小刘从娘家回来了吗?"甲问。

"你弄错了,她今天没有去娘家。"乙回答。

---

① 奥尔伍德、安德森和达尔:《语言学中的逻辑》,河北人民出版社,1984年,第181页。

甲："怎么一整天都没见到她呢?"

乙："今天是孩子生日,她带孩子去动物园了。"

甲原以为小刘今天去娘家了,在这种预设之下才提出了最初的问句,乙的第一次回答对甲的错误预设进行了纠正,并指出了甲最初的问句是不恰当的。因此,他们通过对话澄清了事实:原来小刘带孩子去动物园了。

逻辑学家斯托内克尔(Robert Stalnaker)对预设概念作过较为深入的研究,在《语用学》一文中,他作了如下的论述:

"当然,预设并不一定是真的。在它们被证明为假的场合,有时候那些询问、思考、讲演、命令或许诺就成为毫无意义的,但在另外一些时候,它却并不产生什么影响。例如,假设我们已在讨论应该选丹尼尔斯还是奥里尔列去当总统,并预设他们分别是民主党和共和党的总统候选人。如果我们的真正兴趣在于就总统选举中投谁的票的问题作出决定,那么当我们发现实际上候选人是尼克松和马斯基时,这场争论似乎是白白浪费时间。但是无论如何,如果我们真正关心的是丹尼尔斯和奥里尔列两人个性上的有关优点和其施政能力的强弱,即使预设是假的也没有关系,稍加修正就能使我们的争论同新的预设统一起来。同样的对比运用于以一种预设的理论框架为背景所进行的科学实验之上。它或者可能在旧的理论被否定时失去意义,或者可能容易地适应于这种新的理论……

正常情况下,预设至少被相信是真的。这就是我们常常从一个人的断定中比从他谈及自己信仰的话语中,可以更多地推断出他的信念的原因。但是在某些场合,预设可能是我们不能肯定的东西。甚至相信的与已知的命题都是假的。这在行骗的场合就可能出现:说话人预设某些其听众信以为真而说话人明知为假的东西,目的在于使听众进而相信更为虚假的东西。比较无害的是,说话人可以预设一些并非真实的东西以便于交际,正如人类学家在询问他的基本资料提供人时,采用这个最初的资料提供者的预设一样。最为无害的是虚假和假装的场合:说者和听者可以共同预设某种不真的东西,正如小说作者预设作品的头几章里他所描述的某些事物一样。在有的语境里,真不真的问题与所讨论的主题无关。因为现实世界终究只是众多的可能世界的一个。"[①]

斯托内克尔的分析是细致而富有启发性的,作为语用概念的预设是语境的一个重要方面,是自然语言的逻辑研究中的重要一环。

✎ **练习题** ▰▰▰▰▰▰▰▰▰▰▰▰▰▰▰▰▰▰▰▰▰▰▰▰▰▰▰▰▰▰▰▰▰▰▰▰▰▰

一、指出下列语句中的索引词。

　　1. 他们喜欢那座城市。

[①] 斯托内克尔:《语用学》,中国逻辑学会语言逻辑专业委员会、符号学专业委员会编译:《语用学与自然逻辑》,开明出版社,1994 年,第206—207 页。

2. 前者是态度问题,后者是能力问题。

3. 那个人不是本地人。

4. 在上周三的会议上,我们讨论了这篇文章。

二、指出下列语境中划线的语词或句子的含义。

1. 清朝大官李鸿章有一个远房亲戚,不学无术又酷好功名。有一次他进京赴考,拿过试卷一看,一无所知。百般无奈中他想出一条妙计,在考卷上写道:"我是李中堂的亲妻(戚)。"主考官拿到卷子,又好笑又好气,就在卷上批道:"既是中堂亲妻,我也不敢娶了。"

2. 杨柳青青江水平,闻郎江上踏歌声。

　　东边日出西边雨,道是无晴却有晴。(刘禹锡《竹枝词》)

3. 马戏场上,一头雄狮正与驯狮女郎接吻,那份亲热劲引起全场轰动。突然,一位观众站起来,说:"有什么了不起的,谁都能做到。"马戏团老板对这位观众说:"请你也来试一试。""好!"青年人跳了出来,"请先把狮子牵走。"

4. 一个人向朋友发牢骚:"我妻子绝对不理解我,你妻子呢?""不知道,我和她一次也没有谈论过你。"朋友答道。

三、指出下列语句中包含的预设。

1. 这匹马的哪只眼睛是瞎的?

2. 你去运动场上把小王找回来。

3. 船长今天没喝醉。

4. 请把书还给我!

四、单项选择题。

1. 在校务会议上,汪副校长发言说:"总的说来,现在大学生的家境比以前有了大幅度的改善。这种情况是十分明显的,因为现在要求学校为其安排课余勤工助学的学生越来越少了。"

　　上面汪副校长的结论是由下列哪个假设得出的?　　　　　　　　　　　　(　　)

A. 随着改革开放的深入发展,现在大学生父母亲的收入不断增加,大学生不再需要用勤工助学来养活自己了

B. 尽管家境有了改善,也应当参加勤工助学来锻炼自己的实践能力

C. 学生课余是否要求学校安排勤工助学是学生家庭是否困难的一个重要标志

D. 大学生把更多的时间用在学业上,勤工助学的人就少起来了

E. 学校安排的勤工助学报酬相对来说比较低,不如到校外去打工

2. W公司制作的正版音乐光盘每张售价25元,盈利10元。而这样的光盘的盗版制品每张仅售价5元。因此,这样的盗版光盘如果销售10万张,就会给W公司造成100万元的利润损失。

为了使上述论证成立,以下哪项假设是必须的? （　　）

A. 每个购买了盗版制品的人,若没有盗版可买,还是会购买相应的正版制品的

B. 如果没有盗版光盘,W 公司的上述正版音乐光盘的销售量不会少于 10 万张

C. 上述盗版光盘的单价不可能低于 5 元

D. 与上述正版光盘相比,盗版光盘的质量无实质性的缺陷

E. W 公司制作的上述正版光盘价格偏高是造成盗版光盘充斥市场的原因

3. 无论是工业用电还是民用电,现行的电费价格一直偏低。某区推出一项举措,对超出月额定数的用电量,无论是工业用电还是民用电,一律按上调高价收费。这一举措将对该区的节约用电产生巨大的促进作用。

上述举措要达到预期的目的,以下哪项必须是真的? （　　）

Ⅰ. 有相当数量的浪费用电是因为电费价格偏低造成的

Ⅱ. 有相当数量的用户是因为电费价格偏低而浪费用电的

Ⅲ. 超额用电价格的上调幅度足以对浪费用电的用户产生经济压力

A. Ⅰ、Ⅱ和Ⅲ　　　　　　　　　　B. 仅Ⅰ和Ⅱ

C. 仅Ⅰ和Ⅲ　　　　　　　　　　D. 仅Ⅱ和Ⅲ

E. Ⅰ、Ⅱ和Ⅲ都不必是真的

4. 著名社会学家、法律专家钟万春教授认为:我们应当制定全国性的政策,用立法的方式规定父母每周与未成年子女共处的时间下限。这样的法律能够减少子女平日的压力。因此,这样的法律也就能够使家庭幸福。

以下各项如果为真,哪项最能够加强上述的推论? （　　）

A. 父母有责任抚养好自己的孩子,这是社会对每一个公民的起码要求

B. 大部分的孩子平常都能够与父母经常地在一起

C. 这项政策的目标是降低孩子们在平日生活中的压力

D. 未成年孩子较高的压力水平是其成长过程以及其长大后获得家庭幸福的很大障碍

E. 父母现在对孩子多一分关心,就会减少日后父母很多的操心

5. 最近,在七千年前的河姆渡氏族公社遗址发现了烧焦的羚羊骨残片,这证明人类在很早的时候就掌握了取火煮食肉类的技术。

要使上述论证成立,必须预设 （　　）

A. 河姆渡人以羚羊肉为主食

B. 羚羊骨是被人类取火烧焦的

C. 从河姆渡氏族公社以来的所有人都掌握了取火技术

D. 只要发现烧焦的羚羊骨就能证明早期人类曾聚居于此

E. 河姆渡人不生食羚羊肉

6. 索马里是世界十大最穷国家之一。在备战非洲杯期间,其国家足球队的营养师对于巧克力的突然短缺深感忧虑,只好用白砂糖来代替它作为热量的主要来源。尽管相同重量

的白砂糖要比巧克力便宜,但他估计如果继续用白砂糖来代替巧克力提供同样的热量,国家足球队用于营养的费用将会提高。

该营养师的估计假定了以下哪项?　　　　　　　　　　　　　　　(　)

A. 同重量的巧克力要比白砂糖贵

B. 以每单位重量能提供的热能来计算,每单位的白砂糖提供的热量要比巧克力提供的少

C. 生产巧克力要比生产白砂糖成本高

D. 运动员伙食水平将下降

E. 生产巧克力的厂家将比生产白砂糖的厂家更赚钱